技工院校"大思政"育人体系构建与实践探索

汤伟群　陈海娜　周志德　著

西南交通大学出版社
·成都·

图书在版编目（CIP）数据

技工院校"大思政"育人体系构建与实践探索 / 汤伟群，陈海娜，周志德著. —成都：西南交通大学出版社，2022.4
ISBN 978-7-5643-8619-1

Ⅰ. ①技… Ⅱ. ①汤… ②陈… ③周… Ⅲ. ①思想政治教育 – 技工学校 – 研究 – 中国 Ⅳ. ①G641

中国版本图书馆 CIP 数据核字（2022）第 039714 号

Jigong Yuanxiao "Dasizheng" Yuren Tixi Goujian yu Shijian Tansuo

技工院校"大思政"育人体系构建与实践探索

汤伟群　陈海娜　周志德　著

责 任 编 辑	郑丽娟
封 面 设 计	原谋书装
出 版 发 行	西南交通大学出版社 （四川省成都市金牛区二环路北一段 111 号 西南交通大学创新大厦 21 楼）
发行部电话	028-87600564　028-87600533
邮 政 编 码	610031
网　　　址	http://www.xnjdcbs.com
印　　　刷	四川玖艺呈现印刷有限公司
成 品 尺 寸	185 mm × 260 mm
印　　　张	22.25
字　　　数	495 千
版　　　次	2022 年 4 月第 1 版
印　　　次	2022 年 4 月第 1 次
书　　　号	ISBN 978-7-5643-8619-1
定　　　价	121.00 元

图书如有印装质量问题　本社负责退换
版权所有　盗版必究　举报电话：028-87600562

前言
PREFACE

习近平总书记指出，青少年阶段是人生的"拔节孕穗期"，最需要精心引导和栽培。技工院校的学生正处于青少年阶段，其人生观和世界观尚未定型。思想政治教育在帮助学生树立技能强国理想、培养工匠精神和社会责任感等方面发挥关键性作用。如何结合技工教育特点推进思想政治教育工作，培养德智体美劳全面发展的社会主义建设者和接班人，是技工教育者急需研究的课题。

2019年3月，习近平总书记在学校思想政治理论课教师座谈会上的重要讲话中强调"用新时代中国特色社会主义思想铸魂育人，贯彻党的教育方针，落实立德树人根本任务，引导学生增强中国特色社会主义道路自信、理论自信、制度自信、文化自信，厚植爱国主义情怀，把爱国情、强国志、报国行自觉融入坚持和发展中国特色社会主义事业、建设社会主义现代化强国、实现中华民族伟大复兴的奋斗之中"，指出要"挖掘其他课程和教学方式中蕴含的思想政治教育资源，实现全员全程全方位育人"。"铸魂育人""三全育人"成为学校思想政治教育工作改革的重要指导思想。随后中共中央办公厅、国务院办公厅印发《关于深化新时代学校思想政治理论课改革创新的若干意见》，指出"发挥所有课程育人功能，构建全面覆盖、类型丰富、层次递进、相互支撑的课程体系，使各类课程与思政课同向同行，形成协同效应；推动思政课实践教学与学生社会实践活动、志愿者服务活动结合，思政小课堂和社会大课堂结合"，为技工院校思政育人拓宽了思路，指明了方向。2021年10月中共中央办公厅、国务院办公厅印发的《关于推动现代职业教育高质量发展的意见》明确提出："坚持立德树人、德技并修，推动思想政治教育与技术技能培养融合统一"，进一步为技工教育探索大思政教育、课程思政融合做了非常明确的要求。

为贯彻落实习近平总书记讲话精神，在以上政策文件指引下，广州市工贸技师学院在分析技工院校思想政治教育现状、学习国家省市各级文件精神和借鉴高校"三全育人"工作的基础上，立足技工教育特点和校本特色，基于学校内涵建设和高质量发展基础，对新时代下技工院校思政育人工作进行了积极思考。我们认为，应将所有部门、所有师生纳入思想政治教育的总范畴，在全体教工中明确思想政治教育初心、树立思想政治教育目标，推动全体教工从教学向教育的转变，着力实现全员育人；应充分挖掘专业课程、公共课程和实践课程的思政元素，打破课程藩篱，探索融合渠道，在学校所有课程中推进课程思政育人，着力实现全过程育人；应充分整合社团活动、社会实践等教育行动和学生活动的育人功能，打破德育瓶颈，推进价值引领，把学生在学校中的所有活动都融入思想政治教育，着力实现全方位育人。在此基础上，通过学校层面的平台搭建和机制建立，在学校范围内树立思想政治教育的核心地位，整体构建由思政课程体系、课程思政体系、综合育人体系组成的"大思政"育人体系，进而形成"三全育人"大格局。

  结合以上分析，为推进大思政育人体系构建的合理性、科学性、可靠性和严谨性，广州市工贸技师学院同步对体系从哲学、心理学和社会学三个维度进行了理论基础研究。通过研究我们发现，大思政育人体系的构建，旨在学校所有课程的学习中渗透思政教育元素，需要马克思主义人的全面发展理论作为一种哲学基础，来指引方向；思想政治教育重在"润物细无声"的陶冶之功，重在学习者在学习与实践过程中道德实践能力的形成，必须有道德能力理论的支撑；基于大思政育人体系是一个复杂系统工程，体系要以系统论和协同论为指导，充分发挥各子系统的协同作用，达到有机统一；进行课程开发、课程实施和课程评价等全部环节上，离不开班杜拉社会学习理论的指导，始终要注意观察学习对于学生思想政治和道德品质形成的重要影响，始终要以学生为中心，围绕学生的学习和发展而展开，最终实现学生知识、能力的自我建构。此外，我们应该将学校的思想政治教育视为一个文化生态，以实现人的全面和谐发展和立德树人为目标，应用文化生态系统理论，以此构建思想政治教育系统，实现以文育人、以文化人。

  基于以上思考和研究，2019年年底，我们开始着手构建学院"大思政"育人体系。经过两年探索，初步构建了以立德树人为根本，以理想信念教育为核心，以社会主义核心价值观为引领，以提高思政课教学质量、提升技能人才培养质量为目标的"136"大思政育人体系。体系体现了思政教育的系统思维和整体性理念，由思政课程体系、课程思政体系、综合育人体系三层结构组成，把思想价值引领贯穿教育教学全过程和各环节；推动人文素质课程、通用职业素质课程、专业课程三类课程的思政融合，与思政课程建设同向同行，形成协同效应；充分发挥了管理、实践、文化、网络、心理、环境6个方面工作的育人功能。体系以综合育人体系为基础、课程思政体系为重点、思政课程体系为核心，分层推进、环环相扣，形成十大育人模块相互衔接的育人系统，呈现了多主体参与、多形式展现、多场域运作、多层面影响的合力效应，并具有动静结合、显隐并举、量质递进的特征，符合全员性、全方位性、全过程性"大思政"格局的特点及要求。

  在此基础上，为推进以上体系的落地实施，我们制定了学院大思政育人体系建设方案，全面推开大思政育人体系建设工作，着力探索"教—管—服"体系管理机制和"工—学—育"课程思政模式,力争通过大思政教育,实现学生思想道德素质、科学文化素质、综合职业素养的全面提升,培养德智体美劳全面发展的社会主义建设者和接班人、担当民族复兴大任的时代新人、具有工匠精神的高素质技能人才。在整个体系建设过程中,我们坚持导向性、系统性、创新性和实践性原则,在实践探索的同时加强总结提炼,输出育人体系建设、课堂教学改革、课程思政融合、育人实践案例等一系列具有实践指导意义的思政育人建设成果,包括15个专业的一体化课程教学思政融合指导手册、综合育人典型案例画册等,通过对技工院校思政教育工作的实践探索和理论研究,初步构建了具有技工教育特点、校本特色的大思政育人模式。

因此,为了更好梳理学院"大思政"育人体系的构建路径和实践经验,我们编写了本书。全书共分12章。第一章,通过解读习近平总书记有关思想政治教育讲话精神和国家系列文件,阐述广东思想政治教育改革情况,分析技工院校思想政治教育改革的时代背景;从技工院校思想政治教育的现存问题,思政课程到课程思政的改革探索等方面分析新时代思想政治教育改革方向,进而分析技工院校大思政育人体系构建的价值定位。第二章,从哲学、心理学和社会学三个维度分析技工院校思政教育改革的理论基础,以广州市工贸技师学院为例,重点分析大思政育人体系的内涵与构成、机制与运行、任务及分工,全面阐述技工院校大思政育人体系的构建路径。第三章,基于大思政育人体系中思想政治理论课的核心地位,重点分析技工院校思想政治理论课程改革的实践探索,阐述其建设方案及推进思政课教学改革创新,打造精品思政课程的教学案例。第四至六章,重点分析大思政育人体系中的第二板块"课程思政",从建设方案、融合方案、特色课程、教学模式、教学案例等方面分析人文素质课程、通用职业素质课程思政融合的实践探索,从设计思路、模型构建、三层实践、改革反思等方面深入分析阐述"工—学—育"一体化课程思政融合模式的创建与探索。第七至十二章,重点分析大思政育人体系中的第三板块"综合育人",呈现了管理育人、实践育人、文化育人、网络育人、心理育人、环境育人的建设方案,并总结归纳了系列典型案例,列举了大量翔实的活动纪实、案例纪实进行具体阐述。此外,为了使书稿更具参考价值,我们将学院大思政育人体系的具体建设方案、师德考核方法、思想政治理论课调研分析报告放置到附录中,并同步分享了学院教师获得全国技工院校教师职业能力大赛一等奖的两份完整的教学设计案例,以便读者对工学一体化课程(简称"一体化课程")教学中如何进行课程思政融合有更具体的借鉴。

作为学院大思政育人体系的构建与实践探索系列成果之一,本书在研究探索和编写过程中,华南师范大学职业教育学院刘志文院长和何东教授给予了体系构建理论层面的深入指导,在此表示衷心感谢。同时,感谢学院党委对大思政育人体系构建和实践的正确指引，感谢学院翟恩民五级职员前期的深入指导，学院李红强院长、夏玉汕专职纪委书记、吕慧敏副院长、赵勤德副院长的大力支持。感谢深入参与学院思政理论课建设，人文素质、通用职业素质课程思政研究探索和实践工作的朱漫、寿丽君、陈波、陆爽格、蔡芝亮、李培德、李秋献、钟海波、罗家慧、房运梅、金碧辉、樊颖颖、杨丹莹、陈佩文、杨美玲、徐岚、伍威萍、张静等老师。感谢深入参与学院工学一体化课程思政融合研究探索和实践工作的陈志佳、吴多万、周红霞、王正旭、高小秋、张扬吉、陈静君、宋雄、符强、李江、张樱楸、王岑、伍平平、赖宇树、黄雪彩、钟文等老师和15个专业教学团队。感谢深入参与综合育人板块研究探索和实践工作的邱志慧、方常亮、刘珍秀、刘新江、伍尚勤、杨莉莉、谢炳康、夏蕾莉、刘丽婉、吴军、甘路、吴佳琪、康梦娜、苏燕、周念丹等老师。感谢以上参与老师提供的大量材料、课例、案例、纪实，以及在初稿编写过程中所做的大量工作。感谢林枫、彭豪、李晶、李夏、李燕东参与书稿材料修订和文字编辑工作。感谢林榆提供图片。感谢学院政工处王红梅主任提供的学院师德考核办法附录资料。

  本书是学院在技工院校落实立德树人根本任务上的思考和探索，是技工院校在培养什么人、如何培养人以及为谁培养人这一根本问题上的积极回应。我们希望能以广州市工贸技师学院在大思政育人体系上的构建和探索，通过理论和实践相结合的方式，为技工院校在新时代如何开展学校思想政治工作进行路径探索和经验分享。但是，我们也深刻认识到，书稿的完成只是学院对大思政育人工作研究和思考的阶段性成果，很多研究还不够深入，总结提炼还需进一步深化，加上笔者水平和能力所限，难免存在不足和疏漏之处，在此恳请各方家批评指正，以便我们进一步深化研究实践，为新时代技工教育的高质量发展继续做出我们应有的贡献。

汤伟群 陈海娜
2022 年 3 月

目 录
CONTENTS

第一章　技工院校思想政治教育改革的新形势
- 003　第一节　政策背景：思想政治教育改革文件解读
- 010　第二节　项目背景：新时代思想政治教育改革实践研究
- 021　第三节　改革试点：高质量发展背景下的改革探索

第二章　技工院校"大思政"育人体系的构建
- 029　第一节　理论基础：思政教育改革的理论基础
- 036　第二节　体系构建：大思政育人体系的内涵与构成
- 039　第三节　机制运行：大思政育人体系的机制与运行
- 042　第四节　建设方案：大思政育人体系建设的任务与分工

第三章　技工院校思想政治理论课程改革的实践探索
- 047　第一节　建设方案：思想政治理论课程体系的建设目标与建设措施
- 049　第二节　教学案例：推进教学改革创新，打造精品思政课程

第四章　技工院校人文素质课程改革的实践探索
- 059　第一节　建设方案：人文素质课程思政建设目标与建设措施
- 061　第二节　融合方案：人文素质课程思政融合方案
- 072　第三节　特色课程：人文艺术选修课之中华优秀传统文化
- 075　第四节　教学案例：课程思政培养人文素质

第五章　技工院校通用职业素质课程改革的实践探索
- 087　第一节　建设方案：通用职业素质课程的建设目标与建设措施

088 第二节　教学模式：通用职业素质课程的教学模式
093 第三节　教学案例：课程思政培养通用职业素质

第六章　技工院校工学一体化课程思政融合探索

107 第一节　设计思路：工学一体化课程思政模式的系统设计
132 第二节　实践探索：工学一体化课程思政模式的实践探索
144 第三节　改革反思：工学一体化课程思政模式的改革反思

第七章　技工院校管理育人工作的实践探索

149 第一节　建设方案：管理育人的建设目标与建设措施
151 第二节　活动纪实：加强遵纪守法教育，营造法制育人环境
153 第三节　案例纪实：加强安全防护教育，保障校园安全环境
159 第四节　活动纪实：加强文明礼仪教育，营造校园文明风气
161 第五节　活动纪实：发挥榜样示范作用，助力学生自主管理

第八章　技工院校实践育人工作的实践探索

167 第一节　建设方案：实践育人的建设目标与建设措施
169 第二节　案例纪实：开展"三自"教育实践，了解自我
173 第三节　活动纪实：参加企业认知活动，理解职业
176 第四节　案例纪实：开展双创实践活动，发展潜能
182 第五节　案例纪实：推广志愿服务活动，服务社会
189 第六节　活动纪实：组织主题教育实践，坚定信念

第九章　技工院校心理育人工作的实践探索

195 第一节　建设方案：心理育人工作的建设目标与建设措施
196 第二节　典型案例：建设科学规范心理育人阵地，培养健康心理
198 第三节　典型案例：建立心理健康测评管理系统，加强心理干预
201 第四节　活动纪实：打造心理健康宣传教育活动，营造正向环境

第十章　技工院校网络育人工作的实践探索

207 第一节　建设方案：网络育人的建设目标与建设措施
209 第二节　典型案例：同心同向，着眼长效机制建设

211　第三节　活动纪实：提升品质，打造网络育人品牌

213　第四节　工作纪实：把控舆情，引导媒体使用行为

第十一章　技工院校校园文化育人工作的实践探索

217　第一节　建设方案：校园文化育人工作的建设目标与建设措施

219　第二节　案例纪实：打造技能展示与成果体验平台，聚焦"品质精"

225　第三节　活动纪实：打造健康教育与体育锻炼平台，着力"体魄强"

229　第四节　案例纪实：打造文化传播与艺术育人平台，追求"极致美"

第十二章　技工院校环境育人工作的实践探索

239　第一节　建设方案：环境育人工作的建设目标与建设措施

241　第二节　典型案例：校园环境建设，启迪心智

243　第三节　活动纪实：宿舍环境建设，润泽心灵

245　第四节　案例纪实：教学环境建设，提升素养

附　录

249　附录一　广州市工贸技师学院思想政治理论课暨大思政育人体系建设工作方案

260　附录二　广州市工贸技师学院师德考核办法（试行）

266　附录三　广州市工贸技师学院课程思政教学设计案例

317　附录四　广州市工贸技师学院思想政治课现状分析及对策调研报告

第一章

技工院校思想政治教育改革的新形势

2021年9月27日至28日，中央人才工作会议在北京召开。习近平出席会议并发表重要讲话指出：人才竞争，首先是人才培养的竞争。中国作为大国，需要引才，但必须主要靠自己育才。从人口大国，到人才大国，再到人才强国，必须坚定走好人才自主培养之路。……要培养大批卓越工程师，努力建设一支爱党报国、敬业奉献、具有突出技术创新能力、善于解决复杂工程问题的工程师队伍。……要用好用活各类人才，对待急需紧缺的特殊人才，要有特殊政策，不要求全责备，不要论资排辈，不要都用一把尺子衡量，让有真才实学的人才英雄有用武之地。[1] 为了可持续发展和中华民族伟大复兴，我们亟需培养数以亿计德才兼备的高素质劳动者。因此，立德树人、课程思政是新时代教育的灵魂所在。

---

[1] 从"全国人才工作会议"到"中央人才工作会议"[EB/OL]．2021-10-08 [2021-11-07]．https://www.sohu.com/a/493874352_120159460．

政策背景：思想政治教育改革文件解读

一、思想政治教育的改革要求

进入新时代，我国技工教育在国家高度重视下，在举国上下"劳动光荣、技能宝贵、创造伟大"的倡导下迎来了快速发展。2020年年末全国共有技工院校2423所，在校学生395.5万人。全国技工院校共招生160.1万人，毕业生101.4万人，面向社会开展培训485.8万人次。[①]技工教育已成为我国技能人才培养的重要载体，在培养劳动者和技术工人上发挥了重要作用。从整体上看，我国技工教育着力于技能人才培养模式的改革创新，着力于培养符合行业企业需求的高素质技能人才，教育定位从知识技能到综合能力素养培养转变，体现"学生中心、能力本位、工学结合"的人才培养特征。面对高素质技能人才的培养目标趋势，技工院校的思想政治教育面临新的形势和新的任务，如何贯彻落实国家政策文件精神，结合技工教育特点推进思想政治工作是技工教育者急需研究的课题。

（一）"全过程育人"思想的形成

2016年12月7日至8日，全国高校思想政治工作会议在北京召开。中共中央总书记、国家主席、中央军委主席习近平出席会议并发表重要讲话。他强调：高校思想政治工作关系高校培养什么人、如何培养人以及为谁培养人这一根本问题。要坚持把立德树人作为中心环节，把思想政治工作贯穿教育教学全过程，实现全程育人、全方位育人，努力开创我国高等教育事业发展新局面。[②]"全过程育人"思想成为学校思想政治工作遵循的指导方针和教育理念。

对于学校思想政治工作定位，习近平总书记在讲话中指出，思想政治工作从根本上说是做人的工作，必须围绕学生、关照学生、服务学生，不断提高学生思想水平、政治觉悟、道德品质、文化素养，让学生成为德才兼备、全面发展的人才。在此基础上，习近平总书记强调，要用好课堂教学这个主渠道，思想政治理论课要坚持在改进中加强，提升思想政治教育亲和力和针对性，满足学生成长发展需求和期待，其他各门课程都要

---

① 人社部．2020年度人力资源和社会保障事业发展统计公报[EB/OL]．2021-07-26[2021-10-26]．http://www.mohrss.gov.cn/SYrlzyhshbzb/zwgk/szrs/tjgb/202107/t20210726_419319.html．
② 把思想政治工作贯穿教育教学全过程　开创我国高等教育事业发展新局面[EB/OL]．新华社，2016-12-08[2020-10-26]．http://www.moe.gov.cn/jyb_xwfb/s6052/moe_838/201612/t20161208_291306.html．

守好一段渠，种好责任田，使各类课程与思想政治理论课同向同行，形成协同效应。总书记在讲话中还要求各级党委要把思想政治工作摆在重要位置，形成党委统一领导、各部门各方面齐抓共管的工作格局。①

把思想政治工作贯穿教育教学全过程，各类课程与思政课同向同行，各部门齐抓共管的指示，对于技工院校思想政治教育具有重要的理论价值和现实指导意义，是"三全育人"思想政治工作确立的理论依据。

（二）"三全育人"模式的提出

2017年2月27日，中共中央、国务院印发了《关于加强和改进新形势下高校思想政治工作的意见》（以下简称《意见》）。《意见》是为了坚持党对高校的领导，加强和改进思想政治工作，培养中国特色社会主义合格建设者和可靠接班人而制定的法规，指出了加强和改进高校思想政治工作的指导思想和基本原则。

《意见》指出，要坚持全员全过程全方位育人，把思想价值引领贯穿教育教学全过程和各环节，形成教书育人、科研育人、实践育人、管理育人、服务育人、文化育人、组织育人长效机制；要坚持遵循教育规律、思想政治工作规律、学生成长规律，把握师生思想特点和发展需求，注重理论教育和实践活动相结合、普通要求和分类指导相结合，提高工作科学化精细化水平；坚持改革创新，推进理念思路、内容形式、方法手段创新，增强工作时代感和实效性。②"全员全过程全方位"育人思想在《意见》中的明确提出，奠定了"三全育人"思想的理论基础和内核要义，为高校、各类型学校构建大思政育人思想推进思想政治工作明确了具体方向。遵循"三个规律"和坚持"改革创新"的提出，为思想政治理论课的守正创新指明了方向。在此基础上，《意见》指出，要强化思想理论教育和价值引领，把理想信念教育放在首位；要培育和践行社会主义核心价值观；要弘扬中华优秀传统文化和革命文化、社会主义先进文化，为思想政治教育实践落地工作明确了核心内容。③

（三）立德树人根本任务的确立

2018年9月10日，习近平总书记出席全国教育大会并发表重要讲话。他指出，培养什么人，是教育的首要问题，我们的教育必须把培养社会主义建设者和接班人作为根本任务。他强调，要在坚定理想信念上下功夫，要在厚植爱国主义情怀上下功夫，要在加强品德修养上下功夫，要在增长知识见识上下功夫，要在培养奋斗精神上下功夫，要在增强综合素质上下功夫，要全面加强和改进学校美育，在学生中弘扬劳动精神，要努力构建德智体美劳全面培养的教育体系，把立德树人融入思想道德教育、文化知识教育、

---

① 把思想政治工作贯穿教育教学全过程　开创我国高等教育事业发展新局面[EB/OL]．新华社，2016-12-08[2020-10-26]．http://www.moe.gov.cn/jyb_xwfb/s6052/moe_838/201612/t20161208_291306.html．
② 中共中央　国务院印发《关于加强和改进新形势下高校思想政治工作的意见》[EB/OL]．新华社，2017-02-27[2020-10-26]．http://www.gov.cn/xinwen/2017-02/27/content_5182502.htm．
③ 中共中央　国务院印发《关于加强和改进新形势下高校思想政治工作的意见》[EB/OL]．新华社，2017-02-27[2020-10-26]．http://www.gov.cn/xinwen/2017-02/27/content_5182502.htm．

社会实践教育各环节，贯穿基础教育、职业教育、高等教育各领域，学科体系、教学体系、教材体系、管理体系要围绕这个目标来设计，教师要围绕这个目标来教，学生要围绕这个目标来学。①"六个下功夫"明确了学校思想政治教育工作的着力点和切入点，阐述了下功夫的内涵和内容，对学校思想政治工作的开展实践具有很强的指引性。而立德树人思想全融入要求，不仅明确了在学校开展立德树人思想政治工作的各环节，体现了全方位思想，同时也指出贯穿各类型教育的要求，涵盖职业教育，对技工院校探索大思政育人，开展立德树人思政工作有了具体的指示。

（四）铸魂育人目标的确立

2019年3月18日，习近平总书记主持召开学校思想政治理论课教师座谈会，强调用新时代中国特色社会主义思想铸魂育人，贯彻党的教育方针，落实立德树人根本任务，引导学生增强中国特色社会主义道路自信、理论自信、制度自信、文化自信，厚植爱国主义情怀，把爱国情、强国志、报国行自觉融入坚持和发展中国特色社会主义事业、建设社会主义现代化强国、实现中华民族伟大复兴的奋斗之中。②

习近平总书记在讲话中强调，办好思想政治理论课关键在教师。思政课教师要给学生心灵播下真善美的种子，引导学生"扣好人生第一粒扣子"。提出了思政课教师"政治要强、情怀要深、思维要新、视野要广、自律要严、人格要正"的"六要"标准，并指出推动思政课改革创新的"八个相统一"："坚持政治性和学理性相统一、坚持价值性和知识性相统一、坚持建设性和批判性相统一、坚持理论性和实践性相统一、坚持统一性和多样性相统一、坚持主导性和主体性相统一、坚持灌输性和启发性相统一、坚持显性教育和隐性教育相统一"，为推进学校思政课建设做了具体的导向和指引。③在"坚持显性教育和隐性教育相统一"的论述上，强调要挖掘其他课程和教学方式中蕴含的思想政治教育资源，实现全员全程全方位育人，为"三全育人"思想的落地指明了方向。

（五）思政课改革创新文件的出台

为贯彻落实习近平总书记在学校思想政治理论课教师座谈会上的重要讲话精神，2019年8月，中共中央办公厅、国务院办公厅印发了《关于深化新时代学校思想政治理论课改革创新的若干意见》，明确了新时代学校思政课的重要意义和总体要求、指导思想和基本原则，指出思政课是落实立德树人根本任务的关键课程，发挥着不可替代的作用，强调要坚持党对思政课建设的全面领导，坚持思政课建设与党的创新理论武装同步推进，坚持守正和创新相统一，坚持思政课在课程体系中的政治引领和价值引领作用，坚持培养高素质专业化思政课教师队伍，坚持问题导向和目标导向相结合，注重推动思

---

① 习近平出席全国教育大会并发表重要讲话[EB/OL]．新华社，2018-09-10[2020-10-26]．http：//www.gov.cn/xinwen/2018-09/10/content_5320835.htm．
② 习近平主持召开学校思想政治理论课教师座谈会[EB/OL]．新华社，2019-03-18[2020-10-26]．http：//www.gov.cn/xinwen/2019-03/18/content_5374831.htm．
③ 习近平主持召开学校思想政治理论课教师座谈会[EB/OL]．新华社，2019-03-18[2020-10-26]．http：//www.gov.cn/xinwen/2019-03/18/content_5374831.htm．

政课建设内涵式发展，全面提升学生思想政治素养，实现知、情、意、行的统一，对推进学校思政课建设和大思政育人的内涵建设与内在逻辑的梳理具有重要指导意义。①

文件指出，要不断增强思政课的思想性、理论性和亲和力、针对性，加大资源供给，加大教研工作力度，深度挖掘高校各学科门类专业课程和中小学语文、历史、地理、体育、艺术等所有课程蕴含的思想政治教育资源，解决好各类课程与思政课相互配合的问题，发挥所有课程育人功能，构建全面覆盖、类型丰富、层次递进、相互支撑的课程体系，使各类课程与思政课同向同行，形成协同效应；推动思政课实践教学与学生社会实践活动、志愿者服务活动结合，思政小课堂和社会大课堂结合，对如何构建学校大思政育人体系，如何进行课程思政和实践育人做了具体的指引和要求。

（六）思政课实施要求的明确

为深入贯彻中共中央办公厅、国务院办公厅《关于深化新时代学校思想政治理论课改革创新的若干意见》精神，2020年12月18日，中央宣传部、教育部发布《新时代学校思想政治理论课改革创新实施方案》。该方案提出要充分发挥思想政治理论课（以下简称思政课）在立德树人中的关键课程作用，循序渐进、螺旋上升地开设好大中小学思政课。该方案规定中等职业学校（含技工学校）开设"思想政治"必修课程和选修课程。必修课程教学内容包括中国特色社会主义、心理健康与职业生涯、哲学与人生、职业道德与法治，共144学时。围绕时事政策教育，中华优秀传统文化、革命文化、社会主义先进文化教育，法律与职业教育，国家安全教育，民族团结进步教育，就业创业创新教育，公共卫生安全教育等教学内容，开设选修课程，不少于36学时。②

二、广东省学校思想政治教育改革概况

广东省是我国改革开放的前沿阵地，是我国人口第一大省，也是职业教育第一大省。广东省委省政府历来高度重视本省各级各类学校的思想政治教育及其改革。2019年6月，中共广东省委教育工作领导小组印发《广东省学校思想政治理论课建设行动计划（2019—2021年）》，明确推出党政领导干部常态化为师生讲思政课等16项举措，推动思想政治理论课改革创新，提高思想政治理论课质量。实际上，早在2015年，广东在全国首创"思政第一课"，高校党委书记、校长每学期上第一堂思政课，向大学生传递正确政治导向和价值取向，获得教育部的充分肯定。而新出台的行动计划，进一步丰富了思政课的授课内容。其中，省委、省政府领导同志，地级以上市党政主要负责同志每年到高校给师生讲思政课，县（市、区）党政主要负责同志结合形势任务、本地区相关工作，主动到学校讲思政课。高校党委书记、校长和院（系）党组织书记、院长（系主

---

① 中共中央办公厅　国务院办公厅印发《关于深化新时代学校思想政治理论课改革创新的若干意见》[EB/OL]. 新华社，2019-08-14[2020-10-26]. http://www.gov.cn/zhengce/2019/08/14/content_5421252.htm.
② 中共中央宣传部　教育部. 中共中央宣传部　教育部关于印发《新时代学校思想政治理论课改革创新实施方案》的通知[EB/OL]. 2020-12-18[2021-11-07]. http://www.gov.cn/zhengce/zhengceku/2021-01/01/content_5576046.htm.

任），中小学校（含中职学校、技工学校，下同）党组织书记、校长每学期为学生上第一堂思政课，高校班子其他成员每学期讲一次思政课。高校党委书记、校长，分管思政课建设和分管教学、科研工作的校领导，对每门思政课必修课，每人每学期至少听一次课。①这些广东经验也很值得推广。

（一）广东省学校思政课建设工作的调研

2019年3月25日，广东省委书记李希前往广州中学、华南师范大学等大中学校，深入思想政治理论课教学一线，就认真学习贯彻习近平总书记在学校思想政治理论课教师座谈会的重要讲话精神，做好广东省学校思想政治工作进行调研，并召开座谈会，提出了广东省思政课建设的四点要求。他强调，要坚持用习近平新时代中国特色社会主义思想铸魂育人，扎扎实实做好思政课建设各项工作，增强办好思政课的责任感使命感紧迫感；着力推进思政课守正创新，不断提高课程思想性、理论性、亲和力、针对性，倡导有效教学、有效引导、有效育人，推进专业课与思政课、课内与课外一体发力；打造政治素质过硬、业务能力精湛、育人水平高超的思政课教师队伍，更好落实立德树人根本任务；加强党委对学校思想政治工作和思政课建设的领导。②

（二）广东省学校铸魂育人工程的启动

2019年4月15日，广东省省委、省政府召开全省教育大会，深入贯彻习近平总书记关于教育的重要论述和全国教育大会精神，部署今后一个时期广东教育工作。会后，下发《中共广东省委教育工作领导小组办公室关于认真学习贯彻全省教育大会精神的通知》（粤教育办〔2019〕4号）。文件将实施新时代铸魂育人工程作为开创新时代广东教育强省建设新局面的重点措施，指出要扎实推动习近平新时代中国特色社会主义思想进教材、进课堂、进社团、进社会实践、进课余生活，把习近平新时代中国特色社会主义思想融入各类课程中；要在教学内容、手段和方式上不断推动思政课改革创新，增强时代感和吸引力，加强社会主义核心价值观教育，加强学生德智体美劳全面培养。③

（三）广东省思政课建设行动计划的出台

2019年6月，中共广东省委教育工作领导小组印发了《广东省学校思想政治理论课建设行动计划（2019—2021年）》。行动计划共有16条内容，其中包括：建立齐抓共管思政课建设的工作机制；按照"六要"标准加强思政课教师培养培训；按照"八个相统一"要求加强思政课教学改革；深挖"课程思政"潜力，推进"课程思政"建设取得突破；注重实践教学，用好社会大课堂；提升思政课教研工作水平；落实马克思主义学院

---

① 《广东省学校思想政治理论课建设行动计划（2019—2021年）》出台 党政领导干部常态化为师生讲思政课[EB/OL]．南方日报，2019-06-14[2021-11-07]．http://www.gd.gov.cn/zwgk/zcjd/snzcsd/content/post_2513387.html．
② 用习近平新时代中国特色社会主义思想铸魂育人[EB/OL]．广州日报，2019-03-26[2020-10-26]．http://www.moe.gov.cn/jyb_xwfb/xw_zt/moe_357/jyzt_2019n/2019_zt3/zt1903_zxfx/201904/t20190402_376431.html．
③ 关于转发《中共广东省委教育工作领导小组办公室关于认真学习贯彻全省教育大会精神的通知》的通知 [EB/OL]．2019-05-24[2020-10-26]．http://2013.xhsysu.edu.cn/web/zt/xxgk/xxgksxlb/dangjiangongzuoguanli/694.html．

"第一学院"和思政课堂"第一课堂"地位等。文件强调,通过思政课教学改革,打造"一校一品牌""一院一特色""一课一精品";督导和引导全体教师挖掘各门课程蕴含的思想政治教育元素,作为教材讲义必要章节、课堂讲授重要内容、学生考核关键知识,实现思想政治教育和知识体系教育有机统一;打造实践育人共同体,为思政课教学提供广阔天地和丰富资源。"第一课堂"地位的明确,课程思政的具体指引,育人共同体的提出,打开了思政课建设的思维,形成了学校"大思政"的教育格局。①

(四)广东省技工院校思政课建设意见的提出

作为广东职业教育的重要组成部分,广东技工院校思政课建设也紧跟国家和省的步伐。2019年7月,广东省人力资源和社会保障厅印发《关于进一步加强和改进我省技工院校思想政治理论课建设的意见》,全面推进新时期广东省技工院校思政课建设工作。文件明确了广东省技工院校思政课建设的总体要求:以立德树人为根本,以理想信念教育为核心,以社会主义核心价值观为引领,以全面提高技能人才培养能力为关键,不断提升思政课质量,构建全员全过程全方位"大思政"育人格局;重点推进"思政课教师队伍建设、思政课教育教学改革、思政课规范化建设、思政课建设领导、思政课教学研究机构建设"五个主要任务。②文件提出扎实推进新时代思政课守正创新,推进思政课走向"课程思政";坚持党对思政课建设工作的领导,把思政课贯穿育人全过程的基本原则;强调注重实践教学,构建思政小课堂、社会大课堂的"大思政"育人机制,完善集教学研究、创新活动、社会实践、文化养成等于一体的实践教学模式,逐步实现"课上课下、线上线下、校内校外、理论与实践、管理与教学、灌输与互动"的全方位一体化思政大格局,对技工院校构建"大思政"育人格局具有很强的指引和启发作用。

(五)广东省技工院校思政课建设方案的制定

2020年1月,按照《关于深化新时代学校思想政治理论课改革创新的若干意见》和《广东省学校思想政治理论课建设行动计划(2019—2021年)》,广东省人力资源和社会保障厅制定了《广东省技工院校思想政治理论课建设工作方案》(以下简称《方案》)。《方案》在《关于进一步加强和改进我省技工院校思想政治理论课建设的意见》基础上,明确了广东省技工院校思想政治理论课建设工作的指导思想和工作目标,明确了推进思政课建设工作的五个主要措施:夯实思政课建设工作平台;规范思政课程教材体系建设;实施思政课教师素质提升行动;开展思政课教研教改工作;推进形成特色鲜明的思政育人品牌,着力于构建目标同向、教育同步、推进同力的思政工作新格局。《方案》指出,要围绕"理想信念""爱国情怀""国防教育""技能强国""工匠精神""活力世赛"等技工教育特色,打造一批精品微(慕)课、示范课、视频公开课等特色思政课例;结合技工教育特点,积极开展省级特色选修课程建设,包括工匠精

---

① 《广东省学校思想政治理论课建设行动计划(2019—2021年)》出台 党政领导干部常态化为师生讲思政课[EB/OL].南方日报,2019-06-14[2020-10-26].http://www.gd.gov.cn/zwgk/zcjd/snzcsd/content/post_2513387.html.
② 技管处印发《关于进一步加强和改进我省技工院校思想政治理论课建设的意见》的通知[EB/OL].2020-07-13[2020-10-26].http://www.gdttcte.com/info/news-1023.html..

神、劳动教育、中华优秀传统文化、世界技能大赛宣传等。《方案》强调，要探索专业课与思政课程相结合的育人模式，根据学生和专业特点，提炼不同专业"工匠精神"的内涵和特质，深入挖掘各门专业课程所蕴含的德育元素和承载的德育功能，在专业课教学中强化学生思想政治教育。《方案》目标明确、措施具体、内容翔实，对广东省技工院校推进思政课改革创新和"大思政"建设工作的有效落地，起到了很好的促进作用。[①]

为实现中华民族伟大复兴，我们不仅要引才，更要自主培育爱国敬业的英才。从人口大国到人才大国，再到人才强国，是我国经济社会可持续发展的必由之路。因此，立德树人、三全育人，加强大中小学校思想政治教育已成为新时代中国教育的重要课题。基于这样的背景，从中央到地方，各级党组织和政府纷纷出台政策，以加强思政课程和课程思政。广东省也不例外，制定了《广东省学校思想政治理论课建设行动计划（2019—2021年）》，要求大中小学（含中职学校、技工学校）书记、校长亲自上阵，上好"思政第一课"。

---

① 广东省人力资源和社会保障厅. 广东省技工院校思想政治理论课建设工作方案[Z]. 2020.

第二节　项目背景：新时代思想政治教育改革实践研究

一、技工院校原有的思想政治教育体系的构成

《技工院校德育课程标准（2010）》要求德育必修课程要有三个模块，分别是思想品德、经济政治和就业教育，指导课时为80学时，要求在一、二年级完成教学。

2018年以来，各级部门对思想政治课教学越来越重视，要求不断提高。技工院校对照标准，落实要求，结合各自实际不断调整思想政治课程教学计划，进行了积极探索。例如在必修课中补充历史课，增加中华优秀传统文化课程，积极开拓各类特色选修课等。以广州市工贸技师学院为例，2018—2019年度思想政治课程必修课教学计划见表1-1。

表1-1　广州市工贸技师学院2018—2019年度思想政治课程（必修课）教学计划

年级	学制	思政模块	课时	学期
2019级	高中起点高级3年/预备技师	思想政治1	40/48	第一学期
		思想政治2	0/40	第六学期
		历史	40	第四学期/第八学期
		心理健康	40/20	第三学期/第五学期
		创新创业与就业/就业指导	20	第四学期/第八学期
	初中起点高级5年	思想政治1	40	第一学期
		思想政治2	40	第四学期
		中华优秀传统文化	40	第二学期
		历史	40	第七学期
		心理健康	40	第一学期
		创新创业与就业	40	第八学期
2018级	高中起点高级3年/预备技师	思想品德	40/48	第一学期
		中华优秀传统文化	20/40	第二学期/第四学期
		历史	40	第四学期/第七学期

续表

年级	学制	思政模块	课时	学期
2018级	高中起点高级3年/预备技师	心理健康	0/40	第三学期/第五学期
		创新创业与就业/就业指导	20/40	第八学期/第四学期
	初中起点高级5年	思想品德	40	第一学期
		中华优秀传统文化	20	第七学期
		历史	40	第五学期
		心理健康	40	第四学期
		创新创业与就业	20	第七学期

二、技工院校思想政治教育的现存问题及改革方向

技工院校特别是技师学院招收的是高中毕业生源和初中毕业生源，教育教学对象覆盖了高职和中职的学生年龄阶段。鉴于教育对象的学业基础和年龄特征等因素，技工院校学生思想政治教育工作一直存在很大问题。

（一）现存问题

一是基础薄弱。与高校、高职相比，技工院校思想政治教育工作最大的差别在于没有设置马克思主义学院，思政课教学工作均归属于公共基础系，由学校招聘具有政治教育背景的教师进行思政课教学。虽然学校重视思想政治教育工作，但由于没有专门的思想政治教育教学研究实施机构，在推动思想政治教育工作上，大部分技工院校觉得吃力，缺乏有效机制推动落实。

二是阵地单一。基于就业导向的办学定位，技工院校教育教学重心一般是落在学生技术技能培养上的。思想政治教育工作主要依托思政课课堂教学主阵地，主力在教学线。而学生处、团委等部门主要开展以学生管理、学生活动为主的德育工作。教学线和学生管理线、团委线各司其职、各自为政，导致日常思政教育内循环不畅通，思想政治教育链条未形成，难以实现全过程、最优化的育人成效。

三是认识不足。从整个学院部门职责到课程范畴，技工院校未能在全校层面建立全面系统的思政育人体系和机制。思想政治教育即思政课教师、思政课教学的思维比较固化。专业课教师、公共课教师，教学线、学生线、团委线之外的其他部门人员的思政意识更是欠缺，思政能力严重不足，难以全员、全方位推进学生思政教育工作。

四是成效不高。技工院校学生大多数是高考和中考的"失落者"，学科知识和理论基础相对比较薄弱，逻辑思维和分析能力普遍不强。他们在技能操作上往往有优势，动手能力较强，善于解决问题，但对理论知识学习容易产生厌学心理。以上共性特点推动了技工院校专业课程的教学改革，但在思政教育工作上却未得到很好的研究和重视，未能在思想政治课堂和思想政治教育活动中实现守正创新，充分调动学生的学习积极性，导致教育效果大打折扣。

因此，如何构建全员全过程全方位的思政育人体系，探索具有技工院校特点的思政教育模式，提升技工院校的思政教育成效，是技工教育思政工作者面临的挑战。笔者认为，新时代技工院校学生思想政治教育工作必须充分关注以下四个方面的改革方向性原则。

（二）改革方向

一是整体性。从学校层面进行思想政治教育布局，梳理思路，整合资源，进行顶层设计，构建运行机制，将学院所有部门和全体师生纳入思政教育的范畴，实现全员育人；在学院所有课程中推进思政育人，实现全过程育人；把学生在学校中的所有活动都融入思想政治教育，实现全方位育人。通过学院层面的平台搭建和机制建立，在全校范围内树立思政教育的核心地位，整体构建思政育人大格局。

二是交融性。充分挖掘专业课程、公共课程、人文素质课程等所有课程的思政元素，拆除课程藩篱，探索融合渠道，实现思政课程和专业课程与公共课程在思政教育上的交互融通；充分整合技能学习、社团活动、社会实践等教育行动和学生活动的育人功能，打破德育瓶颈，推进价值引领，实现思政育人和德育工作的对接互补，全面开拓思政育人功能。

三是针对性。遵循先进的教育教学理念和科学的学生成长规律，探索符合技工院校人才培养目标、适应技工院校学生特点的思政育人模式，创建具有技工院校特点的思政育人项目，从平台、载体、手段、方法上推进思想政治教育工作的改革创新，在潜移默化中提升学生政治素养，实现价值引领。

四是有效性。在学校全体教工中明确思想政治教育核心，树立思想政治教育意识，推动全体教工从"教学"向"教育"的转变，推动学院从"思政教学"向"思政育人"的转变，通过育德意识和育德能力的培养和提升，促使大思政育人体系的真正落地、实施。只有从文件、政策、课堂和活动内化于师生的头脑，并最终表现为正确认识和良好行为的输出，思政教育的有效性才能得到验证。

三、思政课程到课程思政的改革探索

（一）"课程思政"的缘起

进入21世纪，国内外形势瞬息万变，西方文化思潮和价值观念严重冲击当代大学生。社会主义市场经济深入发展，我国社会经济成分、组织形式、就业方式、利益关系和分配方式日益多样化。人们思想活动的独立性、选择性、多变性和差异性日益增强。部分高校思想政治教育形式化，学校思想政治理论课实效性不强，哲学社会科学一些学科教材建设滞后，思想政治教育与大学生思想实际结合不紧。更有少数学校没有把大学生的思想政治教育摆在首位、贯穿于教育教学的全过程。基于上述种种现实问题，2004年中共中央联合国务院发布《关于进一步加强和改进大学生思想政治教育的意见》（中发〔2004〕16号），明确指出加强和改进大学生思想政治教育，充分发挥课堂教学在大学生思想政治教育中的主导作用,高等学校各门课程都具有育人功能,所有教师都负有育人职责。要深入发掘各类课程的思想政治教育资源,使学生在学习科学文化知识过程中,自觉加强思想道德修养,提高政治觉悟。要把大学生思想政治教育摆在学校各项工作的首位,贯穿于教育教学的全过程。①

2014年,中共中央办公厅、国务院办公厅印发《关于进一步加强和改进新形势下高校宣传思想工作的意见》(中办发〔2014〕59号),指出要切实推动中国特色社会主义理论体系进教材进课堂进头脑;要构建高校思想宣传工作大格局。②

2016年,中共中央、国务院发布《关于加强和改进新形势下高校思想政治工作的意见》(中发〔2016〕31号),要求充分发掘和运用各学科蕴含的思想政治教育资源,健全高校课堂教学管理办法;坚持全员全过程全方位育人;把思想价值引领贯穿教育教学全过程和各环节,形成教书育人、科研育人、实践育人、管理育人、服务育人、文化育人、组织育人长效机制;要加强对课堂教学和各类思想文化阵地的建设管理。③

2017年12月,教育部发布了《中共教育部党组关于印发〈高校思想政治工作质量提升工程实施纲要〉的通知》(教党〔2017〕62号)。通知中提出要建立课程育人质量提升体系,大力推动以"课程思政"为目标的课堂教学改革,优化课程设置,修订专业教材,完善教学设计,加强教学管理,梳理各门专业课程所蕴含的思想政治教育元素和所承载的思想政治教育功能,融入课堂教学各环节,实现思想政治教育与知识体系教育的有机统一。高等学校思想政治工作体系中,课程育人或课程思政排在首位,它是大学生思想政治教育的"主渠道"。④

2020年6月1日,教育部印发《高等学校课程思政建设指导纲要》(教高〔2020〕3号),强调要把思想政治教育贯穿人才培养体系,全面推进高校课程思政建设,发挥好每门课程的育人作用,提高高校人才培养质量。教师队伍"主力军"、课程建设"主战场"、课堂教学"主渠道"的定位得以确立。要让所有高校、所有教师、所有课程都承担好育人责任,守好一段渠、种好责任田,使各类课程与思政课程同向同行,将显性教育和隐性教育相统一,形成协同效应,构建全员全程全方位育人大格局。⑤

课程思政是在国内外形势变化下高校贯彻全员全程全方位育人的大思政育人体系的"主阵地"。国家的大学生思想政治教育的顶层设计蓝图,从挖掘各课程的思想政治资源,到中国特色社会主义理论进教材,再到构建把思想政治教育贯穿在人才培养的体系中,构建三全育人的大思政育人体系,体现"大思政教育观"。"大思政教育观"是指在对思想政治理论课功能作用、目标任务、内容方法、环境载体等方面的认识上,具有

---

① 中共中央 国务院发出《关于进一步加强和改进大学生思想政治教育的意见》[EB/OL]. 光明日报,2004-10-14[2020-10-26]. http://www.moe.gov.cn/s78/A12/szs_lef/moe_1407/moe_1408/tnull_20566.html.
② 中共中央办公厅、国务院办公厅印发《关于进一步加强和改进新形势下高校宣传思想工作的意见》[EB/OL]. 新华社,2015-01-19[2020-10-26]. http://www.gov.cn/xinwen/2015-01/19/content_2806397.htm.
③ 中共中央 国务院印发《关于加强和改进新形势下高校思想政治工作的意见》[EB/OL]. 新华社,2017-02-27[2020-10-26]. http://www.gov.cn/xinwen/2017-02/27/content_5182502.htm.
④ 刘建军. 课程思政:内涵、特点与路径[J]. 教育研究,2020,41(09):28-33.
⑤ 教育部. 教育部关于印发《高等学校课程思政建设指导纲要》的通知[EB/OL]. 2020-06-01[2020-10-26]. http://www.moe.gov.cn/srcsite/A08/s7056/202006/t20200603_462437.html.

宽宏的视域。它既可以继承思想政治教育的优良传统，又可以适应改革开放时代思想政治教育的新发展，能够充分体现高校在精神文明建设中的文化创新与自觉。①

（二）"课程思政"的内涵特征

1. 隐蔽性与渗透性

课程思政突破了传统知识的分裂性和非此即彼的思维框架，在育人这一更高目标上实现了统一。课程思政就是挖掘所有课程的隐形教育资源，传授有温度、有厚度的知识。这种知识传授不纠缠于学科的单向度、线性知识进化论思想，而是引入人文情节和思考，在课程的学习中体验和感知科学的魅力，通过各种课程教育教学挖掘知识的育人功能，从而实现课程工具理性和价值理性的统一。②换言之，专业课的"课程思政"需要在原有的教材与教学体系中深度挖掘课程所蕴含的思想政治教育资源，在教育实践过程通过情境体验、实践活动等形式以潜移默化的形式内化于学生。

2. 协同性

课程思政需要在专业院系内部凝聚共识，也需要作为高校思想政治教育主渠道的"思政课"的参与和引导，更需要高校学生思想政治教育工作行政管理部门的支持与配合。换言之，唯有在高校内部形成各部门、各院系普遍参与和协同运作的"大思政"格局，课程思政的展开才能形成良好的外部氛围，教学的实效性也才能真正得到提升。③课程思政需要管理部门的协同合作，更需要各学科课程教师的深度有效联结合作。

（三）"思政课程"与"课程思政"的异同

思政课程和课程思政都承担立德树人的功能，思政课程是思想政治教育的课程体系的范畴，课程思政是体现思想政治教育目标的体系范畴。课程思政内的各课程是既相互独立又相互联结的统一体，价值引领实质表征为精神引领。教师在课堂教学中，不仅要向学生传授知识，而且要让学生感受到知识背后创造者的高尚情操和人格以及强大的精神追求。④"思政课程"与"课程思政"需要同向同行、合力育人，培养具备思想政治修养的时代新人。二者同向同行，主要表现在步调一致、相互补充、相互促进与共同发展。一方面要推动"课程思政"建设，为"思政课程"提供学科支撑、理论支撑、队伍支撑等。"课程思政"的多学科性帮助"思政课程"汲取营养；"思政课程"需要根植于"课程思政"才能孕育更美的花朵。另一方面，"思政课程"促进"课程思政"的发展，树立课程建设的示范标准、教学规范标准、政治导向标准等，进而起到示范和引领作用。思政课程与课程思政是不可替代的两个课程体系。⑤

---

① 王国炎. 思想政治理论课"大思政"教学改革与建设探索[J]. 思想教育研究，2010（05）：9-11.
② 何红娟. "思政课程"到"课程思政"发展的内在逻辑及建构策略[J]. 思想政治教育研究，2017，33（05）：60-64.
③ 胡洪彬. 课程思政：从理论基础到制度构建[J]. 重庆高教研究，2019，7（01）：112-120.
④ 邱伟光. 论课程思政的内在规定与实施重点[J]. 思想理论教育，2018（08）：62-65.
⑤ 邱仁富. "课程思政"与"思政课程"同向同行的理论阐释[J]. 思想教育研究，2018（04）：109-113.

（四）课程思政的实践与探索

近年来，全国高校遵循习近平总书记关于教育的重要论述，逐步深化对课程思政的认识，积极实践，硕果累累。习总书记关于教育的重要论述带来了中国高等教育的理论和实践创新，开创了中国高等教育事业发展新局面。习总书记关于教育的重要论述是高校落实立德树人根本任务的科学指南，推动了中国特色社会主义高等教育办学治校方法论的转变，是一种重要的实践创新。①全国教育一盘棋。各地各级学校纷纷响应，迅速行动，在思政教育改革中各显神通。其中，上海的课程思政起得早、做得好，可谓一个标杆。下面就以上海的几所高校为例，介绍其先进经验。

上海高校的课程思政，实施早、效果好。窥一斑而见全豹。下面选取上海三类高校（研究型大学、应用型本科、高职学校）中的三所学校作为个案，粗略地了解其课程思政的具体实施情况，学习其丰富的经验。

1. 上海的课程思政改革经验

从2014年起，上海将德育纳入教育综合改革重要项目，逐步探索从思政课程到课程思政的转变。2014年，上海市委、市政府印发《上海市教育综合改革方案（2014—2020年）》，提出本次改革的基本目标就是构建三个制度体系，也就是把培育和践行社会主义核心价值观有机融入教育体系中，全面渗透到学校教育教学全过程，同时发掘专业课程思想政治教育资源，逐步形成"课程思政"体系。②

2015年起，上海市推进上海高校示范马克思主义学院建设工作，分批遴选若干马克思主义学院，逐步带动全市的马克思主义学院整体发展，进一步加强高校思想政治理论课教学的理论与实践研究，以及思政课教师与专业课教师之间的互动方式。③

为贯彻落实全国高校思想政治工作会议精神，探索上海高校课程思政教育教学体系建设，上海市启动了高校课程思政教育教学改革试点工作，从全市范围内遴选若干高校开展整体试点，在抓好高校思想政治理论课的过程中，逐步推进综合素养课程和专业课程改革，整体推进高校开展课程思政改革试点工作。④

现如今，所有高校全覆盖开设"中国系列"思政选修课程；所有高校全覆盖开展综合素养课程改革，每所学校至少选取1门课程开展试点；所有高校全覆盖开展专业课程育人改革，每所学校至少选取2门专业课程开展试点。目前，全市已开出"中国系列"课程30余门，在建20余门，175门综合素养课程和400余门专业课程相继启动试点。⑤复旦大学有"治国理政"，华东师范大学有"中国智慧"，东华大学有"锦绣中国"，华东政法大学有"法治中国"，上海海事大学有"大国航路"。各所高校结合大学生的群体特征，围绕学校的专业学科特色，采用灵活多样的授课方式如专题讲座结合"头脑风暴"

---

① 韩宪洲．课程思政：新时代中国特色社会主义高等教育的理论创新与实践创新[EB/OL]．2020-12-07[2021-11-07]．https://www.sohu.com/a/436775098_243614．
② 上海市教育委员会．上海市教育综合改革方案（2014—2020年）[EB/OL]．2014-11-21[2020-10-26]．http://edu.sh.gov.cn/web/jyzt/zhgg16/index.html．
③ 朱梦洁．"课程思政"的探索与实践[D]．上海：上海外国语大学，2019．
④ 朱梦洁．"课程思政"的探索与实践[D]．上海：上海外国语大学，2019．
⑤ 虞丽娟．从"思政课程"走向"课程思政"[N]．光明日报，2017-07-20．

式讨论和调研实践等,巧妙地寓社会主义核心价值观的精髓要义于多样化课堂教学之中,在引人入胜、潜移默化中实现教育目标。"大师剧"作为生动的教案和素材,成为大学生思政教育的有力支撑,形成艺术与高校思政工作的同频共振。上海交通大学《钱学森》、东华大学《钱宝钧》、上海立信会计金融学院《潘序伦》、上海中医药大学《裘沛然》、上海音乐学院《贺绿汀》、上海理工大学《刘湛恩》等一批以高校名家大师为原型、融思想性与艺术性于一体的"大师剧",发挥着润物细无声的育人作用。①

（1）复旦大学。

复旦大学深度挖掘所有课程的思想政治教育资源,形成以思想政治理论课为核心,以中国系列课程、综合素养课程、哲学社会科学课程为支撑,以专业课的课程思政建设为辐射的三位一体课程思政教育教学体系。复旦大学的各类课程与思想政治理论课同向同行,形成从"思政课程"拓展至"课程思政"的育人圈层效应,在核心层深入推进思想政治理论课教学改革,完善"4+1+X"思想政治理论课程体系,打造复旦思政课品牌。在支撑层,开展新一轮通识教育核心课程教学改革,建设具有复旦特色的"中国系列"课程,做好哲学社会科学的专业思政。在辐射层,推动专业教育中的课程思政建设,着力抓好"三十百加一（医）"示范工程,即新闻学、哲学、政治学与行政学3个示范专业、20门示范在线课程、不少于100门课程思政示范专业课程和1个整体推进的人文医学课程思政体系。建设"共产党宣言导读""论语导读"等12门通识教育核心课程及"人文医学"系列课程,推动优秀传统文化融入综合素养课程教育教学。②

（2）上海应用技术大学。

2019年,上海市积极推进课程思政建设向纵深发展,遴选了上海高校课程思政教育教学改革"整体改革领航高校"和"上海高校课程思政重点改革领航学院",上海应用技术大学是"整体改革领航高校"中唯一的一所应用型本科高校。上海应用技术大学于2019年9月19日成立课程思政研究中心,成为沪上首家成立课程思政研究中心的高校,坚持"盐溶于汤"理念,立足办学定位、专业特点、课程特质和应用型创新人才培养要求,因课而异、因事而新,探索科学放"盐"、艺术放"盐",根植应用技术办学特色构筑铸魂育人同心圆,解决了学校的课程思政建设要育什么德、怎么教、怎么建、怎么用等主要问题。创新专业课程教学模式,推广"师、时、史、势"的"4S"教学法,即以本学科学术大师作为榜样引导学生向师长楷模学习、以社会实时热点直面社会和回应疑问、以学科发展史料为涵养把握学科发展趋势,把价值引领要素及思维方式的培养巧妙融入各学科教育教学,形成了课程门门有思政、教师处处讲育人的格局。③

（3）上海城建职业学院。

上海城建职业学院用一根劳模线串起劳模育人选修课、思政课、专业课和综合素质培养课,构建以劳模工匠精神为核心的课程大思政。其中,思政课强化劳模的理想、

---

① 刘昕璐. "课程思政"改革的"上海经验"[N]. 青年报,2018-07-27.
② 课程思政教育教学改革[EB/OL]. 2019-04-23[2020-11-05]. https://www.fudan.edu.cn/2019/0423/c515a95974/page.htm.
③ 许婧. 沪上高校首家"课程思政研究中心"在上应大成立[EB/OL]. 2019-11-19[2020-11-04]. http://www.sh.chinanews.com/kjjy/2019-11-19/66857.shtml.

价值观、人生观教育；专业课及实践中强化劳模的职业素养与技能教育；选修课强化劳模的道德教育与行为认知；综合素质培养课程围绕人才需求标准、生源情况分析、培养方案设计、教学组织形式、教育教学成效五个方面展开，邀请劳模共同参与指导，让每个青春都出彩。上海城建职业学院开设了"走近劳模"思政选修课，课程分为"劳模之由""劳模之路""劳模之化""劳模之才"四个模块，由劳模领衔，由总工会领导、企业领导和学校思政教师共同授课，采用过程性的考核方式，要求学生在完成四个模块的教学和实践外，还必须完成"四个一"，即：参观一个劳模展，聆听一场劳模报告，阅读一本劳模书籍，参加一次劳模实践或完成一份劳模作业。通过"四个一"的考核，把劳模育人的三个课堂、四类课程有机地结合起来，促进了思政课程向课程思政的转化，形成了劳模（工匠）精神育人的课程大思政格局。①

上海高教"思政课程"向"课程思政"转向的改革经验很成功：在思想政治理论课、综合素养课和专业教育课"三位一体"的课程体系中融入"思政因子"，教师挑起"思政担子"，探索构建全员全课程的大思政教育体系。各类课程都能与思想政治理论课同向同行、形成协同效应。其关键原因在于：一是站位高，要抓住课程改革核心环节，强调学校教育应具备全方位德育"大熔炉"的教育合力作用；二是抓得准，准确把握不同性质课程特点，既牢牢把握思政理论课的核心地位，又充分发挥其他所有课程的育人价值。②

2. 广东职业院校课程思政改革

上海经验值得学习和借鉴，而广东的课程思政也开展比较早。如前所述，早在2015年，广东省就实施了全国首创的"思政第一课"项目。在国家出台课程思政改革的相关政策之后，广东省也迅速响应、快速行动，全面铺开大中小学校的思政教育改革。下面以广东省内的几所职业院校为案例，简要介绍本省的职业院校课程思政改革情况，尤其是他们的先进经验和好的做法。

（1）深圳职业技术学院。

深圳职业技术学院制定了《深入推进课程思政建设实施方案》，成立课程思政研究中心，实施课程思政"一三十百"工程和"金课"建设工程，课程思政教学改革初显成效。③在全校形成了良好的课程思政氛围，推动思政课程与课程思政同向同行，打造符合职业院校学生特点的思政课教学模式，凸显深圳特色和职业院校特色，用好深圳改革开放"活"教材，启动思政课（含课程思政）教学资源库建设，把工匠精神、工匠文化融入思政课与课程思政专业教学，并充分挖掘和运用各门课程蕴含的思想政治教育元素，建成1个示范学院、3个示范专业、10门示范通识课程、100门示范专业课程。深圳职业技术学院推动教师参与课程思政建设项目与课程思政相关比赛，在全校范围开展课程思政

---

① 刘轶琳. 给课程思政加点劳模料 上海职业院校探索育人课程建设[EB/OL]. 2018-04-26[2020-11-04]. http://sh.eastday.com/m/20180426/u1ai11393546.html.
② 邓晖，颜维琦. 从"思政课程"到"课程思政"：上海探索构建全员、全课程的大思政教育体系[N]. 光明日报，2016-12-12.
③ 吴吉，江涛. 职业院校电子与信息专业如何上好思政课？超百万人线上研讨[EB/OL]. 2021-09-25 [2021-11-06]. http://duchuang.sznews.com/content/2021/09/25/content_24599108.html.

示范工程建设项目，全校所有学院全部参与，共有103位教师获得立项，全校教师的课程思政研究意识和建设能力普遍得到提高。教师还积极参与课程思政相关比赛，4篇案例在2020年教育部职业院校文化素质教育指导委员会课程思政研究院举办的"战役课堂"课程思政典型案例征集大赛中获奖，两位教师的课程思政作品入选人民出版社课程思政作品集。①

（2）番禺职业技术学院。

番禺职业技术学院全面推进课程思政教育教学改革工作的五点要求：一是各单位明确各自的工作内容，不断推进课程思政教育教学改革工作；二要完善专业人才培养方案和课程标准，强化与明确思政要求；三是所有课程开展思政教育探索与实践；四是各相关单位统筹协同，对课程思政加强指导、督促和支持，教务处牵头，马克思主义学院协助；五要大力加强教师思政教育教学能力培训。②为做好疫情期间"停课不停教，停课不停学"工作，广州番禺职业技术学院珠宝学院党总支第二教工党支部组织党员师生和首饰设计与工艺专业学生，以"'饰笔为言，艺战疫情'——致敬最美逆行者和战斗在疫情一线的广大医护工作者"为主题，积极开展首饰作品的创作研习。党员师生和同学们饱含深情，纷纷拿起画笔，发挥专业优势，积极投入创作。短短一周，137名师生共创作329幅抗"疫"首饰作品，上了一堂别样的课程思政课。③

（3）广东轻工职业技术学院。

为进一步强化党委统一领导、党政齐抓共管、相关部门联动的课程思政建设工作格局，广东轻工职业技术学院成立了课程思政教学研究中心，通过团队协同攻关方式，聚焦标准研究、课程建设、教学指导、考核评价、教学质量诊断与改进等课程思政建设重难点问题，研究探索新模式、新方法、新载体，推动各类课程与思政课程同向同行，推动价值塑造、知识传授、能力培养深度融合。广东轻工职业技术学院把教师培养作为课程思政建设的首要发力点，将课程思政理念融入教师培训体系，努力提高全体教师课程思政建设的意识和能力。2017年组织教师前往北京参加课程思政培训，重点学习"多维、立体、全过程构建思政育人模式"。2017年学校制定实施《关于启动"课程思政"改革试点的实施办法》，并在学校第三次党代会中明确了"四个一课程思政工程"，遴选一个专业群、一个专业、一批课程、一批教师先行试点改革。各二级学院通过遴选试点专业、试点课程，充分利用"轻工教育在线"信息化教学平台，培育建成了"中国传统园林手绘基础""新能源应用技术""策划文案"等第一批10项"课程思政"精品在线开放课程，每个课程项目给予8000元经费支持，修订了600多门课程思政课程标准。优质课程的建成为深入推进课程思政在各类课程的全覆盖积累了丰富的实践经验。提升课堂教学，建设课程思政"主渠道"。

---

① 深圳职业技术学院. 课程思政教育教学研究中心[EB/OL]. 2021-03-22[2021-11-06]. https://pingshen.szpt.edu.cn/sjgxm2020/kcszsfxmjs/kcszjyjxyjzx.htm.
② 牛草蓁. 学校全面推进课程思政教育教学改革[EB/OL]. 2019-12-20[2020-11-05]. http://www.gzpyp.edu.cn/pyzyjsxy/xxyw/2019/12/20/content_134f4d1c6a904ae7a2f11618ee43bfc9.shtml.
③ 别样课程思政！番禺职业技术学院师生创作329幅抗"疫"首饰作品[EB/OL]. 2020-03-20[2020-11-06]. https://guangdong.eol.cn/2020-03-20.

广东轻工职业技术学院抓好课程教学"主渠道",寓价值观引导于知识传授和能力培养之中。2018年学校立项校级规划教材20门,将课程思政元素融入教材。学校进行各专业人才培养方案和课堂教学标准的修订和完善,围绕政治认同、家国情怀、文化素养、法制意识、道德修养等重点,把课程思政落实到课堂教学和实验实训中。学校不断提升课程教学,2019年5月开展"课程思政"示范课教学活动以及举办首届"课程思政"教学大赛暨"我的课程正能量"微课竞赛。2020年4月,学校各教学单位形成"战疫课堂"课程思政典型案例20个。学校还积极将校内课堂与"社会大课堂"链接,开展多种形式的社会实践、志愿服务、实习实训活动。

立德树人的成效是检验高校一切工作的根本标准。广东轻工职业技术学院按照"方向准、步子稳、内容实"理念,深入推动课程思政建设,共筑学生思想成长"同心圆"。新华网、"学习强国"学习平台报道关注学校课程思政改革成果,学校《"协同创新、多元载体、课堂联动"立体化铸魂育人模式创新与实践》获广东省教育教学成果奖一等奖。学校出台《思政品牌引领三年行动计划》等方案,在全面推进"双高"建设过程中进一步优化思政课程、课程思政、泛在思政协同并进的立德树人立体化育人体系,培养更多德智体美劳全面发展的社会主义建设者和接班人。[①]

(4)广东职业技术学院。

广东职业技术学院"曹峰思政课程与课程思政协同创新工作室"重点推进学校思政课程与课程思政协同工作,工作室工作规划和"硬任务"是"未来三年,工作室计划完成'四个一'工作目标,即:打造一个思政课程和课程思政协同创新的高水平教研创新团队;培育一批标志性研究成果;培养一批青年教师;打造一批思政课程和课程思政的'精彩一课'"。未来马克思主义学院教师的力量不断与学校其他教师的力量有机融合,共同推动课程思政体系的建设和完善。细化新成立的工作室工作,为学校的党建引领和课程思政充当"智库"角色,加强对各系各部门工作的理论指导,不断拓展思政教育新阵地。[②]

(5)广东省技工院校开学第一课集体备课活动。

2020年8月20日,中国人力资源和社会保障出版集团策划广东省人社厅组织并实施广东省技工院校开学第一课集体备课活动,在广州举行来自全省118所技工院校的170多名校(院)长和学校党组织书记围绕劳动教育集体备课。广州市技师学院提出要带领学生走进由广州市总工会、广州工艺美术行业协会和学院合作共建的"羊城工匠馆",使学生通过了解、观摩大师们的事迹及作品,深切了解每一件作品背后体力劳动和脑力劳动的融合,辩证地理解它们相互的联系。同时,引导学生畅谈职业理想,思考劳动价值标准;分享家务分担状况,鼓励学生积极亲历劳动过程;课后开展发现"校园最美劳动者"的活动,让学生体会劳动价值,尊重不同劳动者。广州市轻工技师学院"一课一案"的建设路径为:挖掘思政元素点—形成思政元素库—"思政化"教学设计—内化实

---

① 广东轻工职业技术学院重庆职业学校成立课程思政教学研究中心[EB/OL]. 2020-06-16[2020-11-07]. https://www.sczyxx.cn/news/19307.html.
② 广东职业技术学院打出加快推进课程思政建设"组合拳"[EB/OL]. 2020-06-16[2020-11-06]. http://www.gd.xinhuanet.com/newscenter/2020-06/16/c_1126121565.htm.

际教学活动—开发教学资源—固化形成模式。[①]广州市城建技工学校结合学生陈君辉、李俊鸿用19吨材料"砌"出第45届世赛冠军的事迹，把"没有强大的祖国，就没有这块金牌！"的精神融入教育教学，坚持爱国主义教育是思政课程的核心内容。

  在全国大中小学校思政教育和课程思政的改革中，技工院校也是一支重要的力量。由于在生源和课程等诸多方面区别于普通学校，技工院校的课程思政改革独具特点。换言之，技工院校的课程思政改革的难度更大、任务更重。在课程思政改革的过程中，一度出现了"全国学上海"的现象。然而，广东省在学习上海等地的同时，本身也有许多的先进经验需要沉下心来加以总结、提炼，也是值得推广传播的。

[①] 劳动教育，我们在行动——广东省开学第一课集体备课会[EB/OL]．2020-08-23[2020-11-3]．https://mp.weixin.qq.com/s/aS1xF9hKDIbj8v3VJSdf5Q.

第三节 改革试点：高质量发展背景下的改革探索

中国特色社会主义进入了新时代，我国经济发展也进入了新时代。从高增长走向高质量，是习近平新时代中国特色社会主义经济思想的集中体现。推动高质量发展，既是保持经济持续健康发展的必然要求，也是适应我国社会主要矛盾变化和全面建成小康社会、全面建设社会主义现代化国家的必然要求，更是遵循经济规律发展的必然要求。

《国家职业教育改革实施方案》明确提出，坚持以习近平新时代中国特色社会主义思想为指导，把职业教育摆在教育改革创新和经济社会发展中更加突出的位置。牢固树立新发展理念，服务建设现代化经济体系和实现更高质量更充分就业需要，对接科技发展趋势和市场需求，完善职业教育和培训体系，优化学校、专业布局，深化办学体制改革和育人机制改革，着力培养高素质劳动者和技术技能人才。[1]技工教育作为职业教育的一个重要组成部分，在满足人们教育需求、促进就业、推动社会经济发展等方面都起着重要作用。近年来，在习近平新时代中国特色社会主义思想指导下，在国家政策的引导和鼓励下，我国技工教育得到了快速发展，在数量和规模上都有了较大提升，但技工教育内涵却难以获得相应的提升，其价值亦未能得到社会真正的认可。

在新时代，技工教育要高举高质量发展旗帜，夯实和完善技工教育机制，破解内涵发展的困局。技工院校要遵循教育规律，立足基本国情，坚持立德树人，改革创新，以生为本，综合育人，以促进学生长远发展为目标，全面加强学校党的建设，以专业建设、课程改革、课堂教学、质量评价为工作主线，突出思想品德、人文素养和职业技能教育，以信息化带动技工教育现代化，建设一流院校，打造一流专业，开发一流课程，锤炼一流课堂，建设一流师资，配置一流资源，培养一流人才，形成办学理念更先进、规模结构更合理、服务管理更规范、发展环境更优越，具有中国特色、国内领先、国际水准的现代技工教育体系，实现高质量发展，培养出德智体美劳全面发展的社会主义建设者和接班人。

在举国课程思政育人模式广泛推行的大环境下，广州市工贸技师学院进行积极的探索和实践，形成一套适合技工教育的大思政体系。

---

[1] 国务院关于印发国家职业教育改革实施方案的通知[EB/OL]．2019-02-13[2020-11-06]．http://www.gov.cn/zhengce/content/2019/02/13/content_5365341.htm．

一、广州市工贸技师学院内涵发展的改革探索

2009年以来，广州市工贸技师学院坚持内涵发展，深化改革创新，借鉴国外先进职业教育理念，以培养技能人才综合职业能力为目标，以工学结合一体化课程体系构建与实施为抓手，着力深化学院课程与教学改革，构建了符合现代企业用人需求的一体化课程教学体系，创建了具有校本特色的"校企双制、工学一体"技能人才培养模式。

（一）"校企双制、工学一体"，培养与市场接轨的高技能人才

广州市工贸技师学院于2009年率先构建了"校企双制、工学一体"办学模式和高技能人才培养模式，被国务院副总理马凯称为"中国特色技能人才培养模式"。学院深入践行"校企双制"办学模式，即校企双方共商专业规划、共议课程体系、共创工学一体、共组教师队伍、共建学习环境、共搭管理平台、共享教学资源、共评学生能力、共招学生员工、共有保障机制，与世界500强美国江森自控集团、中国外运股份有限公司等573家企业开展"校企双制"人才培养、企业新型学徒培训、技术创新、产品研发、培训中心建设、大师工作室建设等多种形式的深度、高端合作，不断丰富校企合作内涵，推动产教深度融合。

在此基础上，广州市工贸技师学院深入开展课程教学改革，遵循现代学徒制从初学者到专家的职业能力发展规律，以职业领域典型工作任务为载体，实施"在工作中学习、在学习中工作"的一体化课程教学，实现"课程与工作任务于一体、学习过程与工作过程于一体、学生身份与员工身份于一体"，解决了技工教育长期存在的学习内容与工作内容相脱节的问题。学院还牵头开发汽车维修、计算机网络应用两个专业的《国家技能人才培养标准及一体化课程规范》，由人社部在全国范围内推广，填补了我国技能人才培养标准的空白；承担人社部一体化课改试点工业设计专业牵头校、人社部技工院校对接世赛标准深化专业课程改革计算机网络应用专业工作小组牵头校；发挥全国技工院校师资研修中心作用，培训全国技工院校和中高职院校师资达5500多人次，推动技工教育的内涵发展。

（二）对接世赛、转化标准，培养与国际接轨的高技能人才

作为国内最早接触世界技能大赛的院校，广州市工贸技师学院积极开展我国世界技能大赛选手的选拔与集训工作，着力培养与世界技能水平接轨的高技能人才，取得显著成效。2010年以来，学院连续5届承担世界技能大赛中国集训基地任务，覆盖制冷与空调、CAD机械设计、网络系统管理、网站设计与开发、商务软件解决方案、货运代理等6个项目，成功培养制冷与空调、CAD机械设计等7个项目20名选手为国家斩获3银6铜11个优胜奖。

2012年6月，广州市工贸技师学院更率先成立了世界技能人才培养研究中心，以制冷与空调等项目为载体，对世赛标准展开深入研究，努力推进世赛技术标准转化为技能人才培养标准和课程标准、参赛选手培养路径方法转化为技能人才培养路径方法的"两个转化"工作。学院成功开发了商务软件应用专业，并将制冷与空调、CAD机械设计等项

目世赛标准转化应用到制冷设备制造安装与维修、工业设计等10个专业的技能人才培养过程，让世赛成果惠及更多学生。

（三）国际交流、深度合作，拓宽职业教育的世界眼光

广州市工贸技师学院十分注重国际交流合作，学习借鉴国际先进经验，提升人才培养标准。例如，积极引进卡尔拉得国际车身修复标准课程、法国ESMOD高等时装设计学院专业课程，提升课程改革标准；与德国客尼职业教育与培训集团合作，引入德国职业教育课程开发技术，推动工业机器人应用与维护专业建设；与美国康考迪亚大学开展创新创业项目合作，促进创新型高技能人才的培养；与英国桑德兰大学联合举办国际班，开展"3+1+1"模式（3年高级工+1年本科+1年硕士）的国际合作办学，共同培养高素质、国际化的技能人才，为学生打通一条出国深造的上升通道。

广州市工贸技师学院积极与孟加拉国教育部开展孟加拉技能与培训提升项目合作。2017—2019年，为孟加拉国提供高层领导力、中层管理者管理能力、专业能力3类培训课程，培训孟加拉国教育部官员、职业学校校长以及制冷与空调等6个类别教师等共581人次，实现我国技工院校向国外职业教育师资培训服务的首次规模化输出，打开国际合作新局面。学院还承担联合国环境规划署制冷良好操作培训项目，向柬埔寨、马来西亚等"一带一路"沿线19个国家和地区推广联合国环境规划署的制冷技术标准，为提升广东乃至于中国技工教育的国际影响力贡献了力量。

通过多年的改革实践，广州市工贸技师学院的办学内涵得到了显著提升。然而，随着近年职业院校招生规模进一步扩大，学生生源数下降，技工教育招生难度增加，造成了技工院校生源文化水平低、综合素质不佳的情况。这给广州市工贸技师学院的人才培养带来了巨大的挑战。培养高素质劳动者和技术技能人才是当前经济社会发展的迫切需求。

在习近平关于人才工作的新思想指导下，学院认识到坚持德育为先，强化素质教育，使学生具备良好的职业道德和娴熟的职业技能，才能保证为社会主义建设输送德才兼备的高素质人才。因此，在思政育人方面，学院也开展了一些探索与实践。

二、广州市工贸技师学院思政育人改革的基础

广州市工贸技师学院深入贯彻落实习近平新时代中国特色社会主义思想和党的十九大精神，贯彻落实习近平总书记关于教育的重要论述，特别是在学校思想政治理论课教师座谈会上的重要讲话精神，全面落实立德树人根本任务，推动思政课建设与思政教育改革创新，提升技能人才培养质量，努力培养担当民族复兴大任的时代新人，培养德智体美劳全面发展的社会主义建设者和接班人，在思政育人方面开展了以下实践探索。

（一）党委领导，统一思想

根据广州市工贸技师学院思想政治教育和教学工作的实际，学院党委于2020年11月13日制定了关于进一步加强学院思想政治工作的实施方案，明确指导思想、总体要求及

具体实施措施，按照全员育人、全过程育人、全方位育人的原则，全面落实立德树人根本任务，不断推进学院思想政治工作。

（二）思政课程，夯实基础

广州市工贸技师学院开设了思想品德、中华优秀传统文化、历史、政治理论、习近平新时代中国特色社会主义思想、心理健康、法律基础、廉洁修身8门思想政治类课程。结合新时代思政课要求和学院实际情况，对思政理论课程体系进行重构和优化。其中，中级技工阶段课程包括中国特色社会主义、职业道德与法治、心理健康与职业生涯、哲学与人生、思想政治（含工匠精神、文明礼仪、社会主义核心价值观三个模块）；高级技工阶段课程包括毛泽东思想和中国特色社会主义理论体系概论、思想道德修养和法律基础、形势与政策。本模块是大思政育人体系的基础。

（三）课程思政，渗透融合

专业课教师探索思想政治教育在教学中的渗透，自然地融入爱国主义精神、工匠精神、家国情怀、职业道德等内容，弘扬大国工匠精神，以世界技能大赛选手为榜样，积极学习理论知识，掌握先进技能，促进学生养成职业素养。此外，还邀请企业专家参与教学，用中国传统文化和现代企业文化激励学生不断提升自我，实现技能成才。

（四）德育思政，潜移默化

在教育管理中有机融入思政元素。

第一，思想引领立德树人。一是将工匠精神融入德育体系。以立德树人和培养职业精神为根本，以培养具有匠志、匠德、匠心、匠能的"四匠"品质人才为目标，以"工匠德育"模式为工作抓手，积极推进工匠德育体系构建工作，强化内涵发展，提升德育管理质量和人才培养质量。二是以仪式教育增强爱国荣校情感。充分利用开学典礼、入学教育、国旗下演讲、总结表彰大会等载体，精心组织开展各类仪式教育活动，增强爱国荣校的主人翁意识，让学生在仪式和典礼中有深刻体验，让学生从参与中有收获，在仪式中获感悟，于无声处受教育，深化爱国荣校情感。

第二，学生管理注重内涵。一是班会育人。根据新时期社会发展需要和新生代学生身心发展规律，结合学院综合育人工作目标，探索学生管理新模式，制订不同层次培养对象的主题班会课计划和培养框架，组织班主任开展主题、专题班会课，提高学生人文素养和思想政治素养。二是活动育人。通过开展具有工贸特色的德育活动，做好"阅读分享""十五院校学生交流会"等大型组织活动，充分发挥活动育人的作用，促进学生综合素质提高。三是后勤育人。加强各环节服务工作质量，改善宿舍区域环境和文化氛围创设，优化学生生活环境。加强宿舍管理工作，开展"8S"[①]管理标准化培训；开展学生"三自实践教育"活动，规范各岗位工作要求和指引，让学生真实掌握岗位实践知

[①] 即整理（seiri）、整顿（seiton）、清扫（seiso）、清洁（seiketsu）、安全（safety）、素养（shitsuke）、节约（save）、学习（study），由于英文单词首字母均为"S"，简称"8S"。

识，体验工作乐趣，培养学生的爱校知校情怀。

（五）团学媒体，重在熏陶

第一，加强团学组织的政治理论学习。广州市工贸技师学院将加强全院青年思想引领与价值导向作为核心使命，以理想信念教育为核心，以社会主义核心价值观为引领，以回归青年为导向，把思想政治引领贯穿第二课堂育人工作的始终，开展青年大学习、全院团学干部学习习近平总书记在纪念五四运动100周年大会上的重要讲话精神主题讲座，组织团员青年参观广东革命历史博物馆、团一大广场、广东博物馆等爱国主义教育基地。通过一系列理论学习和实践教育，广大团员、学生坚定了理想信念，增强了责任感。

第二，开展特色主题活动。以各重大纪念日、节庆日为契机，开展"缅怀革命先烈 牢记初心使命"扫墓活动、"青春心向党 建功新时代"五四表彰暨纪念五四运动100周年宣誓活动、"唱响红色经典传承红色基因"——红歌合唱大赛、"观看爱国教育影片"等系列主题活动，深化共青团思想政治引领工作，打造一批弘扬主流价值、贴近学生特点、符合传播规律的团属宣传产品；激励广大团员青年坚定理想信念，勇担时代使命，自觉将个人的成长进步与国家的发展需求紧密相连，自觉肩负历史的重任，热爱学习，创先争优，报效祖国。

第三，加强新媒体阵地建设。在构建青年校园宣传大网络平台的同时，充分利用新媒体优势，引领青年思想政治建设，拓展共青团工作的文化建设内涵。通过微博、微信、QQ等新媒体平台以及"学习强国"等手机应用，加强与各团总支、学生会、各学生社团的正能量宣传覆盖。团结、带动和壮大网上积极力量，大力开展正面宣传，增强网络正能量，有效发挥新媒体宣传教育阵地功能。

三、技工院校大思政育人体系建设的新构想

注重技能培养是技工教育的优势和特色，课程和教学资源更多地投入在专业教学、实践教学和校企合作领域，德育工作和人文教育方面的资源投入相对不足，这种现象被称为"重武轻文"。思想政治教育工作除了按国家政策文件规定开足思政课之外，德育工作分散在学生管理、社团活动、校园文化和社会实践等方面，尚未形成完整的育人体系。为提升技工院校学生思想道德水平，凸显"成才"与"育人"的协调发展，培养高素质的建设者，需要推动现有的思政教育体系走向大思政人才培养体系。

（一）改变思想政治教育基础薄弱的现状，形成全员育人格局

为夯实思政育人基础，技工院校应着力构建思政育人的整体格局，将所有部门、所有师生纳入到思政教育的总范畴中，实现全员育人。在学校所有课程中推进课程思政育人，实现全过程育人。把学生在学校中的所有活动都融入思想政治教育，实现全方位育人。通过学校层面的平台搭建和机制建立，在学校范围内树立思政教育的核心地位，整体构建"三全育人"大格局，使之成为"整合教师资源、发挥教育合力、提升育人质量

的重要举措"。①

（二）改变思想政治教育队伍涣散的现状，增强思政队伍的凝聚力

为增强思想政治教育队伍的凝聚力，技工院校应充分挖掘专业课程、公共课程和人文素质课程等所有课程的思政元素，打破课程藩篱，探索融合渠道。实现思政课程和专业课、公共课在思政教育上的交互融通，从根本上改变思政课程与专业课程之间的"两张皮"现象。②充分整合技能学习、社团活动、社会实践等教育行动和学生活动的育人功能，破解德育瓶颈，推进价值引领，实现思政育人和德育工作的对接互补，全面开拓思政育人效能。

（三）改善思想政治教育效果不理想的现状，提升思政教育的有效性

为提升思想政治育人的有效性，技工院校应在全体教工中明确思想政治教育初心、树立思想政治教育目标，推动全体教工从教学向教育的转变。推动学院思政教学向思政育人的转变。通过育德意识和育德能力的培养和提升，促使大思政育人体系的真正落地实施。只有思政教育从文件、政策、课堂、活动的"形"通过师生的学习内化，最终实现师生正确意识和良好行动的输出，有效性才能得到验证。

总的来说，随着思想政治教育改革在全国范围的加快推进，技工院校思想政治教育存在的问题愈发明显，必须以问题为导向，借鉴已有的思想政治教育改革经验，进行顶层的系统设计，着力构建大思政育人体系，加强师资队伍建设，提升思政教育效果，形成"三全育人"格局。

---

① 张文风．对高校"三全育人"的若干思考[J]．学校党建与思想教育，2018（2）：60．
② 董勇．论从思政课程到课程思政的价值内涵[J]．思想政治教育，2018（5）：90．

第二章

技工院校"大思政"育人体系的构建

时代的发展对职业院校的思想政治教育提出了更高要求，技工院校要紧跟思想政治教育改革新形势，贯彻相关政策文件精神和要求，全面落实立德树人根本任务。"大思政"育人体系的构建要有扎实的理论支撑，要基于自身发展特点，着力整体布局和系统设计，要深挖育人体系内涵，加强机制建设与运行保障，推动全体教工从"教学"向"教育"的转变、"思政教学"向"思政育人"转变。

第一节　理论基础：思政教育改革的理论基础

大思政育人体系的建构是一个复杂的系统工程。要保证其合理性、科学性、可靠性和严谨性，就要有充分而恰当的理论基础做支撑。这个体系是教育领域的，是针对受教育者的，也是和课程与教学直接关联的。因此，需要有哲学、心理学和社会学的相关理论做基础。本研究选取了马克思主义人的全面发展理论、道德能力理论、现代系统科学理论、班杜拉社会学习理论、建构主义学习理论和文化生态理论作为理论基础，进行比较系统的阐述。

一、哲学基础

本研究认为，大思政育人体系的构建，离不开马克思主义人的全面发展理论作为基础，也需要道德能力理论的具体指导。下面简要介绍这两种哲学理论观点。

（一）马克思主义人的全面发展理论

以马克思、恩格斯为代表的马克思主义者在不同历史时期提出和发展了人学理论，详尽阐述了人的全面发展的理论观点。

1. 理论概述

马克思主义认为，人的全面发展是一个历史过程。人类社会发展存在五种形态，而人的发展存在三种形态，即前资本主义时期"人的依赖关系"、资本主义阶段"物的依赖关系"、共产主义阶段"自由而全面的发展"。只有在共产主义社会，人的全面自由发展才能实现。列宁、斯大林继承和发展了马克思、恩格斯关于人的全面发展的思想。列宁认为"只有用人类创造的一切财富的知识来丰富自己的头脑，才能成为共产主义者"。斯大林鼓励青年学习马列主义，树立远大理想，攻克科学堡垒，消灭脑力劳动和体力劳动的差别。毛泽东、邓小平也继承和发展了人的全面发展理论。毛泽东提出"使受教育者在德育、智育、体育几个方面都得到发展，成为有社会主义觉悟的有文化的劳动者"。邓小平提出我国教育改革发展的"三个面向"，即面向现代化、面向世界、面向未来。这些重要的思想至今仍然指引着我们的教育方向。[①]

[①] 郭晓君. 人的全面发展理论初探[J]. 中国人民大学学报, 1997（02）: 31-36.

2. 主要内容

人的全面发展是指人类和个体各方面都得到发展。首先，人类的全面发展的思想主要表现在四个方面：一是作为人类的类特性的全面发展；二是作为人类的类社会关系的全面发展；三是作为人类的类能力的全面发展；四是作为人类的类的全面解放和充分自由的实现。它是人类全面发展的最终目的和归宿。其次，作为个体的人的全面发展主要体现在六个方面：一是各种能力的发展；二是人的自由个性的发展；三是社会关系的丰富和发展；四是人的主体性的全面发展；五是个人价值的实现；六是人的类特性在个体身上得到充分发展。[①]

3. 理论应用

大思政育人体系的构建，旨在学校所有课程的学习中渗透思政教育元素。唯其如此，才能实现人的全面发展。具体来说，就是在通识教育和专业教育的全部课程教学过程中，渗透思想政治和道德品质教育的元素，让学习者不仅掌握专业和职业的知识与能力，而且能够在潜移默化中逐步形成一定的人之为人和人之为类的道德能力，进而实现其德智体美劳等各方面的全面发展。由此可见，大思政育人体系的构建需要马克思主义人的全面发展理论作为一种哲学基础来指引方向。

（二）道德能力理论

1. 理论概述

古今中外许多哲学家、思想家都论述过道德概念，提出了诸多不同的道德哲学观点。尽管今天仍难以就其概念的含义达成共识，但道德能力概念已为许多学者所认同，道德能力的理论内容也较为丰富和成熟。

有研究者认为，道德能力可视为一个系统，它包含道德认知能力、道德思考能力和道德实践能力三个要素，它们是相互影响、相互制约、相辅相成的一个整体。道德认知能力是道德思考能力和道德实践能力的前提，但其最终目的是道德行为的改善；道德思考能力是基础和纽带，连接道德认知能力和道德实践能力，要求道德主体能够根据现实问题做出道德判断和道德选择，确立道德行为以实现特定目的。道德实践能力是目的，是道德认知能力和道德思考能力经由道德主体外化的表现。[②]

2. 主要内容

道德能力系统的三要素共同在人的思想品德形成发展中发挥作用。道德认知能力是对一定的道德现象和道德关系以及对反映道德现象的道德知识和调节道德关系的道德规范的理解和掌握的能力，是对道德现象和道德关系观念性把握的能力。道德认知能力对于道德能力的形成与发展具有基础性意义。道德思考能力是指学习者在道德认知的基础上，经过深入思索，对某种道德关系和道德行为进行评价，从而做出正确的是非善恶判断和评价，以形成明确的道德意识，包括道德辨析能力和道德选择能力。它从感性认识升华到理性认识，是道德认知深化的过程，一种使外在的道德要求内化为道德品质的

[①] 郭晓君. 人的全面发展理论初探[J]. 中国人民大学学报，1997（02）：31-36.
[②] 谢大欣，杜春华，顾华宁. 试论大学生道德能力系统的主要内容[J]. 理论月刊，2008（08）：180-182.

过程。道德实践能力是指学习者把所学的思想、道德观念、准则贯彻到实际行动中的能力，是运用道德规范，在面临道德问题时能够鉴别是非善恶，做出正确道德评判和道德选择，并付诸行动的能力。①

3. 理论应用

大思政育人体系包含两个部分：思政课程和课程思政。前者侧重于道德认知能力和道德思考能力的培养，而后者则侧重于道德实践能力的形成。因为课程思政不同于思政课程的一个特点是，它的思政教育一般并非直接的、显性的，而是间接的、隐性的；它重在"润物细无声"的陶冶之功，重在学习者在学习与实践过程中道德实践能力的形成。显而易见，在构建大课程思政体系时，需要有道德能力理论的指导和支撑。

（三）现代系统科学

纵观人类历史，系统思想源远流长。系统思想经历了古代、近代、现代三个发展阶段，逐渐演化成现代系统科学。"老三论"是20世纪40年代形成和发展起来的。"新三论"是相对于老三论而言的，是在20世纪60年代末、70年代初兴起的。

1. 理论概述

20世纪40年代至70年代，现代系统科学已经从"老三论"——系统论、控制论和信息论发展到"新三论"——耗散结构论、协同论和突变论。"老三论"和"新三论"极大地促进了改变了世界科学的图景，拓展了人类思维的方式，深化了当代人的哲学观，并强势地向社会科学渗透。②"系统"这一词源于希腊文，意为由各部分组成整体、结合，是出于相互关系和联系之中的要素集合，构成某种整体和统一性。③一般系统论的创始人贝塔朗菲认为"系统是相互作用的诸要素的综合体"；钱学森在《组织管理的技术——系统工程》一书中指出："系统就是由相互作用和相互依赖的若干组成部分结合成的具有特定功能的有机整体。"④

2. 主要内容

本书仅就"老三论"和"新三论"中与大课程思政体系构建具有密切联系并能作为其理论基础的系统论和协同论进行简要阐述。

系统论包含了完整性、集中性、等级结构、终极性、逻辑同构等核心概念，强调整体与局部、局部与局部、整体与外部环境之间的有机联系，具有整体性、动态性和目的性三个基本特征。⑤协同论源于现代物理学，它采用类比的方法，发现完全不同的系统之间有一种深刻的相似性，即各种多元系统的元素或子系统之间存在着相互作用或协同合作，而且在一定条件下，可使系统形成具有一定功能的自组织结构，在宏观上产生时间、空间或时—空结构上的新的有序状态。协同论还用现代科学材料向人们表明，无论是宏观、微观还是宇观系统，只要是开放系统，在一定条件下都可呈现出非平衡的有序

---

① 谢大欣，杜春华，顾华宁. 试论大学生道德能力系统的主要内容[J]. 理论月刊，2008（08）：180-182.
② 顾新华，顾朝林，陈岩. 简述"新三论"与"老三论"的关系[J]. 经济理论与经济管理，1987（02）：71-74.
③ 霍绍周. 系统论[M]. 北京：科学技术文献出版社，1988：1.
④ 钱学森. 钱学森系统科学思想文选[M]. 北京：中国宇航出版社，2011：6.
⑤ 顾新华，顾朝林，陈岩. 简述"新三论"与"老三论"的关系[J]. 经济理论与经济管理，1987（02）：71-74.

结构。①

3. 理论应用

系统论要求我们从整体上把握系统，不断优化结构，以达到整体最优化。首先，应树立系统意识，明确思想政治教育不是一项零散或零碎的工作，而是一项系统性的工作，应构建大思政体系。其次，在学校层面贯彻"三全育人"原则，形成全员参与、全方位努力、全过程控制的内部系统。同时，优化各要素、子系统，如加强组织建设、优化领导体制、打造高水平师资力量等，以达到系统优化，发挥整体力量，形成整体育人的格局，实现育人目标。

根据协同论，在复杂开放系统中，大量子系统及其内部各要素之间相互作用会产生整体或集体效应，发生协同作用。思想政治教育是一项复杂的系统性工程。开展思政政治教育，构建大思政体系，应注重发挥各子系统的协同作用。就学校主体而言，首先，应形成共同育人的目标认同，以形成"同向同行，协同育人"的状态；其次，建立健全管理体制框架，密切各子系统之间的联系，打破部门、人员、资源之间的壁垒，实现合理有效的流动和交换，达到有机统一，以达到立德树人的协同育人目标。

二、心理学基础

大思政育人体系的构建离不开班杜拉社会学习理论和建构主义学习理论的指导。下面对这两种学习理论做简要介绍。

（一）班杜拉的社会学习理论

社会学习理论是20世纪60年代兴起的一种学习理论。美国社会心理学家、斯坦福大学教授班杜拉（Albert Bandura）于1977年出版《社会学习理论》（*Social Learning Theory*），是迄今关于该理论的最完整、最系统的论著。

1. 理论概述

班杜拉的社会学习理论是认知理论和行为理论交叉、渗透的产物。该理论认为，人类的学习主要是在社会交往中，通过对榜样人物的示范行为的观察、模仿而进行的。观察学习是班杜拉提出的一个核心概念。观察学习，即间接学习，是学习者通过观察他人（榜样）所表现的行为及其结果所发生的学习。从动作到语言的学习，从态度到人格的形成，无不是通过观察学习而获得的。班杜拉强调观察学习，但他并不完全否认其他学习方式的作用。②

2. 主要内容③

班杜拉的观察学习说摆脱了传统的刺激反应学习理论的窠臼，实现了超越，被称为新行为主义学派。然而，这个归类是充满争议的。班杜拉吸收了认知心理学思想，认为

---

① 顾新华，顾朝林，陈岩. 简述"新三论"与"老三论"的关系[J]. 经济理论与经济管理，1987（02）：71-74.
② 戚立夫. 班杜拉的社会学习理论[J]. 现代中小学教育，1985（01）：68-73.
③ 蒋晓. 试论班杜拉社会学习理论及其教育意义[J]. 华东师范大学学报（教育科学版），1987（01）：83-94.

正是因为人类具有认知功能和符号功能，才能在没有强化的条件下，通过对别人的观察就可以学得行为。该理论也吸取人本主义心理学的思想，强调自我调节在人类学习中的重要作用。班杜拉及其学派研究了大量的儿童社会学习问题，如攻击行为、利他行为、道德判断、自我调节、自我效能、大众播媒介对儿童的影响、不适应行为的矫正等，提出了观察学习说、社会认知说以及交互决定论。

班杜拉社会学习理论认为，儿童的道德发展是个体社会化的发展，是成熟的一部分，道德行为、道德判断都是通过社会学习获得的，同样也可以通过社会学习加以改变。班杜拉社会学习理论最杰出的贡献就在于强调了示范榜样在人的社会化过程中的重要性。示范榜样不仅指人，还可以是文字符号、图象信息、语言描述、艺术形象等；示范榜样不仅可以是"善"的，也可能是"恶"的。在个体的思想品德形成过程中，环境的熏陶、榜样的作用极其重要。自我效能是班杜拉学习理论的一个重要概念。个人的自我效能的强度决定了个体对所面临的任务情境的态度。如果个体认为自己没有能力完成一项学习任务，就会产生焦虑和逃避行为；如果认为自己有能力完成一项学习任务，个体就会毫不犹豫地去学习。个人的自我效能感越强，对完成任务的恐惧感和自我抑制就越低，完成任务的努力程度和克服困难的耐力就越高。

3. 理论应用

无论是在学校课程学习过程中，还是在家庭生活和社会活动过程中，学习者的学习时时刻刻在发生。这些学习活动又无时无刻不存在观察学习。学习者通过直接或间接的方式观察他人的语言和行为，从而习得类似于示范榜样的语言、思想和行为。这就要求我们，在构建大思政育人体系，进行课程开发、课程实施与评价、综合育人活动、服务与管理等全部环节上，始终要注意观察学习对于学生思想政治和道德品质形成的重要影响，始终要注意突出观察学习对学生的正面影响作用，避免其负面影响的出现。此外，注重提高学生的自我效能感，也能有效地激发学习动机，提高学生的学习自信心，降低学生的焦虑程度，进而改善和提高学生的学习效果，获得各方面的全面发展。由此可见，大思政育人体系的构建，离不开班杜拉社会学习理论的指导和支撑。

（二）建构主义学习理论

建构主义是行为主义发展到认知主义以后的进一步发展。经过长期的理论探索和教学实践，逐步形成了独具特色的学习理论体系。

1. 理论概述

作为一种学习的哲学，建构主义至少可以追溯到拿破仑时代的哲学家维柯。20世纪对建构主义思想的发展做出重要贡献的，主要有杜威、皮亚杰和维果茨基等人。杜威强调，教育必须建立在经验的基础上，教育就是经验的生成和经验的改造，学生从经验中产生问题，而问题又可以激发他们运用探索的知识产生新概念。维果茨基认为，个体的学习是在一定的历史、社会文化背景下进行的，社会可以对个体的学习发展起到重要的支持和促进作用。维果茨基很重视学生原有的经验与新知识之间的相互作用。皮亚杰认为，学习最基本的原理就是发现；知识既非来自主体，也非来自客体，而是在主体与客体之间的相互作用过程中建构起来的。①

2. 主要内容

建构主义并非一个统一的学派，而是包含了诸多的流派，主要有认知的建构主义（主要源于皮亚杰的研究）、社会的建构主义（主要源于维果茨基的研究）和激进建构主义（源于皮亚杰，典型代表人物为冯·格拉斯菲尔德、史蒂夫）。不同流派的建构主义者提出问题的角度、使用的术语各有不同，但却也存在一些共识。（1）建构主义的知识观。建构主义者（特别是激进建构主义）认为，知识并不是对现实的准确表征，而是一种解释或假设，它并不是问题的最终答案。（2）建构主义的学习活动观。学习不是知识由教师向学生的传递，而是学生建构自己的知识的过程，学习者不是被动的信息吸收者，而是主动建构信息的意义，且无法由其他人代替。（3）建构主义的学生观。学习者并非空着脑袋走进教室的，他们在以往的生活和学习中已经形成了丰富的经验。②

3. 理论应用

建构主义学习理论的研究结果给我们的基本启示是，课程与教学不能无视学生已有的知识与经验；知识不是靠教师灌输学生记忆的东西，而是学生自我建构的一种意义；课程与教学活动不是简单的、单向度的知识传递，而是知识在学生大脑内部的处理和转换；教师不是简单的知识的传递者，而是学生建构知识的引导者、帮助者。因此，思想政治教育不能仅仅依靠传统的灌输式教育，更应该关注当代的先进学习理念，即以学生的学习和发展为中心。无论是普通课程还是思政课程，其课程开发、实施和评价等全环节全过程均应围绕学生的学习和发展而展开。可见，大思政育人体系的构建离不开建构主义学习理论的指导和支撑作用。

三、社会学基础

本书选择文化生态理论作为大思政育人体系构建的社会学理论基础。

（一）理论概述

文化生态概念最初是在1955年由美国文化人类学者朱利安·斯图尔在其《文化变迁理论》中提出来的。国内学者也对此做过一些研究。司马云杰认为，文化生态学是从人类生存的整个自然环境和社会环境中的各种因素的交互作用来研究文化生产、发展、变异的规律的一种学说。③黄正泉则认为，文化生态学是借用生态学研究人与文化及文化之间的互动关系，是人类所处的整个文化环境的各种因素交互作用所形成的生存智慧。④综上，文化生态既可指文化与其所处的自然生态环境之间互相作用的关系，又可以理解为

---

① 温彭年，贾国英. 建构主义理论与教学改革——建构主义学习理论综述[J]. 教育理论与实践，2002（05）：17-22.
② 温彭年，贾国英. 建构主义理论与教学改革——建构主义学习理论综述[J]. 教育理论与实践，2002（05）：17-22.
③ 司马云杰. 文化社会学[M]. 北京：华夏出版社，2011：155.
④ 黄正泉. 文化生态学（上）[M]. 北京：中国社会科学出版社，2014：33-34.

对文化产生影响的和相互作用的各种外部和内部生态环境系统。

（二）主要内容

文化生态学的主要观点有：（1）人是文化的主体，是文化生态的存在者，同时也受到文化活动的影响；（2）文化与环境的关系，表现为各种因素的相互作用，可视一个动态的文化生态系统；（3）文化生态系统是由作为主体的社会人和人类文化所创造的科学技术（经验、知识等）、经济体制、社会组织、价值观念（道德、宗教、哲学）等构成，并依据其相互关系、相互作用，形成一个完整的体系；（4）文化生态系统具有动态性、整体性和相关性；（5）构建文化生态的目标是实现文化生态的平衡，是实现人与社会与文化的和谐，为构建和谐社会提供强大支撑；（6）文化生态若受到各种因素，如社会转型、科技飞速发展、国外文化冲击等的影响，会导致失衡或者文化生态危机。

（三）理论应用

文化生态是一个动态系统，会受到各种因素，如社会转型、科技飞速发展、国外文化冲击等的影响，从而导致文化生态失衡，出现道德滑坡、工具价值盛行、人文理性势弱等现象。实现文化生态平衡，需要培育良好文化生态，发展先进文化，协调文化生态发展中各要素的发展。文化生态不仅是一个理论体系，还可以作为一种分析方法。我们可将思想政治教育视为一个文化生态，以实现人的全面和谐发展和立德树人为目标，应用文化生态系统理论，构建思政教育系统，实现以文育人、以文化人。

第二节 体系构建：大思政育人体系的内涵与构成

针对思想政治教育存在的基础薄弱、阵地单一、认识不足、成效不高等问题，技工院校应坚持以习近平新时代中国特色社会主义思想铸魂育人，运用马克思主义人的全面发展理论、道德能力理论、现代系统科学理论、班杜拉社会学习理论、建构主义学习理论和文化生态理论等，积极探索具有技工教育特点、校本特色的思政育人模式，形成全员全过程全方位"大思政"育人格局，全面提升思政教育的有效性，提升技能人才培养质量。以下以广州市工贸技师学院为例探讨大思政育人体系的内涵及构成。

一、构建大思政育人体系的指导思想

以习近平新时代中国特色社会主义思想铸魂育人，坚持社会主义办学方向，全面贯彻党的教育方针，落实"培养什么人、怎样培养人、为谁培养人"初心使命，以立德树人为根本，以理想信念教育为核心，以社会主义核心价值观为引领，以提高思政课教学质量、提升技能人才培养质量为目标，通过构建广州市工贸技师学院思政课程体系、培养"六要"思政教师队伍、创新思政课教学改革、建设思政特色精品课程、推进课程思政融合、实施综合育人思政实践，形成全员全过程全方位"大思政"育人格局，探索具有技工教育特点、校本特色的思政教育教学模式，着力培养德智体美劳全面发展的社会主义建设者和接班人、担当民族复兴大任的时代新人、具有工匠精神的高素质技能人才，为推动国家建设社会主义现代化强国，实现"技能强国"做出积极贡献。

二、构建大思政育人体系的基本原则

1. 导向性原则

坚持党对思政课建设工作的领导，坚持正确政治方向，严格贯彻落实习近平总书记关于思政课建设的系列讲话精神和国家、省市指导学院思政课建设的相关文件要求，把握建设核心目标，确保习近平新时代中国特色社会主义思想进教材进课堂进学生头脑，着力引导学生树立"四个意识"、增强"四个自信"，把爱国情、强国志、报国行自觉融入坚持和发展中国特色社会主义事业、实现中华民族伟大复兴的奋斗之中，培养适应时代要求的高素质技能人才。

2. 系统性原则

以整体性和系统性思维推进思政课建设，着力顶层设计，坚持思政课在思政教育中的主阵地主渠道定位，坚持"守好一段渠，种好责任田"的课程思政指示，坚持"思政小课堂、社会大课堂"的实践路径指引，把思想价值引领贯穿教育教学全过程和各环节；推动人文素质课程、通用职业素质课程、专业课程思政融合，与思政课程建设同向同行、形成协同效应；充分发挥管理、实践、文化、网络、心理、环境6个方面工作的育人功能，总体构建"思政课程、课程思政、综合育人"三体系十阵地立体"大思政"格局，实现全员全程全方位育人。

3. 创新性原则

以社会主义核心价值观统领思政课课程改革，坚持"八个统一"，结合技工教育特色，融合一体化课程教学改革和行动导向教学理念，创新思政课课堂教学模式，推进思政课理论思路、内容形式、方法手段创新，提升思政课教学的针对性和时效性，提高思政课教学的时代感和吸引力，扎实推进新时代思政课守正创新，以改革创新为抓手提高思政课教学质量和人才培养质量。

4. 实践性原则

坚持"六要"标准，打造政治素质过硬、业务能力精湛、育人水平高超的思政课教师队伍，遵循教育规律、思政政治工作规律、学生成长规律，全面推进思政育人工作，以"一校一品牌、一系一特色、一课一精品"为目标，输出课程体系建设、课堂教学改革、课程思政融合、育人实践案例等一系列具有实践指导意义的思政建设成果，深入开展思政教育工作理论研究，构建具有技工教育特点、校本特色的思政育人模式。

三、"136"大思政育人体系构成

通过将思政课程与其他课程相融合，思政课堂教学与课外教育相融合，思政理论教学与思政实践教学相融合，思政理论教育与日常思想政治教育相融合，"136"大思政育人体系着力顶层设计，坚持思政课在思政教育中的主阵地主渠道定位，坚持"守好一段渠，种好责任田"的课程思政指示，坚持"思政小课堂、社会大课堂"的实践路径指引，由思政课程体系、课程思政体系、综合育人体系三层结构组成，把思想价值引领贯穿教育教学全过程和各环节；推动人文素质课程、通用职业素质课程、专业课程思政融合，与思政课程建设同向同行、形成协同效应；充分发挥管理、实践、文化、网络、心理、环境6个方面工作的育人功能，具体如图2-1所示。

第一层，思政课程体系是"核"，目的在于为学生"铸魂"，主要通过思想政治理论课程教学，传播马克思主义理论、中国特色社会主义理论、习近平新时代中国特色社会主义思想，培养学生坚定正确的理想信念、政治信仰和政治立场，树立正确的世界观、人生观，认同践行社会主义核心价值观，贯彻落实中国特色社会主义道路自信、理论自信、制度自信和文化自信，传承红色基因，提升学生政治素养，引导学生衷心拥护党的领导和我国社会主义制度，形成做社会主义建设者和接班人的政治认同，促进学生知、情、意、行的统一。

第二层，课程思政体系是"本"，目的在于为学生"匠志"，由人文素养课程、通用职业素质课程、专业课程思政三个模块组成，主要通过深入挖掘人文素养、通用职业素质、专业课程三类课程中所蕴含的思政元素和承载的德育功能，推进课程思政融合工作，以课程教学引导学生增强文化自信及人文素养，树立家国情怀，坚定技能报国、技能强国理想信念，培养大国工匠精神与责任担当，提升综合职业能力及素养，与思政课程同向同行。

第三层，综合育人体系是"基"，目的在于为学生"立身"，由管理育人、实践育人、心理育人、网络育人、文化育人、环境育人六个模块组成，主要通过构建社会大课堂育人阵地和载体，推进综合协同育人，促进学生在品格、态度、思维、行为等方面全面发展。具体包括：通过管理育人实践，培养学生的守法意识、安全意识、文明意识和自主管理意识；通过实践育人实践，推动学生了解自我、理解职业、发展潜能、服务社会、坚定信念；通过心理育人探索，疏减学生心理压力、提升学生心理素质、促进学生健康发展；通过网络育人实践，引导学生构建正向的话语体系、树立正确的意识形态、形成正面的价值导向；通过文化育人实践，促进学生多元成才、全面发展；通过环境育人实践，启迪学生心智、润泽学生心灵、提升学生素养。

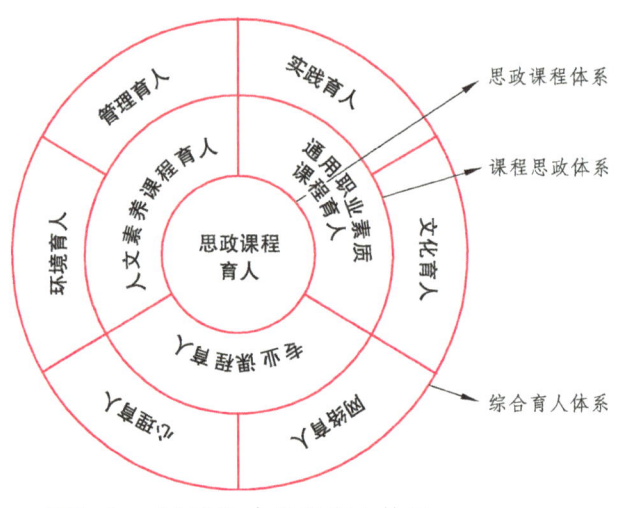

图2-1　"136"大思政育人体系

体系体现了思政教育的系统思维和整体性理念，综合育人体系为基础、课程思政体系为重点、思政课程体系为核心，分层推进、环环相扣，形成十大育人模块相互衔接的育人系统，呈现了多主体参与、多形式展现、多场域运作、多层面影响的合力效应，并具有动静结合、显隐并举、量质递进的特征，符合全员性、全方位性、全过程性"大思政"格局的特点及要求。同时，体系以立德树人为根本，以理想信念教育为核心，以社会主义核心价值观为引领，通过构建校本大思政课程体系、推进课程思政融合、实施综合育人思政实践，培养德智体美劳全面发展的社会主义建设者和接班人、担当民族复兴大任的时代新人、具有工匠精神的高素质技能人才，是贯彻落实"培养什么人、怎样培养人、为谁培养人"初心使命的有力载体。

第三节　机制运行：大思政育人体系的机制与运行

为保障大思政育人体系有效运行，技工院校应对三全育人机制进行全面的探索，从组织架构和建设方案等层面全面打开育人格局；从思政课程和课程思政等的课程与教学维度创新育人模式；从内化外输和知情意行等培育视角着眼推进三全育人成效外显。

一、加强顶层设计和组织保障，构建"大思政"管理体系

一是建立四位一体组织架构推进全员育人。具体包括领导、统筹、组织和执行四个层面的组织架构。领导机构由学校党委书记、院领导组成，其中党委书记是体系建设与实施的总负责人，体现党委领导下的思政教育工作。统筹机构为学院政工处、教研室和教务处。其中政工处把握整个育人体系在国家文件政策下的正确方向，教研室负责育人体系的设计、整体构建和探索实践，教务处负责推进育人体系的整体落地实施。组织机构为10个建设任务的统筹组织部门，具体包括学院通用能力建设中心（思政理论课、人文素质课程、通用职业素质课程负责部门）、专业教学系（专业课程负责部门）、学生处（学生德育负责部门）、团委（学生活动负责部门）和办公室（学校文化负责部门），负责全面推进任务建设工作。执行机构为育人体系建设措施具体落实部门，包括教学系、创新创业指导中心、校园文化中心、训练中心、总务处等部门。整个育人体系面向全院师生，组织架构涵盖了学校教学线、管理线、服务线的所有部门，涉及所有行政职能人员、教学教育一线教师和班主任，有力实现全员思政育人目标。

二是制定1433建设方案落实全过程全方位育人。具体包括1个指导思想、4个基本原则、3个建设目标和3大重点措施。其中，指导思想紧扣"习近平新时代中国特色社会主义思想铸魂育人"的总体纲领，呼应"培养什么人、怎样培养人、为谁培养人"的初心使命，落地培养德智体美劳全面发展的社会主义建设者和接班人、担当民族复兴大任的时代新人、具有工匠精神的高素质技能人才的体系建设目标；4个基本原则分别为导向性原则、系统性原则、创新性原则和实践性原则；3个建设目标包括开展思政课程建设为学生"铸魂"，开展课程思政融合为学生"匠志"，开展综合育人实践为学生"立身"；3大重点措施是以思政课为核心推进主阵地育人工作，以课程思政为抓手推进全过程育人工作，以综合育人为抓手推进全方位育人工作。整体建设方案以四位一体组织架构为保障具体推进。在此基础上从师资培养、教学改革、专业建设、人才培养、经费保障等环节入手加强制度管理，从而构建目标同向、教育同步、推进同力的大思政育人体系建设

工作格局。

二、推进"工—学—育"一体化培养，创新"大思政"课程教学模式

一是守正创新，探索"思政+行动导向"的思政课程教学模式。落实思想政治理论课教学"八个相统一"指导思想，采用行动导向教学理念，探索"理论性和实践性相统一"思政课教学方式。参照技工院校"工学结合"一体化课程学习任务特点和教学思路，通过分析思想政治理论课的教学目标和教学内容，按照价值观的形成规律，在贴近时代、贴近学生的工作和生活场景中设计具体学习任务，并以此为载体开展行动导向教学。使学生在完成学习任务的过程中能通过观察、思考、体验、反思、感悟等一系列的实践性思维活动，树立正确价值观、塑造良好品格，达到理论教学和实践教学融通合一的效果；探索"坚持灌输性和启发性相统一"思政课教学方式，运用翻转课堂混合式教学方式，以情境导入、问题引导、案例分析、课堂讨论等环节推进教学。让学生在主题引导式教学过程中通过讨论、分析、总结，理解内核、明白事理、启发自身，在理论灌输和引导启发的相互促进下，推进学生自我改变成长，提升学生思想道德水平。

二是融合创新，探索"工学一体+思政"的课程思政模式。在职业院校推进的一体化课程基础上，通过分析产业发展特点、职业活动特征及岗位工作素养要求，充分挖掘各专业课程学习任务中蕴含的思政教育资源，并具体、合理、巧妙设计到课程学习任务的任务情境、教学内容、教学活动策划中，从国家意识、人文素养、技术思想、职业素养、专业文化五个维度形成专业课程思政融合方案，将思政教育全面有机融入专业技能人才培养，从产业系层面探索课程思政"一系一特色"，从专业层面探索课程思政"一专业一特点"，构建以能力培养为目标、以思政培育为核心的"工—学—育"新时代技能人才培养模式。其中，"工"与"学"体现的是一体化课程"工作即学习，学习即工作"的内核和目标，基于培养面向未来职业发展需求、遵循企业工作规律任务流程、对接企业真实工作内容、对应企业工作标准要求、适应企业工作岗位需求的技能人才。"工""学"是"育"的载体，"育"贯穿"工""学"全过程，在工作任务的实施推进和科学知识、实用技能、工序方法、材料工艺、技术标准、劳动规范、工具使用等课前、课中、课后各个环节学习中，通过借助各类思政资源，引导学生对价值思想建立正确认知，产生积极的情绪体验，做出恰当的判断和决策，并在任务实施中克服困难、反复磨炼，能坚持、肯付出，获得成果产出的成就感和自我价值实现的满足感，从而产生积极稳定的心理、情绪、意志和职业行为，为推进"工""学"提供内在保障，实现专业教学与思政教育的深度融合。

三、强化能力提升和成效考核，优化"大思政"育人评价体系

一是提升教师育德意识和育德能力。具体抓好两方面的内容：一抓师德师风建设。通过制定学院师德建设实施办法和师德考核实施办法，包括创新师德教育、加强师德宣传、强化师德考核、突出师德激励、严格师德惩处、强化师德监督六个方面。培育重德

养德风尚，引导教师树立崇高理想，提高自身修养，提升精神境界，防止失范行为。通过每周政治学习、专题辅导、学习强国平台等形式加强学院全体教职工的政治理论学习，促进全体教师政治坚定、师德高尚。在此基础上，以社会主义核心价值观为学院教师崇德修身的基本遵循，促进学院教师带头培育和践行社会主义核心价值观，并将之内化形成对学生的正确价值引领和有效思政教育，实现教师队伍以德立身、以德立学、以德施教。二抓思政教师队伍建设。紧扣"政治要强、情怀要深、思维要新、视野要广、自律要严、人格要正"六要标准，加强思政课教师培养培训，推进思政课教师素质提升。建立学校思政课教师"岗前培训"制度和分级分层思政课教师全员培训机制，推进思政课教师对思政课教学内容的深入理解，对理论内核的有效认知，对价值导向的正确把握。通过聘请思政理论课教育专家到校培训，选派思政课教师外出参观学习等方式，拓宽思政课教师视野，提高思政课教师教学能力。

二是润化学生道德品质行为。一方面，以课程思政为载体，以院系二级教研活动为抓手，推进思政课教师走进专业课程教师团队，共同探索课程思政育人模式。通过集体备课研讨，收集、开发、应用各类思政资源，具体修订人才培养目标和课程标准，策划教学活动。优化各专业人才培养方案和制定一体化课程思政融合教学实施指导手册。方案和手册作为推进课程思政的有形抓手，目的在于让专业课程教师通过将课程中蕴含的爱国情怀、社会责任、文化自信、人文精神等价值挖掘植入专业课程学习任务，推动教师对课程思政的理解内化、学生对思政内容的润化学习，从而实现专业课程教学中知识传授、技能学习、能力培养与价值引导有机统一。最终推动学生在认知、情感和行为上有正确方向，实现学生行为的改变。另一方面，以综合育人为载体，以管理、实践、心理、网络、文化、环境6个育人平台为抓手，以思政教育内化输出、知情意行的教育规律为引领，推进各项实践育人工作的落地开展。通过综合育人理念的宣传，系列实践育人工作的开展，综合育人考核评价体系的建立，让学生在主题教育、实践活动等教育形式中通过深入学习，形成正确认知，产生正向情感，促进行为转变，通过实践活动的外壳推进思政教育的内里，有力提升思政教育成效，全面提升学生培养成效。

第四节 建设方案：大思政育人体系建设的任务与分工

为推进"大思政"育人体系的落地实施，技工院校需要将分散在各个环节的育人活动和课程安排进行归类整理、融合创新，形成系统化、模块化、全方位的大思政育人体系。广州市工贸技师学院在改革实践中，共研究设计了3大建设板块、10个建设任务和39项建设措施，具体见表2-1。

表2-1 "136"大思政育人体系建设任务与分工

建设板块	建设任务	建设措施	任务分工
思政课程建设	思政理论课程建设	实施国家课程标准，规范思政课程教学	思政教研组
		推进师资队伍建设，培养六要思政教师	
		推进教学改革创新，打造精品思政课程	
课程思政建设	人文素质课程思政融合	语言文化类课程思政融合，培养人文素养	人文教研组
		数学公共类课程思政融合，培养科学素养	
		体育运动竞技活动思政融合，培养体育精神	
		人文艺术选修课程思政融合，培养文化修养	
	通用职业素质课程思政融合	自我管理课程思政融合，培养自我管理能力	通用能力教研组
		自主学习课程思政融合，培养自主学习能力	
		沟通表达课程思政融合，培养沟通表达能力	
		团队合作课程思政融合，培养团队合作能力	
		解决问题课程思政融合，培养解决问题能力	
		就业创业课程思政融合，培养就业创业能力	
	专业一体化课程思政融合	先进制造类专业思政融合，弘扬大国工匠精神	专业教学系
		信息服务类专业思政融合，培养开拓创新精神	
		文化创意类专业思政融合，传承优秀传统文化	
		商贸服务类专业思政融合，培养职业核心素养	
		能源应用类专业思政融合，践行绿色发展理念	

续表

建设板块	建设任务	建设措施	任务分工
综合育人建设	管理育人实践	加强遵纪守法教育，营造法制育人环境	学生处
		加强安全防护教育，保障校园安全环境	
		加强文明礼仪教育，营造校园文明风气	
		发挥榜样示范作用，助力学生自主管理	
	实践育人实践	开展三自教育实践，了解自我	学生处 校企合作办 双创中心 团委
		参加企业认知活动，理解职业	
		开展双创实践活动，发展潜能	
		推广志愿服务活动，服务社会	
		组织主题教育实践，坚定信念	
	心理育人实践	建设科学规范心理育人阵地，培养健康心理	团委
		建立心理健康测评管理系统，加强心理干预	
		打造心理健康宣传教育活动，营造正向环境	
	网络育人实践	同心同向，着眼长效机制建设	办公室 团委
		提升品质，打造网络育人品牌	
		把控舆情，引导媒体使用行为	
	文化育人实践	打造技能展示与成果体验平台，聚焦"品质精"	教务处 训练中心 校园文化中心
		打造健康教育与体育锻炼平台，着力"体魄强"	
		打造文化传播与艺术育人平台，追求"极致美"	
	环境育人实践	校园环境建设，启迪心智	总务处 学生处 教务处
		宿舍环境建设，润泽心灵	
		教学环境建设，提升素养	

3大建设板块对应育人体系中"思政课程、课程思政、综合育人"3个层面，10个建设任务对应育人体系中的10个育人模块，39项建设措施按照每个育人板块的功能定位，遵循导向性、创新性、实践性原则，紧扣职业院校学生特点，结合校本思政育人基础和优势进行整体策划。

思政课程建设板块共3项建设措施，重点落实国家、省市思政课建设的相关文件要求，结合职业院校师资基础和课程特点，推进思政课师资队伍建设和思政课课程教学改革，打造"六要"思政教师和精品思政课程。

课程思政建设板块共15项建设措施，具体为3大类课程15种课程的思政融合，重点以职业院校专业课程体系为切入点，以课程类型为抓手，通过对专业课程体系中涉及的每个课程类型、每门课程进行思政元素的挖掘和思政教育的渗透，构建课程体系下的大思政教育，通过大思政课程体系，实现全过程育人。其中，人文素质课程和通用职业素质课程为所有专业的公共课，与5个专业类别的思政融合形成了共性教育与个性教育相辅相成的课程思政教育体系。

综合育人建设板块共21项建设措施，具体为"管理、实践、心理、网络、文化、环境"6个维度的思政育人实践探索，结合职业院校学生个性特点、人才培养目标定位，紧扣需要重点引导和教育的行为，通过主题教育、实践活动、阵地建设、机制建设、平台建设、环境建设6个载体推动实现。

第三章

技工院校思想政治理论课程
改革的实践探索

以"立德树人"为使命，加快技工院校思想政治课程建设研究的步伐，推动思想政治课程改革创新，发挥思想政治课堂教学主渠道的作用，是新时代下提高思想政治课程教育教学整体质量的迫切需要。为了更好地推动技工院校思想政治课程的建设与实施，广州市工贸技师学院成立"新时代技工院校思想政治理论课程实践研究——以广州市工贸技师学院为例"课题组，开展了"技工院校思想政治课现状分析及对策研究"专题调研，通过开展思想政治课程的实施情况调研，分析思想政治课程现状，提出相应的对策与建议。

课题组面向广州市工贸技师学院师生开展了"思政课程"实施情况调研，并撰写翔实的调研报告。调研从课程、教学、教材、师资等方面了解思政课程的实施情况，以及师生对思政课的态度与建议。调研的主要内容包括：了解学生对思政课程总体认知与态度、对思政课程教师教学实施情况的反馈、对思政课程学习情况的自我描述、对思政课程教学期望、学生喜欢的思政课教学模式及思政教师特点；从思政课教师的角度了解学院思政课程实施情况。此调研为建设学院思政课程体系、改革创新思政课程教学、提高教学实效提供了现实依据。

按照中共中央宣传部、教育部印发的《新时代学校思想政治理论课改革创新实施方案》和人力资源社会保障部、国家发展改革委、财政部《关于深化技工院校改革　大力发展技工教育的意见》对技工院校思想政治课程建设的相关要求，广州市工贸技师学院根据"大思政"育人体系的布局，结合"新时代技工院校思想政治理论课程实践研究——以广州市工贸技师学院为例"课题研究工作，制订思想政治课程建设方案并推动实施。本章主要介绍思政课程体系的建设方案及教学案例。

第一节 建设方案：思想政治理论课程体系的建设目标与建设措施

一、建设目标

遵照国家思政课课程教学要求，实施国家思政课课程标准，构建符合技师学院学制特点的思政课程体系；统筹规划思政课教师队伍建设，按照"六要"标准加强思政课教师培养培训，打造高素质思政课师资队伍；建立"手拉手"一体化备课机制，以科研课题为引领推进思政课程教学改革，建设弘扬"工匠精神"思政精品课程，输出一批思政课程教学创新示范课例；结合新媒体技术建设沉浸式学习思政智慧教室，提升思政课程教学的互动性、参与性、生动性和亲和力，引导学生衷心拥护党的领导和我国社会主义制度，形成做社会主义建设者和接班人的政治认同，促进学生知、情、意、行的统一。

二、建设措施

1. 实施国家课程标准，规范思政课程教学

根据国家对思政课程的最新要求，贯彻落实国家思政课程标准，统一教材使用和教学管理要求，加强不同专业、不同培养层次和不同学制思政课规范管理和有效实施，推进习近平新时代中国特色社会主义思想进教材、进课堂、进学生头脑，确保思政课程教学课时，根据不同学制特点制订思政课教学计划。其中，在五年制高级班开设中国特色社会主义、心理健康与职业生涯、哲学与人生、职业道德与法治、毛泽东思想和中国特色社会主义理论体系概论、思想道德与法治、形势与政策课程，以及劳动教育、工匠精神、学习高技能人才楷模等教育模块；三年制高级班开设毛泽东思想和中国特色社会主义理论体系概论、思想道德与法治、形势与政策课程，以及工匠精神、劳动教育、心理健康、学习高技能人才楷模等教育模块；四年制预备技师班开设马克思主义基本原理、毛泽东思想和中国特色社会主义理论体系概论、中国近现代史纲要、思想道德与法治、形势与政策课程，以及工匠精神、劳动教育、心理健康、学习高技能人才楷模等教育模块。

围绕立德树人，以提高思想政治素质为主线，探索思政特色选修课程建设，规范选用正版教材，充分利用第二课堂，组织开展中华优秀传统文化（含岭南特色传统文化）、人文素养、心理健康教育、双创教育、文化艺术、体能健身、志愿服务等类型课程，构建"必修为主、选修为辅、必修固本、选修拓展"的思政课程体系，不断提高思政课教育的政治性、思想性、理论性、针对性和有效性。

2. 推进师资队伍建设，培养"六要"思政教师

统筹推进思政课教师队伍建设，把思想政治教育工作队伍建设纳入学校师资队伍建设和干部队伍建设的总体规划，严把思想政治教育工作队伍进口关。按照专职思政课教师配备要求，根据学生人数和实际教学研究等需要，合理核定专职教师编制，引进高学历专业思政课教师，配备足够数量和较高质量的思政课教师。以专职为主、专兼结合的原则，组建专兼职思政教师队伍，由政治、历史、法律、心理学专业和其他相关专业转型的专职教师组成思政课专职教师队伍；由院领导，教研室、教务处、政工处、学生处等部门主任，党支部书记、团委书记等组成兼职思政教师队伍，确保专兼职思政课教师师生比为1∶350以上。

抓好师德、师风建设，制定师德建设规范。利用政治学习、专题辅导、学习强国平台等形式加强学院全体教职工的政治理论学习，建设一支政治坚定、师德高尚的教师队伍；同时对现有非中共党员思政课教师有计划有重点地加快政治吸纳。对立场坚定、学养深厚、联系实际、成果突出的思政课教师代表加大宣传力度，发挥示范引领作用。

围绕"政治要强、情怀要深、思维要新、视野要广、自律要严、人格要正"标准，加强思政课教师培养培训，推进思政课教师素质提升。建立学校思政课教师"岗前培训"制度和分级分层思政课教师全员培训机制。把思政课教师培训工作纳入学院师资培训统一计划，通过聘请思政理论课教育专家到校培训、选派思政课教师外出参观学习等方式，拓宽思政课教师视野，提高思政课教师教学能力，培养一批思政骨干教师。鼓励学院思政课教师在职攻读硕士、博士研究生，着力提高思政课教师学位学历层次。

3. 推进教学改革创新，打造思政精品课程

构建"手拉手"集体备课机制，探索将一体化课程教学模式和行动导向教学理念融入思政课教学，推进思政课课堂教学守正创新。充分利用红色资源，丰富思政课教学形式和内容。打造"理想信念""爱国情怀""技能强国""工匠精神"等优质课堂，建设一批思政课创新课例，不断增强思政课教学的互动性、参与性、生动性、亲和力。探索与高校开展横向课题项目合作，发挥高校科研优势，指导思政课教师开展教学研讨、课题研究，不断提升学院思政教研工作水平。

结合技工院校特点，突出技工院校学生技能报国，在思政教师队伍中挑选"精"兵强将，组建精品课"精"英建设团队，开展思想政治课程精品课建设，组织思想政治课程教学设计比赛。通过教学设计比赛，推动教师在思政课教学方法，教学形式的创新，打造思政"精"品教学设计，制作思政"精"品微课。

着力突破传统思政课教学的时间、空间局限，借助虚拟现实技术，推进思政智慧课室建设工作，为学生提供现代化的学习平台和方式，为老师教学提供丰富的教学资源，让学生在课堂学习中身临其境般地参观红色教育基地、感受历史事件，有力提升思政课学习趣味性，增强沉浸式学习体验，激发学生的学习积极性，提高思政教学实效。

第二节　教学案例：推进教学改革创新，打造精品思政课程

【案例一：社会主义核心价值观——诚信】

一、任务描述

学生围绕"做疫情防控的守信人"这一主题，分析新冠肺炎疫情防控期间与诚信相关的案例，然后以小组为单位，在班级课堂开展"诚信小论坛"，对相关案例进行评议。

通过"诚信小论坛"活动，帮助学生清楚明白"诚信"是公民必须恪守的基本道德准则之一，也是评价公民道德行为选择的基本价值标准；引导学生自觉养成信守承诺、诚恳待人的诚信品格。

二、教学设计

学习者是技工院校高级班学生，他们对社会主义核心价值观有一定的认识，但对具体如何联系实际践行社会主义核心价值观并不清晰，对诚信的重要性理解不深不透。围绕任务要求，结合学生特点，设计思政目标如下：

（1）用积极的人生态度认识"诚信"的内涵。

（2）领悟"诚信"是公民基本道德规范之一，树立正确的思想品德、职业道德、行为规范和法律观念，促进自身的健康完善人格逐步形成。

（3）感悟诚信精神对建立和谐社会的重要意义。

本次课的学习重点是理解诚信的重要意义，难点是如何坚守诚信。

三、教学过程

整个教学过程需2课时，分4个环节实施。

课前准备：学生根据任务要求，以小组为单位，课前搜集新冠肺炎疫情防控期间一些与诚信相关的案例，整理成案例文档。

导入部分：教师向学生呈现"七个行囊"（包括健康、美貌、诚信、机遇、才气、名誉、金钱）活动情境，引导学生思考会舍弃哪些行囊，并请学生简述理由。之后结合学生的回答进行小结，导出新课。

环节一 什么是诚信：教师向学生讲解社会主义核心价值观中关于"诚信"的论述。之后播放关于诚信的典故视频，结合本班学生所学专业引申。

环节二 为什么要诚信（学习重点）：教师引导学生思考"诚信对人们有什么积极的影响"，并引导各小组学生围绕"诚信对待家人、同学、朋友、同事、上司（老师）、客户"进行思考讨论。然后教师继续引导学生思考"失信对人们有什么消极的影响"，并结合视频片段内容思考分析。接着请学生结合课前搜集整理的案例阐述自己的观点。最后教师结合本环节教学内容进行重点讲解，引导学生明确诚信的重要意义。

环节三 如何坚守诚信（学习难点）：教师引导学生思考"人一般会在什么情况下不诚信"，然后根据学生的发言归纳出要点，并结合上面环节提到的疫情期间出现的一些不诚信的案例进行分析，引导学生做出正确的决策。接着教师向学生讲解分析"诚信金三角"原理。最后教师小结："人生成败在短边，诚信三角形告诉我们要有忧患意识，如果个人有'短板'，应该考虑尽快把它补起来。"

环节四 总结提升：再次以导入环节的情境为载体，学生通过情境再现总结出诚信的重要性。之后教师总结本次课教学内容，根据学生的学习表现进行评价。

四、教学评价

本次课主要采用小组互评和教师评价相结合的评价方式。评价内容以教学目标为依据，侧重对学生对诚信重要性的参透情况进行综合评价。

五、教学创新点与思政育人效果

（一）教学创新点

1. 教学设计创新点

（1）本教学设计在思政课中融入学习任务，通过任务驱动的方式组织"社会主义核心价值观"思政课的教学。

（2）结合社会热点、全世界全人类都关注的"新冠肺炎疫情防控"问题，围绕"做疫情防控的守信人"主题，要求学生分析新冠肺炎疫情防控期间与诚信相关的案例，然后以小组为单位，在班级课堂开展"诚信小论坛"，以这样的方式去引导学生思考、讨论、学习"什么是诚信""如何坚守诚信"。

2. 实施过程创新点

（1）翻转课堂：学生根据任务要求，以小组为单位，课前搜集新冠肺炎疫情防控期间一些与诚信相关的案例，整理成案例文档（Word或PPT）。

（2）通过情境分析法、角色扮演法，把一则涉及"诚信"主题的情境故事不采用口述讲授的方式，而通过学生亲身沉浸入情境、扮演当中的角色的方式，让学生对情境反映的"诚信的重要性"体验得更加真实、深刻。

（3）教学实施各环节都渗透了"可视化教学"的手段，如通过"看图猜与诚信相关的成语""播放热门电影《我和我的家乡》视频片段"等，增强教学的有趣感和形象性。

（4）课堂中开展"诚信小论坛"，对新冠肺炎疫情防控期间与诚信相关的案例进行评议。通过诚信小论坛活动，引导学生懂得"诚信"是公民必须恪守的基本道德准则之一，也是评价公民道德行为选择的基本价值标准，使学生自觉养成信守承诺、诚恳待人的诚信品格。

3. 评价创新点

本次课程主要采用学生自评、小组互评为主，教师补充提炼相结合的评价方式。评价内容以教学目标为依据，侧重对学生对"诚信"内涵的理解情况进行评价。

（二）思政育人效果

1. 学生学习状态

学生思维活跃，接受新知识能力强，动手能力强，理解能力较好，多数学生具有明确的学习目的，学习认真、努力、主动，乐于与人合作。

2. 学生收获

通过本次课的学习，学生懂得了"诚信"是公民必须恪守的基本道德准则之一，也是评价公民道德行为选择的基本价值标准，从而自觉养成信守承诺、诚恳待人的诚信品格。

3. 学业成果

（1）学生根据任务要求，以小组为单位，搜集新冠肺炎疫情防控期间一些与诚信相关的案例，整理成案例文档（Word或PPT）。

（2）围绕"诚信"主题，学生撰写学习心得（体会）。

4. 思政目标达成程度

（1）通过本次课的学习，学生真切理解"诚信"的内涵，学会了要用积极的人生态度去认识"诚信"。

（2）学生明确了"诚信"是公民基本道德规范之一，作为公民需要树立正确的思想品德、职业道德、行为规范和法律观念，只有这样才能更好促进自身的健康完善人格逐步形成。

（3）学生感悟到诚信精神对建立和谐社会的重要意义，从而自觉养成信守承诺、诚恳待人的诚信品格。

【案例二：社会主义核心价值观——敬业】

一、内容描述

敬业是中华民族的传统美德，是公民必须恪守的社会主义核心价值观个人层面的价值标准之一。本次课让学生从了解"什么是敬业，人为什么要敬业，如何敬业"这几方面一步步树立正确的职业道德、行为规范。

思政目标：通过案例分析，视频分享，师生活动参与共同讨论加深对敬业内涵的理解。以"敬业奉献"为主题，分析社会现象，以小组为单位开展现场辩论，让学生对"敬业"有更深刻的认识。

二、教学设计

本课程由四个密切相关的模块构成，即从传统文化中的敬业入手，阐释何为敬业以及敬业的内涵，然后分析思考人为什么要敬业，最后以一场辩论活动引导学生明白敬业是社会主义职业道德最基本的要求。教学环节深入浅出、通俗易懂，并通过大量的人物案例和社会热点激发学生的兴趣和思考，感染力强。围绕"干一行，爱一行"还是"爱一行，干一行"为主题展开激烈讨论，也让学生在思辨中加深对"敬业"的价值和意义的理解，使学生对敬业的认识逐步内化为积极的道德情感和道德坚持。

三、教学过程

1. 课堂导入

（1）思考：为什么说"百行业为先，万恶懒为首"？

（2）理解中华传统文化中的"敬业"价值观。

2. 概念解释：何为"敬业"

观看视频《用郎平精神演郎平》，教师引导学生小组展开讨论，用张贴纸在白板上把"敬业"的内涵用关键词展示出来。以小组为单位，交流分享改革开放先进人物身上的"敬业"体现在哪些方面。

3. 为何敬业

通过案例分析：从两个大学生的职业发展看，是什么原因导致他们拥有不同的人生。

进行教学活动：以小组为单位，寻找"战疫"感动瞬间的图片资料，讨论敬业对个人、社会、国家的重要意义，在班上进行交流分享。

4. 如何敬业

通过课堂活动——辩论"干一行，爱一行"还是"爱一行，干一行"，引导学生深入思考，理解无论爱一行还是干一行，我们都要敬业，把敬业精神践行到工作当中，用行动去践行职业操守。

5. 总结提升

职业没有高低贵贱之分，有业是立人之本，要懂得从工作中找到乐趣，找到奋斗价值。仅有"发愤忘食"的敬业还不够，"乐以忘忧"才是人生更高的境界。

四、教学评价

本次课主要采用小组互评和教师评价相结合的评价方式。评价内容以教学目标为依据，侧重对学生对敬业的理解和内化情况进行综合评价。

五、教学创新点及思政育人效果

本课以小组为单位,选编有代表性的案例,改编成小品剧本,在班级进行情景再现。学生通过角色扮演活动,清楚明白了"敬业"是公民必须恪守的基本道德准则,深化了对"敬业"这一社会主义核心价值观的理解,强化了敬业的实践动机。

【案例三:工匠精神之"创新进取、振兴中华"】

一、内容描述

"创新进取、振兴中华"是工匠精神的重要内容。通过绘画活动、游戏互动、实例分析,帮助学生明确创新的内涵、重要性及如何培养创新意识和思维,以便今后在学习、生活和生产实践中不断努力更新技艺、推动社会发展。

思政目标:理解创新进取内涵和重要意义,学习工匠艺无止境、推陈出新、勇攀高峰的精神,培养创新意识和思维。

二、教学设计

本次课教学对象是技师学院5年制高级班的学生,有些学生习惯于中学教育的认识、理解、记忆等常规思维,学习缺乏联想和创造力,尚未懂得怎样运用所学知识、勇敢尝试、突破陈规,创新运用;有些学生却活泼好动、爱动脑筋,主动多角度思考事物、讨论问题,有一定的想象力和创新意识,敢于尝试,反复实践。

因此,本次课的主要教学活动设计为:活动导入,激发动机→举例说明,阐述含义→案例讲解,小组讨论→数据分析,视频互动→游戏拓展,总结归纳。在这个过程中,有观看视频、学习楷模、情景设置,有画图思考独立探索,也有站报纸、剪纸等团队协作游戏。老师还组织学生们观看世界各国专利申请动态数据、国家品牌企业颁奖典礼以及优秀大国工匠成长的视频。学生在游戏活动、观看视频中明确创新进取的内涵和重要性,总结创新进取的途径方法,学会多角度观察和思考事物,努力把工匠的创新精神运用到日常学习、生活和工作实践中,树立良好的创新意识和思维。

三、教学过程

1. 课前准备

阐述本章学习目标,明确课文重点。

2. 导入新课

让学生发挥想象力,将图中固定的点连成一幅画。结果不同的学生联想绘制出各种不同图形的画。启发思考,说明人的思维是多元的,创新能力也是无限的,大脑充满了想象力，可以不断创造新的事物，由此导入新课。

3. 实施环节

（1）让学生在规定时间阅读课文，寻找创新和进取的含义，列举生活中三叶电风扇技术创新为无叶风扇、笨重的台式电脑技术创新到轻薄的折叠笔记本，以及学校吴振泰同学获得全国五一劳动奖章的优秀事例，阐述创新进取内涵和重要作用。

（2）通过触摸式发声地球仪利润分配的企业案例，分析低端制造和拥有核心创新技术的企业的较大利润差距，体现创新的重要价值。为此，国家在近20年间逐渐增加了大量的科技研究与试验发展经费。到2019年，中国研发经费仅次于美国，高于欧盟28国（含英国）研发经费总和，比2000年时的水平足足增加了23.7倍。

（3）播放世界各国专利申请量排行榜动态数据，观看自从国家增加研发经费的投入后，我们的专利申请数量由原来的世界榜上无名，到2000年世界排行第七，再到2011年超越日本排行第一，至2016年已远超西方发达国家的专利数量了。

（4）观看图片，了解我国航天空间站、天眼、磁悬浮列车等一项项高新科技诞生案例，以及知名企业研发5G网络、折叠手机、激光清洁机器人等先进产品，观看视频《中国品牌崛起——强国盛典》，感悟中国企业在科技创新中走向世界品牌的强国之路。

（5）向学生提问：怎样培养创新意识和思维？教师通过小组讨论站报纸、剪纸的游戏互动，启发学生在学习中要善于积累知识、勇于尝试、突破常规，不断研究新知识和新技术。

（6）围绕技能人才怎样培养创新意识，组织学生观看视频《执着和创新成就梦想——王钦峰》，请同学们谈谈王钦峰是怎样勤奋学习、创新技术、由初中毕业生成长为工程师的。让学生画工匠楷模的成长路径图，提炼学习感想和收获，明确新时期的工匠精神包括两层含义：一是做事精益求精；二要敢于打破传统约束，不断推出新的产品，不断打造新的品牌，从而推动中国经济增长和社会发展，为实现中华民族的伟大复兴努力奋斗。

（7）提出希望，鼓励学生：青年是一个国家的希望，青年怀有梦想，国家才有前途。创新的希望在青年，有创新的青年，才有创新的中国！

（8）教学总结，点评学生课堂表现，布置课后作业。

四、教学评价

组织学生填写学习评价表。

评价项目	个人自评 （优、良、中、欠佳）	小组评价 （优、良、中、欠佳）	教师评价 （优、良、中、欠佳）	综合
对创新进取工匠精神内涵的理解				
对创新进取价值的领悟				
明确技能人才如何培养创新意识和思维				

五、教学创新点及思政育人效果

  本课师生互动性强，学习氛围浓厚，学生能积极思考，讨论问题，踊跃参与游戏活动，提高了分析问题、解决问题的能力。通过启发学生多角度看事物，培养了学生的创新意识和思维，同时让学生明确了社会发展趋势和科技创新的重要性，树立了创新技术、建立品牌、发展社会经济、振兴中华的社会责任感。

第四章

技工院校人文素质课程改革的实践探索

教育部《高等学校课程思政建设指导纲要》（教高〔2020〕3号）明确要求，学校课程思政建设内容要紧紧围绕坚定学生理想信念，以爱党、爱国、爱社会主义、爱人民、爱集体为主线，围绕政治认同、家国情怀、文化素养、宪法法治意识、道德修养等重点优化课程思政内容供给，系统进行中国特色社会主义和中国梦教育、社会主义核心价值观教育、法治教育、劳动教育、心理健康教育、中华优秀传统文化教育。公共基础课程，要注重在潜移默化中坚定学生理想信念、厚植爱国主义情怀、加强品德修养、增长知识见识、培养奋斗精神，提升学生综合素质；文史哲等课程，要引导学生深刻理解社会主义核心价值观，自觉弘扬中华优秀传统文化、革命文化、社会主义先进文化。

广州市工贸技师学院结合"136"大思政育人体系建设方案中"使学生掌握历史、语文等人文学科知识，理解并热爱中华优秀传统文化；提高身体素质，培养坚强的意志品格；提高理性思维水平。为学习专业知识、掌握职业技能、继续学习和终身发展奠定基础"的育人目标，加强人文素质课程的思政教育融合，重点开展语言文化类课程、数学、体育课程的思政教育融合，从教学设计入手，将中华优秀传统文化、红色文化、社会主义先进文化、中华民族历史和革命建设改革时期英雄人物、先进模范等思想政治教育资源融入文化基础课中，并在课程教学中注重主流价值观引领，注重激发学生的爱国热情、学习技能与技术的热情，帮助学生树立家国情怀，增强民族自豪感和文化自信，提升对品质的追求和技能报国的思想意识。本章主要介绍人文素质课程的建设方案、融合方案、特色课程及教学案例。

第一节　建设方案：人文素质课程思政建设目标与建设措施

一、建设目标

通过推进语言文化类、数学、体育课程思政融合工作，着力提升学生的人文素养、科学素养和体育精神，引导学生树立正确的世界观、人生观、价值观，树立健康、乐观的生活态度，培育家国情怀，激发爱国热情，增强民族自豪感和文化自信，提升学生品质追求意识和技能报国思想。

二、建设措施

遵照国家课程相关要求，结合技工院校特色及广州市工贸技师学院实际情况，在3种学制不同阶段设置不同的人文素质课程。在三年制高级班开设体育健康、大学英语、高等数学、大学语文、历史5门课程，分布在四个学期总计280课时。在四年制高级班开设语文、数学、英语、历史、地理、体育与健康、大学语文、大学英语、高等数学10门课程，分布在六个学期总计672课时。在五年制高级班开设体育与健康、语文、数学英语、高等数学、历史5门课程，分布在八个学期总计560课时。

深入挖掘语文课、历史课、英语课、数学课、体育课等人文素质课程思政育人元素，将中华优秀传统文化、红色文化、社会主义先进文化、中华民族历史和革命建设改革时期英雄人物、先进模范等思想政治教育资源融入人文素质课程教学，结合课程特点探索课程思政融合方案，优化课程教学目标、创新课程教学方法、补充课程教学内容，促进课程思政实施落地，确保育人成效。

1. 语言文化类课程的思政教育融合

在语文课教学中，加强对学生人文素养的培养，提高学生的思想道德水平。优化语文教学目标、教学方法和内容，让思想深刻的文学作品潜移默化地影响学生的人生观、价值观；挖掘教材中具有思想政治教育功能、励志教育功能的文学作品作为课程思政的主要内容，培养学生良好的阅读习惯，使学生树立健康、乐观的生活态度；创新教学方法，以学生喜闻乐见、丰富多彩的教学形式，让学生积极参与课堂教学活动。在历史课教学中，通过自主探究培养学生的历史思维，运用情境教学法、问题驱动法、开展辩论法等，融入革命传统教育，打通历史与现实、中国与世界的联系，让学生运用唯物史观去分析问题，引导学生读懂历史、联系现实，培养家国情怀，树立正确的价值观和世界观。在英语课教学中，通过中西文化的对比，通过演讲、活动等形式，透过语言的表象来剖析其所传达的文化和人文精神，加深学生对国家的了解，在激发学生爱国热情的同时，培养学生进行跨文化理解和交流的能力。

2. 数学课的思政教育融合

在数学课教学中，通过数学定义、精确计算的教学，培养学生孜孜不倦、执着专一、耐心专注的钻研精神；通过分析元素、子集、真子集的关系，引导学生理解、认同个体和集体的关系，强化学生爱国情怀，传递正能量；通过数学应用与经济社会、生产实践结合的实例教学，培养学生求真务实、脚踏实地的工作态度，提升逻辑思维能力、矛盾分析能力和问题解决能力。

3. 体育课的思政教育融合

在体育课教学中，引入体育文化，突出体育精神，鼓励学生以运动名将作为榜样，培养为国争光的家国情怀；丰富体育课教学形式，认真开展专项运动技术项目学习，参加体育运动竞技，提升学生团结合作意识，增强集体主义精神；鼓励学生克服体育运动过程中的各种困难，形成良好的体育运动习惯，培养学生敢于拼搏、执着顽强、积极进取的心理品质。

第二节 融合方案：人文素质课程思政融合方案

一、语文课程思政融合方案

作为一门基础性学科，语文在学生的全面发展中担负着诸多功能，也具有丰富的育人资源。通过鉴赏优秀的文学作品、开展丰富的综合实践活动，学生不仅能提高语文能力，也能在思政道德、审美情操等方面获得长足的发展。教师开展语文教学，要从学习内容中挖掘出思政教育元素，并通过开展形式多样的教学活动，使学生在语文能力得到提升的同时，享受到精神的洗礼。

本方案针对学院初中起点五年制高级班的语文教学，结合学院一体化的教学理念和学生实际情况，选用中国劳动社会保障出版社的全国中等职业技术学校通用教材《语文》第六版上、下两册，以提高语文课程的思政育人功能为目的进行设计。本教材使用时间为2个学期，全年共80学时，注重培养学生的综合实践能力，引导学生树立正确的价值观和人生观。在综合实践的教学中，教师将教学内容与学生的校园生活、职业生活紧密结合，创设活动情境，依照课前布置自主学习任务、课中（2课时）展开实践活动、课后拓展延伸进行升华三步骤展开教学。

表4-1　语文课程思政融合方案

思政领域	融合的思政元素	章节	学习内容	思政融合设计
国家意识	国情观念（家国情怀）	上册——第五单元——第24课	阅读与赏析：《登高》	通过开展"绘制诗景图""讲述诗歌背后的故事""诵读诗歌""忆古思今"等学习活动，引导学生深刻理解杜甫《登高》的精神内涵和所抒情感，提高学生的诗歌赏析能力，激发学生的爱国热情
	国情观念（民族品牌）	上册——第五单元——第10课	阅读与赏析：《老字号：北京昔日的名牌》	通过开展"介绍中国老字号品牌"学习活动，提高学生的事物说明能力，引导学生感受其蕴藏的历史文化内涵和现代工商文明规则的生存发展之道，提升学生对民族品牌文化的认同
	国情观念（公民意识）	下册——第三单元——综合实践	综合实践："让青春与××同行——社会主义核心价值观主题演讲人"	通过开展"社会主义核心价值观主题演讲"学习活动，引导学生深入探索社会主义核心价值观的内涵，提高学生的写作能力和口语交际能力，使学生树立正确的世界观、人生观和价值观

续表

思政领域	融合的思政元素	章节	学习内容	思政融合设计
国家意识	国情观念（文化自信）	上册——第二单元——口语知识	口语知识："中国绣 青年说——刺绣工艺作品介绍"	通过开展"中国绣，青年说——刺绣作品介绍"学习活动，引导学生学习事物介绍的方法和技巧，提高学生的口语交际能力，促使学生形成对中国刺绣文化的认同和自信
	国情观念（红色文化）	上册——第四单元——综合实践	综合实践活动："讲述感动心灵的故事——'建党百年，感恩有你'主题脱口秀"	通过开展"讲述感动心灵的故事——'建党百年，感恩有你'主题脱口秀"学习活动，引导学生了解建党百年的光辉历史，提高学生的信息处理能力和口语交际能力，增强学生的爱党爱国情怀
人文素养	明德修养（诚实守信）	上册——第一单元——第3课	阅读与赏析：《卖白菜》	通过开展"分角色讲述故事"学习活动，提高学生的阅读和表达能力；通过填写"照镜子——中职生诚信调查问卷"学习活动，引导学生明白坚守诚信的可贵，完善学生的人格修养
	明德修养（坚韧乐观）	上册——第一单元——第2课	阅读与赏析：《那一年，面包飘香》	通过开展"梳情节""解悬念"学习活动，提高学生的阅读和分析能力；通过开展"伯乐重要，还是千里马重要"主题辩论学习活动，引导学生明白在困境中仍要砥砺前行、完善自我，塑造学生坚韧乐观的美好品质
	明德修养（爱心教育）	上册——第一单元——第5课	阅读与赏析：《我不是一个好儿子》	通过开展"分析母亲形象"学习活动，提高学生的阅读和概括能力；通过开展"举办分享会——我的母亲"学习活动，引导学生感受母爱的无私奉献、不求回报，培养学生感恩的人格品质
	人文精神（工匠文化）	上册——第二单元——第6课	阅读与赏析：《景泰蓝的制作》	通过开展"复述制作工序"的学习活动，提高学生的信息筛选和分析概括能力；通过"观看线上博物馆展览"学习活动，引导学生领略国宝级工艺的艺术魅力，感悟手工艺人的工匠精神，端正学生的工作态度
技术思想	实践创新（崇尚实践）	下册——第五单元——综合实践	综合实践："创意无极限——举办创意设计展评活动"	通过开展"制作创意设计海报"学习活动，将语文知识和专业知识相结合，引导学生学习海报的制作方法和宣传应用，并运用口语解说事物，阐述事理，提高学生发现和解决问题的能力，培养学生创造、创新的意识
	规则意识（生态环保）	下册——第二单元——综合实践	综合实践："创造绿色生活——举办低碳生活宣传活动"	通过开展"创造绿色生活——举办低碳生活宣传活动"学习活动，引导学生学习广告、倡议书等应用文的作用和写法方法，提高学生的应用文写作能力，增强学生的节能意识，塑造学生的生态文明理念

续表

思政领域	融合的思政元素	章节	学习内容	思政融合设计
职业素养	职业操守（爱岗敬业）	下册——第三单元第12课	阅读与赏析：《天堂与地狱比邻》	通过开展"天堂OR地狱，你怎么选？"学习活动，提高学生的说理能力；通过"总结洛克菲勒的成功经验"学习活动，引导学生懂得爱岗敬业的意义，培养学生"干一行，爱一行"的职业意识
	职业情怀（职业认同）	下册——第三单元第11课	阅读与赏析：《人人皆可为国王》	通过开展"你愿意成为什么国王？"学习活动，提高学生的说理能力；通过"专业推介"学习活动，引导学生深入挖掘专业的前景与未来，提升对所选职业的认同感
	职业能力（解决问题）	上册——第一单元综合实践	综合实践："好的计划是成功的一半——撰写个人能力提升计划"	通过"好的计划是成功的一半——撰写个人能力提升计划"学习活动，引导学生学习计划的写作格式和要求，提高学生的应用写作能力和自我管理能力，培养学生发现问题、解决问题的能力

二、历史课程思政融合方案

在历史课教学中，"中国历史"通过自主探究培养学生的历史思维，运用情境教学法、问题驱动法、开展辩论法等，融入革命传统教育，打通历史与现实、中国与世界的联系，让学生运用唯物史观去分析问题，引导学生读懂历史、联系现实。目前世界正经历百年未有之大变局，当代中国也正经历着我国历史上最为广泛而深刻的社会变革，正处在实现中华民族伟大复兴的关键时期，因此在教学过程，重点在中国近代史和中国现代史方面做研究，加强对学生的革命文化和社会主义先进文化的教育，引导学生传承民族气节，着力厚植爱国主义情怀。

表4-2 历史课程思政融合方案

思政领域	融合的思政元素	章节	学习内容	思政融合设计
国家意识	国情观念（民族意识）	中国近代史	鸦片战争经过和意义	用比较分析法，通过比较鸦片战争前后中国与世界的政治与经济状况，分析鸦片战争爆发的根本原因，培养学生"透过现象看本质"辩证地观察和分析历史问题的能力。通过比较两次鸦片战争失败的原因，分析中国社会"封闭—落后—挨打—思变"的变化，增强民族团结意识，铸牢中华民族共同体意识
	国情观念（领土完整）	中国近代史	五四运动经过和意义	用角色扮演法，以西方列强巴黎和会谈判的图片和中国五四运动相关影视作品带入，让学生角色扮演表演学生运动情景剧，体验五四运动代表人物所处的社会环境和社会情景，了解五四运动的起因、经过，树立国家意识，自觉捍卫国家主权、尊严和领土完整

续表

思政领域	融合的思政元素	章节	学习内容	思政融合设计
国家意识	民族团结（统一战线）	中国近代史	国共合作与北伐战争	用案例教学法，通过从《北伐战争示意图》中分析三路北伐的斗争对象、进军路线、推进态势，对国共双方第一次合作的必要性与可能性的讨论和分析，培养学生叙述历史事件的能力，和历史比较以及概括和归纳的能力，从而体会孙中山等先辈们以国家前途和民族大义为己任的高尚品质
	科学理论（马克思主义思想）	中国近代史	马克思主义在中国的传播	用问题探究法，探讨当时传入中国的各种社会主义思潮，经过学习思考、比较分析、反复探究，分析各种思潮的结局，使学生认识到马克思主义为什么能够传入中国，为什么对中国革命有重大作用和影响，是实践救国救民的真理。通过马克思主义在中国传播的过程了解和认识实践是检验真理的唯一标准
	人文精神（革命文化）	中国近代史	文学革命的发展	通过问题引导和学生的自主性学习相结合，通过大量的图片、文字或视频等素材，帮助学生了解新文化运动兴起的背景、兴起的标志、主要阵地、代表人物、旗帜、活动基地。从文学革命现实主义与其他思潮、方法多元并存，形成了非常活跃的创作的历史局面中，组织学生展开"否定封建，提倡民主与科学""思想自由，兼容并包""审美多样"等的思考，培养学生的科学精神与人文素养
政治理念	党的领导（爱国爱党）	中国近代史	中国共产党诞生	用张贴板教学法，由中共十九大图片、党旗图片引出"中共全国代表大会"的话题，立足历史事件的时间、地点、人物、内容，从而培养学生梳理历史知识的能力。通过绘制流程图对中国共产党成立的原因、过程及影响的完整把握，使学生深刻了解到中国共产党的成立及其前赴后继的奋斗精神和开拓精神，坚定热爱党、拥护党、跟党走的信念和行动，落实历史使命感教育
	国家观念（国家认同）	中国现代史	中华人民共和国的成立和向社会主义过渡	用问题探究法，通过历史图片和历史资料提出问题，概述中华人民共和国成立初期民主法制建设的主要成就，通过分析《中华人民共和国宪法》规定的民主法制原则，提高学生探究分析历史问题的能力。运用教材中文献资料所提供的有效信息，了解《中国人民政治协商会议共同纲领》的内容、地位和性质，帮助学生认识中华人民共和国是一个什么性质和制度的国家，如何代表了最广泛人民利益的国家，是民心所向的国家，提升学生对国家的认同

续表

思政领域	融合的思政元素	章节	学习内容	思政融合设计
政治理念	国家观念（制度认同）	中国现代史	社会主义建设道路的探索	用讨论法，小组通过图片、史料，合作探究20世纪50—70年代中国共产党领导人民探索社会主义建设道路过程中的伟大成就，理解生产力与生产关系之间的辩证关系，分析社会主义建设道路探索中的经验和教训。明确社会主义建设必须从国情出发，培养学生解放思想、实事求是、艰苦奋斗、发奋图强的精神和关注国情的意识。认识到社会主义建设不论遇到什么困难，终将不断前进，建立对社会主义道路的自信
技术思想	创新实践（崇尚实践）	中国现代史	改革开放新时期	用调查分析法，通过指导学生调查、收集资料，对比改革开放前后中国在各个领域的状况变化，分析我国所取得的成就以及综合国力与国际影响力不断提高的原因，认识真理标准问题讨论和党的十一届三中全会的历史意义，深刻理解实践是检验真理的唯一标准这一科学论断，树立崇尚实践意识
	科学精神（奋发图强）	中国现代史	社会主义时期科教文卫的发展和成果	用头脑风暴法，引导学生列举中华人民共和国成立以来，我国在自然科学、工程技术、社会科学、文教卫生等领域取得的重大成就。小组讨论学习，并用思维导图对知识进行归纳和展示，培养学生的信息归纳和处理能力。使学生从中了解社会主义时期涌现的模范人物的先进事迹，归纳和概括他们身上所体现的精神品质，感悟这一时期中国人民积极向上、奋发图强的精神风貌

三、英语课程思政融合方案

英语课是技工院校学生的必修课，作为一门语言基础课，学生受众广，教学内容丰富，是潜移默化提高学生思想觉悟、人文素养和文化自信的重要阵地。英语教学不再只是单纯地培养学生的语言应用能力，而应该发挥其潜在的"思政育人"功能，实现"立德树人"的根本目标。在技工院校英语教学中构建系统、规范的思政教育体系既能进一步拓宽思政教育路径，又能丰富英语教育内涵，是当前英语教学改革的现实选择。利用英语课堂做好学生的思想政治教育，把握好尺度对学生进行正确的思想政治引导，是捍卫学生的主流意识形态，抵制西方的不良思潮影响的重要途径。此外，通过在英语课堂中实行"课程思政"，学生在英语课堂中学习西方文化的同时也能对中国的传统文化进行对比，发现自身文化的鲜明特色，激发学生对我们伟大祖国的自豪感和文化自信心。

本课程思政融合方案的设计基于中山大学出版社的广东省成人高等教育英语系列教材《英语1》和《英语2》，在原教学内容的基础上，结合文化差异、家国情怀、民族品牌、积极心理、价值信仰、感恩大爱、爱心教育、严谨理性、质疑求真、沟通表达、服务意识、忠诚担当等思政元素，通过英文情景剧、主题分享会、英文写作比赛、主题视频录制、情景角色扮演、计划拟定、活动方案制订、志愿者服务等相关英语主题活动的设计,提高英语学习的实效性,并实现思政育人的目标。

表4-3 英语课程思政融合方案

思政领域	融合的思政元素	章节	学习内容	思政融合设计
国家意识	国际视野（文化差异）	《英语1》——Unit2 Meeting and Greeting	Text A Meeting and Greeting Customs	通过学习中西方见面礼仪习俗,进一步理解文化差异,尊重各国、各民族文化。开展"齐聚地球村"英文情景剧活动,学生通过扮演不同国籍、年龄的身份人士,练习用英语进行自我介绍、介绍他人以及互相问候。通过活动,学会在会面时遵守各国见面礼仪习俗,拓宽国际视野,尊重文化差异
	国情观念（家国情怀）	《英语1》——Unit3 Hometown	Text A Hometown Boy	通过短文学习,了解作者成名后选择回归故乡,在故乡创业,实现自己的远大理想的行为,体会作者对家乡的浓浓眷念之情。通过课文的教学,引导学生学习描述家乡景色与日常生活的英语词句,以"My hometown（我的家乡）"为主题,用英文介绍自己家乡的文化与习俗,弘扬传统文化,展示家乡之美。通过开展拓展活动,引导学生努力学好技能,树立为家乡建设贡献自己的力量的崇高理想和信念
	国情观念（民族品牌）	《英语2》——Unit1 Date and Appointment	Text A This dating stuff is a piece of cake	结合短文中出现的汽车品牌"Chevy（雪佛兰）",引导学生发现身边的国产汽车品牌,如红旗、哈弗、五菱等,组织学生用英语介绍自己喜爱的民族汽车品牌并分享喜爱的理由,从而加强对民族品牌的认同感,产生民族自豪感,建立民族自信
人文素养	明德修养（积极心理）	《英语1》——Unit1 Introduction	Text A All about Me	通过学习自我介绍的文章,感受作者自信、积极与乐观的精神。运用所学词句,练习用英语进行自我介绍和他人介绍。深入挖掘身边同伴及自身在性格、能力等方面的闪光点,分享取得成功的经验。通过对自己和他人的认识与评价的分享,培养学生对学习和生活的自信心,树立积极进取的信念
	人文精神（价值信仰）	《英语1》——Unit3 Hometown	Text A Hometown Boy	通过文章认识到由于作者对理想、信仰有执着的追求,并且不懈努力、勇于创新,最终实现了自己的梦想。以"Ideal Self Tree（理想的自我）"为主题,开展班级英文写作比赛,引导学生树立崇高的理想信念,确立自身发展方向,不畏挫折,勇往直前,实现人生价值

续表

思政领域	融合的思政元素	章节	学习内容	思政融合设计
人文素养	明德修养（健全人格，感恩大爱）	《英语2》——Unit5 Love	Text A Loving Muriel	通过学习文章作者多年如一日地照顾病重妻子的事迹，向学生展示人类最自然的人性和最高尚的情感，引导学生树立正确的爱情观和价值观。通过对文章的思考，认识到真正的爱是给予和奉献。以"Heroes in harm's way最美逆行者"为主题，用英语为奋战在防疫一线的医护人员录制"感恩寄语"视频。通过活动，培养学生的感恩之心及尊重和敬畏生命的意识
	明德修养（爱心教育）	《英语2》——Unit3 Shopping	Text A The Seven-eleven Store	针对课文内容，开展小组讨论："如果你是文中的便利店店员，你会怎样对待向你索要食物但身无分文的老妇人？"通过对故事情节进行重新改编，并以小组为单位用英语进行角色扮演，引导学生关爱、帮助弱势群体，培养和弘扬学生人性中善良的一面，有效提升学生对正义、善良的人和事的爱心奉献程度
技术思想	科学精神（严谨理性）	《英语1》——Unit5 Daily Schedule	Text A How to Make a Daily Schedule	通过文章学习"How to make a daily schedule（如何制作日程安排表）"，指导学生根据自己的实际情况，运用课文所学知识，练习用英文编写"My daily schedule（我的日程安排）"。通过个人日常作息时间表的制定，锻炼学生独立思考的能力，培养严谨做事的态度，提高学习的有效性
	科学精神（批判质疑，实证求真）	《英语1》——Unit7 Traveling	Text A Itinerary Planning- Step by Step	通过学习文章"Itinerary planning-step by step（逐步规划旅行日程）"，培养学生的问题意识，鼓励学生学会独立思考、独立判断，用质疑的态度对行为进行识别、评估和修正。结合文章内容，以小组为单位制定一份"Class travel plan（班级旅游方案）"，并用英语在班级进行解说，评选"最佳活动方案"。通过活动，学会在行动前能多角度、辩证地分析问题，从而做出选择和决定
职业情怀	职业素养（沟通表达）	《英语1》——Unit6 Asking for help	Text A Asking the Way	通过学习用英语问路和指路的句型，掌握用英语问路和指路的技巧。通过情景创设，练习如何用英语询问及指引校园各部门的位置。在对话过程中，学会倾听指路语句的关键词，并正确理解说话人的意思。学生运用倾听与提问技巧，增强英语沟通的有效性，培养学生用英语与他人沟通的能力

续表

思政领域	融合的思政元素	章节	学习内容	思政融合设计
职业情怀	职业素养（服务意识）	《英语2》——Unit2 Dining	Text A Surprisingly Generous	通过归纳短文中餐厅服务员为作者一家人提供的贴心服务，总结出她能获得顾客高度认可的原因：具有服务意识。基于此教学内容，给学生设置"为外国人提供英文志愿服务"的任务。学生结合自身专业，学习并运用相关岗位常用的英文服务用语，树立起"我为人人，人人为我"的服务理念，培养学生劳动光荣、提升服务的意识，提升服务态度
	职业素养（忠诚担当）	《英语2》——Unit8 Job Search	Text B My First Job	通过学习文章作者初入职场的工作经历，组织学生运用所学语句，用英语做"My first job（我的第一次工作）"的分享。通过对自己第一次工作经历的分享，培养学生爱岗敬业、忠于职守、乐学善学、忠诚担当的职业精神和积极向上、一丝不苟的职业态度

四、数学课程思政融合方案

本课程思政融合方案基于中国劳动保障出版社的全国中等职业技术学校通用教材《数学》而设计。数学课具有内容抽象、逻辑性强、知识点繁多等特点，教师要合理开发利用教学资源，挖掘其中蕴含的思政元素，并融入数学教学过程，在促进学生对知识理解的同时提升学生的数学素养，对学生进行正确的价值观教育，使学生具有健康的身心和健全的人格。数学文化作为教材的重要组成部分，可从中提取出丰富的思政元素，通过对数学史的介绍，让学生了解数学文化的历史渊源，感受数学文化的博大精深，并从中感悟先前学者们刻苦钻研的学术精神和勇于发现与创新的执着；通过数学应用与经济社会、生产实践结合的实例教学可培养学生求真务实、脚踏实地的工作态度，提升学生的逻辑思维能力、矛盾分析能力和问题解决能力。

表4-4 数学课程思政融合方案

思政领域	融合的思政元素	章节	学习内容	思政融合设计
国家意识	国情观念（文化自信、民族自信）	1.2 解方程（组）	解方程	通过引入《九章算术》第八章"方程"例子问题：今有上禾三秉，中禾二秉，下禾一秉，实三十九斗；上禾二秉，中禾三秉，下禾一秉，实三十四斗；上禾一秉，中禾二秉，下禾三秉，实二十六斗。问上、中、下禾实一秉各几何？阐述我国古代早有解方程组思维，弘扬数学大国的民族自信；结合倡导的光盘行动，培养学生勤俭节约的思想

续表

思政领域	融合的思政元素	章节	学习内容	思政融合设计
国家意识	国情观念（文化自信、民族自信）	第3章 三角函数导入	三角函数的概念	通过介绍勾股定理的发明者商高（西周人），早于第二发明者毕达哥拉斯（公元前580~前500）550多年，可以说是中国的古代发明。使学生不仅深刻理解三角函数的概念，也认识到我们祖先的聪明智慧，增强文化自信、民族自信，提升民族自豪感，激发学生的求知欲，激励学生发奋学习、积极向上、勇于创新
	国情观念（文化自信、民族自信）	3.7 解三角形	解三角形	通过介绍"杨辉三角"（1261年）是中国古代重要的数学成就，比西方的"帕斯卡三角"（1653年）早了300多年，让学生认识到我们祖先的聪明智慧，增强文化自信、民族自信，提升民族自豪感
人文素养	审美情趣	3.1 角的概念及推广	角的概念	让学生在课室或者给定的物品中，找到符合条件的角，然后讨论构成角的必要条件，发现数学在生活中的运用，通过观察发现数学之美，培养学生严谨探究的态度
	审美情趣	4.1 数列的基本知识	斐波那契数列	1．在黄金分割率的教学当中，通过"寻找最美身材比例"教学活动，让学生比较分析，找出美的共性和规律，感受黄金分割率所具有的比例性、艺术性、和谐性的美学价值，提高审美水平； 2．通过"最佳站位"教学活动，进行案例教学，体会黄金分割率的美学价值在职场和生活中的广泛应用
技术思想	辩证思维	1.6 指数与对数的运算	指数函数	通过分析"指数大爆炸"，让学生理解量的变化引起质的飞跃，在工作生活中关注细节，培养学生辩证唯物主义观和理性思维
	科学精神	3.7 解三角形	正弦定理	通过介绍我国著名数学家刘徽在计算圆的内接正六边形等图形的边长时，以及公元13世纪赵友钦在计算圆内接正方形的边长时，已求得了某些特殊角的正弦值，让学生感受我国古代数学家认识自然、改造自然的科学精神
	辩证思维	2.2 简易逻辑	简易逻辑	利用具体命题说明充分条件、必要条件和充要条件等概念，培养学生掌握对立统一规律（矛盾规律），形成严谨的逻辑思维
	实践创新	3.2 任意角的三角函数	三角函数的应用	通过应用三角函数测量学校旗杆高度，让学生探索求知，体验数学来源于实践又服务于实践，提升实践探索与创新精神

续表

思政领域	融合的思政元素	章节	学习内容	思政融合设计
技术思想	规则意识	分段函数	分段函数	通过《犀利哥纳税的故事》的课堂情景剧表演，明确税收是国家得以存在和发挥作用的前提，理解经济活动参与者依法纳税的必然性，是公民的基本义务，更是一种爱国的表现
	规则意识	2.1 函数的概念	函数的概念	通过强调确定函数的两个条件：定义域非空和对应法则f，用婚姻制度和家庭观来理解和分析对应法则f，引导学生自觉遵守社会公德和家庭美德，培养学生的辩证唯物观和规矩意识
	辩证思维	2.1 集合	集合的交并补集	1．以"物以类聚"引出集合的概念，结合物品的归类整理、文件的同类归档等进行讲解；2．以生活例子说明元素和集合的关系；3．说明元素和集合的关系是部分和整体的关系，培养学生的大局意识和担当意识，善于从大局出发思考和解决问题
	辩证思维	1.4 一元二次不等式	一元二次不等式图像及性质	通过数与形的关系对比人的素养与行为的关系，说明一个人是否有素养不能直接计量，但行为是否有礼貌等却可观察，从而判断一个人的内在素养程度，引导学生提升透过现象看本质的思维能力，并注意良好的生活与工作习惯的积累和养成
职业素养	职业操守	1.3 不等式的性质与一元一次不等式（组）	不等式的性质	通过引导学生观察数在正方向离原点越远就越大，方向相反则越小，说明个人能力只是创造价值的一方面，职业道德和态度也很重要。方向选择错误则会对社会造成更大的危害，结合高智商犯罪等例子，帮助学生树立正确的价值观和守法守德的职业思想
	职业情怀	2.4 函数的性质	函数的单调性	通过单调性的教学，让学生学会理性地认识与描述生活中的增长与递减等现象，渗透数形结合的数学思想，使学生意识到学习与职场工作都需要认真对待，一步一脚印，才能由量变引起质变，引导学生养成踏实做事的职场操守
	职业能力	2.1 集合	集合的运算	引导学生借助集合圈进行判断、推理，得出结论，并借助一些生动有趣的简单事例，让学生运用操作、实验、猜测等直观手段解决这些问题，渗透数学的思想方法，培养学生借助几何图形分析问题的意识，锻炼学生的逻辑推理能力

五、体育与健康课程思政融合方案

体育与健康课程通过身心活动达到增强学生体质，提高运动技术水平，并实现思想品德教育。体育课程思政的重点在于帮助学生在体育锻炼中享受乐趣、增强体质、健全人格、锤炼意志，并培养学生的家国情怀，增强集体主义精神，形成动作规范意识，提升团结合作意识。体育与健康课程教学以运动项目中具有代表性的学习任务为载体，突出体育文化和体育精神，采用针对性的教学活动和教学方法融合思政教育。

表4-5 体育与健康课程思政融合方案

思政领域	融合的思政元素	学习任务	思政融合设计
国家意识	国情观念（民族自信）	乒乓球——乒乓球运动简史	通过学习世界乒乓球运动与中国乒乓球运动简史，深入分析中国乒乓球运动长盛不衰的原因，使学生为中国乒乓球在世界乒坛的优势地位而感到自豪，树立民族自信
	国情观念（爱国情怀）	篮球——中国"小巨人"姚明	通过学习篮球"小巨人"姚明的个人成长经历（在美国职业篮球联赛成名后，毅然放弃国外高薪，回国发展篮球运动；丰田广告事件），激发学生爱国热情，培养学生爱国情怀。培养学生对篮球运动的热爱，为终身体育打下坚实的基础
	国情观念（文化自信）	民族传统体育——武术文化的渗透	通过武术被列为第四届青年奥林匹克运动会正式比赛项目的契机，向学生介绍中华民族的传统体育——武术的魅力，引导学生感受中国文化及武术精神对国际体育的影响，树立学生的文化自信
人文素养	明德修养（公平公正）	足球——裁判员	通过观看与讲解足球比赛中的黑哨事件及其带来的恶劣影响，并通过组织学生亲自执裁，体验公平公正对于比赛的重要性，培养学生公平公正的意识
	审美情趣（鉴赏、发现、创造美）	休闲体育——形体训练	通过收集形体训练的相关资料、录像，训练良好的站姿、坐姿、步姿，使学生感受形体美、行为美，培养学生鉴赏、发现、创造美的能力
技术思想	科学精神（求真务实）	田径——"短跑"	通过学生在短跑的练习过程中体验付出与收获的紧密联系，培养学生求真务实、脚踏实地的精神
	实践创新（技术运用）	篮球——比赛实战	通过组织学生学习、熟悉各项技术在比赛中根据实际情况的灵活运用，培养学生的创新思维以及创新能力
	规则意识（规则与规范意识）	乒乓球——规则学习	通过组织学生观看乒乓球比赛与比赛规则的学习，培养学生遵守规则、工作准则及行为准则的意识
职业素养	吃苦耐劳	田径——男：1000米；女：800米	通过练习中长跑技术，培养学生勇于面对困难、吃苦耐劳的意志品质与顽强拼搏的精神
	团队合作	休闲体育——十人同步跳长绳	通过比赛实践，让学生在比赛中感受团队合作的重要性，认清角色、分工、合作，处理好团队的人际关系，创造和谐的合作环境

第三节　特色课程：人文艺术选修课之中华优秀传统文化

根据教育部《高等学校课程思政建设指导纲要》中"大力弘扬以爱国主义为核心的民族精神和以改革创新为核心的时代精神，教育引导学生深刻理解中华优秀传统文化中讲仁爱、重民本、守诚信、崇正义、尚和合、求大同的思想精华和时代价值，教育引导学生传承中华文脉，富有中国心、饱含中国情、充满中国味"的中华优秀传统文化教育要求，广州市工贸技师学院结合大思政育人体系建设方案的建设目标，开设中华优秀传统文化选修课，引导学生学习、传承与发展新时代中华优秀传统文化。

一、课程概述

中华优秀传统文化课程是一门选修课，课程为立德树人服务，以阐释中华优秀传统文化的精神内涵和解读传统文化内容为主，注重价值引领。通过回应当下中国人精神世界的困惑以及当代中国社会发展的需求，了解中华民族的文化积淀、历史传统和基本国情，引领学生深刻理解中华优秀传统文化的核心要义，解读传统文化内容蕴含的思政要素。在此基础上，帮助学生提升道德修养、精神境界和文化素养。本课程讲解深入浅出，逻辑线索清晰、环环相扣，是学生以及传统文化爱好者学习优秀传统文化的入门课程。

从结构上分析，本课程内容分为三个专题：

专题一介绍中华优秀传统文化发展历程及其基本精神。概述中华优秀传统文化的地位、历史发展演变、主要特征、基本精神和核心理念构成，了解中国传统文化及其现状，完善学生的知识结构。

专题二讲解中华优秀传统文化的核心要义。依据《完善中华优秀传统文化教育指导纲要》所设定的应该开展的中华优秀传统文化教育的主要内容包括人格修养、社会关爱、家国情怀，从这三个向度入手，以经典文本和案例为据，结合具体教学时限，合理择取精忠报国、以民为本、天下大同、勤俭廉政、舍生取义、仁爱孝悌、和而不同、敬业乐群、诚实守信、自强不息、厚德载物、尊师重道十二个中华优秀传统文化中的核心理念进行解读，把传统文化所蕴含的、仍然值得当代中国人借鉴的、有现实应用价值的思政理念呈现给学生。

专题三阐述新时代中华优秀传统文化内容传承与发展。解读中华优秀传统文化内容，从礼仪、饮食及服饰方面解读传统文化内容，以经典文本为据，以古今案例为辅，深入浅出，挖掘传统文化内容蕴含的思政核心理念和基本精神，学会不同的方法分析和解读传统文化。注重理论联系实际，结合日常工作、学习、生活的实际辨析传统文化的独特内涵与当代价值，从而更深刻地了解民族文化的历史与现状，认识我国的国情。以优秀传统文化理念来回应学生的思想困惑与人生迷惘，增进学生对中华优秀传统文化的认同感和归属感，切实弘扬中华传统文化传承至今的精神内核，捍卫中华传统文化中的优秀理念，铸就学生独立的人格精神。

二、课程内容

专题一是中华优秀传统是中国人的根与魂。介绍中华优秀传统文化发展历程及其基本精神。

专题二是中华优秀传统文化核心要义。分别阐述中华优秀传统文化核心要义，一是人格修养，包括自强不息、厚德载物、诚实守信、勤俭廉政核心理念；二是社会关爱，包括仁爱孝悌、尊师重道、敬业乐群、和而不同核心理念；三是家国情怀，包括舍生取义、精忠报国、以民为本、天下大同核心理念。

专题三是新时代中华优秀传统文化内容传承与发展。包括三方面内容：一是重点阐述中华优秀传统文化的礼俗文化、饮食文化、服饰文化。二是挖掘礼俗文化、饮食文化背后蕴藏的思政育人理念。例如：①礼俗文化的古代嘉礼体现"亲和万民，邻里和善"理念；人生四礼呈现"遵循仪式，感化而立"理念；交往礼仪从迎客、待客、送客中国传统的交往礼俗体现"和而不同，待人以诚"理念；传统节日习俗寄托着中华儿女的文化情感，蕴含"仁爱孝悌，天下大同"理念。②饮食文化讲述中国饮食文化内涵，分别介绍茶和酒文化。饮食文化讲述中国饮食在饮食品质、审美体验、情感活动、社会功能等方面的体现出的"爱岗敬业，据于才艺"理念；茶文化分别从茶史、茶俗、茶德三个层面介绍茶文化，展现出农耕民众的"自强不息，诚实守信"理念；酒文化介绍酒的起源，并从酒与文学、酒与礼、酒与德、酒与风俗、酒令5个方面讲述酒文化蕴含的"勤俭廉政，精忠报国"理念。三是服饰文化的传承与发展。中国服饰文化源远流长而又丰富多彩，是中国传统文化的重要内容，也是多民族智慧的文化精华。服饰文化主要从"服饰的起源与发展""汉唐时期的女性服饰实例""以古鉴今——服饰个案中的'传统'与'时尚'"三个方面来展示我国古今碰撞和融合服饰文化。

三、课程实施

（1）在教师的指导下，通过举行"创意传统文化发展历程文化墙"活动，组织学生以梳理、分析、理解、点评等方式分享各自整理的传统文化发展历程及其基本精神，了解中华优秀传统文化的地位、历史发展演变、基本精神，完善学生的知识结构。

（2）在教师的指导下，开展"我以典故析古义之新观"活动，以"案例评析""经典文本赏析"等方式，促使学生阐述和理解中华优秀传统文化所蕴含的人格修养、社会关爱、家国情怀的核心要义，把传统文化所蕴含的、仍然值得当代中国人借鉴的、有现实应用价值的思政精神呈现给学生。

（3）在教师的指导下，通过举办"节日民俗特色风情展"活动，引入"民俗手工艺品""节庆美食、节庆服饰"等知识点，使学生深刻理解民间节庆民俗、服饰设计、饮食制作等现象背后丰富的"自强不息、厚德载物、遵循仪式，感化而立、爱岗敬业、据于才艺"等思政理念，能理解并尊重不同地域的传统文化风俗民情，形成学习中华优秀传统文化的兴趣，养成保护、传承、弘扬中国民俗文化的责任感与使命感。

第四节 教学案例：课程思政培养人文素质

一、语言文化类课程思政融合，培养人文素养

【语文课教学案例：中国绣 青年说——刺绣工艺作品介绍】

事物介绍主要指对事物做口头的描述、说明和评价，在生活和工作中运用广泛。"中国绣 青年说——刺绣工艺作品介绍"学习任务以服装设计与制作专业学生为授课对象，以"非遗文化进校园——刺绣工艺作品展"校园文化活动为落脚点，以"如何进行事物的口语介绍"为主要学习内容，以刺绣作品为介绍载体，展开语文的综合实践教学。

中国刺绣是我国优秀的民族传统工艺之一，通过长期的积累和发展，形成了独特的艺术魅力和优势，不仅题材广泛、构图多样、针法多样，且被广泛应用于现代服装设计和日常实用装饰品。本学习任务思政目标为增强学生对中国传统文化的自信，加深对手工艺人精益求精、专心专注的理解和认同，形成"将传统文化与现代服装设计相结合"的意识，主要通过以下策略来达成。

1. 教学环境

将课堂搬到合作企业的刺绣工作室。刺绣工作室陈列的刺绣挂饰、服装、丝巾、香囊、团扇、手提包等，给学生带来视觉上和思想上的巨大冲击，让他们身临其境地感受到了非遗刺绣的美。学生在这样的环境下学习，不止惊叹于刺绣的美，对传统文化也会有新的认识。

2. 教学资源

课前丰富的学习短视频、课中实实在在的刺绣工艺作品、课后多样的刺绣工具和材料等学习资源，对学生正确认知刺绣文化、真实感受刺绣工艺有着积极的推动作用。借助这些教学资源，学生对中国四大名绣艺术成就的了解，对具体刺绣作品工艺特点的认识，对中国传统刺绣与现代服装设计碰撞出的优秀作品的了解，使他们对中国刺绣的传承和发展有进一步的认识。

3. 教学团队

教师邀请刺绣工艺美术大师进课堂，共同实施教学。一方面，大师运用多年工作经验介绍刺绣作品、解说刺绣工艺，为学生开展刺绣作品的介绍做出示范。另一方面，大师深入课堂指导学生认识和分析具体刺绣作品的工艺特点，阐述传统刺绣工艺与现代服

饰设计相结合的可能性和必要性，介绍中国刺绣与国际知名设计师和奢侈品牌的合作案例，使学生萌生出强有力的民族自豪感。

4. 教学方法

在"中国绣 青年说——刺绣工艺作品介绍"课堂活动中，学生模拟解说员角色，介绍具体刺绣作品的类型、工艺特征和艺术价值。教师要求学生在介绍完刺绣作品后，谈及在日常生活中将传统和现代相结合的思考。学生对非遗刺绣从表面上的认识逐渐深入到专业运用上的思考，能初步形成"将传统文化与现代服装设计相结合"的意识。

本课思政育人成效明显，学生通过小组合作和有效沟通，顺利完成学习任务，不但提高了口语介绍的能力，拓宽了现代服装的设计思路，也在多方面了解中国刺绣文化和工艺特征的同时，增强了对中国传统文化的民族自信，加深了对手工艺人精益求精、专心专注的理解和认同。

【《中国历史》教学案例：鸦片战争】

一、内容描述

鸦片战争是中国近代史的开端。英国为转变中英贸易逆差向中国走私鸦片打开中国市场，林则徐在虎门销烟成为鸦片战争的导火线。1840年，英国悍然发动侵略中国的鸦片战争，清政府被迫签订中英《南京条约》，中国开始了旧民主主义革命时期。为了进一步扩大侵华权益，英法联合国发动了第二次鸦片战争，清政府签订《北京条约》，沙皇俄国趁火打劫，侵吞了中国北方大片领土。在教学中比较战前的中国与世界的政治与经济状况，以及分析两次鸦片战争对中国社会的影响。

二、课程思政目标

（1）通过分析鸦片战争爆发的根本原因，培养学生运用"透过现象看本质"辩证地观察和分析历史问题的能力；

（2）通过比较两次鸦片战争失败的原因，分析中国社会"封闭—落后—挨打—思变"的变化，增强民族团结意识，铸牢中华民族共同体意识；

（3）通过探讨列强侵华对中国社会的影响，了解晚清时期中华民族为挽救民族危亡所做的努力和斗争，传承民族气节，厚植爱国主义情怀。

三、教学设计

本课注重鸦片战争前后中国和世界的比较，对鸦片战争的经过做了淡化处理，从整体史观的角度出发，重点分析两次鸦片战争给中国社会带来的影响。学生站在现代化史观的角度分析，鸦片战争给中国带来了巨大的灾难，但是也冲击了中国落后的封建制度，带来了先进生产方式。通过本课学习，培养学生全面客观地分析历史问题的能力。

四、教学过程

1. 情境导入

展示资料介绍鸦片的危害，教师引导学生探讨，抛出问题：鸦片对人体、对社会产生了极大的危害，19世纪的英国法律也禁止公民吸食和贩卖毒品，为什么英国还无耻地向中国走私鸦片呢？

2. 讲授新课

（1）资料对比：鸦片战争前夕中国和英国的状况。

通过学生对历史图片的直观感受，分析比较得出鸦片战争前英国和中国的差别，让学生认识到鸦片战争爆发的必然性以及中国战败的原因。

（2）材料分析：英国向中国出口鸦片的原因。

帮助学生客观分析历史事件：在正当的中英贸易中，中国居于出超地位，为扭转贸易逆差，英国开始其无耻行径。

（3）透过现象看本质：如果没有林则徐虎门销烟，鸦片战争是否会避免？

通过情境展示、头脑风暴，明确"鸦片"仅是借口，从而把握鸦片战争爆发的根本原因。培养学生透过现象看本质的能力，揭示战争爆发的必然性，让学生思辨历史发展必然性和偶然性的辩证关系。

直接原因——英国的鸦片走私和中国的禁烟运动。

根本原因——英国蓄意打开中国市场。

3. 亲历历史

用多媒体动画形象直观演示鸦片战争发生发展的过程，英军的侵略路线图。

分析鸦片战争中国战败的原因：

（1）主观原因：中国制度腐败、军备落后；

（2）客观原因：英国的强大；

（3）根本原因：中国腐朽没落封建制度无法抵抗新兴资本主义制度。

4. 感悟历史

小组讨论，学生根据课前布置成立的调查小组，从政治、经济、国土、资源四个方面，分析评估中国在鸦片战争中的损失及战争对中国的影响。

通过这一实践活动让学生亲身体验和感受历史，从活生生的史实中认识并深刻理解鸦片战争的危害和影响，从而培养爱国主义情感。

5. 课堂小结

鸦片战争迫使中国社会转型，在世界发展的潮流面前，中国已不可能维持旧有的闭塞而落后的制度。两次鸦片战争的失败，使我们痛苦地认识到："封闭所以落后""落后就要挨打""挨打必须思变""思变才能崛起"！

五、教学评价

通过创设历史情境引发学生独立思考，引导学生合作探究学习，在具体情境中探讨问题，考查学生分析史料、整合史料、获取有效信息的能力。

六、教学创新点及思政育人效果

本课鼓励学生开展自主学习、探究学习和合作学习，通过问题引导以及观看并讨论历史题材的影视作品，调动和发挥学生学习的积极性。同时利用互联网的资源，共享和交互能力，创设历史情境，拓宽历史信息源，指导学生充分利用各种信息资源，开展基于网络的项目学习，促进学生深度学习。学生能科学、全面地对历史进行叙述和解释，做到论从史出、史论结合。此外，结合课外思政研学活动走访博物馆、纪念馆、档案馆、展览馆、爱国主义教育基地等，进行拓展学习，促进家国情怀的培养。

【《新模式英语1》教学案例：疫情无国界　防控护健康——用英语进行健康咨询服务】

本学习任务是基于《新模式英语1》教材中Unit 6 Health and Fitness的内容，为提升学生的英语综合应用能力，培养劳动光荣、提升服务意识而创设的。

在新冠肺炎疫情防控常态化的形势下，某健康咨询中心了解到广州市工贸技师学院设有健康服务与管理专业，需要我们提供一批懂英语的学生志愿者，协助他们处理外国人健康服务方面的志愿服务工作，工作内容为用英语进行日常身体情况和常见疾病情况的询问及描述，并根据客户的具体情况给予建议。此学习任务的实施能够有效帮助学生树立劳动光荣的意识及提升服务意识。

本次课的学习内容包括常见疾病及新冠肺炎症状的词汇，健康咨询服务的相关句型，世赛"健康护理"项目的评价标准。以上学习内容以翻转课堂和微课的方式发布在学习平台，让学生自行学习。教学对象是2019级健康服务与管理专业五年制高级班的学生，他们喜欢学习与工作紧密结合的内容。为让学生体验真实的工作环境、达成学习目标，课堂设在健康服务与管理一体化工作站，配备了丰富的资源，如：情景模拟所需的血糖仪、血压计等专业器材，连线外国友人进行点评的高清电视。

本任务的学习目标为能够自主学习词汇，完成测试；能读出健康咨询服务的句子，并运用所学完成健康咨询情景模拟；能够视频连线外国人完成线上健康咨询的任务。

本任务课程思政目标为在课前通过观看国内外对待新冠肺炎疫情的事例视频，增强爱国主义情怀、民族自豪感，课中通过进行健康咨询服务的情景模拟，课外完成为外国人提供线上健康咨询的任务，树立劳动光荣意识、增强服务意识。

课程思政点1：上传全球新冠肺炎疫情现状视频。让学生观看国内外对待新冠肺炎疫情的事例视频，对比国内外对待新冠肺炎疫情在做法方面的不同，感知中国的制度优势，激发学生的爱国情怀及民族自豪感。

课程思政点2：结合世赛评价标准，组织学生开展情景模拟。引导学生关注"服务意识"在真实工作中的重要性，通过进行健康咨询的情景模拟，让学生认识到服务质量的高低不但与专业能力和英语水平相关，良好的服务意识更是高质量服务的保障。组织学生制定情景模拟评价表，关注专业服务意识。

课程思政点3：视频连线外国友人完成线上志愿健康咨询服务的任务。通过视频连线，参与志愿者服务工作，体会劳动的价值，树立劳动光荣的意识及提升服务意识。

思政融入方式与成效：

本课思政方式一是将激发学生的爱国主义情怀、民族自豪感、树立劳动光荣的意识以及提升服务意识等融入学习任务的全过程。二是准备了大量思政资源支撑学生学习活动，包括新冠肺炎疫情的事例视频、专业服务中的反面教材视频以及"健康护理"项目的世赛评价标准。三是采用多种教学方法和手段活跃课堂气氛，调动学习积极性，鼓励学生在个体学习、小组合作、多元评价中对服务意识的重要性主动感受、实践和反思，学生、教师、企业专家齐参与的多元线上评价等。本课思政育人成效明显，学生在完成任务的同时对我国的制度优势有了深刻的体会，激发了学生的爱国情怀及民族自豪感，在完成志愿健康咨询服务中树立了劳动光荣的意识并且提升了服务意识！

二、数学公共类课程思政融合，培养科学素养

【数学课教学案例：函数关系的建立——税收与个人所得税】

一、内容描述

税收作为一种经济现象，自封建社会产生以来就存在，没有因为社会制度的变迁和国家性质的更替而消失，反而在内容、形式上都有跨越性的发展，并且成为当代社会发展不可或缺的部分。"税收与个人所得税"教学内容来自全国中等职业技术学校通用教材《数学》，主要学习如何运用函数关系和数学模型的建立方法更好地计算个人所得税，锻炼函数学习过程中的关键解题能力。

二、课程思政目标

（1）通过相关图片、视频收集与展示，明确支撑我们庞大国家机器运转的财政收入，其主要的形式之一是税收，明确税收是国家得以存在和发挥作用的前提。

（2）通过情景剧案例分析，引导学生讨论税收的特征，明晰依法纳税的性质和税收固定性的特征，认识依法纳税的重要性，增强学生的纳税意识。

（3）通过结合实际经济收入情况，探讨如何计算个人所得税，引导学生通过分类计算理解高收入者多纳税，低收入者少纳甚至不纳税，让学生体会税收调节个人收入分配、实现社会公平等作用，并建立纳税既是义务又是爱国的价值观。

三、教学设计

本课学习者是技工院校5年制高级班学生，有一定数学课程学习基础，但数形结合思想还未完全形成，独立解决数学建模问题的能力还有待加强。本课将围绕个人所得税计算的函数关系的建立，明确分段函数概念，紧扣学生特点和学习目标，实施双主教学，通过构建不同职业群体个人所得税数学模型的学习活动，综合运用任务驱动法、头脑风暴法、小组合作法、粘贴板教学法等教学方法，激发学生的学习积极性，让学生通过个人所得税计算的自主学习与合作探究，学会应用分段函数解决个人所得税计算问题，达到良好的学习效果，并实现思政育人目标。

四、教学过程

整个教学为2课时，在做好课前准备后分5个环节实施。

课前准备

（1）学生根据对分段函数概念的初步认识和理解，结合课程任务，收集税收在国家机器的运转中地位的相关图片、视频，准备在课堂上进行展示。

（2）每个小组另收集同一个职业群体中3个或以上职业的实际个人收入数据。

（3）有情景剧表演任务的学生提前排练。

环节一　导入任务　明确要求

明确本次课的学习内容和目标要求，学生通过图片和视频展示，试说明支撑我们庞大国家机器运转的财政收入，其主要形式之一是税收，税收是国家得以存在和发挥作用的前提。

环节二　设疑导入，明确依法纳税的重要性和税收固定性的特征

学生表演情景剧——犀利哥讨价还价，激发学生的学习兴趣。教师引导学生讨论税收的特征，明晰依法纳税的性质和税收固定性的特征，并说明依法纳税的重要性。

环节三　实施演练——学习如何计算个人所得税

教师引导学生从生活中的实际问题出发，以小组为单位对课前收集的不同职业实际个人收入数据进行分析。教师点拨学生假设未知量，启发学生讨论并尝试解答，在构建数学模型的过程中，完成从实际问题向数学问题的转化。

环节四　案例分析——高收入者多纳税，低收入者少纳甚至不纳税的计算实例

该环节教师展示超《额累进税率表》，引导学生理解高收入者多纳税，低收入者少纳甚至不纳税有助于实现税收调节个人收入分配、实现社会公平的调节功能，我们应在自己的能力范围之内依法纳税。老师组织学生以小组为单位，根据收集的不同职业群体的收入情况和《超额累进税率表》，进行各职业群体个人所得税数学模型的构建。在此期间，教师进行巡视指导、点评，引导学生树立正确的价值观念。

环节五　成果展示——展示本组负责的职业群体个人所得税数学模型

该环节教师要求每组学生推选1个学生展示本组负责的职业群体个人所得税数学模

型，要求学生根据以下提纲用2~3分钟对成果进行展示：

（1）简述本组数学模型构建的开展情况。

（2）通过职业群体的收入情况和个税情况的对比，分析其差距，说明税收调节个人收入分配、实现社会公平等作用。

五、教学评价

本次课主要采用学生自评、小组互评为主，教师补充点评相结合的评价方式。评价内容以教学目标为依据，侧重学生数字运算能力和解决问题的能力相结合的综合评价和课程思政目标实现情况的评价。通过本次课的教学，学生初步学会了构建相应的数学模型，完成从实际问题向数学问题转化的方法和技巧，增强了纳税意识，激发了爱国情怀。课后邀请财税会计类专业教师参与三方评价，对学生能力发展更有帮助。

六、教学创新点及思政育人效果

教师通过贴近生活的实例构建数学模型，帮助学生加深对学习内容的理解；通过让学生自主信息收集和切身体验，激发了学生的学习热情，使其自觉投入，提高学习效率。以"不同职业群体个人所得税数学模型的构建"活动为载体，加深对"超额累进税率"的理解。学生通过构建数学模型，在课堂上进行展示，提高了学习的积极性和信心，树立了"有国才有家""爱国从依法纳税开始"的价值观念。

三、人文艺术选修课程思政融合，培养文化修养

【《中华优秀传统文化》教学案例："福"字里的汉字文化】

一、任务描述

为大力传承和弘扬汉字文化，秉承"传播汉字文化、推动创新潮流"的宗旨，用当代的创作设计理念及艺术手段讲述汉字与民族文化的故事，焕发非物质文化遗产生机，广州市越秀区文化发展促进会举办"传承文脉，创意写'福'"广东省非物质文化遗产创意设计大赛。

参赛作品要求：设计具有岭南非遗元素的"福"字，创意独到，设计新颖，并体现中国"福"字的文化内涵，反映文化发展的时代要求，同时兼具地域文化特色和当代审美意趣。

该任务要求广告设计班的同学将专业技能与传统文化知识结合起来，设计具有广东特色的"福"字，讲述"福"字的设计理念与文化内涵，参与学校的评比。

课程思政目标：通过学习"福"的传统文化内涵，开展设计创作，加深学生对汉字文化的理解，提高审美情趣，传承民族文化精髓，树立民族自信心与自豪感。

二、教学设计

课例"'福'字里的传统文化"选自"中华优秀传统文化"课程。通过对"福"字的追本溯源，带领学生了解汉字演变的规律，归纳总结汉字的特点，了解汉字背后的文化内涵，并结合城市特色设计具有岭南韵味的"福"字，以深化学生对汉字文化的理解，培养传播中华优秀传统文化的使命感，树立民族自信心与自豪感。

本课的学习对象为技校计算机广告制作高级3年班的学生，他们拥有一定的设计能力，具有较强的学习主动性，在专业作品设计中融入传统文化元素既是时代要求，也能催生学生的创新意识。

根据学生的学习特点和教学要求，教师采用了如下教学方式：

（1）任务引领，工学一体。学生借助"传承文脉，创意展'福'"这一任务，了解汉字背后的文化内涵，设计具有岭南特色的城市"福"。

（2）小组合作，自主探究。学生采取小组合作的形式自主完成各环节任务，培养学生合作探究、自主解决问题的能力。

（3）教法多样，线上线下结合。通过微课导学、餐垫法、游戏法、提问法等教法，充分利用多媒体资源，开展"看图识汉字""探寻'福'字的前世今生""众人说'福'""'福'字设计大赛"等丰富多样的课堂活动，引导学生了解汉字的演变规律、汉字的特点、"福"字的文化内涵。

（4）成果输出多元化，评价手段多样化。学生通过口头发言、书写张贴、图文展示等多元形式分享各阶段学习成果，并采取自评、互评、师评、他评（转发朋友圈集赞）的方式检验学习效果。引导学生积极思考、勇于创新、学会自我欣赏的同时，拥有开阔的胸襟，能够博采众长。

三、教学过程

本课例为2学时，80分钟。具体从以下4个环节展开。

环节一：创设情境，明确任务要求

教师播放"80后"设计师创设"城市百福"的新闻，引入本课任务，激发学生学习兴趣。观看视频后，设置问题引发学生思考，明确任务要求，进入新课。

环节二：合作探究，解读文字内涵

本环节是本课的重点。为突破重点，教师在本环节分三步走：首先，为让学生初步认知汉字的特点，教师在课堂开展"看图猜汉字"的活动，让学生认识到汉字的图画性。随之，教师播放视频《福字的演变》，让学生直观了解汉字的前世今生，帮助学生总结汉字的演变规律和结构特点。接下来，通过餐垫法，开展"众人说'福'"活动，引导学生讲述课前搜集到的与福字有关的知识、民间习俗和传说故事等，让学生进一步理解汉字是文化的载体。在这个过程中，加深学生对汉字的认识，激发学生热爱并传承汉字文化、民俗文化。

环节三：创设"福"字，彰显汉字特色

本环节，学生开始进行任务实施，这也是本课的难点所在。学生在充分了解"福"字的结构特点和文化内涵的基础上，结合广东的地域特色和岭南文化，充分发挥各自的创意和灵感，并巧妙运用广告设计专业的相关知识，手绘设计独具一格的广州"福"。作品设计完工后，学生需要用简练、生动的文字描述该作品的设计理念、传统文化元素及福字内涵。学生的作品可谓百花齐放、创意满满，"福"字融合了广州塔、港珠澳大桥、早茶、粤剧、五羊雕塑、骑楼、根雕、木棉花、荔枝、杧果等家乡及岭南文化特色，同时融合了现代元素和古典文化意味，赋予了"福"字新鲜、丰富的含义，传递出学生对美好生活的憧憬及建设家乡、富强祖国的愿望。

环节四：妙语说"福"，感受文化魅力

本次作品展示采取班级现场展示和网络平台分享展示两种形式。展示前，学生先将本作品的设计理念、作品特色以及对福字的内涵的理解整理成文，在三分钟内完成作品的口头介绍。课堂结束后，学生再将作品录制成视频，并配上解说，发布在抖音、朋友圈或微博等网络平台，根据评论点赞的情况排列作品名次。通过口头的分享展示，在丰富学生对汉字文化内涵的理解的同时，也加深了学生对家乡民俗文化的认识，继而激发了学生内心深处对民族文化、对家乡、对祖国的热爱与自信。

四、教学评价

本课例采取四维评价模式，即：学生自评、生生互评、教师点评、他人选评。学生通过口头表达、书写关键词、转发朋友圈留言点赞等形式进行评价，培养学高尚的审美情趣和博大的胸襟。

五、教学创新点及思政育人效果

本课例采用任务引领的形式，以学生自主探究为主、教师引导为辅，运用丰富多样的教学方式，结合微课等多媒体手段，让学生在习得知识、增长技能的同时，加深对汉字文化的理解，逐步提升学生的审美情趣，实现知识育人、技能育人和思想育人的综合育人目标。

第五章

技工院校通用职业素质课程
改革的实践探索

随着经济发展方式转变和产业结构优化升级，劳动力结构发生变化，社会需要大量的高素质技能型人才。技工院校应把促进人的全面发展、适应社会需要作为衡量教育质量的根本标准，在人才培养过程中注重学生的通用职业素质培养，以促进学生的终身可持续发展。培养通用职业素养的途径很多，而通用职业素质课程在其培养过程中起着十分重要的作用，也是大思政育人体系的重要组成部分。广州市工贸技师学院根据"大思政"育人体系的布局，结合多年来构建和实施通用职业素质课程的探索实践经验，制订通用职业素质课程建设方案并推动实施，本章主要介绍通用职业素质课程的建设方案、教学模式及教学案例。

第一节 建设方案：通用职业素质课程的建设目标与建设措施

一、建设目标

以"学会做人与学会做事并重、通用能力与专业能力对接、能力培养与社会需求趋同"为理念，体现"以学习任务为载体设计课程、以能力递进顺序排列课程、与工作岗位和职业环境对接、让学生通过工作体验实现学习"的课程特色。提高学生的思想道德水平，塑造健全人格，形成良好职业道德；养成职业行为习惯，塑造职业形象；提升学生就业能力、职场适应能力和职业发展能力。

根据技能人才培养需要，遵照上级部门相关要求，结合广州市工贸技师学院实际情况，在五年制高级班、三年制高级班、四年制预备技师班三种学制均开设通用职业素质课程，包括：自我管理、自主学习、交往与合作、创新创业指导与实训、就业指导与实训、自我学习能力、沟通表达能力、团队合作能力、解决问题能力、英语应用能力、解决问题能力等课程模块。

二、建设措施

以与学生校园生活和专业学习密切相关的"学习任务"为载体，以学生为主体实施行动导向、工学结合式教学，学生在完成根据"资讯—计划—决策—实施—监控—评价"六个工作步骤转化而来的学习过程中，运用知识、技能和以往积累的工作经验解决问题，实现隐性通用职业能力的培养和提升。例如，在"自我学习能力"课程模块中，通过一系列有递进关系的参考性学习任务——"生活与工作观察""书籍阅读与分享""作品制作与展示""指定课程自学与授课"的训练，学生在完成学习任务的过程中实现其观察能力、阅读能力和动手能力的提升。同时，关注学生学习兴趣的培养和学习习惯的养成。

第二节 教学模式：通用职业素质课程的教学模式

一、广州市工贸技师学院通用职业素质课程建设

自2009年以来，广州市工贸技师学院一直积极探索学生职业素养的培养模式，建设了通用职业素质课程体系，课程在学院所有的高级班及预备技师班进行实施，取得良好成效。

广州市工贸技师学院的通用职业素质课程，遵循工学结合的理念，以"学会做人与学会做事并重、通用能力与专业能力对接、能力培养与社会需求趋同"为理念；形成了"以学习任务为载体设计课程、以能力递进顺序排列课程、与工作岗位和职业环境对接、让学生通过工作体验实现学习"的课程特色；探索了一条通用职业素质课程开发的技术路径，确立了以"疑—知—行—思"为结构的通用职业素质课程学材开发模式；开发出一套"通用职业素质课程"，并公开出版了《自我学习能力》《沟通表达能力》《团队合作能力》《解决问题能力》《数字应用能力》《英语应用能力》等系列学材；创建了学生通用职业素质培养模式，学生职业素养得到企业认可。

广州市工贸技师学院作为全国技工院校一体化课程体系改革中通用职业素质课程建设的试点院校和牵头学校，通过多年的努力，在通用职业素质课程改革方面积累了丰富的经验。自2012年以来，学院面向全国兄弟院校开展通用职业素质课程师资培训，推广通用职业素质课程构建与实施的经验。

表5-1 广州市工贸技师学院通用职业素质课程框架

序号	课程名称	学习任务	学时	课程描述
1	自我学习能力	工作与生活观察	16	本课程通过一系列有递进关系的参考性学习任务——"生活与工作观察""书籍阅读与分享""作品制作与展示""指定课程自学与授课"的训练，学生在完成学习任务的过程中实现其观察能力、阅读能力和动手能力的提升。同时，关注学生学习兴趣的培养和学习习惯的养成
1	自我学习能力	书籍阅读与分享	18	本课程通过一系列有递进关系的参考性学习任务——"生活与工作观察""书籍阅读与分享""作品制作与展示""指定课程自学与授课"的训练，学生在完成学习任务的过程中实现其观察能力、阅读能力和动手能力的提升。同时，关注学生学习兴趣的培养和学习习惯的养成
1	自我学习能力	作品制作与展示	16	本课程通过一系列有递进关系的参考性学习任务——"生活与工作观察""书籍阅读与分享""作品制作与展示""指定课程自学与授课"的训练，学生在完成学习任务的过程中实现其观察能力、阅读能力和动手能力的提升。同时，关注学生学习兴趣的培养和学习习惯的养成
1	自我学习能力	指定课程自学与授课	22	本课程通过一系列有递进关系的参考性学习任务——"生活与工作观察""书籍阅读与分享""作品制作与展示""指定课程自学与授课"的训练，学生在完成学习任务的过程中实现其观察能力、阅读能力和动手能力的提升。同时，关注学生学习兴趣的培养和学习习惯的养成
2	沟通表达能力	校园人物访谈	12	本课程主要通过"校园人物访谈"，先学会倾听，在"专业产品推介"中学习交谈的方法和技巧，同时在"设备维修文书撰写"中培养学生的书面语言表达能力和逻辑思维能力；最后通过"职业素质主题辩论"学习任务，学生综合运用所学的沟通表达技巧，充分锻炼和提升学生的应变能力、思维能力和语言表达能力
2	沟通表达能力	专业产品推介	24	本课程主要通过"校园人物访谈"，先学会倾听，在"专业产品推介"中学习交谈的方法和技巧，同时在"设备维修文书撰写"中培养学生的书面语言表达能力和逻辑思维能力；最后通过"职业素质主题辩论"学习任务，学生综合运用所学的沟通表达技巧，充分锻炼和提升学生的应变能力、思维能力和语言表达能力
2	沟通表达能力	设备维修文书撰写	16	本课程主要通过"校园人物访谈"，先学会倾听，在"专业产品推介"中学习交谈的方法和技巧，同时在"设备维修文书撰写"中培养学生的书面语言表达能力和逻辑思维能力；最后通过"职业素质主题辩论"学习任务，学生综合运用所学的沟通表达技巧，充分锻炼和提升学生的应变能力、思维能力和语言表达能力
2	沟通表达能力	职业素质主题辩论	20	本课程主要通过"校园人物访谈"，先学会倾听，在"专业产品推介"中学习交谈的方法和技巧，同时在"设备维修文书撰写"中培养学生的书面语言表达能力和逻辑思维能力；最后通过"职业素质主题辩论"学习任务，学生综合运用所学的沟通表达技巧，充分锻炼和提升学生的应变能力、思维能力和语言表达能力

续表

序号	课程名称	学习任务	学时	课程描述
3	团队合作能力	举办班级趣味运动会	24	本课程通过实施"召开班级趣味运动会""制作《青春岁月》专辑""举办创业策划展"等一系列学习任务,让学生感受团队合作,学会并运用团队合作方法和技巧,提升团队合作能力,在学习和工作中实现有效合作
		制作《青春岁月》校园生活专辑	28	
		举办创业策划展	24	
4	解决问题能力	旅游线路的设计与推介	16	本课程主要通过完成"旅游线路的设计与推介""专业工作问题的发现与解决""现场招聘会的策划与实施"一系列任务训练,让学生学会并运用解决问题的方法、策略和技巧,找到解决问题的有效途径,并在解决问题的活动体验中学会用正确、积极的心态看待现实问题,为步入社会、适应职场做好充分的准备
		专业工作问题的发现与解决	20	
		现场招聘活动的策划与实施	36	
5	数字应用能力	学生活数学,做个人理财	24	本课程通过实施"学生活数学,做个人理财""用数据分析,做校园管家""用数学工具解决专业问题"等一系列学习任务,让学生根据生活与实际工作需要,学会运用数学的逻辑、方法和工具进行科学分析和有效解决问题,学习内容包括数学运算、数据收集、整理分析、测量工具使用和数学模型建立等,以提高数字应用能力
		用数据分析,做校园管家	24	
		用数学工具解决专业问题	24	
6	英语应用能力	编词汇手册,做专业应用训练	18	本课程主要通过"编词汇手册,做专业应用训练"任务的训练,培养学习兴趣,掌握学习方法,学习英语的拼读法、构词法、词汇记忆法等基础能力;通过"练英语技巧,做求职演讲"任务的训练,提升学生应用英语的技巧,培养学生的英语阅读、写作、听说等能力,同时锻炼学生的团队合作、沟通表达、解决问题等综合素质能力等
		练英语技巧,做英语求职演讲	18	

二、广州市工贸技师学院通用职业素质课程教学模式

教学实施是实现教学目标的重要阶段,教学实施策略的选择既要符合教学内容、教学目标的要求和教学对象的特点,又要考虑在特定教学环境中的必要性和可能性。职业素养课程的教学不同于一般的理论课教学,需体现知行合一、学生主体、行动导向、工学结合等特点。

通用职业素质课程的教学实施,应体现"工学结合"的理念,以一个具有完整工作过程六步骤的学习任务为载体,让学生在完成学习任务的过程中,运用知识、技能和以往积累的工作经验解决问题,实现隐性通用职业素质的培养和提升。通用职业素质课程通常按照"资讯—计划—决策—实施—评价—反馈"六步骤开展教学实施,以学生为主体,采用行动导向教学,体现在工作中学习,在学习中工作。

三、广州市工贸技师学院通用职业素质课程教学实施（以"自我学习能力训练"课程为例）

通用职业素质课程通常按照工作步骤开展教学实施，以自我学习能力训练课程中的学习任务"读名人传记，开'名人'讲堂"为例进行阐述。

1. 资讯环节

在此环节，教师对学生进行学习引导，通过播放视频、分享案例、提问等方式引导学生关注"名人"，激发学生阅读名人传记的兴趣。在做好充分的学习引导后，教师布置"读名人传记，开'名人'讲堂"学习任务，通过课堂提问、学生阅读、随机抽查、小组讨论等方式了解学生对任务书的理解程度，充分了解学生完成任务的问题和困难，并针对问题和困难，师生共同探讨解决问题的途径和办法。学生则在充分解读任务书后，围绕任务目标，依据任务要求，通过各种方式搜集有助于任务实施的相关资料。在"资讯"过程中，需提供可连上互联网的信息检索室（机房）给学生使用。

"读名人传记，开'名人'讲堂"任务书

---

1. 任务名称："读名人传记，开'名人'讲堂"
2. 学习目标

（1）学会怎样选择一本合适的名人书籍进行阅读，并在两周时间内完成阅读任务；

（2）学会活动的策划与实施；

（3）在阅读过程中，灵活运用阅读的方法和技巧；

（4）学会运用归纳的方法撰写演讲稿；

（5）通过阅读名人传记，能够借助榜样力量，树立自己的奋斗目标，激励自己的学习和工作；

（6）学生通过参与"名人"讲堂，激发阅读的兴趣，养成学习的习惯。

3. 任务描述

根据阅读目标，教师引导学生选取感兴趣的名人传记中某个主题章节进行阅读，在阅读的过程中，学生学习和运用有效的阅读方法和技巧，逐步培养阅读兴趣，养成学习习惯，以班级为单位开展"名人"讲堂活动，分享阅读感受，通过品味名人的成长历程，学生借助榜样力量，树立奋斗目标，激励自己的学习和工作，最后推荐班内优秀的选手参加校级"名人"讲堂。

4. 任务要求

（1）全班学生在教师的指导下，以任务内容为主题进行分组策划（初赛），策划主要包括以下几方面的内容：

①项目策划：活动时间、活动地点、邀请嘉宾、评委选定、经费预算等；

②设备准备：场地布置、设备准备、背景准备、嘉宾席位、嘉宾台卡等；

③宣传手段：照片拍摄、摄影录制、前期通知、后期海报、后期制作等；

④活动主持：娱乐节目、嘉宾节目、活动流程、主持人选等。

（2）全班学生作为参赛选手，在教师的指导下做好选好阅读书籍、进行书籍阅读、撰写演讲稿件等一系列参赛准备；

　　（3）学生在教师指导下对制定的"名人"讲堂评价标准进行修改完善；

　　（4）以班级为单位，进行"名人"讲堂活动，每位选手进行3分钟的演讲，讲述名人故事，分享阅读心得与人生启发，选出班级内部表现优秀的学生参加校级"名人"讲堂活动；

　　（5）教师带领学生进行校级"名人"讲堂活动策划，并且实施。

　　5. 资源准备

　　（1）网络阅读资源、名人传记的节选纸质阅读材料等；

　　（2）名人视频材料或图片；

　　（3）电脑、多媒体教学设备、张贴版、白板、彩纸等。

2. 计划环节

在此环节，学生需做好阅读书籍的准备。教师指导学生制订个人参赛计划，制订计划后，学生在教师指导下学会对书籍进行整体的把握，每个学生在小组内部分享并说明理由。教师通过头脑风暴、张贴板法等教学方法组织学生学习阅读方法，从专业的角度，帮助学生归纳掌握基本的阅读方法和技巧，引导学生在阅读的过程中实时做笔记。在此过程中，教师阐述读书笔记的多样化，注意检查学生收集资料的完整性，引导学生列举收集资料的方法和途径。通过读书笔记，教师还可引导学生把自己的思路与别人的思路进行对照，找出适合自己的记笔记方法。

3. 决策环节

在此环节，教学场地外延到图书馆（阅览室），学生通过搜集资料充分了解"名人"信息。课堂中，教师随机选取几名学生以"自己喜爱的名人"为话题进行演讲，使学生了解更多的名人。学生在教师的指导下，设计出自己的学习计划。教师主要关注：①学生能否确定阅读材料和阅读活动，设计出自己的学习方式，使之符合自己的学习目标；②学生的计划中是否对学习活动过程进行监控，是否在有必要的情况下调整安排；③学生能否主动与教师和同学进行讨论，并客观判断和评价自己的实施方案和预期效果。学生学习"书籍的选择方法"，经过相应的讨论，选取要阅读的名人传记。教师则针对学生选取的书籍进行评估，指导是否具有可实施性，最终确定每位学生选读的名人传记。

4. 实施环节

在此环节，学生在组内展示分享自己读名人传记的读书笔记，组内成员对各组员进行点评并给出建议，并在组内评出最优的成员。然后根据不同的阅读材料和阅读目标采用不同的阅读方法，学会读懂和归纳文章的大意。教师则在此过程中组织学生分享人物传记中的故事，结合学生的分享表现进行点评，引导学生进行范文阅读，对学生存在的阅读笔记上的问题给予反馈意见。

然后，学生以班级为单位，分享阅读传记的感受，整理读书笔记所收集的资料，归纳阅读心得体会。同时，学生还要运用所学的写作知识，撰写关于名人传记阅读分享的发言稿。教师组织学生进行试讲，并结合知识点进行过程评价。

5. 评价环节

此环节主要包括以下三个方面的评价。

（1）教学过程的评价：教师在教学过程中通过课堂教学问题的设计，评价教学目标实施的效果；根据实际情况，对学生的表现，尤其是学生的思维成果适时进行鼓励性评价。这对于更好地完成教学任务，具有重要的意义。

（2）每堂课的阶段性评价：以"读名人传记，开'名人'讲堂"任务来说，学生在班级中开名人讲堂，教师制定初步的"名人"讲堂评价标准，学生在其基础上进行修改完善。师生共同确定最终的评价项目及标准，评价项目要与学习目标相呼应。通过评价，学生能够了解到自己在任务实施过程中的知识、技能提升情况及通用职业能力改善情况。教师可以收集反馈信息及时调整教学，同时可以使学生巩固所学知识、强化记忆并运用所学知识和习得的能力分析解决更多的实际问题。

（3）展示性评价：这是引导学生在现有基础上进一步拓展能力，以教学实践过程和结果为评价范围，以学生在学习过程中形成的书面和非书面的全部成果为评价内容，通过成果展示，由教师和学生共同参与的一种评价方式，是终结性评价的一种呈现方式。学业展示前教师要注重鼓励学生，激发学生的展示欲望，通过对学生准备活动中的思维、行为表现及时地给予激励性评价，提高学生的积极性。在学业展示中教师需注重启发学生，开拓学生的思维。在学业成果展示后教师要注重结论性评价，可结合学生参与评价当中，提高展示质量。

6. 反馈环节

在此环节，师生共同总结学习任务的实施情况。通过小组讨论，改进"名人"讲堂中的演讲效果，学生及时反思，提炼当中的"自我学习"能力点，并在实际学习和生活中，自我检验这些能力点的达成情况。教师在此过程还需反思教学设计的合理性和教学方式的可行性，不断锻炼和提升自身解决教学问题的能力。

第三节　教学案例：课程思政培养通用职业素质

【自主学习能力课程教学案例一：刻意练习】

一、任务描述

对于技工院校学生，操作性技能的学习占的比例相对比较高。这类技能的学习除了理论知识的学习，更多的是通过大量的实操训练来实现技能的培养与提升。如何高效地实现操作性知识的学习与技能的提升对于学生来说是非常有价值的。

"刻意练习"学习任务来自课程"自主学习"第三单元第二课操作性知识学习方法及应用。该部分内容主要告诉学生什么是刻意练习，刻意练习对操作性知识学习的作用以及如何通过刻意练习帮助自己高效掌握操作性知识技能。

二、教学设计

刻意练习是学习操作性知识最主要的方法与途径之一，本次课旨在教会学生掌握刻意练习方法，结合自己专业技能学习，制订练习计划，并在课后实施。

根据学生学情及学习目标，围绕以上教学重难点，主要采用以下教学策略：

策略一：通过"世赛精英""大国工匠"技能形成案例的分析，认识刻意练习在操作性知识学习中的作用，理解刻意练习的内涵，树立工匠精神。

策略二：通过"王牌训练计划"案例分析、"画一画"学习活动、记录"学习过程记录表"等活动，帮助学生理解掌握"向高手学习""在学习区学习""持续获得有效的反馈"等方法技巧。

策略三：结合刻意练习方法制定作品制作或专业技能的要点练习计划，并在课后实施应用。

三、教学过程

整个教学需2课时，在做好课前准备后分4个环节实施。

课前准备

教师将"运用刻意练习方法制定专业技能训练计划"任务书及"刻意练习"相关概念

与知识推送给学生，让学生在课前自主预习资料，了解学习任务，为课堂学习做好准备。

环节一　回顾任务，明确要求

教师通过听取小组代表阐述本次课的学习任务及学习目标，检验课前学习效果。引导学生明确任务要求及本次课的学习目标，实现精准学习。

环节二　活动引入——学习刻意练习概念

利用"超级记忆力"活动竞赛，调动学生课堂参与积极性，引出"刻意练习"法创立与发展历程，激发学生对"刻意练习"的学习兴趣。通过"拼一拼"活动，将枯燥的概念学习转化为全员参与思考、手脑并用的小组活动，完成"刻意练习"的概念学习。

环节三　"天才人物"故事——认识刻意练习必要性

通过郎朗、世赛冠军、大国工匠等"天才人物"故事分享，帮助学生了解所谓的"天才"都是通过无数次练习、努力赢得的荣誉，树立学生精益求精的工匠精神。人脑工作原理的学习及"马拉松""跳水"项目通过刻意练习成绩提升数据，让学生认识到刻意练习对操作性知识学习的必要性。

环节四　"王牌训练计划"分析——刻意练习方法

小组讨论，找出"王牌训练计划"成功的要点，通过要点分析，教师引导学生得出"向高手学习""在学习区练习"等刻意练习方法。通过"画一画"课堂小游戏，用行为主义心理学原理引导学生理解"获得持续有效的反馈"刻意练习方法。学生在活动体验中体会与学习，加深了对刻意练习各种方法的理解。

环节五　你说我听他来评——课堂小结

将学生分成3人一组，利用"三人轮值"小组学习法，引导学生对本节课学习内容进行小结。要求学生轮流复述、倾听、评价本节课学习的知识，对所学知识再次回顾小结。教师巡视学生讨论情况，根据情况做课堂小结，并布置结合刻意练习方法技巧制定作品制作或专业技能的要点练习计划，并在课后实施应用任务。

四、教学评价

本次课主要采用学生自评、小组互评为主，教师评价为辅的评价方式。每位学生分别配有一份"学生学习过程记录表""课堂体验问卷表"。"学生学习过程记录表"记录的是本次课知识学习成果，该成果作为学生课堂学习情况评价依据之一；"课堂体验问卷表"是个人自评与组长对组员的评价表。课后个人技能训练计划的制订与实施为终结性评价指标。

五、学习成果

应用刻意练习方法与技巧帮助自己进行技能训练是一个长期的过程。因此学习成果可分为课堂学习成果与课后实施成果。其中课堂学习成果是学生对刻意练习概念与方法的掌握，实物体现是"学生学习过程记录表""课堂体验问卷"；课后实施成果为个人技能训练计划以及训练成效。

【自主学习能力课程教学案例二：认知职业生涯规划】

随着我国经济发展进入新常态，我国经济体供给侧改革进一步深化推进，产业结构调整与转型升级给即将踏入职场的学生带来了机遇，也带来了挑战。在本课中，教师以学习任务为载体，采取合作探究的学习方式，让学生认知职业生涯规划，合理规划在校期间的学业和生活，进一步内化和提升自我学习能力，为迈入社会做好准备。

一、任务描述

本课来自通用职业素质课程"自我学习能力"，于新生第一学年开设。当前，知识与科技快速迭代，新旧职业呈现结构性更替，以自我学习能力为基础的终身学习能力成为新一代劳动者的核心竞争力。

本课例要求学生运用观察、阅读、信息处理、口头表达等自我学习能力，理解职业生涯规划的内涵，了解当今就业环境，初步树立就业目标，合理规划学业生活，为后续撰写《职业生涯规划书》做准备。本课任务有助于学生客观认识自我，科学管理时间，树立终身学习理念，进一步提升自我学习能力，为实现中华民族伟大复兴的中国梦贡献自己的力量。

二、教学设计

课例"认知职业生涯规划"是"写《职业生涯规划书》，办生涯规划大赛"的开端。通过系统认知职业生涯规划，唤醒学生的生涯规划意识，使其内化自我学习能力，树立终身学习理念。本课的授课对象是技工院校电子商务高级3年班的学生，他们具备较强的观察、动手和获取信息的能力，渴望融入职场，但对职场社会缺乏清晰的认识，不懂系统规划个人职业生涯。

根据学生的学习特点和教学要求，教师采用了如下教学方式：第一，任务引领，工学一体。学生借助"制定学业规划表"这一任务，树立时间管理意识。第二，学生探究为主，教师点拨为辅。学生采取小组合作的形式自主完成各环节任务，培养学生的合作能力与自主求知意识。第三，融汇多种教学方法，丰富课堂表现形式。利用多媒体手段，开展视频欣赏、案例分析、绘制职业成就图、制定学业规划表等活动，引导学生独立思考、自主求知，逐步认知职业生涯规划。第四，成果输出多元化，评价手段多样化。学生通过口头分享、书面表达、绘画展示、绘制表格等多元形式展示各阶段成果，并结合自评、互评、师评检验学习成果，引导学生学会欣赏、取长补短，自主解决问题，内化职业素养。

三、教学过程

本课例为2学时，80分钟。具体从以下4个环节展开。

环节一　观看视频，明确学习任务

教师播放与电商专业密切相关的视频《未来扑面而来》，并由浅入深地设置了三个问题。在视觉冲击和教师的引导下，学生认识到做好职业生涯规划的重要性，明确任务的现实意义，锻炼了抓取有效信息的自我学习能力。

环节二　分析案例，获取信息，制订计划

本环节是帮助学生掌握职业生涯规划内涵的关键，也是本课的重点。为突破重点，教师在本环节分三步走：首先，为让学生对"职业"有正确的认识，教师在课堂开展"看图识职业"的活动。随之，教师询问学生"毕业后打算从事何职业？怎样实现？"将学生引入职业生涯规划的探讨。接下来，学生通过分析本专业毕业生的案例，明确职业生涯规划的过程——自我认知、环境分析、合理决策、有效行动。这个过程锻炼了学生自主求知、提炼关键信息的能力，为实施任务做好铺垫。

环节三　树立目标，制定学业规划表

本环节是本课的重难点所在。为让学生顺利实施任务，将理论知识转化为实际技能，教师先组织学生开展"绘制职业成就图"的活动，通过让学生畅谈职业理想，营造轻松愉悦的学习氛围。接着，学生借鉴案例，结合实际，填写学业规划表，合理规划在校期间的学业生活，并在班级分享展示。在此过程中，学生既掌握了本课相关知识，也锻炼了口头表达能力，同时树立了时间管理意识和终身学习的理念。

四、教学评价

本课例采取三维评价模式，即：学生自评、生生互评、教师点评。通过引导学生以口头评价、书写评语、贴星星等形式进行过程性评价，并结合填写表格进行终结性评价，帮助学生学会自我监控，及时发现问题，取长补短，有效解决问题。

五、教学效果

较强的自我学习能力为学生提供了多样化的学习机会，有益于学生的可持续发展。

本次课将知识、能力、素质的培养有机结合起来，唤醒了学生的生涯意识，帮助学生掌握了职业生涯规划的内涵与方法，有助于提升学生的就业能力，并重点关注学生的综合职业素养的养成。通过明确任务—获取信息—制订计划—做出决策—实施计划—检查控制—评价反馈等工作过程，提升了学生的阅读思考、分析决策、合作探究、自我管理等能力，帮助学生树立了时间管理意识和终身学习的理念。

【沟通表达能力课程教学案例一：专业产品推介——当众发言】

一、任务描述

"专业产品推介——当众发言"教学内容来自通用职业素质课程"沟通表达能力训练"。该学习任务重点训练学生"说"的能力。任务要求学生选择一份对应的专业产品，利用各种沟通方式收集专业产品信息，然后通过各种形式进行产品推介。在此过程中学生学会运用面对面沟通、当众发言、赞美、说服等"说"的方法和技巧帮助顺利完成学习任务。

当众发言是做好专业产品推介工作过程中的一项关键能力，本次课要求学生在前期分析专业产品信息、确定推介方式、做好产品推介资料准备的基础上，重点学习当众发言的方法和技巧，为后续正式推介产品、开产品推介会做好能力准备。

二、教学设计

学习者是技工院校高级班学生，他们有一定通用职业素质课程学习基础，但大部分学生沟通表达能力不强，当众发言表现一般。围绕任务要求，结合学生特点，设计学习目标如下：学生能够从"不敢说、不会说、说不清、说不好"逐步学会"大胆说、大方说、说清楚、入人心"，并把当众发言能力延伸到今后的生活、学习和工作实践中去。

本次课的重点学习是如何"大方说"，难点是如何"说清楚"。主要采用以下教学策略：

（1）翻转课堂，学生课前根据对专业产品信息的分析和整理，结合方案，做好产品推介的资料准备；
（2）工学结合，学生在专业产品推介工作过程中学习当众发言；
（3）混合式学习，学生利用网络资源、咨询专业教师等帮助分析整理专业产品信息；
（4）合作与竞争，课中各组学生既相互合作学习，同时进行组间竞争和相互评价。

三、教学过程

整个教学需2课时，在做好课前准备后分5个环节实施。

课前准备

学生根据对专业产品信息的分析和整理，结合方案，准备好产品推介的宣传海报、PPT、视频等。

环节一　回顾任务，明确要求

教师先呈现任务书，引导学生回顾已完成的任务内容。通过目标导向，学生清楚认识到本次课主要学习"当众发言"，并要实现"大胆说、大方说、说清楚、入人心"的效果。

环节二　设疑导入，明晰当众发言的重要性

教师首先组织学生进行"2选1"活动，之后提问学生："为什么不愿意选择需要当众发言？"学生归纳出原因，教师进一步引导学生正确认识当众发言时的"恐惧感"，并引导学生认识当众发言的重要作用，鼓励学生勇敢发言，实现学习目标1"大胆说"。

环节三　分析梳理，归纳如何做好当众发言

教师先通过正反面例子视频，引导学生梳理当众发言的要点。然后各组相互比较分析，共同归纳出当众发言的要点：大方说和说清楚。

环节四　实施演练，学习如何在当众发言时大方说（学习重点）

学生代表初步介绍专业产品，其他同学观察并评价。之后教师借助示范图片、朗读材料引导学生从"仪态、声音、语速"等方面学习当众发言，实现学习目标2"大方说"。

环节五　模拟推介，学习如何在当众发言时说清楚（学习难点）

该环节是学习重难点。教师借助案例故事和介绍专业产品的文字材料，引导学生围绕"主题明确、重点突出、条理清晰"三个要点分步学习，实现目标3"说清楚"。

最后，再次抽取小组结合"大方说"和"说清楚"两大要点，模拟推介专业产品。学生综合运用当众发言的方法和技巧，引起听众的共鸣，实现了延伸目标——"入人心"。

四、教学评价

本次课主要采用学生自评、小组互评为主，教师补充提炼相结合的评价方式。评价内容以教学目标为依据，侧重学生口头表达能力和职业素养相结合的综合评价。课后邀请企业专家和专业教师参与三方评价，对学生能力发展更有帮助。

五、学习成果

当众发言能力需要学生课后反复练习，平时多在人多场合主动发言，多锻炼、多积累。本次课，学生通过认真完成学习任务，在做中学，锻炼、提升了当众发言能力，这就是一种无形的学习成果。

【沟通表达能力课程教学案例二："校园人物访谈"成果展示】

一、任务描述

"校园人物访谈"是训练学生学会倾听所设置的第一项工作任务，在教师设定的主题下寻找一位符合主题的校园人物进行访谈。学习任务环节重点包括：访谈主题—选定人物—拟写访谈提纲—电话约请—实地访谈—做好记录—整理访谈资料—展示分享—总结倾听中的得与失。访谈的人物可以是专业领域的教师、技能竞赛获奖学生、社团活跃分子、学校领导或者校工，访谈主题可以围绕专业发展方向、学好技能的诀窍、就业前景、兼职信息等进行。访谈结束后学生能以口头复述、文字、课件、情景模拟、视频等形式分享访谈过程，通过学生评价、教师评价与第三方评价相结合的方式，评选出优秀访谈小组。

二、教学设计

本教学设计来自"校园人物访谈"学习任务中的"展示分享"环节。学生已经完成了对校园人物的访谈工作，经过整理，最终以视频、图片、音频等形式形成学业成果，在班上进行展示。结合自我评价、他人评价及教师评价，分析工作过程中存在的倾听方面的问题，有针对性地找到倾听问题的解决方案，通过训练来检验学生掌握倾听的方法与技巧并能有效运用的情况。

三、教学过程

1. 课程导入

播放"校园人物访谈"活动图片。学生回顾校园人物访谈的工作流程和细节并讨论，用树形图在白板上把访谈的步骤和原则归纳出来。

2. 分享交流

以多种方式（视频、图片、录音等）展示并汇报访谈任务实施过程中遇到的困难与成功之处。教师运用展示法、可视化教学法观察各小组的展示情况，做好过程记录。

3. 检验访谈效果

各小组认真倾听展示小组的汇报，收集信息，整理思路，相互评价，给予合理的建议。

4. 教学活动

分析在面对面沟通时倾听的障碍和误区有哪些，找出解决方法：

（1）学生用横竖两条线将大白纸平均分为9格，最中心写上小组的名字。

（2）在其他的8格内，按要求写出有关主题的关键词或短语。

A组：倾听的障碍和误区（8分钟）

B组：有效倾听的方法（8分钟）

（3）完成后，张贴在展示板上。请大家在全场范围找寻倾听障碍和误区的对应方法。（2分钟）

教师有针对性地对上述倾听要点进行分析，学生通过对知识点的理解，用概括性的语句总结倾听技巧的要点。

5. 倾听训练

还原沟通情景，检查学生在沟通交流的过程中对能力知识点的掌握情况。

情景1：有同学说："我有事情，不想参加这次春游，而且春游也很无聊！"

情景2：儿子对父亲说："上学真是无聊透了，学的都是不适用的东西！"

小组讨论，用两种倾听方法来了解其真实的想法和态度，说说解决的办法。

6. 布置作业

（1）整理完善"校园人物访谈"的汇报资料；

（2）完成"倾听习惯自评表"。

四、教学评价

1. 过程性评价

学生根据实施环节提交访谈提纲、访谈问题设计、访谈背景资料等，教师则根据收集的访谈资料来跟进学生的完成情况，关注他们存在的问题，及时给予调整和引导，并做好记录和评价。

2. 自评、小组互评、教师评价相结合

小组进行"校园人物访谈"作品展示，总结本组访谈任务实施中在倾听方面遇到的困难与成功之处，其他组按照评分标准给出相应的评价。

3. 第三方评价

第三方可以是被采访的对象、企业专家、校内行政人员、专业教师、行业人士等，他们从学业成果、表达能力、倾听效果、学习心态等各方面有针对性地提出建议，帮助学生提高沟通表达能力。

五、教学效果

通过"校园人物访谈"这一任务，学生不仅学会了倾听，还学会了客观看待问题，同时做好笔记、多询问、复述信息和整理资料等。此外，采访前大量的准备工作，如收集信息、设计访问提纲、确定访问时间和地点等，锻炼了学生的综合能力。教师提供相关硬件资源支持，引导学生用倾听技巧来化解困难，帮助学生习得技能，提高沟通自信心。

【创新思维课程教学案例：检核表法的运用】

一、任务描述

该任务以学院双创中心的创业项目为教学载体，学生运用检核表法为创新"鼠标"或"闹钟"产品提供创意思路。通过学习，培养学生学会多角度考虑问题，学会换位思考，学会与他人合作，提升解决问题能力；引导学生将创新思维、创新技法内化为专业技能，提升创新能力。

二、教学设计

教学对象是产品结构设计高级三年的学生，通过翻转课堂、工学结合，以广州市工贸技师学院双创中心创业项目为载体，以改进产品的真实工作任务引领教学。准备检核项目卡片、反向雨伞、"二合一办公桌"实物及其视频、"设问提示表"等启发学生创新思维，利用学院本专业学生创新作品——获得专利的真实创业项目实物"二合一办公桌"，邀请创业导师进课堂，通过创业导师现场演示、点评，以及"设问提示表"帮助化解重点、突破难点，达到提高创新思维能力的目标。通过学生评价、教师引导，培养学生质量意识、顾客意识和创新强国情怀。

通过课堂常规培养学生学习习惯，课前将学生所有需要用到的物品进行归类摆放，课中课后要求学生将用完的物品放回原位，摆放整齐，培养学生规范意识。

三、教学过程

课前让学生观察"鼠标""闹钟"并进行市场调查，培养学生善于观察的习惯、获取信息的方法及自主学习的能力。

课中当有学生回答问题时强调要倾听，尊重在场每一个人。运用图片、实物展示讲解九个生活实例时，强调要善于观察每个产品。利用同专业获得专利的真实创新产品"二合一办公桌"实物，邀请该项目导师进课堂讲解创意思路时，引导学生向榜样学习，激发学生创新意愿。通过小组合作分析案例，体会技法运用，同时培养学生团队协作能力。接着，学生根据课前对产品的市场调查情况及老师提供的"设问提示表"，进行头脑风暴，改进产品。引导学生运用检核表法在外观、构造、功能、可靠性、耐用性、价值导向等方面进行创新，满足顾客需求，牢记质量意识，通过添加中国元素的方式传承传统文化。通过小组合作提出改进产品方案，培养学生的团队协作精神。

学生展示汇报，分组点评时，再次深入理解检核表法的运用，培养学生边倾听边记录建议的习惯，懂得尊重他人。最后引导学生学习归纳总结，启发学生将检核表法的创新思维模式运用到今后的生活、学习和工作中，懂得内化为专业能力。树立创新进取的职业理念，知道创新才能促进企业发展、促进经济发展、促进社会发展，激发创新强国的爱国情怀。

课后通过创业导师和企业专家的评价，验证学生创意可行性，进一步完善创意思路，培养学生精益求精的工匠精神。并运用检核表法改进其他产品，将创新思维方式、创新技法内化为专业技能。

四、教学评价

本课采用工学结合的方式，将创新思维运用到专业实践中，将思维方式内化为专业技能，提高学生创新改进产品的能力。充分调动学生学习积极性和创造性，充分体现以学生为主，既有学生个人独立思考，又有小组合作共同完成任务。培养学生综合素养做到润物细无声，能注重培养学生良好的学习习惯、有意识地管理课堂；平衡爱表现学生和沉默学生，做到教育机会公平。注重培养学生以顾客为本的创新意识、质量意识、为人民服务意识；培养学生的观察能力、团队协作、多角度思考能力、创新能力及爱国情怀。

五、学习成果

运用检核表法的核心在于改进产品，创新是产品设计的灵魂。通过本次教学活动，学生能运用检核表法改进产品，学会多角度思考问题，增强以顾客为本的质量意识。运用成效明显，如改进闹钟、鼠标时不仅考虑到外观、构造、功能、可靠性、耐用性等方面满足顾客的质量意识，同时还考虑到中国元素的传承。学生创新思维开拓明显，懂得内化为专业能力、解决问题的能力。该班苏乐怡等同学参加学院"闯越杯"技能创业创新大赛获得"三等奖"。

【解决问题课程教学案例：解决问题六步法】

一、学习任务

该课程的学习任务是运用解决问题六步法，完成一条学生以团队形式出游，见识祖国大好河山的旅游线路。该任务来自素质课程"解决问题能力"工作页第一章第一节，目标是培养学生解决问题的思维能力。

二、教学设计

课程的总目标是让学生学会解决问题六步法的思维模式，并采用这种模式解决旅游线路设计任务中遇到的问题，最后成功设计出一条感受祖国大好河山的适合学生的出游路线。

课程的教学对象是毕业班的学生，在教学中主要采用翻转课堂、小组讨论和行为导向教学法，引导学生发现问题、描述问题、解决问题、落实实施。整个教学过程中，老师起到引导者、观察者和记录者的作用。

三、教学过程

通过课前、课中、课后三个环节实现教学目标，课堂实施为80分钟，学生每次活动都规定时间。

课前
布置学生了解解决问题六步法的内容，收集祖国山河的旅游信息。

课中
1. 导入学习内容环节
通过2分钟短视频介绍解决问题六步法的内容，然后让学生用3分钟时间阅读工作页的任务书，找出关键词，明确这堂课要完成的目标。
2. 确定与定义问题（分析问题）环节
老师讲授问题结构图知识点，然后让学生分组根据问题结构图找到要完成旅游线路的设计任务：我们将会遇到什么问题？

找到问题后，老师要讲授4W1H描述问题方法的知识，并引导学生采用此法把刚才确定的问题准备描述出来。

3. 寻找可能解决方案（规划方案）环节

问题准确描述后，就要讨论寻找尽可能多的解决方案。在这一环节，可以采用翻转课堂的形式，要求学生利用知识点"头脑风暴"法，自主学习，自主讨论，自主归纳讨论结果。

4. 选择最佳方案（决策方案）环节

经过头脑风暴，学生得出了多种解决问题的方案，老师可以引导学生以小组讨论的形式，采用决策分析评估表的方式，选出最终的可实施方案。

5. 拟订行动计划（规划方案）

得出最佳可行方案后，就要引导学生制订具体、详细的行动计划。可采用行为导向和小组讨论教学法，让学生组建团队，制订执行任务计划，合作完成符合学生出游祖国大好河山的旅游线路。

6. 执行决策与评估（评估问题）

学生整理自己的组的旅游线路，然后课后把旅游线路推荐给学生，并收集汇总意见，为下节课完善任务做好准备。

7. 本节课程知识点小结环节

通过学习，以旅游线路设计为载体，引出解决问题六步法的具体内容和知识点，让学生在完成任务中养成解决问题的思维模式。

课后

学生整理学习成果，准备参加"旅游线路展示会"。

四、教学评价

1. 过程评价

评价项目	学生参与小组讨论的表现	学生接受组长分配任务的态度	学生是否配合组长完成自己应该完成的任务	总分
权重（%）	30	40	30	

2. 成果展示以PPT（抖音或快手）形式，图文并茂地呈现旅游方案

评价项目	主题是否有特色（突出学生增长见识等的特点）	内容设计是否完成（时间、目的地、交通、食宿、服务、价格）	PPT的质量（图文并茂）	总分
权重（%）	30	40	30	
分数				
_____组				
_____组				
_____组				

五、学习成果

学生采用解决问题六步法的思维模式设计的旅游线路精彩纷呈,在"旅游线路展示会"上,多条线路受到了学生们的青睐,其中有些线路还成了某些班级团建指定线路。

第六章

技工院校工学一体化课程思政融合探索

课程思政建设是一项系统工程，技工院校专业课程思政需立足职业教育特点，从思想政治工作规律、职业教育规律、技术技能人才培养规律出发，准确把握课程思政内涵，找准目标并进行体系化设计和建设。广州市工贸技师学院以一体化课程体系为基础、以人才培养目标为导向、以素养培育为核心，从产业系、专业、课程、学习任务"四层渗透"布局探索了"工学育"三线合一的工学一体化课程思政模式，并从价值导向、思维导向、目标导向，实践中的重点、难点、疑点、痛点、堵点等方向进行了有益探索和反思。

设计思路：工学一体化课程思政模式的系统设计

技工院校一体化课程思政模式的设计应从析内涵、找目标、辨特性、建模型、推实施等层面着手，即要准确把握课程思政的内涵，针对工学一体化课程特点找准课程思政目标，辨清工学一体化课程思政的本质特性，进而搭建体系化、标准化、一体化的课程思政模型，并全面推进一体化课程思政建设。

一、一体化课程思政的内涵

"课程"是"为实现培养教学目标而选择一系列教育内容及其为实现教学目标而展开的具体活动进程的总和"[1]。"思政"是"一种精神教化的形式"[2]。"课程思政"是一种课程教学观，是"一种新的思想政治工作理念，即'课程承载思政'与'思政寓于课程'"[3]。具体而言，"课程思政"是在以传统"思政课程"为主渠道的前提下，将思想政治教育融入其他所有课程，形成各类课程与思想政治理论课同向同行的协同效应，实现全程育人、立德树人的目标。《高等学校课程思政建设指导纲要》（教高〔2020〕3号）在"结合专业特点分类推进课程思政建设"的要求中明确提出，"要深入梳理专业课教学内容，结合不同课程特点、思维方法和价值理念，深入挖掘课程思政元素，有机融入课程教学，达到润物无声的育人效果"。可见，课程思政强调的是隐性思政教育，并非把所有课程都上成思想政治理论课，也不是在非思想政治理论课教学中随意搭载思政内容，牵强附会、生拼硬凑。其中，"思政元素本质是精神元素"[4]，其"内在"是思想道德、价值精神、态度观念、逻辑思维、人格品质等素养，"外显"是能体现"内在"的案例、故事等各类资源或素材。因此，技工院校一体化课程思政应基于工学一体化课程体系，根据专业特点及课程特质，挖掘各课程中蕴含的思政教育资源，精选思政元素，在课程中合理布局，在学习任务中融合设计，在课程实施中实现"思想政治教育与技术技能培养融合统一"[5]。

---

[1] 马蕾. 课程论视域下高职院校"课程思政"的学理逻辑[J]. 中国职业技术教育，2019（23）：63-68.
[2] 伍醒，顾建民. "课程思政"理念的历史逻辑、制度诉求与行动路向[J]. 大学教育科学，2019（3）：54-60.
[3] 邱伟光. 课程思政的价值意蕴与生成路径[J]. 思想理论教育，2017（07）：10-14.
[4] 马蕾. 课程论视域下高职院校"课程思政"的学理逻辑[J]. 中国职业技术教育，2019（23）：63-68.
[5] 推动现代职业教育高质量发展[N]. 人民日报，2021-10-13（001）.

二、一体化课程思政的目标

由于一体化课程源于企业真实工作任务,以学习任务为载体,着重培养学生综合职业能力与职业素养,因此,技工院校一体化课程思政的目标就是要实现一体化课程教学与思政教育"基因式"融合,达成"价值塑造、知识传授和能力培养"[①]育人目标,提升立德树人成效。从课程机理看,一体化课程思政的载体仍是由企业典型工作任务转化而来的,按照学生职业能力递进关系排列的系列课程及其学习任务,课程注重职业性和实践性的特点不变。在课程思政实践中,学习任务是学生"学思践悟"的载体,思政元素是思政育人的内容,教学设计与实施是将价值塑造、知识传授和能力培养三者融为一体的过程。从教学规律看,工学一体化课程思政要以尊重学生成长规律为前提,同时遵循思想政治工作规律、职业教育规律、技术技能人才培养三大规律,在教学育人中产生"四律"交响共鸣效果。

三、工学一体化课程思政模型

基于职业教育特点,一体化课程思政模型应以人才培养目标为导向,以素养培育为核心,把思政育德具体落实到院(系)、专业、课程、学习任务四个层面,分别体现院(系)人才培养定位与特色、专业人才培养思路与特点、专业教育课程思政策略与途径、教学任务载体与手段,在教学实践中实现工作、学习、思政深度融合,如图6-1所示。

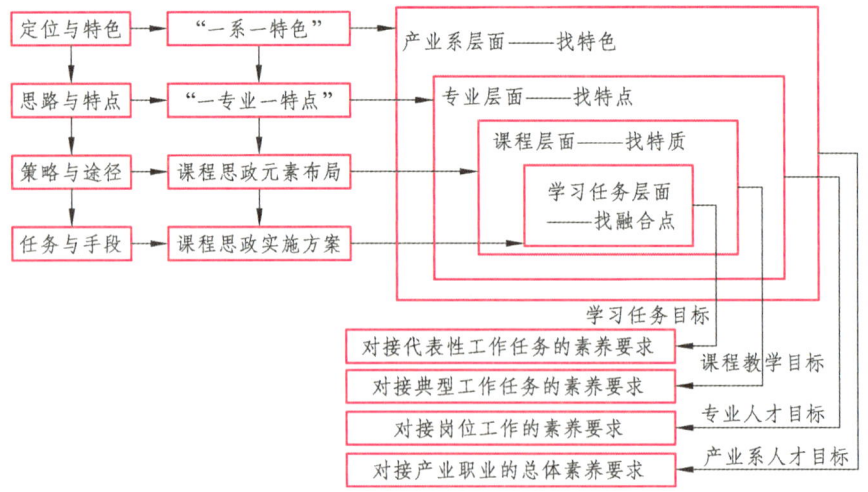

图6-1 工学一体化课程思政模型设计

---

① 高等学校课程思政建设指导纲要[Z]. 教高〔2020〕3号.

一体化课程思政模型具有体系化、标准化、一体化三个特点。

1. 体系化：课程思政融合方案设计

思政元素体现在思想道德、价值精神、态度观念、逻辑思维、人格品质等诸多方面，不同程度地反映习近平新时代中国特色社会主义思想、社会主义核心价值观、中华优秀传统文化、依法治国理念、职业理想和职业道德等内容，[1]若对各元素的内涵外延、结构分支、大小关系等搞不清楚、把握不准，则会造成各院（系）、各专业思政元素融合安排混乱，课程思政交叉重复或缺位，思政着力不准、力度不够等问题。因此，一体化课程思政要注重体系化设计，着重解决好各专业选哪些思政元素，在哪些课程布局融合，融合到哪些学习任务等问题。例如，上海应用技术大学从"政治意识""人文素养""技术思想""职业情怀"4个方面梳理了8大核心素养、32个基本要点，形成了"应用型人才核心素养总体框架"[2]。实践中，广州市工贸技师学院在借鉴上海应用技术大学的素养框架的基础上，根据技术技能人才培养特点选择和补充，并广泛征集意见，鼓励各专业教师团队挖掘、扩展适应具体专业和课程实际的思政元素，形成工学一体化课程思政融合体系，见表6-1。

表6-1 工学一体化课程思政融合体系

思政领域	思政元素	基本要点
国家意识	国情观念	家国情怀、国家利益、文化自信、民族自信、民族品牌、红色文化、公民意识、消费升级
	国际视野	全球化意识、核心技术、贸易摩擦、文化差异、文化融合
人文素养	明德修养	厚德精技、诚实守信、砥砺知行、坚韧乐观、积极心理、爱心教育
	审美情趣	建筑艺术、剪纸艺术、旗袍工艺、刺绣工艺、茶艺、影视艺术、外观造型
	人文精神	人文和谐、传统文化、工匠文化、商业文化、历史人文、岭南文化
技术思想	科学精神	严谨理性、精益求精、批判质疑、实证求真、求真务实、独立思考、自主探索
	实践创新	崇尚实践、技术运用、技术创新、人性化设计、创意设计、技艺相融
	规则意识	遵从伦理、操作规范、版权保护、成本控制、生态环保、风险管控
职业素养	职业操守	爱岗敬业、吃苦耐劳、诚实守信、忠诚担当
	职业情怀	职业认同、服务意识、客户意识、品牌意识、企业精神、企业文化、企业责任
	职业能力	自我学习、沟通表达、团队合作、解决问题
专业文化		技能强国、智慧生活、商业创新、语言艺术、信息安全、创意表现、传统工艺、中国风、时尚文化、综合技能

[1] 高等学校课程思政建设指导纲要[Z]. 教高〔2020〕3号.
[2] 张睿. 以应用技术类人才培养为目标的课程思政教育改革[J]. 科技与创新，2019（18）：63-66.

在此基础上，各院（系）应根据自身专业特点、课程特质等实际情况，重点做好"三个选择"——选择该融合的思政元素，选择可融合的课程，选择宜融合的学习任务，做到不同专业的课程思政各有侧重。具体而言，是各自甄选核心素养，选择性布局到一体化课程中，并融合到具体学习任务中，形成各专业的一体化课程思政融合方案。课程思政融合方案纵向看是思政元素在国家意识、人文素养、技术思想、职业素养、专业文化等领域的体系化布局，横向看是思政元素在课程、学习任务、学习内容上的逐层渗透。见表6-2。

表6-2 各专业一体化课程思政融合方案
工业设计专业（产品结构设计方向）课程思政融合方案

思政领域	思政元素	课程名称	学习任务	思政内容
国家意识	家国情怀（中国制造）	产品手绘	基于几何形态为主的产品手绘	通过对我国知名产品设计案例进行介绍并对本土设计品牌分析提炼设计元素，提高对中国设计和制造的认同感
	国情观念（传统元素）	塑料成型类产品结构设计	吹塑成型类产品结构设计	结合产品的特点介绍中国元素的设计思路，通过运用中国元素的表现手法，传承中国文化精华，培养国情观念
人文素养	审美情趣（造型外观）	塑料成型类产品结构设计	简单注塑成型类产品结构设计	结合卡通熊猫造型的特点设计惟妙惟肖的产品外观，提高审美情趣
技术思想	技术运用（人性化设计）	产品手绘	多几何体交叉组合的产品手绘	在确定创意产品的造型、纹样、尺寸、配色、材质等的过程中，将人机工程学结合人文关怀（如考虑残疾人、老年人、儿童等特殊人群的人机易用性）融入产品形态设计，树立人性化设计理念
	崇尚实践（企业实践）	产品手绘	带曲面形态的产品手绘	通过学习带曲面形态的产品手绘，培养崇尚实践的理念和能力，将构想的设计理念手稿通过企业实践制作出成果
	崇尚实践（建模过程）	产品建模	轴类零件建模	根据零件的特点，思考出多种方法付诸实践，进行轴类零件三维建模，培养崇尚实践的工作态度
	技术应用（更新迭代）	机械加工类产品结构设计	铣削加工类产品结构设计	通过学习纪录片《大国重器》，了解生产技术和设备的更新迭代，分析机床的结构，并根据虎钳压板的加工工艺选择铣床完成产品加工。理解创新技术对制造的影响，提高技术运用能力
	批判质疑（设计评审）	钣金成型类产品结构设计	折弯成型钣金类产品结构设计	按照钣金设计手册和行业标准评审设计作品，培养严谨的设计思维和批判质疑精神
职业素养	企业精神（企业传统）	技术文件编制	物料清单编制	通过学习企业的物料清单模板，编制和评价物料清单，熟悉企业传统，培养企业精神

续表

思政领域	思政元素	课程名称	学习任务	思政内容
职业素养	规则意识（国家制图标准）	产品零件测绘	轴类零件测绘	能按照国家机械制图中的绘图及尺寸标准完成轴零件工程图的绘制及评价，增强技能强国观念
	忠诚担当（文件保密）	技术文件编制	工程图编制	工程图编制完成后签订保密协议，对工程图技术文件严格保密，树立忠诚担当意识
专业文化	工匠精神（精准测量）	产品零件测绘	盘类零件测绘	选用合适的测量工具，精准测量齿轮零件并准确记录数据，培养精益求精精神
	创新技能（外观设计）	钣金成型类产品结构设计	冲压成型钣金类产品结构设计	根据蓝牙音箱实物进行外观创新设计，对已有物品进行改良，激发创新设计思维，培养创新能力
	综合技能（手板制作）	塑料成型类产品结构设计	复杂注塑成型类产品结构设计	遵循以人为本设计理念，在运用技术采集鼠标油泥模型数据，制作鼠标油泥模型中体现崇尚实践和精益求精的工匠精神，训练并提高综合技能

工业机器人应用与维护专业课程思政融合方案

思政领域	思政元素	课程名称	学习任务	思政内容
国家意识	国情观念（了解国情）	工业机器人应用与维护职业认知	工业机器人专业认知	查找资料，学习工业机器人发展史、中外机器人发展差异，树立先进技术思想，引发技能强国信念
人文素养	明德修养（砥砺知行）	工业机器人集成与应用	工业机器人电机装配生产线的硬件集成	在完成电机装配生产线硬件系统集成项目中克服困难、踏实肯干，磨炼砥砺知行的意志
技术思想	批判质疑（独立思考）	工业机器人工作站的安装与调试	工业机器人本体的安装	学习并独立思考和判断国产与进口减速机的技术差别，正确判断技术可取之处，培养批判质疑精神
	崇尚实践（反复实践）	工业机器人工作站的安装与调试	工业机器人打磨工作站安装与调试	从高尔夫球头6道打磨工艺流程中认识打磨工艺需反复实践和检验的重要性
	技术运用（环境防护）	工业机器人工作站的安装与调试	工业机器人喷涂工作站安装与调试	学习工作站环境防护要求与技术，增强运用技术进行环境防护的意识
	严谨理性（原理和方法）	工业机器人应用方案分析与设计	夹具设计	根据产品特点及多种因素进行夹具设计、评价，养成严谨理性的态度
职业素养	企业文化（职业认同感）	工业机器人应用与维护职业认知	工业机器人企业参观调研	调研并汇报企业概况、岗位、文化等情况，增强岗位认识，建立职业认同感

续表

思政领域	思政元素	课程名称	学习任务	思政内容
职业素养	规则意识（工作流程）	工业机器人的维护与保养	工业机器人的维修	在学习不同品牌机器人的维修、保养工艺流程中，通过"加错油"案例认识严格遵循工作流程与规则的重要意义，树立规则意识
专业特色	技术运用（创意表现）	工业机器人应用方案分析与设计	夹具设计	在夹具设计中，通过小组对比思考设计方案优缺点，发挥小组成员创造力，把创意转化为实物，运用技术实现创意表现
专业特色	技术运用（综合运用）	工业机器人集成与应用	工业机器人电机装配生产线的硬件集成	运用综合技术完成电机装配生产线的各工作站单元与工业机器人之间的硬件系统集成，提升灵活处理问题的能力，强化技能强国的职业理想和信念

计算机程序设计专业课程思政融合方案

思政领域	思政元素	课程名称	学习任务	思政内容
国家意识	国情观念（传统文化）	APP效果图处理	招生APP效果图处理	学习传统文化，并在完成招生APP效果图设计时，把中国风设计元素融入图标和界面设计，加强对传统文化的理解和认同
国家意识	国情观念（爱国情怀）	Java基础程序设计	国庆月历功能开发	搜集国庆节历史资料，研发中华万年历软件，开发"国庆月历"功能模块，在专业实践中唤起爱国情怀
人文素养	人文精神（审美情趣）	APP效果图处理	招生APP效果图处理	学习和收集同类APP风格、配色、图标等设计元素，结合学院特色考虑招生APP效果图的色彩搭配、合理布局、风格选择等，注重美观性，提升专业审美情趣
技术思想	技术运用（网页规范）	Web UI设计	"奥林匹亚"响应式网页设计	查找响应式网页的不同界面设计规范，设计并制作不同尺寸的网页，不断检查，提升网页设计规范性
技术思想	技术运用（编码规范）	Android移动应用界面开发	计算器UI界面开发	学习、熟悉Android应用开发规范，编写代码，在计算器UI界面开发中严格遵守，培养编码规范的意识和习惯
技术思想	实践创新（界面开发）	Android移动应用界面开发	计算器UI界面开发	通过工作和生活案例学习国家科技创新相关内容，学习并运用UI界面开发技术，在界面开发中尝试创新性个性化设计，并分享作品，展示创新点和解决的问题，提升创新性个性化开发能力
职业素养	规则意识（版权意识）	网络安卓软件开发-高级	音乐播放器APP功能开发	了解本职业相关的版权保护方面的法律法规，查找常见网络音乐数据接口的数据权限，选用合法合适的数据接口进行Android音乐播放器功能开发，做到尊重和遵守数据版权规则

续表

思政领域	思政元素	课程名称	学习任务	思政内容
专业文化	智慧生活（天气预报APP开发）	网络安卓软件开发-中级	天气预报APP开发	收集国内外智慧生活APP软件案例，讨论它们给生活带来的快捷和便利性；自主开发一款针对攀岩爱好者需求的天气预报APP，各小组展示、分享、推广作品，接受用户评价，树立以专业技能实现智慧生活的意识与追求
	智慧生活（生活小助手APP开发）	校园辅助类安卓软件软件开发	校园生活小助手APP开发	收集校园相关素材，设计和开发校园生活小助手APP的校园风光、课程表查询、院系介绍、学校电话、随手记等功能模块
	技能强国（网页制作）	Web UI设计	"技能强国"网页设计	查找我国参加历届世界技能大赛相关新闻资讯及获奖者图片和资料，利用所学技能设计并制作"技能强国"网页，体会一技之长的作用与意义，树立技能强国信念

计算机网络应用专业课程思政融合方案

思政领域	思政元素	课程名称	学习任务	思政内容
国家意识	国情观念（科技兴国）	计算机组装与维护	办公台式电脑组装	分析国内外品牌计算机硬件参数性能差异，认识国内外芯片技术发展现状及计算机硬件技术国际格局，树立科技兴国的大局观和使命感
人文素养	审美情趣（布线排序）	计算机网络综合布线实施	跨楼层网络布线实施	按照信息网络布线标准规范实施跨楼层网络布线，做到整洁美观，体现审美追求
技术思想	崇尚实践（规范操作）	计算机网络综合布线实施	办公室网络综合布线实施	按照施工图要求，遵守国家标准与规范实施管道布线工作，在实践中提升操作规范性
	科学精神（严谨规范）	计算机组装与维护	办公室台式电脑故障排查与修复	按照科学的工作计划和流程完成台式电脑故障排查与修复，培养严谨、规范、细致、求实的科学精神
	技术运用（开源共享）	计算机组装与维护	笔记本电脑升级与维护	检查、测试笔记本电脑的各项性能，编写项目存档，并主动与部门同事分享学习，培养技术运用中的开源共享精神
	技术精益（结合世赛标准）	计算机网络综合布线实施	建筑群网络综合布线实施	按照信息网络布线标准规范，结合世界技能大赛信息网络布线项目技术标准进行建筑群网络综合布线实施，培养技术精益的工匠精神
职业素养	企业责任（网络构建）	小型局域网构建	办公室无线网络构建	依照本任务网络拓扑图，在实施线槽、机柜及各类网络设备的安装中培养服务社会的意识

续表

思政领域	思政元素	课程名称	学习任务	思政内容
职业素养	沟通表达	网络设备安装与调试	职能部门网络设备安装与调试	角色扮演与客户沟通需求，制作PPT并汇报项目设计方案，提升沟通表达能力
	团队合作（综合布线）	计算机网络综合布线实施	同楼层新增网络综合布线实施	小组合作讨论、分析施工安全、故障现象等问题，并完成综合布线管道敷设，培养团队合作精神
专业文化	信息安全（数据保护）	小型局域网构建	部门网络资源共享服务构建	认识客户资料、客户意向相关信息保密的重要性，学习使用"密钥体制"加密和解密共享文件夹，提升信息安全素养
	规则意识（正版软件）	IT桌面软件维护	新购计算机常用工具软件安装与维护	学习计算机软件产权知识，常用工具软件安装包的合法下载方式，在获取并安装正版软件中培养使用正版软件、尊重知识产权的规则意识
	信息安全（安全防御软件、数据备份）	IT桌面软件维护	财务部门安全软件维护	在防火墙和正版杀毒软件升级安装，客户系统和资料数据备份中树立信息网络安全的法制意识和安全意识
	信息安全（数据安全）	IT桌面软件维护	计算机重要文件数据恢复	制定规范化的紧急预案，学习数据恢复概念和意义，讨论数据安全恢复案例，在数据安全操作中提升数据安全意识
	信息安全（数据备份）	IT桌面软件维护	办公外围设备的安装维护	备份操作系统和重要数据，做好网络安全防护，规范完成驱动软件安装，提升信息网络安全素养

商务软件开发与应用专业课程思政融合方案

思政领域	融合的思政元素	课程名称	学习任务	思政内容
国家意识	国情观念（爱国情怀）	单机商务软件开发	计算器开发	搜集中国风图案素材并学习传统文化，结合控件和中国风元素设计软件界面，树立爱国情怀
人文素养	明德修养（砥砺知行）	数据结构应用与商务软件开发	优化并完善教学排课系统	运用软件工程思维，通过软件测试方法发现问题并修改程序，在改进优化教学排课系统中发现问题、克服困难，解决问题，踏实肯干、砥砺奋进
技术思想	技术运用（编码规范）	CS客户端服务器商务软件系统开发	开发一个基于.NET平台的简单客户关系管理软件	学习并运用C#开发规范编写代码，展示作品时，通过查看源代码考核代码规范性，养成编码规范的意识和习惯
	科学精神（严谨理性）	数据库应用与模型设计	应用UML为车辆调度系统建模	从不同角度分析系统功能，从用户需求出发，设计逻辑清晰、范围明确的模块，养成严谨理性的态度

续表

思政领域	融合的思政元素	课程名称	学习任务	思政内容
技术思想	规则意识（法律法规与行业规范）	BS浏览器服务器商务软件系统开发	运用.NET开发简单的网络分销管理软件	熟悉Web应用开发相关法律法规及行业规范，在Web开发中守法规范，养成法律意识和遵守行业规范的习惯
职业素养	团队合作（功能模块开发）	团队合作商务软件开发	开发网上商城平台功能模块	学习团队合作案例，了解和遵守团队合作的要求，建立团队并分工合作完成开发任务，树立团队合作意识
专业文化	技能强国（android开发）	Mobile移动商务软件系统开发	应用控件类库和设计模式完善网络分销管理软件	了解相关开发技能的作用，在安卓开发中体验一技之长的优势，树立技能强国信念

网站开发与维护专业课程思政融合方案

思政领域	融合的思政元素	课程名称	学习任务	思政内容
国家意识	国情观念（中国文化）	网页美工	家装节海报布局构图	整理节日文化元素，明确设计思路，设计与传统节日有文化共鸣的中秋节家装海报促销作品，理解和表达中国传统节日文化，培养爱国情怀
人文素养	审美情趣（茶文化）	Web元素设计	网页banner设计	以中国茶产品为主题，融入中国传统的茶文化（茶道、茶德、茶精神等）元素，制订符合中国茶文化美学内涵的文案排版和配色方案并设计茶舍电商网页banner，开拓艺术视野，提升审美鉴赏能力
人文素养	人文积淀（历史人文）	Web UI设计	神州租车APP设计	整理banner的元素符号，理清设计脉络，设计融合中国历史人文元素的UI作品，实现线上业务与中国文化产品展示结合，加深对与本专业相关的历史人文认知与理解
技术思想	实践创新（技术运用）	Web脚本编程（原生）	小米商场选项卡特效开发	应用新的实现思路和技术，减少页面开支，提高页面响应速度，基于学习能力、编程思维能力、对新技术的敏锐度和创新思考能力，提升实践创新意识和能力
技术思想	科学精神（求真务实）	Web接口开发	调用网络接口	根据学院门户网站的需求，产品功能设计贴合现实生活实际，开发过程中根据不同场景实际需要调试优化，培养求真务实精神
技术思想	科学精神（精益求精）	Web功能模块开发（原生）	开发在线投票（最美IT人士）	根据学院团委举办在校生最美IT人才线上投票需求，设计功能简洁、操作方便的数字化投票和统计模块，并进行线上网站测试、优化，过程中注重和强化精益求精精神

续表

思政领域	融合的思政元素	课程名称	学习任务	思政内容
职业情怀	企业文化（客户意识）	Web标准化布局	协会网布局	采用响应式布局方式布局页面，优化网站在移动设备上的显示效果，根据用户的需求规划产品原型设计，主动思考不同用户的需求特点，反复对功能进行优化和测试，提高用户体验，满足用户需求
	职业素养（爱岗敬业）	网站推广	企业招聘H5活动页推广	为网站开发公司的校园招聘活动作宣传推广，制作企业招聘H5活动页，在此过程中通过爱岗敬业案例视频及企业招聘信息理解爱岗敬业内涵及企业相关要求，树立爱岗敬业精神
专业文化	智慧生活（音乐APP开发）	Web脚本编程（框架）	享听音乐网站手机端开发	根据校园音乐电台需求，融合校园音乐场景功能，针对客户需求，实现电台线上化，并优化"享听音乐"功能，将电子科技融入校园生活，实现校园智慧生活
	智慧生活（网页设计）	视觉设计	音乐类PC端首页设计	根据PC端首页设计需求，与线上业务展示相结合，测试banner等视觉设计在网页中的应用效果，理解网页设计对智慧生活的支撑作用，树立专业技术服务智慧生活的意识和信念

现代物流专业课程思政融合方案

思政领域	思政元素	课程名称	学习任务	思政内容
国家意识	国情观念（爱国情怀）	国际货运集装箱班轮运输代理作业	普货整箱出口作业	在接受委托确定货运海运航线和港口的过程中，通过收集各个船公司时政信息，选择维护我国主权统一领土完整的船公司，培养爱国、技能报国的精神
	国际视野（贸易摩擦）	国际商品进出口关务管理	节能灯具出口关务管理	在准备货物出口相关数据中学习分析中美贸易摩擦问题对照明行业的影响，正确看待中美贸易摩擦问题，客观评价我国在国际上的经济地位，拓展国际视野，增强民族自信心
技术思想	技术运用（物流新技术）	国际货运集装箱班轮运输代理作业	普货整箱出口作业	学习拖车与报关流程，了解区块链技术、无人操作AGV等物流新技术，理解技术与人类文明的有机联系，提高学生掌握物流新技术的兴趣和意愿，提高技术运用能力
	技术运用（甩挂技术）	运输调度管理	汽车运输调度管理	分析和计算本任务情境下使用甩挂运输车辆情况下的成本构成，通过对比分析，突显出甩挂技术的优势，使学生充分体会到科学技术在提高物流工作效率上发挥着重要作用

续表

思政领域	思政元素	课程名称	学习任务	思政内容
技术思想	实证求真（项目管理）	物流项目管理	校园快件派取项目管理	在市场调研、制作商业计划书过程中，不畏困难，坚持不懈，大胆尝试，积极寻求有效的问题解决方法，培养实证求真的探索精神
职业素养	规则意识（道德意识）	快递作业	国内快递操作	学习快递行业操作规范，分析派件过程中的不当操作及其不良后果，从中引以为戒，培养规则意识和良好的职业道德
职业素养	规则意识（法律意识）	快递作业	国际快递操作	学习报关报检的案例，填写报关单据，掌握国际快件的报关报检手续，提高行业操作的法律意识
职业素养	规则意识（离港手续）	船舶代理操作	船舶离港代理操作	按规范填写和制作各类单据，保证信息正确，并模拟向海关及检验检疫部门申报船舶离港手续，培养按规范办事的能力和规则意识
职业素养	爱岗敬业（单证审核）	国际商品进出口关务管理	山地车进口关务管理	通过反面案例教育，引导学生在审核单证中做到不厌其烦、细心细致，培养良好的职业素养和爱岗敬业精神
职业素养	规则意识（仓储合同）	仓储与配送操作	单一品种商品入库操作	学习仓储合同内容及格式规范，学习和分析纠纷案例，尝试制订并签订符合规范的合同，培养合同规则意识
人文素养	厚德精技（入库操作）	仓储与配送操作	单一品种商品入库操作	利用立体仓储学习系统，反复进行商品上架入库实操练习，提升学生对上架入库活动的认识和技能熟练程度，培养学生厚德精技的品质
人文素养	健全人格（积极心态）	托运作业	服装包托运作业	根据脚本扮演客户和收件员，模拟上门取件，面对不同客户做到克制情绪、放平心态，有问有答、有礼有节，培养积极向上的心态
专业文化	客户服务意识	海运航线认知	太平洋航线认知	角色扮演模拟海运咨询过程，接受客户的海运咨询，加强沟通表达能力，培养客户服务意识
专业文化	风险防控意识（项目管理）	物流项目管理	校园快件派取项目管理	学习多个物流工程项目中因风险防控意识薄弱发生的典型事故，分析校园快件派取项目潜在风险，提出应对方案，深刻理解风险防控的重要性，提高风险防控意识
专业文化	风险防控意识（海运操作）	国际货运单证操作	国际海运单证操作	学习缮制海运提单，在讨论条款在"风险防控"方面的作用和重要性等活动中提高对国际海运活动中的风险认识，将常用的规避防控的手段熟练应用到实践活动中，提升海运操作中的风险防控意识

续表

思政领域	思政元素	课程名称	学习任务	思政内容
专业文化	企业精神	快递作业	国内快递操作	观看快递公司企业文化视频，了解速运文化理念、企业愿景、企业核心价值观等，并能用PPT介绍企业文化，增进对行业的认知，培养良好的职业认同感，领悟企业精神
	安全管理意识	配送中心运营管理	配送中心在库管理	学习仓储安全知识，模拟仓库日常安全管理工作，锻炼实操技能，增强安全管理意识

多媒体制作（影视技术方向）课程思政融合方案

思政领域	思政元素	课程名称	学习任务	思政内容
国家意识	国情观念（传统文化）	三维特效制作	《神笔》三维特效制作	通过收集学习传统文化中的文房四宝知识，掌握毛笔的制作工艺等知识，制作毛笔特效，加深对传统文化的认知
	爱国情怀	三维特效制作	《红旗飘扬》三维特效制作	通过红旗三维特效制作，了解红旗背景知识、设计规格，增强爱国情怀
	国情观念（传统文化）	二维电视栏目包装	二维电视栏目整体包装策划与制作	通过布置新中式风格的电视栏目包装任务，理解运用新中式风格，加深对传统文化的理解和运用
	爱国情怀	三维电视栏目包装	三维主题栏目包装策划与制作	通过以新冠疫情防控"90后"逆行者为主题的短片，做一个带三维的文字效果片头，增强爱国观念、集体意识、家国情怀
人文素养	人文积淀	产品摄影	普通材质产品摄影	通过中秋元素产品的拍摄，收集分析中秋节元素相关产品案例资料，培养人文素养，增加人文积淀
	审美情趣	人像摄影	多人合照拍摄	通过多人人像摄影案例的收集和分析学习，了解人像构图审美，提升审美情趣
	审美情趣	图像处理	风光图像处理	通过学习和收集中国国画常见配色、构图等资料，处理图片构图，进行色彩搭配
	文化积淀	广告片摄像	古法白酒广告片制作	以剧组的形式进行角色扮演及拍摄调研，在拍摄策划过程中善于发现产品背后的文化与匠人精神，增加文化积淀
	厚德精技	广告片摄像	中华传统美食广告片制作	通过制作传统美食小短片、角色扮演和调研，发掘传统美食制作工程中厚德精技的文化内涵

续表

思政领域	思政元素	课程名称	学习任务	思政内容
人文素养	人文积淀	剧本与分镜设计	基础剧本写作方法	在剧本项目制作中,学习国内优秀影片案例,搜集、融入历史文化元素和当下正能量的文化元素进行制作,了解历史变迁,培养深厚的历史文化归属感
	环保意识	二维特效制作	AE合成进阶、含《垃圾虫》特效合成	通过观看和制作公益广告特效案例,倡导社会公德。在制作、讨论及答疑等环节提高环保意识
	砥砺知行	二维电视栏目包装	简单文字效果节目片头制作	以校园"砥砺"的新闻节目为学习任务载体,在任务训练过程中体会和培养砥砺知行的品质
	健全人格（体育精神）	二维电视栏目包装	二维电视台呼号片制作	通过体育节目栏目包装任务,在素材收集、拍摄、剪辑等环节中,融入足球代表人物历经磨难依然努力拼搏的体育精神,促进人格健全,培养不畏挫折的精神、正确积极的价值信仰
技术思想	实证求真	纪实片摄像	电影画面解构	通过解构《肖申克的救赎》节选片段,学习电影语法解构技巧,并把片段转化为拍摄脚本,在完成解构任务之后对所得的视听语法进行实拍求证
	技术运用	纪实片摄像	经典影片桥段模仿	通过模仿拍摄电影经典桥段,学习摄影技术的运用,循序渐进掌握拍摄设备、拍摄技术、拍摄思维的运用,理解技术运用的重要性,提高技术运用的能力
	工匠精神	二维特效制作	PR剪辑基础、影片剪辑、镜头蒙太奇剪辑	以工匠精神为指导,遵守剪辑设计规范,把握影片节奏,进行视频剪辑,精益求精
职业素养	团队合作	产品摄影	透明半透明材质产品摄影	在案例拍摄流程中,通过分工执行拍摄任务,培养团队合作精神
	规则意识	产品摄影	复合材质产品摄影	在文创产品拍摄任务中,收集分析行业规则、版权知识,增强规则意识
	规则意识	人像摄影	证件人像摄影	通过学习证件照摄影规范、肖像权、版权知识等行业规则,提高规则意识
专业特色	专业特色（微电影拍摄实践）	毕业设计（微电影拍摄制作）	微电影拍摄制作	根据设计的文字脚本、分镜头进行短片拍摄制作,掌握影视设计—拍摄—输出的专业流程和规范,各环节技术要点,体现专业特色,增强专业能力

室内装饰专业课程思政融合方案

思政领域	思政元素	课程名称	学习任务	思政内容
国家意识	国际视野（文化融合）	餐饮空间设计	西式餐厅空间设计	在餐厅设计中融合中西餐桌文化、中西工艺设计元素，拓展文化视野，培养文化融合意识与设计表达能力
	国情观念（中国传统建筑文化）	软装设计	餐饮空间软装设计	通过学习中国传统建筑设计要素，以及瓷器、丝绸、布艺的文化知识，运用中式装饰品、布艺等设计元素对餐饮空间软装部分进行设计，传承中国传统建筑文化
人文素养	人文情怀（岭南文化）	商业空间设计	娱乐空间设计	通过学习岭南文化，并设计具有岭南文化特色的艺术体验馆，加深对岭南文化的理解与认同
	人文情怀（地域文化）	餐饮空间设计	中式餐厅空间设计	读懂并提取地域物质与精神文化信息，运用传统与现代相结合的设计手法规划空间，餐厅设计融合地域文化特点，理解"地域文化"设计理念，加深地域文化认识，传承中国传统文化
	人文情怀（以人为本）	居住空间设计	乡村景观小品设计	树立以人为本设计理念，在乡村景观小品设计中体现以人为本的理念，实现技术与人文的完美结合
技术思想	实践创新（个性设计）	3DsMax效果图绘制	餐饮空间效果图绘制	通过学习和运用个性化的空间结构、细节元素、材质，提高实践创新能力，在餐饮空间效果图制作中体现个性化主题与特色
职业素养	规则意识（标准规范）	CAD施工图绘制	居住空间施工图绘制	运用国家建筑制图标准和规范及施工图绘制流程，严格遵守国家建筑制图标准进行居住空间施工图绘制
	企业文化（客户意识）	居住空间设计	商品房空间设计	重视客户实际需求，提高客户意识，在商品房空间设计中合理规划空间、提高空间利用率
专业文化	创新文化（时尚与传统）	软装设计	居住空间软装设计	在居住空间软装设计中，将新东方主义传统建筑风格与现代时尚元素进行融合，彰显时尚与传统融合的创新文化
	时尚文化（绿色环保）	办公空间设计	个性化办公空间设计	将绿色环保概念融入个性化办公空间设计，体现人与建筑、自然和谐统一的时尚文化

服装品牌策划与经营专业课程思政融合方案

思政领域	思政元素	课程名称	学习任务	思政内容
国家意识	国情观念（文化自信）	服装纸样设计	上衣类纸样设计之新中式改良服装纸样设计	了解中式服装发展历史，搜集中式服装款式素材；将传统中式服装纸样进行创新设计与改良制作，增强传统文化自信
国家意识	国情观念（家国情怀）	服装陈列设计	女装品牌实体店店铺陈列设计	挖掘中国传统春节文化习俗元素，完成"中国传统春节"主题店铺的陈列设计，增强爱国爱家情怀
人文素养	审美情趣（剪纸艺术）	单品服装设计	上装单品设计之大衣单品设计	在大衣款式设计中融入中国传统剪纸元素，提升现代元素与传统元素相结合的审美情趣
人文素养	审美情趣（婚礼服饰）	品牌服装产品策划	男装品牌产品策划	将传统婚嫁元素融入现代款式设计；通过品牌推广、店铺装修、海报媒体宣传，推广本土品牌，弘扬中式婚嫁男士礼服文化，提升中式传统婚礼服审美情趣
人文素养	人文情怀（孝道文化）	服装陈列设计	男装品牌实体店店铺陈列设计	设计"父亲节主题"店铺陈列方案，陈列实体模型，融入感恩、孝道文化，打造温暖有爱的购物环境
人文素养	人文情怀（爱心教育）	服装陈列设计	童装品牌实体店店铺陈列设计	通过搜集素材、选配道具、店铺陈列效果图设计、制作陈列模型、店铺维护等环节，设计儿童节主题店铺陈列，打造充满童趣、温暖有爱的购物环境，培养关爱儿童、孝敬父母的爱心
技术思想	科学精神（精益求精）	服装成品制作	女时装外套成品制作	在女时装外套成品制作中体现标准、规范、精细，培养一丝不苟、精益求精的工匠精神
技术思想	科学精神（严谨理性）	服装纸样设计	上衣类纸样设计之旗袍纸样制作	在旗袍纸样制作中，通过纸样核对、尺寸检查、数据与工艺单一致性、剪口与缝份规范等培养良好的严谨理性的工作作风
技术思想	实践创新（崇尚实践）	服装纸样设计	上衣类纸样设计之旗袍纸样制作	在上衣类纸样设计之旗袍纸样制作中不断实践创新开发新型旗袍样板，培养勇于试错、勇于创新的实践精神
技术思想	实践创新（技术运用）	服装视觉呈现	服装品牌广告设计策划	学习并运用竞品品牌广告设计方案进行爱时尚服装品牌广告设计，在文案设计、广告语及创意上熟练运用广告设计技术，培养学生综合创新能力
职业素养	企业文化（客户意识）	服装产品销售	服装产品线上销售	在服装产品线上销售模拟演练中尊重顾客信息安全，诚信相待、明辨是非，树立良好的客户意识和诚信服务的意识

续表

思政领域	思政元素	课程名称	学习任务	思政内容
职业素养	规则意识（成本意识）	服装成品制作	女时装外套成品制作	在女时装外套成品制作的设计、排料、裁剪过程中加强成本核算，提升节约意识
	规则意识（环保意识）	服装成品制作	衬衣类成品制作之男士立领衬衣的制作	在衬衣面辅料的选择中考虑环保性和人体穿着的舒适性
	企业文化（品牌意识）	服装视觉呈现	服装品牌VI设计	在品牌VI设计上融合国产文艺风格服装品牌VI设计元素，并进行创新，开发国产女装品牌VI系列产品，体现国产服装品牌文化
专业特色	传统工艺（镶绣工艺）	服装成品制作	女时装外套成品制作	将中国传统镶绣工艺进行改良和创新，制作融合中国传统工艺特色的现代时装外套
	传统工艺（刺绣工艺）	系列服装设计	休闲女装系列设计	在休闲系列女装设计中融合传统仙鹤刺绣素材，创作新颖有特色设计产品
	中国风（水墨画）	系列服装设计	时尚女装系列设计	在时尚系列女装设计中融合传统中国水墨画素材，创作新颖有特色设计产品
	中国风（旗袍设计）	服装纸样设计	上衣类纸样设计之旗袍纸样制作	学习传统旗袍服饰文化和特点，结合中国传统手工艺、图案等元素创新旗袍的纸样

汽车维修专业课程思政融合方案

思政领域	思政元素	课程名称	学习任务	思政内容
国家意识	国际视野（全球化意识）	汽车发动机大修	别克新君威发动机（LB8-FE）大修	学习别克新君威发动机（LB8-FE）的技术特点，在完成别克君威发动机大修工作并分享经验中保持开放学习心态，能学习和运用国外先进技术，树立全球化意识
	民族自信（国产品牌）	柴油发动机故障检修	柴油发动机起动困难故障检修	搜集民族品牌和外国品牌汽车柴油发动机的型号和参数，学习和运用技术完成国产柴油发动机故障诊断与排除，总结分享国产柴油机技术优势，坚持民族自信，树立认可和支持国产品牌意识
	国家利益（民族品牌）	汽车电气故障诊断与排除	汽车车载网络通信不良、自动车身平衡系统故障诊断与排除	搜集国产"北斗Ⅱ"导航系统技术资料，运用技术完成故障诊断与排除，分享、总结北斗系统在国家利益方面的重要性，在实践中树立认同民族品牌，自觉捍卫国家利益意识
人文素养	厚德精技（工匠文化）	汽车发动机故障诊断与排除	汽车发动机起动困难故障诊断与排除	用心学经验，耐心查故障，排除汽车发动机启动困难故障，总结检修经验习惯，分享心得，追求技术精湛，精益求精意识

续表

思政领域	思政元素	课程名称	学习任务	思政内容
技术思想	严谨理性（故障排查）	汽车自动变速器故障检修	汽车自动变速器不升档故障检修	按照自动变速器各传递路线科学严谨分析故障原因、进行故障诊断与排除，培养科学严谨工作作风
	技术运用（学习新技术）	汽车空调故障检修	汽车空调不制冷故障的检修	学习和运用汽车空调新技术，实施空调不制冷故障检修，总结和分享智能空调电气控制系统故障检修心得，培养学无止境、勤于学习的精神
	严谨理性（故障排查）	汽车电气故障检修	汽车起动机不工作故障的检修	严谨分析起动系统电路故障原因、进行故障诊断与排除，培养科学严谨、认真细致的工作作风
职业素养	爱岗敬业（吃苦耐劳）	汽车底盘故障检修	汽车制动失效故障的检修	完成劳动强度大的汽车制动系故障检修，总结和分享汽车故障检修心得，培养吃苦耐劳的工作作风
	职业情操（诚实守信）		汽车转向沉重故障的检修	认真负责进行汽车转向沉重故障分析，制定满足顾客需求的最优检修方案并完成检修，在检修总结与分享中强化维护企业信誉、个人信誉，提升诚实守信的职业情操
	爱岗敬业（一丝不苟）		汽车挂挡困难故障的检修	认真细致做好故障分析和检修准备工作，在故障检修中培养兢兢业业、一丝不苟的工作习惯
专业特色	团队合作（故障检修）	汽车发动机故障检修	汽车发动机加速不良故障的检修	组建检修小组，细分工作任务；小组合作进行汽车发动机故障检修和竣工检验，总结和分享团队合作心得，提炼团队意识，增强团队沟通协作能力
	规则意识（操作规程）		汽车发动机不能起动故障的检修	搜集、遵照维修制度和检修安全操作规程进行汽车发动机故障检修和竣工检验，并总结、分享心得，树立汽修职业规则意识、制度意识
	规则意识（能源政策）		汽车发动机水温高故障的检修	收集国家新能源汽车政策，学习传统汽车与新能源汽车的维修区别，在完成动机水温高故障检修的同时，向车主宣传新能源汽车的优点，提供购买咨询与建议，倡导低碳环保生活，践行节能绿色出行理念
	规则意识（行业法规）		汽车发动机动力不足故障的检修	搜集汇总汽车年审标准与操作流程，运用汽车年审法律法规、操作流程指导汽车维修工作并总结和分享心得，树立汽修行业守法守规意识
	企业价值（制度文化）	汽车维护	四万公里维护	学习汽车企业制度与文化，特别是中国汽车名企文化，关注企业制度及文化对社会发展的影响，按要求进行汽车四万公里维护保养时，认清工作职责，增强职业认同感
	企业价值（品牌文化）		新车交接检查	学习汽车品牌历史及文化、汽车技术产品配置，关注中国汽车发展现状，培养对中国汽车品牌发展的责任担当

汽车技术服务与营销专业课程思政融合方案

思政领域	融合的思政元素	课程名称	学习任务	思政内容
国家意识	国情观念（爱国情怀）	汽车市场营销策划	汽车市场调研	调研分析我国新能源汽车产业发展情况，了解我国新能源汽车政策和新能源汽车的优势，增强民族自豪感和爱国情怀
	国情观念（传统文化）	汽车市场营销策划	汽车营销活动策划	学习了解中秋节的节日习俗文化，将相关内容融入汽车宣传海报，设计以中秋节为主题的汽车营销活动策划
人文素养	健全人格（坚韧乐观）	客户服务	客户回访	制定客户回访应对话术，模拟演练客户刁难的回访过程，学会积极、乐观回复客户的质疑及要求。健全人格，能在压力下坚韧乐观地工作
技术思想	科学精神（严谨理性）	二手车鉴定评估与交易	二手车评估	在二手车评估的学习过程中，明确计价标准，严格区分不同评估方法的适用范围，结合实际情况对车辆进行科学的估价，培养严谨理性的意识
	科学精神（求真务实）	汽车保险与理赔	汽车保险理赔	根据保险公司的规范，按真实事故原因确定损失项目，不虚构维修项目，树立求真务实的理念
	科学精神（批判质疑）	汽车网络营销	网络营销	在网络营销的学习过程中，通过独立编制活动策划方案的评价标准，评价他人的活动策划方案，提高独立思考，批判质疑的能力
职业素养	规则意识（职业操守）	汽车发动机技术服务	汽车发动机水温高技术服务	在水温过高导致故障检修的任务中，重视规则意识，避免维修项目的虚假报价，树立职业操守
	沟通交流（善于沟通）	汽车电气技术服务	汽车充电指示灯亮的技术服务	在维修估价、修后交车等模拟演练环节中，通过与顾客进行清晰良好的沟通交流，培养汽车技术服务工作的沟通能力
	爱岗敬业（服务意识）	客户服务	客户预约	通过情景模拟客户预约工作，运用规范的电话礼仪和热情周到的态度与客户进行沟通，提升服务意识
	爱岗敬业（服务意识）	增值服务	汽车贷款	根据客户需要和实际情况制定贷款方案，满足客户的需要，强化服务意识
	爱岗敬业（一丝不苟）	汽车配件管理	汽车配件仓库管理	根据《备件验收表》对配件的数量和质量进行验收管理，严格按照企业规范对出入库配件进行检查，培养爱岗敬业、一丝不苟的职业素养
	爱岗敬业（服务意识）	汽车售后服务管理	维修管理	在汽车售后服务管理活动中，通过客户接待、问诊及车辆检查，强化服务意识
专业文化	技术服务（销售服务）	汽车销售	展厅销售	运用六方位绕车介绍法及FAB法等本领域内的专业技术知识，在展厅向客户进行展示和介绍，提高技术服务能力
	技术服务（维修服务）	汽车底盘技术服务	汽车行驶跑偏的技术服务	通过问诊、基本检查结果，推断汽车跑偏故障原因，提供专业的维修服务，提高技术服务能力

市场营销专业课程思政融合方案

思政领域	融合的思政元素	课程名称	学习任务	思政内容
国家意识	国情观念（消费升级）	市场信息收集与分析	经销商产品营销情况信息收集	研读国民经济发展的相关数据或报告，将调研结论与之对比，完成两者间的相互印证及补充，制作汇报PPT，透过数据和事实，深刻理解国家经济发展取得的重大成就，加强国情认知
人文素养	人文积淀（传统文化）	品牌营销推广	整合营销推广	搜集皑如民族品牌信息和具有中国元素的其他品牌推广策划成功案例，讨论、制作《皑如品牌推广策划方案》并展示与评价，体会中国传统文化元素在民族品牌设计和推广中的应用，提升对中国传统文化的多样性、审美情趣、传统价值观的理解，加深人文积淀
人文素养	人文积淀（节日文化）	网络营销策划	短视频营销策划与制作	收集、研读和分析中秋节促销成功案例；围绕中秋节主题设计和制作短视频，在促销宣传民族企业产品短视频中体现中秋传统风俗和价值内涵，提升人文积淀
技术思想	严谨理性（合同规范）	营销文案撰写	商务合同文案撰写	参照《合同法》的相关规定，明确商务合同要求的形式规范，语言规范，树立严谨理性的工作态度
技术思想	严谨理性（实事求是）	市场走访	走访新市场	收集虚假报告对企业造成损失的案例；获取走访信息，撰写、展示和评价走访报告，强调数据真实可靠的意义与作用，培养认真细致严谨的工作习惯和诚实守信的职业素养
技术思想	崇尚实践（销售实践）	产品销售实施	连锁门店销售实施	判定消费者类型和购买心理，推荐产品，解决顾客疑虑；进行销售模拟演练，在实践中体验销售难度和销售操作的重要性，加深对销售实施的理解
技术思想	遵从伦理（核心价值观）	公关策划	危机公关	将国家、社会及个人三个层面的社会主义核心价值观融入危机处理原则，内化为危机处理原则，总结危机处理新原则，树立社会主义核心价值观、企业责任
技术思想	遵从伦理（公序良俗）	网络营销策划	短视频策划与制作	研究网络营销、推广和内容生产领域因思想性不合规被处罚、下架的广告、文案案例，拟定《×××企业新媒体创意文案内容规范》，做到正确理解社会公序良俗的内涵，严格遵守社会伦理

续表

思政领域	融合的思政元素	课程名称	学习任务	思政内容
职业素养	企业环境（营销环境）	市场信息收集及分析	经销商产品经营情况信息收集	学习宏观、微观营销环境基础知识，查阅有关企业营销环境的参考资料，绘制营销环境构成示意图，厘清经销商在企业营销环境中的地位及影响，加深对企业环境的理解
	企业文化（心态准备）	市场走访	走访新市场	在走访准备工作要点中增加心态调整内容，搜集心理调适和心态准备相关知识及技巧；在模拟环节中优化自身形象和言行，树立自信心
	团队合作（团队管理）	营销团队管理	营销团队经理的日常团队管理策略	针对房地产有效客户资料管理的任务制定团队协作计划，评价管理者和被管理者，完成小任务后讨论与反思团队合作的重要性，树立团队合作意识和协作能力
	爱岗敬业（立足本职）	客户服务	门店客服	阅读客户服务工作规范和岗位职责的要求，分析明确售后服务任务，立足本职工作，树立主动服务的意识
	企业责任（销售法规）	产品销售实施	连锁门店销售实施	分析总结消费者权益保护法、反不正当竞争法等案例，明确销售过程受法律规则约束；绘制营销法律知识思维导图，将之融入销售计划和销售过程，深刻理解合法合规销售的重要性和长远性，遵循销售法律法规
	规则意识（法律意识）	营销文案撰写	商务合同撰写	研读合同电子版样本、国家有关法律，如《合同法》等和相关方针、政策，撰写商务合同文本，并将之与有关法律法规和相关政策对比，做到尊重和遵循法律法规
专业特色	商业创新（商业定位）	营销策划	产品定位策划	选定符合目标消费者需求的产品个性（USP），在教师对定位策划评价后，自行查阅行业企业定位，以确定策划的独特性，在产品个性塑造中培养营销者的创新能力
	客户沟通（语言艺术）	客户服务	门店客服	制作不同客户类型的说服策略表，完成服务技巧训练，摄制店面售后客服人员的服务接待视频，提升运用倾听技巧、提问技巧和语言表达艺术完成服务接待工作的意识与能力
	民族品牌（民族品牌）	品牌营销推广	整合营销推广	提炼皑如品牌的文化特点，结合中国传统文化艺术的特性，拟定《皑如品牌推广策划方案》，向消费者传递皑如的品牌形象；并将民族品牌和传统文化作为评价标准，理解中国传统文化在服装品牌中的创新与应用

国际贸易专业课程思政融合方案

思政领域	思政元素	课程名称	学习任务	思政内容
国家意识	国际视野（文化差异）	商务协助	客户接待	阅读分析企业由风俗文化差异导致客户不满的案例，根据客户来自地区的世界风俗文化与礼仪差异，设计接待项目，拟订接待方案。树立文化差异意识，尊重各国的风俗文化和礼仪的差异
国家意识	国际视野（文化差异）	贸易合同拟订	进口贸易合同拟订	分析不同国家企业由文化差异导致合同纠纷的案例，认识国家之间的文化差异对出口贸易合同的重要影响，根据《民法典》规定、国际公约和惯例，拟订进口贸易合同条款，增强国际视野，尊重文化差异
人文素养	人文积淀（商业文化）	产品推广文案撰写	产品网络推广文案撰写	分析微博文案的人文底蕴与图案设计之美感，撰写产品网络推广海报文案，将中国的传统文化与商业相结合，提升人文积淀
人文素养	审美情趣（审美鉴赏）	产品推广文案撰写	产品线下推广文案撰写	撰写宣传海报文案，在排版设计中注重图文并茂、大方美观，提高审美鉴赏能力
技术思想	科学精神（严谨理性）	订单跟踪	出口订单跟踪	以操作失误案例导入，学习拟订出口贸易跟单计划，制作备货发货跟踪、发票箱单跟踪、运输跟踪、结汇等单据，培养严谨、理性、细致的工作意识
技术思想	科学精神（严谨理性）	跨境电商平台操作	跨境电商B2C平台操作	在运营分析报告的撰写过程中，对速卖通买家采购数据进行分析，养成以数据分析为判断依据的严谨的决策习惯，培养严谨理性的科学精神
技术思想	实践创新（崇尚实践）	市场信息搜集与分析	竞争产品信息搜集与分析	搜集竞争产品信息，制定产品策略建议，在实践过程中提高重视企业环境分析的意识，体会实践在学习工作中的重要性
职业素养	企业精神（风险意识）	贸易合同拟订	国内贸易合同拟订	准备合同相关资料，学习合同的拟订及分析国内贸易合同条款风险，提高风险防范意识
职业素养	企业精神（服务意识）	客户开发与维护	优质（高利润）客户的培养	学习客户培养的案例，通过分析客户类型、制定个性化服务内容、撰写客户满意度调查报告，提升服务意识
职业素养	企业文化（环保意识）	外贸单证制作	产品认证和许可申请	在申请产品的CCC\CE\RoHS认证过程中遵守有关法律法规和关于人体健康和环境保护的要求，树立绿色发展理念，提高环保意识
专业文化	规则意识（贸易法规）	贸易合同拟订	出口贸易合同拟订	根据《对外贸易法》等国内法律法规以及《联合国国际货物买卖合同公约》等国际公约和惯例的要求，编写出口贸易合同条款，树立规则意识

幼儿教育专业课程思政融合方案

思政领域	融合的思政元素	课程名称	学习任务	思政内容
国家意识	国情观念（红色故事）	幼儿园教学活动实施	幼儿园语言教学活动实施	开展以红色经典为主题的语言教学活动，搜索语言内容中红色经典主题的优秀课例并绘制网络图，传承中国革命传统文化，树立民族自信心
	国情观念（公民意识）	幼儿园教学活动实施	幼儿园社会教学活动实施	以"小小公民"主题为载体，组织以国情知识为核心的活动，如策划与实施国庆节、国情知识等主题社会活动，渗透家国情怀，提升幼儿教师的责任心和使命感
人文素养	审美情趣（岭南文化）	幼儿园教学活动实施	幼儿园艺术教育活动实施	通过开展富有中国传统文化特色的艺术教育活动，如开展"我是小戏迷"主题活动，欣赏、模仿体验粤剧，树立传统文化自信心，增强民族自豪感
	审美情趣（传统文化）	家园共育	亲子活动组织	策划中秋节传统习俗的亲子活动，展示中国传统文化，将传统习俗和亲子活动相融，增强中国传统民族文化的认同和传承
	人文积淀（历史人文）	幼儿园游戏活动实施	规则性游戏活动实施	说出各广府特色游戏蕴含的广府文化，传承广府幼儿游戏文化，编制富有特色的广府游戏集，强化传统文化意识及提升传承能力
技术思想	实践创新（崇尚实践）	幼儿园环境创设	自制教玩具	展示、讲解教玩具的环保理念、设计思路和艺术创意，以教玩具为主题收集不同类型的环保材料，设计符合幼儿的年龄特点、兴趣和以幼儿为主体的教玩具，体现人文情怀，提倡实践创新，增强个人审美情趣
	科学精神（精益求精）	幼儿园环境创设	班级区角的环境创设	紧扣幼儿身心发展规律和学习特点，布置班级区角环境，合理安排各功能区块，符合教育规律，做到精益求精
职业情怀	职业素养（规则意识）	保育工作实施	意外伤害处理	根据幼儿园安全管理规范制定班级一日生活的安全措施和应急预案，配合开展全园性消防安全演练，提高安全规则意识和风险应变能力，体现幼儿教师安全规则意识和职业素养
	职业素养（爱岗敬业）	幼儿园环境创设	室内主题墙环境创设	观看《爱岗敬业》微课视频，分享观影心得；现场确定、核对主题墙的位置与尺寸，确保数据的精准度，小组合作绘制《主题墙整体规划图》，体现团队合作、爱岗敬业精神

续表

思政领域	融合的思政元素	课程名称	学习任务	思政内容
专业文化	师德文化（五心素养）	幼儿日常活动组织	晨间日常活动的组织	设计具有中国传统文化的早操活动，热情示范、预防突发状况，在活动操作中突出责任心和耐心，总体现幼儿教师的五心素养
			中午日常活动的组织	开展幼儿进餐模拟活动，渗透中国传统美德教育，在培养幼儿进餐习惯，对体弱儿进行个别进餐护理中体现爱心、责任心、耐心和细心
	理论素养（论文写作）	文案写作	教育论文的撰写	分析总结写作规律，明确写作规范及具体要求，以科学的态度和专业的职业精神撰写教育论文，注重写作规范、严谨理性，尊重他人研究成果，坚持职业操守

2. 标准化：课程文本编写规范要求

一体化课程思政落实到课程文本编写时要有清晰的标准和要求，能规范指导教学实践。首先，应明确思政元素在课程标准、学习任务描述表、学习任务分析、教学活动策划表的融合位置及编写要求。如在课程标准中的课程目标、任务列表、实施建议、教学资源等方面分别补充思政目标，标注思政融合的任务，明确思政策略，配备思政资源；在学习任务描述表中的任务情境、内容、目标、条件、流程、要求、标准、成果等若干方面按需体现思政元素；在分析学习任务的鱼骨图中用具体名称或目标式短语记录各任务环节中的思政素养；在教学活动策划表中要明确思政内容、师生活动、教学手段及评价方式等。

表6-3 "一体化"课程思政融合文本修改建议

文本	融入位置	表述要求
课程标准	课程目标、任务列表、实施建议、教学资源	在课程目标中采用行为目标ABCD表述法补充思政目标，在任务列表注明思政元素，在实施建议中明确思政策略，在教学资源中配备思政资源
学习任务描述	任务情境、内容、目标、条件、流程、要求、标准、成果	在任务情境、内容、目标、条件、流程、要求、标准、成果等一个或多个方面体现思政元素
学习任务分析（鱼骨图）	素养点	对应学习任务描述的思政融入逻辑，在具体任务环节中用具体名称或目标式短语记录思政素养
教学活动策划表	教学步骤、学习内容、师生活动、教学资源与手段、评价方式	在各任务环节的具体教学步骤中，师生活动紧扣鱼骨图中的思政素养目标以及学习任务描述中的思政融入逻辑，聚焦需解决的思政育德问题，设计具有典型性的、可操作的、指令清晰的教学活动。评价方式有效检验思政育德效果，教学手段有思政资源配套

其次,融入思政元素的教学内容和活动设计要把握好可行性、融合性、典型性、有效性"四性原则"。可行性要求教学目标精准、教学内容清晰、教学要求明确、教学条件充分、教学活动具体、活动指令清晰。融合性要求思政元素自然、顺畅融合于学习任务的实施过程,达到盐溶于水的效果。典型性要求教学活动设计能有效解决思政教育问题,达成思政目标,实现育人效果最大化。有效性要求教学策略符合学情,教学方法与资源多样得当,贴近学生、贴近生活、贴近工作,学生探究与教师引导相结合,互动性、启发性强。

3. 一体化:"工学育"三线合一

一体化课由企业典型工作任务转化而来,"学习过程具有工作过程的整体性,学生在综合的行动中思考和学习"[①],既实现了"工学一体"培养学生综合职业能力,又在"知情意行"逻辑递进中提升学生素养,体现"工学育"三线合一,实现价值塑造、知识传授、能力培养"三位一体"的教学育人效果。在以学生为中心的教学过程中,教师是工作的师傅、学习的"导演",又是价值的引导者、思想的启迪者、行动的激励者;相应地,学生是学徒、"主角",又是观察者、思考者、践行者。

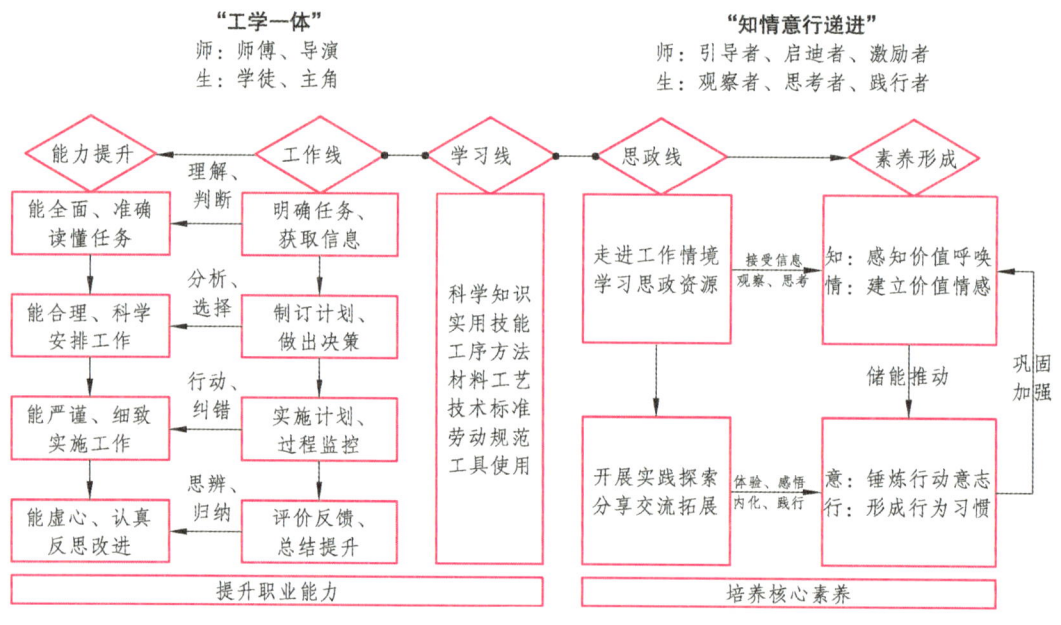

图6-2 工学一体化课程思政的"工学育"功能一体化逻辑结构

以室内装饰专业为例,在"居住空间设计"任务中培养学生人文景观设计表达能力时,先让学生了解国家乡村振兴战略,再借助"美丽乡村景观小品设计"校企合作项目,在工作室校企双导师指导下,各小组发挥个性、汇聚创意,共同推进项目设计任务,将乡村原始景物通过创意构思,设计出具有乡土特色的景观小品,展现美丽乡村建

---

① 赵志群. 我国职业教育课程模式的发展[J]. 职教论坛,2018(01):52-57.

设新风貌，助力乡村旅游发展。

其中，"工作线"是了解项目前期调研情况，坚持"以人为本"确定设计思路，按要求完成系列乡村景观小品的设计构思，并完成手绘草图和设计说明交付企业项目小组评估和验收，学生分4个设计小组分别承担了通往荷花塘的路边特色文化景观设计，以"莲文化"为主题的"就地取材，变废为宝"的荷塘护堤设计，可遮挡村口电线杆的标志性建筑，以旧物陶坛、石磨、红瓦、红砖等材料的形象墙设计工作。"学习线"是学习美丽乡村景观设计优秀案例，学习"逆向推敲、顺向发展"设计思路，在个体实践、团队分享、企业导师指导中学习创作设计草图，并在小组互评、双导师评价、作品完善中实现再学习再提升。"思政线"是在教师引导下感受乡村特色美，了解乡村发展需求，学习乡村振兴政策，认识本专业在人文景观设计中的职业责任及能力要求；通过观看视频，学习优秀案例，理解人文表达之美，树立提升设计表达能力、创作优秀作品的决心和信心；小组完成任务全过程由双导师及时提供指导和鼓励，学生积极尝试、大胆创新、克服困难，呈现了系列优秀作品，得到企业和村委认可，巩固了人文素养意识及助力乡村振兴的责任感和自豪感。

四、一体化课程思政建设的全面推进

一体化课程思政建设是一项复杂的系统工程，宜参照一体化课程体系构建与实施的经验分步推进。一是顶层设计：从师资队伍培训、人才培养方案修订、课程体系优化、教学策划与实施、环境与资源建设、质量监控与评价等方面做好系统性的顶层设计和配套保障。二是主抓融合：把工学一体化课程融合思政元素作为重点工作，以项目化管理方式重点突破，遵循工学一体化课程融合思政元素的可行性、融合性、典型性、有效性"四性原则"，按照"找院（系）特色—找专业特点—布局元素融合点—深度融合设计—输出课程资料"的顺序推进。三是多方评审：组织思政、教育、企业等多方专家从政治性、规律性、职业性等不同角度进行评审和指导。

第二节 实践探索：工学一体化课程思政模式的实践探索

基于体系化设计的特点，工学一体化课程思政应同步从院（系）、专业、课程教学三个层面系统化进行实践探索。

一、"一院（系）一特色"

立足院（系）专业群人才培养所服务的产业内涵特色，聚焦职业活动特征及素养要求，明确指导思想，创新育人策略，从思政育人角度完善人才培养目标，从而在价值导向、实践要求、素养目标方面形成各院（系）的课程思政特色，形成"一院（系）一特色"，如表6-4。

表6-4 课程思政"一系一特色"案例

产业系	工学一体化课程思政特色
先进制造产业系	弘扬大国工匠精神，提升先进制造综合技能，厚植技能强国梦想
信息服务产业系	聚焦前沿信息技术，服务"智慧生活"，培养开拓创新精神
文化创意产业系	传承优秀传统文化，讲好中国故事，树立文化自信
商贸服务产业系	守持诚信，融合发展，助力民族品牌，建设国际湾区
新能源应用产业系	紧跟能源与环保政策，倡导低碳生活，践行绿色发展理念

院（系）课程思政特色内涵可以从指导思想、育人策略、人才培养目标等方面加以明确。以广州市工贸技师学院为例，各产业系一体化课程思政特色内涵如下。

（一）先进制造产业系

先进制造类职业活动主要运用智能化制造技术高质量、高效率设计与制造产品，并维护、检修及改良生产设备，要求技术人员具备智能制造领域的技术技能，持续学习和掌握产业前沿技术，拥有"大国工匠、振兴中华"的雄心和坚持不懈、精益求精、追求卓越的精神。因此，先进制造产业系以"牢记使命、砥砺前行、技能强国"为指导思想，以培养新时代高素质高技能人才为主要任务，以技能规范、行业标准、企业需求、职业素养以及人文素质为核心,在专业教育课程中融入大国工匠的感人事迹、强国制造行业的发展历程、技能成就未来的豪情壮志、中国制造的家国情怀等相关思政资源,提升学生的思想政治素质、专业能力和职业素养,培养爱国敬业、技艺超群、诚信友善、遵纪守法,并勇于参与实现技能强国梦想的高素质高技能人才。

(二)信息服务产业系

信息产业,特别是新一代信息技术产业是国家竞争力的重要标志、城市发展的主要动力、人民智慧生活的支撑,具有知识、技术和资本密集,技术更新创新快,高就业和高竞争,需求广、渗透强、带动作用大,效益高、能耗少、高增值等特点。信息服务类职业主要从事信息的生产、收集、存储、处理、传输等工作,专业性强、关联性大、增值效益大,要求从业者具备遵守知识产权、保护客户隐私、持续学习新技术、规范与标准化工作、理论联系实际解决问题,团队协作、良好沟通等职业能力与素养。信息服务产业系坚持聚焦前沿信息技术,服务国家"互联网+"等科技兴国战略,以开拓、创新、崇德、守纪为内涵核心,通过案例研讨、企业参观、专题讲座、小组探究等多种教育形式,在教学中引入最新的信息技术应用案例、信息技术研发人物事迹、信息技术创新思维事例、信息科技改变生活的实例等思政要素,树立科技改变命运、信息科技兴国的理念,培养开拓创新、为国奉献、政治素养过硬的信息科技人才。

(三)文化创意产业系

文化创意产业属于知识密集型新兴产业,具有高知识性、高附加值特征,是经济、文化、技术等相互融合的产业。文化创意类职业活动主要从事内容与形式的创作、设计与制作工作,其关键特征是文化创新性,是一种将抽象的文化直接转化为具有高度经济价值的文化产品的能力,从业素养要求有三:一是对本土传统文化的了解与传承;二是个人创造力;三是对新技术的掌握与运用。文化创意产业系以习近平总书记"讲好中国故事"和传播优秀传统文化为核心指导思想;采取的育人策略为通过大师工作室建设与运行、课程任务实施、教学实践项目创新、作品创作与展示等多元化教育教学平台和载体,在专业教学中融入专业认同、职业伦理、社会责任、社会主义核心价值观等思政要素,以及中国元素、中国文化、中国形象等文化元素,以"传播优秀传统文化"为抓手,培养具有社会主义核心价值观和文化自信的文化创意产业高技能人才。

(四)新能源应用产业系

新能源应用产业在国家大力支持下日渐成熟,法律法规不断健全,行业制度规范,发展前景明确,人才需求数量不断增加,质量不断提高。该产业的生产及售后服务岗位劳动强度大、技术要求高,需要员工具备爱岗敬业、吃苦耐劳、勤于学习、技术精湛和国际视野等职业素养。新能源应用产业系以习近平总书记提出的"发展新能源汽车是迈向汽车强国的必由之路"和"国家能源政策"为指导思想,以国家能源政策、汽车发展历程、汽车行业法律法规及职业道德为核心,通过案例讨论、政策学习、专题讲座、实地参观、跟岗实践等多元化的教育形式,在专业教学中融入国家能源政策、环境保护政策、战略新兴产业政策、汽车发展历程以及低碳环保、绿色出行理念等思政要素，激发学生的爱国热情及学习技能与技术的热情，树立爱国、技能报国的思想意识，培养积极倡导低碳环保生活、践行节能绿色出行理念的能源技能人才，服务于粤港澳大湾区的建设。

（五）商贸服务产业系

商贸服务产业具有成长性好、融合性高、政策支持强的特点，职业活动讲究诚信守法，以创造力促进商品流通和商务服务。商贸服务产业系以服务粤港澳大湾区发展为中心目标，支持大湾区升级商务服务、商品流通服务和构建现代服务业为基本着力点，以诚信、同理心、抗压能力、法律和规则意识以及相关商务服务职业素养为核心，通过案例讨论、专题讲座、实地参观、跟岗实践等多元化的教育形式，在专业教学中运用民族企业发展历程和案例、国民经济发展成就、优秀文化传统、先进人物事迹等思政资源，培养学生的思想品质、人文素质和职业素养，树立发展民族企业，建设国际湾区的情怀，为粤港澳大湾区构建现代服务业，升级商品服务和流通服务输送爱国、敬业、诚信、友善、遵纪守法的高素质商贸服务技能人才。

二、"一专业一特点"

在"一院（系）一特色"定位基础上，不同专业可结合自身实际设计工学一体化课程思政特点，形成"一专业一特点"，并据此修订人才培养方案，优化人才培养目标，开发工学一体化课程思政融合方案，完成课程标准、学习任务描述、学习任务分析、教学活动策划等教学文本修订工作，编制工学一体化课程实施指导手册，推动课程思政落地实施，如表6-5。

表6-5 广州市工贸技师学院（部分专业）一体化课程思政特点

专业名称	思政特点
工业机器人应用与维护	突出严谨理性的科学精神及技术应用能力，提升工业机器人应用与维护综合技能，助力智能装备产业发展，践行技能强国梦
工业设计	坚持以人为本，融入中国元素，提升产品创新设计能力、环保意识、忠诚担当和国家安全意识，振兴民族制造业
数控编程	弘扬工匠精神，厚植工匠文化，打造优质产品，擦亮中国品牌，培养德艺兼备的大国工匠，推动我国从制造大国迈向制造强国
计算机网络应用	聚焦前沿信息技术，注重信息安全，开拓国际视野，强化企业责任、规则意识，支撑"信息安全""科技兴国"战略
计算机程序设计	聚焦移动应用开发前沿技术，在任务实践中树立正确国情观念，提升审美情趣、规则意识、技术规范，服务"智慧生活"

续表

专业名称	思政特点
网站开发与维护	将企业产品展示设计与中国审美情趣相结合，助力传统企业、校园线下产品或业务管理网络化，功能上追求精益求精，实现智慧生活
电子商务	增强新媒体运营、文案策划、客户服务、创新创业意识和能力，爱国、敬业、诚信、友善、遵纪守法，立志为打造和树立驰名世界的民族品牌和产品而不懈努力
商务软件开发与应用	遵守职业道德，遵循行业规范，严谨理性，善于协作包容，并运用软件开发方法解决实际问题，服务智慧工作和生活
现代物流	扩宽国际视野，树立爱国情怀，提升按规则办事的意识、安全意识、风险意识、客户意识和沟通表达能力，做到爱岗敬业、求真务实
服装品牌策划与经营	注重中国传统服饰元素的理解与运用，融合感恩教育、爱心教育，加强爱国、诚信、友善、敬业等社会主义核心价值观引领作用，提升创新能力及生态、绿色、环保、安全意识
室内装饰	注重中国建筑风格和传统文化元素的传承与应用，强化开放、绿色、环保、安全意识，树立爱祖国、爱人民、爱家乡、爱大自然的人文情怀
计算机游戏开发	深入挖掘与课程任务相关的传统文化，结合现代的技术理念，用项目制作的方式着重培养学生对中华传统文化的理解和输出、创造展示
多媒体制作（影视技术方向）	创新影视技术，融合传统文化，突出行业流程规范与职业素养，加强中国传统文化与家国情怀素养教育，培养有技术、有能力、有操守、有情怀的影视摄影摄像以及后期处理专业技术人才
市场营销专业	以诚信为营销岗位核心素养，突出营销在锻造民族品牌、振兴民族企业中的重要职能，多维度体现融合发展
国际贸易专业	以诚信、守规为贸易岗位职业素养的核心，突出贸易在中国品牌国际化和国际湾区建设中的重要地位，体现国际视野、多元文化、贸易法则、风险防范、国家与企业利益、创新与环保等相关素养融合发展
幼儿教育专业	以幼儿为本，关爱幼儿，尊重幼儿人格，用"五心"依法执教，弘扬中华优秀传统文化，积淀人文底蕴，坚持实践创新，突出幼儿教育提供粤港澳大湾区优质生活配套服务的教育理念，实现1+1>2
汽车维修	拓宽国际视野，适应汽车"新四化"发展趋势，强化汽车新技术运用，坚持低碳环保、安全舒适出行理念，提升爱岗敬业、吃苦耐劳、勤于学习、厚德精技素养
汽车技术服务与营销	以诚信、爱岗为岗位职业素养核心，健全坚韧乐观人格，融入科学规划、实践创新理念，提升民族品牌自豪感
新能源汽车检测与维修	贯彻国家新能源汽车发展政策，紧跟新能源汽车核心技术发展趋势，树立和践行低碳环保、绿色出行理念，做到安全守规、严谨理性、实践创新和精益求精
汽车钣金与涂装	贯彻国家新能源汽车发展政策，以新材料、新工艺的维修理念，培育技术精湛、技艺精通综合性技能人才

三、一体化课程思政教学案例

经过基于一体化课程体系的思政融合课程改革，广州市工贸技师学院着力推动一体化课程思政教学实践探索，取得了较好的思政育人效果，产生了一系列较有代表性的课程案例。

【一体化课程思政教学案例一："'乡贸荟'电商平台农产品直播脚本撰写"】

本任务来源于市场营销专业的"新媒体营销文案撰写"一体化课程。任务情境是依托于广州市工贸技师学院双创中心师生创业团队为清远市太平镇对口扶贫农村开发的"乡贸荟"电商平台，为强化精准帮扶村民，实现农产品产销对接，进一步夯实"脱贫致富"基础，建立长期脱贫机制，学院驻村干部委托市场营销专业学生负责7月1日的农产品公益直播带货活动的直播脚本撰写工作。本课授课对象是2018级市场营销高级3年1班的学生，适应一体化教学，具备微信、短视频等文案撰写基础，对新兴事物适应性强、接受快、思维活跃，但大多学生在城市长大，对农村、农产品、农产品直播、扶贫政策了解不多，创新创造力不足。

本任务学习目标： 能合理分工并组建直播团队，通过深入分析直播产品推介话术案例，从消费者角度深入感知农产品，设计出专业、灵活的农产品介绍话术；运用头脑风暴、卡片粘贴法梳理整合直播脚本要素，完成农产品直播脚本撰写，并通过试播检验，复盘优化，使设计更好地落地。

本任务课程思政目标： 以直接感知的方式帮助学生树立正确的劳动观；在提升文案撰写能力的同时加深对乡村经济发展现状的认识，增强对国家扶贫政策的认同感；以实际行动为推进决胜脱贫攻坚、乡村振兴做出贡献。

课程思政点1： 课前教师在学习通发布驻村干部发来的任务书，介绍相关背景、目的、意义和要求，让学生自主查阅扶贫政策、农产品直播等视频资料，让学生对学习任务有较为全面的认识，对国家扶贫政策、助农直播也有初步认识。

课程思政点2： 在驻村干部的安排下，教师带领学生到大楼村实地考察，通过听农户介绍农产品，与农户一起劳作和交流，切身感受劳动创造出价值，树立正确的劳动观，加深对我国农村发展现状的认识，提高对乡村振兴、脱贫攻坚等国家政策的认同感。

课程思政点3： 课中学生通过观看农产品介绍视频，加深对农产品的认识和理解，结合课前农户介绍的资讯，挖掘农产品的亮点与卖点；听教师以实例介绍展示型、信任型、专业型的话术，写出包含扶贫情怀的独特又富有创意的产品介绍。

课程思政点4： 以案例分析，引导学生梳理直播脚本要素框架，组织和指导学生小组以思维导图的方式完成农产品直播脚本撰写工作。在撰写过程中，教师时刻提醒学生为推进乡村振兴、决胜脱贫攻坚贡献自己一份力。

课程思政点5： 课后，学生根据撰写的直播脚本进行试播，接受直播企业、村干部、农户及其他观看者的检验和评价。最终，学生撰写的直播脚本成果被使用在7月1日助农直播，并创造经济价值，使学生深刻感受到自身努力给农户带来收益的喜悦，运用所学知识和技能为社会贡献力量的成就感。

思政融入方式与成效：本课采用了三种思政融入方式。一是把思政育人融合在农产品直播脚本撰写的全过程，从课前到课后、从线下到线上、从城市到农村，让学生在思想上、情感上、行动上对农村经济、脱贫攻坚、乡村振兴产生深刻的体验和感受。二是充分利用各类条件和资源，比如实地走访、农产品视频、农产品资料、农产品案例等启发学生观察、思考，充分调动学生学习积极性，加深对农村、农产品、农村政策的理解。三是通过真实又具有挑战性的任务，多样的教学方法和手段，利用试播检验学业成果，在实践中出真知，用实践中树立自信、强化责任担当。本课思政育人成效明显，学生学习的全过程高度投入、干劲十足，通过走进农村，理解农户的辛劳，加深对脱贫攻坚、乡村振兴的认同感，通过实践为"助农扶贫"添砖加瓦，感受劳动创造价值，也提高了职业责任感、合作意识和创新意识。

【一体化课程思政教学案例二：中式盘扣工艺创作】

本任务来源于服装制作与营销专业的"服装成品制作"一体化课程中"旗袍制作"学习任务。任务情境是受"中国风"时尚流行趋势影响，广州市工贸技师学院校企合作企业丽莎服饰公司的中东客户希望在西式礼服制作中加入中国元素，经设计总监和客户沟通，决定将中式旗袍盘扣元素应用在本季的礼服制作中。现公司将任务交由学院服装制作与营销专业学生一周内完成，并要求盘扣设计符合礼服风格特点，盘扣制作能够体现中国民族文化工艺特征，同时可作为服装配件装饰品，在公司网络平台单独出售。本课教学对象是2018级服装制作与营销高级5年1班，处于二年级第二学期，具有一定的手工制作基础，但对传统服装不感兴趣，工艺制作难以突破传统方法。

本任务学习目标：能在认识旗袍盘扣造型和装饰特征基础上，根据工艺步骤，规范制作一字扣，再选择合适材料，完成盘花造型制作，进而参照经典盘花样式，进行礼服盘花创作，并反复修改直至达到企业验收标准。

本任务课程思政目标：通过了解盘扣的特点，欣赏经典盘扣造型并自己动手制作盘扣，构思创作礼服花式盘扣，感受传统服饰元素之精美，树立传统文化自信，并在结合礼服材质特征选材创作盘扣过程中提升成本意识，同时在工艺创作上参考世界技能大赛作品做守正创新。

课程思政点1：组织学生课前在学习通APP上观看微课视频，教师以具有丰富的旗袍元素的电影片段导入课堂，帮助学生了解旗袍盘扣造型和装饰特征，使学生感受不同风格旗袍及千姿百态的盘扣造型所呈现的传统服饰之美，产生亲自动手制作盘扣的兴趣。

课程思政点2：学生在教师示范和指导下，记忆工序口诀，模仿制作一字扣，学习企业制作标准后，教师邀请非遗传承人现场给学生展示传统花式盘扣的制作工艺，并讲解盘扣中蕴藏的传统文化，如盘扣是古老中国结的一种，寓意美好、吉祥；盘扣呈奇数排列，奇数属阳，在女性身上取阴阳调和之意等。

课程思政点3：在盘扣工艺创作过程中，教师提醒学生：每种材料的价格不同，注意成本核算和节约用料，并要求学生制作成本核算表，作为学习成果汇报以及交付企业成果的重要内容之一。

课程思政点4：教师组织学生观察第45届世界技能大赛时装设计项目金牌作品，分析该作品中盘扣与传统盘扣制作的区别，思考盘扣创新工艺制作的方向。教师提供琳琅满目的各式材料供学生选择，激励学生大胆构思，自由选择材料尝试工艺创作。

思政融入方式与成效：本课采用了两种思政融入方式。一是把思政育人融合在盘扣工艺创作的全过程，在解决"盘扣是什么？怎么样？怎么做？怎么做好？"等问题过程中渗透传统文化、成本意识、创新意识教育。二是在启发学生观察、思考、认同传统文化，树立文化自信，实践守正创新的过程中给予学生多样化支持，如微课学习，以影视片段导入，邀请非遗传承人讲解盘扣文化，展示世界技能大赛作品，提供各式制作材料供学生自由选择等。本课思政育人成效明显，通过环环相扣的学习活动，学生从了解旗袍和盘扣，理解盘扣中的传统文化，到兴致勃勃地参与盘扣制作工艺学习，选择材料进行创作，交付成品给企业，在提升盘扣手工制作以及工艺创作能力的同时，增加了对传统服饰文化的了解，树立了传统文化自信，建立了成本意识，理解了守正创新。其中，第四小组学生创作的树叶盘花扣得到国外客户的认可，并进行了批量生产，使学生们深受鼓舞，民族自豪感油然而生，也明白了盘扣既需继承传统手法也需要大胆革新的道理。

【一体化课程思政教学案例三："电动万向轮传动系统方案的设计"】

本任务来源于工业设计专业（产品结构设计方向）的"产品结构改良与创新"一体化课程中的学习任务"行李箱电动万向轮改良设计"。任务情境是某设计公司要设计出一款适应大众需求的智能行李箱，在使用者手上携带东西太多的时候能实现自动行走，需将原有的万向轮改良设计成电动万向轮，首先需对电动万向轮的传动系统进行设计，在此基础上对电动万向轮进行结构设计，最后制作出电动万向轮的手板。本课教学对象是2018级工业设计（产品结构设计方向）高级（3年）1班，处于二年级第二学期，具备较熟练的三维设计软件操作技能，但没有进行过实际产品设计，且大部分学生感觉设计很难，不知道设计的步骤和方法。

本学习任务学习目标：能根据电动机转速、行李箱车轮直径及行走速度计算出传动系统的总传动比，根据选定的传动系统的总传动比合理分配各级传动比及传动方式，能验证传动系统的输出速度是否满足设计要求，能绘制传动机构运动简图确定传动系统方案并能根据评审要点对他人绘制的传动系统方案进行评价。

本任务课程思政目标：在确定电动万向轮传动系统方案的设计过程中通过确定传动系统的传动比，分配各级传动方式，绘制传动系统方案机构运动简图，培养严谨理性、精益求精的科学精神。

课程思政点1：课前根据学习通中的任务要求完成传动比计算、传动机构简图等内容的课前测验，检验学生的计算能力，在VR云平台中搜集传动机构相关信息，为电动万向轮传动系统的设计做好知识准备。

课程思政点2：教师引入世赛项目中关于传动比的计算内容，让学生明确传动比在设计中的重要性，学生根据任务书中的电动机转速、行李箱车轮直径及行李箱行走速度等参数要求独立计算传动比，组内互助学习，各同学比较计算结果，探讨正确计算过程。教师再以卡纸形式在白板上展示各参数之间的转换关系供学生实时查看，再指导各组同学计算传动比，学生修正整个传动比计算过程。

课程思政点3：教师设计抢答竞赛、你画我猜等游戏让学生重温机构简图，通过VR平台让学生检验机构简图，体验传动路线的设计过程，再根据学生的实验结果展示出正确的传动路线。学生在知道机构简图怎么画及如何设计正确的传动路线后再绘制出本次任务电动万向轮传动系统的机构运动简图，机构运动简图要环环相扣，满足结构简单、尺寸紧凑的设计要求。

课程思政点4：教师结合世赛项目中设计的两个传动系统方案与学生共同解读评审要点，方案要结构简单、尺寸紧凑。组内根据评审要点选出最优的设计方案。小组代表进行汇报，教师在此过程中特别关注之前传动比确定有误的两个小组。接下来进行组间评价，学生签字投票，随机抽取学生讲明投票原因，促使学生养成客观评价的态度，最后将学生的设计成果发送给企业设计师进行线上点评。

思政融入方式与成效：依据创新设计的流程设计整个学习过程，按照真实的工作流程"明确设计需求—搜集设计相关资料—方案设计—验证方案"有序开展教学，实现工学一体。通过具体的设计案例教学培养学生的创新设计思维，积累创新经验。以电动万向轮作为设计载体，通过计算传动比培养学生严谨细致的计算能力，在设计电动万向轮的传动系统方案以及验证设计方案能否满足设计要求的过程中培养学生严谨理性的科学精神，总体上锻炼了学生的逻辑思维，开拓了学生的创新设计思维，培养了严谨理性的科学精神。

【一体化课程思政教学案例四：为绿色出行保驾护航——吉利EV450高压互锁故障检修】

本任务来源于新能源汽车检测与维修专业一体化课程"电动汽车安全救援"的学习任务"电动汽车无法上电故障检修"。任务工作情境为：车主黄先生早上像往常一样准备开车上班，当他进入驾驶室，按动车辆一键启动按钮后，仪表点亮，但是"Ready指示灯"熄灭，且车辆无法挂挡，他只好叫拖车将车辆拖运至校办维修厂。该车是吉利帝豪EV450纯电动汽车，里程表显示行驶里程35 000公里。校办维修厂前台接车员接待了车主黄先生，安排技术员先用诊断仪器检测，检测到故障代码为P1C4096。主管安排你负责此车的故障检修，请你根据任务描述和该车的维修手册，在规定时间内编写故障诊断流程，说明编写流程的依据，做好车辆及人身的安全防护，规范实施车辆故障查找和故障维修。本课授课对象是2017级新能源汽车检测与维修高级（5年）1班学生，电动汽车基础知识较为扎实，对先进技术感兴趣，但对电路控制原理的理解能力较差，对自主品牌汽车定位认识模糊。

本任务学习目标：能在识读吉利EV450线束布置图和线束连接器端子图，标注线束连接器端子编号的基础上，根据高压互锁电路图和维修手册的指引，制定高压互锁故障的检修流程，并按照电动汽车高压安全防护要求，做好车辆及人身的安全防护，正确选用工量器具，规范实施高压互锁故障的检修和质量检验。

本任务课程思政目标：认清国内自主品牌新能源汽车发展现状，树立对民族品牌的技术自信，增强个人职业自豪感，并在实施高压互锁故障的检修、质量检验和评价中提升严谨细致、保质保量的工作意识。

课程思政点1：课前组织学生观看国内新能源汽车系列微视频，参与线上问答互动，帮助学生在灵活、轻松的氛围中了解国内新能源汽车的发展现状，增强学生对国内自主品牌的认同感。

课程思政点2：课中，在学生通过拼图游戏学习高压互锁技术原理后，教师介绍日新月异的国内新能源汽车技术，并通过对比近年国产知名品牌新能源汽车与国外品牌新能源汽车的销量数据及变化，让学生深刻感受国内新能源汽车发展的良好趋势，增强从事新能源汽车行业工作的职业自豪感。

课程思政点3：在实施高压互锁故障检修过程中，1、3小组在教师的指导下根据安全要求及检修流程，完成高压下电操作，实施互锁线路测量、高压插件和互锁开关的检查，并记录结果；2、4小组在教师带领和指导下按考评标准负责巡查考核1、3小组，抓拍1、3组的错误操作，提醒学生严谨认真。学生竣工检验后，由教师进行质量检验，学生纠正错误，保证维修质量。再由教师对检修过程及结果进行中段点评，引导其他学生关注易错点。最后重设故障后，四组学生交替作业。

课程思政点4：完成故障检修作业后，组织学生填写工作页，反思学习过程，完成自评与互评，由学生代表汇报评价结果并分享个人对自主品牌电动汽车的看法。

课程思政点5：完成自评互评后，教师以投影图片形式展示学生曾出现的错误操作，如手指触碰万用表表笔、端子查找不正确等细节问题，再演示规范操作，提高学生纠错能力，强调严谨细致的工作作风。

思政融入方式与成效：本课采用了三种思政融入方式。一是以国内自主品牌的电动汽车为工作对象、学习载体，通过认识新能源汽车行业发展现状、学习电动汽车关键技术、运用技能完成故障检修与验收、交流分享对自主品牌电动汽车的看法几个主要教学步骤将思政目标逐个达成。二是采用线上线下混合教学、任务驱动、小组合作学习、模拟真实案情等多种策略与方法实现工作、学习、育人融合一体。三是国内新能源汽车系列微视频、国内新能源汽车技术说明材料、新能源汽车的销量数据资料等思政资源贴近时代、贴近行业且朴实易懂，符合学生学习能力和需求。本课思政育人成效明显，学生整体课堂参与度和专注度高，在学习和工作中充分了解了国内新能源汽车的发展现状，对民族品牌新能源汽车良好发展趋势充满了信心，树立起对民族品牌的技术自信，增强了个人职业自豪感，也在实践中提升了严谨细致的工作追求。

【一体化课程思政教学案例五：乡村旅游产品的卖点策划】

本任务来源于旅游服务与管理专业一体化课程"旅游产品推销与策划"。借助学院校企合作单位A旅行社乡村旅游产品策划项目，把贵州四县的卖点策划任务交由广州市工贸技师学院旅游专业学生协助完成，要求学生在了解当地乡村文化及乡村旅游相关国家政策的基础上，整合四县乡村旅游产品资源，提炼卖点并参与相关旅游产品的宣传工作。本课授课对象为2018级旅游服务与管理3年1班，学生大部分来自农村，对乡村生活感受颇深，对本任务非常感兴趣，经过2年多的专业课程学习，具备完成该任务的基础能力。

本学习任务学习目标：能认知卖点的概念、卖点的提炼要点并能辨别卖点常用模式，结合本组旅游资源特点提炼并策划旅游产品的卖点，增强策划能力，树立乡土情怀，增强专业自信。教学在仿真的旅游服务学习工作站中开展，采用了案例分析、团队合作、小组讨论等灵活多样的教学方法引导学生自主有效学习。

本任务课程思政目标：通过让学生收集整理乡村旅游信息，了解乡土人情，产生对我国乡村魅力及资源优势的自豪感，从而树立信心，利用所学知识与技能提炼、策划乡村旅游产品卖点，放大乡村魅力，打造具有经济价值的旅游产品，帮助旅行社推动乡村旅游产品项目策划与实施，为乡村振兴贡献力量，在"知情意行"中体现爱国心、报国情、强国志。

课程思政点1：设置"连连看"趣味活动，让学生观阅武汉黄鹤楼、阿里转山等旅游产品的海报，找出亮点和"卖服务""卖特色"等5种常用模式对应相连，让学生学会辨析卖点的常用模式。

课程思政点2：引导学生用关键词法阅读"给我一日，还你千年"宋城游、中华奇石游等经典案例。让学生直接感受我国旅游资源的丰富性，进而产生自豪感。

课程思政点3：各小组代表向全班演示汇报本组卖点策划的成果。同步连线企业专家观看和评价，将课堂气氛推向高潮。各组成果各具特色，或主题新颖，或卖点突出，如土家特色、农家体验等，在潜移默化中感受乡村文化与乡村魅力。

思政融入方式与成效：本课采用了三种思政融入方式。一是将感乡村资源之美、学国家战略政策、树乡村振兴信心、践旅游卖点策划等融入学习任务的全过程。二是准备了大量思政资源支撑学生学习活动，包括贵州四县的风景特色和乡土文化、经典而丰富的国内乡村旅游产品宣传资料、案例等。三是采用多种教学方法和手段活跃课堂气氛，调动学习积极性，鼓励学生在个体学习、小组合作、多元评价中对"为何要振兴乡村？乡村旅游真的有吸引力吗？你们策划的卖点体现哪一种独特的乡村魅力？"等思政相关问题主动感受、思考、讨论、实践、反思，如用哭笑脸打分牌投票，穿着富有民族风情的服饰进行汇报，学生、教师、企业专家齐参与的多元线上评价等。本课思政育人成效明显，学生在完成任务的同时对乡村文化及相关国家政策有了深入了解和高度认同，产生了对我国乡村魅力及资源优势的自豪感，在旅游产品卖点策划中树立了专业信心，最后帮助旅行社打造出具有经济价值的旅游产品，为国家脱贫攻坚和乡村振兴战略贡献了力量，感受了技能的价值实现。

【一体化课程思政教学案例六：扶贫电商平台推介会的前期策划】

本任务来源于会展服务与管理专业的一体化课程"会议及活动策划"。任务情境是广州市工贸技师学院双创中心师生创业团队为清远市太平镇对口扶贫农村开发了一个名为"乡贸荟"的扶贫农产品电商平台，主要帮助太平镇的贫困户销售鸡、鸭、鹅、玉米、特色蔬菜等农产品。平台推出后运营良好，但线上产品较少，可持续发展动力不足。为了让更多村民和消费者了解该平台，收集更多种类特色农产品上平台满足顾客多样化消费需求，广州市工贸技师学院决定联合村委举办一场扶贫电商平台推介会，并委托学院会展专业学生负责策划推介会。本次授课对象为2019级会展服务与管理3年1班学生，他们能编写简单的活动策划方案，但缺乏实战经验，对乡村农产品、贫困农户现状、农村电商发展等缺乏深入认识。

本任务学习目标：了解客户需求、农村会场环境、推介会规模等基础信息后，运用矩阵决策法确定会议形式，利用思维导图梳理策划思路，制订前期策划案，并负责跟进后期的推介会实施。

本任务课程思政目标：能理解和认同国家脱贫攻坚、乡村振兴的战略意义，认同以人民为中心的发展思想；能以实际行动完成推介会前期策划工作，为农产品电商平台集聚人气，丰富商品种类，提高销售业绩做出贡献，助力国家扶贫攻坚和乡村振兴战略，提升职业自豪感和乡土情怀。

课程思政点1：课前安排学生自主观看学习强国平台关于脱贫攻坚、乡村振兴的精选短视频，教师在学习通交流群发布学习任务书，介绍相关背景、目的、意义和要求，让学生对相关国家政策及当前取得的成果有了初步感知，对学习任务有了较全面的认识。

课程思政点2：在广州市工贸技师学院双创中心、对口扶贫村委的帮助下组织学生到农村实地调研，真实感受扶贫攻坚、新农村建设所取得的阶段成果，进一步理解以人民为中心发展思想的意义，坚定利用专业知识与技能为脱贫攻坚、乡村振兴做贡献的信心。

课程思政点3：邀请"乡贸荟"电商平台创始人进课堂与同学进行面对面沟通，明确工作任务要求、客户信息的同时，感受平台创始人的扶贫情怀。

课程思政点4：以案例分析和微课视频引导学生学习制订策划方案的要素与技巧，组织和指导学生小组以思维导图的方式完成前期策划方案的制订，并召开线上会议由平台创始人、村委干部、驻村书记共同选出最佳方案，听取相关意见和建议，进一步完善方案。

课程思政点5：课后，组织学生再次下乡完成扶贫电商平台推介会的会前布置、会中服务以及会后撤场等工作，在工作实践中培养与村委、扶贫干部、农户间的感情。

思政融入方式与成效：本课采用了三种思政融入方式。一是将思政育人融合到课前、课中、课后的关键过程，从课内到课外、从线下到线上、从城市到乡村推进工学一体教学，让学生在思想、情感、行动上均有了深刻的学习、体验和感悟。二是充分调动各类资源和条件支撑学生学习与实践，以鲜活的载体、真实的环境和充满挑战的任务保障了教学在多个时间、空间里顺利推进。三是具有创新性和挑战性的任务及教学模式，多元的教学方法、手段和资源充分调动了学生学习的主动性。本课思政育人成效明显，学生在学习的全过程高度投入、兴致勃勃、干劲十足，为做好推介会的策划和实施不惜牺牲大量课余时间，团结一致、出色地完成了整个推介活动，受到了多方的肯定和表扬。在此过程中，他们深刻理解了国家脱贫攻坚、乡村振兴相关政策，高度认同以人民为中心的发展思想，提升了以专业技能助力脱贫攻坚的自豪感，培养了浓厚的乡土情怀。

第三节 改革反思：工学一体化课程思政模式的改革反思

技工院校一体化课程思政模式的构建与实践工作体系性强、影响因素多、可借鉴经验少，必须把握好"三个导向"，应对好"五个要点"。

一、三个导向

一是价值导向。一体化课程思政模式是以一体化课程为基础的，具有职业教育特色的专业教育课程思政模式，其育人作用机理在于将"工学一体"综合职业能力培养与"知情意行"思政育人融为一体，实现价值塑造、知识传授、能力培养"三位一体"的教学育人功能。这是一体化课程思政模式的价值所在。

二是思维导向。在推进一体化课程思政模式构建与实践中，根本点是"坚持社会主义办学方向，以马克思主义为指导，全面贯彻党的教育方针"①，立足点是职业教育特点和技术技能人才培养规律；着力点是思政元素在一体化课程体系中的系统性融合设计；核心点是分析并找准思政元素与课程学习任务之间的契合点，做到"基因式"融合；支撑点是良好的师资团队、工作组织模式及综合保障。

三是目标导向。一体化课程思政模式构建与实践最终要实现一体化课程专业教学与思政育人在主体、客体、内容、过程等全方位的"融、合、通"。一要实现课程之融，即专业教学与思政育人在课程目标、课程内容、教学组织、环境与资源、考核与评价等全面融合；二要实现师生之合，专业教师与思政教师要形成团队合力，教师以德言传身教与学生自主学习探索合为一体；三要实现体系之通，即在"大思政"育人格局中，一体化课程体系的育人功能与其他课程体系、综合育人体系等保持目标一致，功能相通。

二、五个要点

一是重点。以人才培养目标为导向，以素养为核心，打通院（系）、专业、课程、任务层面的思政融合逻辑，规范思政元素在课程标准、任务描述、任务分析、教学活动策划层面的设计与描述，是课程思政模式构建的重点。

---

① 高锡文. 基于协同育人的高校课程思政工作模式研究——以上海高校改革实践为例[J]. 学校党建与思想教育，2017（24）：16-18.

二是难点。思政元素在课程及任务中的系统性深度融合是突出的技术难点,对教师团队的课程开发能力、逻辑思维能力、教学设计能力要求比较高,需要反复探讨、沟通、审核、修改才能达到预期效果。

三是疑点。课程融合思政元素的量与度是实践中一大疑点,值得持续探究。实践中可考虑根据专业特点和课程特质精选核心思政元素进行突出性融合:整体上看,着重突出思政元素的一体化课程约占一半;每个工学一体化课程中融合思政元素的学习任务原则为不超3个;同一思政元素在课程及学习任务中重复出现的频次为1~2次,做到体系之内布局得当、重点突出。工学一体化课程中原有的常规职业素养予以保留,但不在融合方案中突出。

四是痛点。课程思政"要紧紧抓住教师队伍'主力军'",而技工院校专业教师育人意识不足,对课程思政认识存在偏差是一体化课程思政模式构建与实践的痛点。学校需加强专业教师育人意识与能力专题培训,推动专业教师与思政理论课教师结对组建团队,开展课程思政研讨,打造示范课堂、评选优秀案例[1],"持续深入抓典型、树标杆、推经验"[2]。

五是堵点。工学一体化课程思政模式构建与实践的系统性工作需要改革团队投入大量时间和精力,其进度和工作质量往往会受到其他业务工作冲击和影响。学校需加大政策支持、制度激励,借鉴"三集三提"制度,集中研讨提问题、集中培训提素质、集中备课提质量[3],并做好集中培训、课程开发与评审、课程教学研讨、教学资源建设等组织工作。

诚然,技工院校课程思政探索之路还很长,一体化课程思政模式也需要不断完善。技工院校今后可从五个方面加大探索力度:一是加强政策导向、制度建设和机制保障,提升教师参与课程思政建设的积极性;二是进一步提升师资队伍的育人意识与能力;三是继续深化、做细思政资源挖掘、思政元素布局、融合,并根据实践检验持续优化;四是加强探索课程思政教学评价模式,包括评价机制、评价标准、评价手段等;五是加强课程思政质量监控与评估,确保课程思政取得更大成效。

---

[1] 孔德兰,王玉龙. 高职院校课程思政建设的问题及路径[J]. 中国职业技术教育,2021(23):14-18.
[2] 高等学校课程思政建设指导纲要[Z]. 教高〔2020〕3号.
[3] 刘承功. 高校深入推进"课程思政"的若干思考[J]. 思想理论教育,2018(06):62-67.

第七章

技工院校管理育人工作的实践探索

第一节 建设方案：管理育人的建设目标与建设措施

一、建设目标

积极探索管理育人工作，坚持"管理"与"教育"二者相结合，做到在管理中注重育人，在育人中进行管理。以学生为本，完善各项规章制度，从遵纪守法、安全防护、文明礼仪、榜样示范四个维度深化教育管理，聚焦各项制度、规范、标准和要求，通过执行和落实各项规章制度，在管理中规范学生行为，使学生养成良好的学习和生活习惯，保持身心健康，塑造人文气质，提升道德规范水平和人格魅力。

二、建设措施

（一）加强遵纪守法教育，营造良好育人环境

一是大力加强法制教育特别是宪法教育，通过国旗下讲话、主题班会课、宣讲会、宣传活动等形式组织学生学习法律知识，提高对民主与法制的认识，增强法制观念，做到知法、守法、用法、护法；二是进行纪律和日常行为规范养成教育，要求学生自觉遵纪守规，达到《广东省技工学校学生守则》《广东省技工学校学生学籍管理规定》《广东省技工学校学生日常行为规范》《广州市工贸技师学院学生行为规范》《广州市工贸技师学院校园文明公约》等各项要求，养成良好的行为习惯；三是以知识竞赛、"学习强国"等载体，引导学生开展自主学习，使遵纪守法意识入神、入脑、入心。

（二）有效落实安全措施，全力保障校园安全

根据安全管理相关的各级法律法规，结合新形势下安全工作需要以及广州市工贸技师学院实际情况，借鉴安全生产标准化基本规范，制定学院安全管理工作手册，以预防为主、加强安全教育、强化管理，提升学生安全意识、隐患排查与治理能力及自纠呼救技能水平，确保校园安全。一是抓好专项安全教育，将法制、防艾、禁毒、反邪、扫黑除恶等列入专项安全教育工作方案，实现专题教育与宣传有计划、有实施，增强学生防毒拒邪、扫黑除恶思想意识。二是做好安全信息收集和安全检查工作，及时发现、遏制安全隐患。通过组织学生参与安全隐患自查、隐患治理，保障学生人身、财产、信息安全，提升学生安全隐患排查与治理的意识和能力。三是做好常规安全教育，开展安全教育系列化课程设计，开发安全教育系列化资源，将安全技能提升行动计划纳入对学生安

全教育和消防综合考核内容，提升常规安全教育实效，使学生的头脑中时刻紧绷安全之弦，警钟长鸣，居安思危，自救互救技能过关。四是做好学生活动安全防范措施和特殊时间节点的监管，防范各类安全事故发生，为安全校园保驾护航。

（三）加强文明礼仪教育，营造校园文明风气

一是按照广州市工贸技师学院《学生手册》《校园文明公约》《宿舍文明公约》《班级文明公约》等规定和要求，通过开展"班级文化建设"等活动倡导文明礼仪，整顿校园不文明行为，提高学生文明素质，创建文明、和谐校园。二是通过开展中华传统美德系列活动与专题教育，弘扬中华民族礼仪传统，让学生在活动中感受文明礼仪带来的强大力量，培养个人良好品质，提升自身文明修养水平，总体营造良好的校园文明风气。

（四）发挥榜样示范作用，助力学生自主管理

以广州市工贸技师学院《学生会规章制度》《学生会章程》为指导，强化"一心双环"团学组织格局，以团组织为核心枢纽，以学生会为学生"自我服务、自我管理、自我教育、自我监督"主体组织，以学生社团及相关学生组织为外围手臂延伸确立共青团在学生组织中的核心地位和作用，充分发挥学生干部的模范带头作用，全面促进学生自主管理。一是在青年学生组织中开展"与信仰对话"主题报告会、"新青年讲坛"、"青年思享汇"网络主题团日等活动，全面促进青年学生干部的思想引领与覆盖宣传；二是开展精品团学组织培育工程，通过实施学习、创新、服务等多维度团学组织培育，开展"五型团总支""星级学生会"等评选，全面提升团学组织服务青年、服务学院的能力及示范效应；三是打造活力社团，通过"一社一品"创建，促进学生社团活力、社团品牌建设，带动社团服务青年成长成才；四是鼓励学生干部在实践中不断提升素质，通过培训和外出交流，实现新突破和新跨越，发挥示范引力作用，带动全院学生提升自我管理水平。

第二节 活动纪实：加强遵纪守法教育，营造法制育人环境

【遵纪守法教育活动纪实之一】

新生入学始业教育之遵纪守法教育

新生入学始业教育面向每一届新生开展，以知校、爱校、知法、守纪、明礼、守信为导向，培养新生法制观念和集体纪律观念，帮助他们端正入学态度，迈好新阶段校园生活第一步。

在2019年9月初举行的广州市工贸技师学院2019级新生入学教育中，学院学生工作处向新生介绍了学院的学习特点和生活环境，要求同学们必须强化个人防范意识，增强法制观念，主动运用法律手段合法维护个人权益；并通过我国的相关法律条文规定以及相关的法律责任，以发生在校园内、同学们身边的各种案例为基础，从校园内部矛盾的处理，违规违纪问题的处置，校内外的各种不安定不安全因素，以及交通安全、校园欺凌、人身安全、财产安全等方面对新生进行了细致的教育，还特别强调了诸如夜不归宿、偷盗抢夺、抽烟酗酒、校园恋情等问题引发的安全问题，希望同学们能知法、懂法、守法，保护自己、保护同学。

新生入学始业教育中的遵纪守法教育让新生明白树立安全意识和法制意识、增强法制观念的重要性，使他们从具体的实例中得到启发，在今后的学习生活中逐步养成敬畏法律、知法守法的文明习惯，真正做到知法守法、明礼诚信，从而保障师生的生命财产安全和校园的安定稳定。

【遵纪守法教育活动纪实之二】

国家宪法日：法制教育进校园

每年的12月4日是国家宪法日。当前，从社会到个人，"依法治国，依法强国"意识明显增强。法制教育是新时期思想政治教育的一项重要任务。尤其是党的十八大以来，随着改革开放的不断深入，法治教育越来越显示出它在思想政治工作实践中的重要位置。

2019年12月2日，广州市工贸技师学院邀请学院的法制副院长、属地派出所所长利用国旗下讲话开展法制教育。所长向同学们提出了几点建议：一要积极向上，传播正能量。"学习"是学生第一要务，要有勇争第一的劲头。对于学习好、能力强的同学应该

尊重；对不良社会风气和作风要坚决抵制、避而远之；对于良好的社会现象，积极宣扬、传播。做一个阳光、正直，传播正能量，积极向上，坚守意识形态底线的好青年。二要团结友爱，杜绝校园欺凌。校园暴力严重扰乱了正常的教学秩序，影响被害人的身心健康，更有甚者可能还会构成故意伤害罪，被追究刑事责任。同学间的感情是最质朴，也是最真最纯的，应该倍加珍惜，团结友爱、互帮互助，要防止校园欺凌行为。三要远离"毒品"，增强识毒、防毒、拒毒意识。要学会保护自己，不要被人引诱。一定要有警惕心，在任何不熟悉的场所，都不要轻易食用生人给的饮料、香烟或者糖果。四要提高警惕，谨防骗局陷阱。诈骗案件离我们不远，要共同提升反诈骗意识和能力。每个人都应该了解反诈骗的基本常识与工具，并教会身边的家人以及周围可能遭遇诈骗的人。

同时，所长通过真实案例通俗易懂地为同学们讲解了知法守法的重要意义，加深了同学们对法制教育的了解，进一步增强法制意识，为成为遵纪守法的良好公民奠定基础。

【遵纪守法教育活动纪实之三】

学习民法典　守法做表率
——《民法典》专题辅导讲座

2020年10月14日，广州市工贸技师学院在中心校区学术报告厅举办了《民法典》专题辅导讲座。本次专题辅导旨在宣传解读《民法典》，帮助学生更好地认识、了解《民法典》，增强学法、普法、用法意识。学生专题辅导分为主会场和分会场进行。学院领导和学生处、各系学生管理线主任以及学生代表在学术报告厅主会场参加学习，三校区其余同学则由班主任组织在教室通过学习通平台观看直播。

在学生专场中，专业律师为同学们带来"《民法典》为青少年保驾护航"专题辅导讲座，从"民法典的重大意义""民法典的简要介绍""与青少年相关的民法典解读"几个方面介绍了《民法典》的相关知识内容。"校园里发生的高利贷行为违法吗？""未成年人在学校遭受性骚扰，如何维权？""没有经过同意，就把同学的照片发在朋友圈，算侵权吗？""遇到校园霸凌怎么办？"专业律师更通过理论结合案例的方式，以案释法，以法论事，并通过现场提问、互动交流的方式通俗易懂地为同学们讲解了知法、懂法、守法、用法的重要意义，加深了同学们对《民法典》的了解，进一步丰富法律知识、增强法律意识。

学院将把民法典的学习贯彻和教育普法纳入学院工作总体布局，不断创新普法形式，切实提高学生的法律意识，促使学生自觉遵守《民法典》等法律法规，做遵纪守法的良好公民。

第三节 案例纪实：加强安全防护教育，保障校园安全环境

【安全防护教育活动典型案例】

构建安全管理体系，全力保障校园安全

一、工作思路

深入学习习近平总书记关于安全生产的重要指示，贯彻落实党中央、国务院关于安全生产的重大决策部署，牢固树立安全发展理念。以防范化解风险、及时消除安全隐患、有效遏制安全事故为目标，增强师生安全生产意识，提升师生安全素质，推动广州市工贸技师学院严格安全管理，落实安全生产责任。通过制度建设、设施配备、资源投入、宣传教育、健全机制等举措构建联防联控、同防共治的校园安全体系，为管理育人奠定基石，实现环境安全、行为安全、意识安全。

二、实践亮点

（一）完善制度文件体系，全面规范安全管理

1. 引入ISO45001：2018职业健康安全管理体系，通过采取有效的预防和保护措施消除学院危险源和降低职业健康安全风险，防止发生与教育教学有关的人身伤害和健康损害，提供安全健康的教育教学场所。

2. 建立广州市工贸技师学院安全管理文件体系，以校园安全、消防安全、防疫安全、食品安全、生产安全、三防安全及网络安全7个安全板块进行划分和梳理，制定并修订了《安全生产责任制管理办法》《安全管理架构及职责》《"三防"工作预案》《传染病应急预案》《顶岗实习突发事件应急指引》《公务车交通安全事故应急预案》《教职工突发事件应急预案》《网络安全事件应急处置预案》《食品安全事故应急处理预案》《校内外教学实习安全事故应急预案》等超过50个制度和应急预案。

（二）加大设施资源投入，夯实安全管理基础

2019年，新增安防、消防设备设施，如监控设备、防暴装备、消防联动系统、烟感设备、灭火器、消防水带、防毒面具等3000多件，烟感装置覆盖所有重点场所，三校区945个监控摄像头保持24小时监控；开发了16个安全教育课程，组建广州市工贸技师学院

安全教育资源库；购买校方责任险、实习责任险、学生意外险、医疗保险等保险，实现全员100%参保。

（三）加强宣传教育引导，提升安防意识能力

1．通过召开校级安全工作专题会议、部门安全工作会议，落实主体责任，强化责任担当，及时传达上级文件精神，由广州市工贸技师学院领导、法制副校长利用"国旗下讲话"以生动的案例讲解，向全院师生每年开展了14次安全教育。借助常规教学、主题班会等，传授生产安全防护知识，使安全工作深入人心，有效促进各项安全工作落实。

2．利用宣传栏、LED显示屏、微信公众号等媒介宣传扫黑除恶、防诈骗、防欺凌、防疫、防艾、禁毒、用电安全、消防安全、网络安全、心理健康、扫黄打非等11类安全知识，共印制安全海报161份，推送安全类推文21篇，浏览人次达4.8万。

3．开展安全生产宣传月和消防安全宣传月等安全主题系列活动，其中多次联合广州市公安局、广州市人民检察院、属地派出所和司法所等管理部门，组织全院师生，特别是新生、安全责任人、安保人员参加法律法规、消防安全、卫生防疫、保卫（防暴）能力、禁毒防艾、防诈骗等校内外安全专题培训。开展专题讲座、展览、咨询、情景剧、场景体验等活动46场，参与人员达32 000多人次，将安全防护知识普及全员。

4．组织开展心理素质发展中心开放日活动和班级心理委员朋辈心理互助技能培训，广泛宣传学院心理育人阵地，充分展示心理素质发展中心各功能区域及设备设施，面向学生宣传心理素质发展主要阵地及功能配套，正向引导学生心理素质发展，促进学生心理健康成长和心理素质的提升。提升学生的心理保健意识，增强学生心理自助互助能力，筑好心理安全工作的第一道防线。

（四）建立健全安防机制，严守校园安全防线

梳理安全防控管理工作流程，建立健全以环境安防、专项检查、心理普查、全校演练为工作主线，以收集信息、安全检查、安全教育、事件应对、联防联控、总结反馈与改进为逻辑结构的安全管理工作，严守校园安全防线。

1．聘请专业机构开展三校区消防评估和消防维保工作，对校内的消防设备设施、电线线路、高低压电房、电梯、燃气管道、供水设备和管道进行全面检查和维修保养，定期对校园公共环境卫生进行消毒和"除四害"，有效预防消防事故和传染病的发生。

2．开展"涉校安全隐患""扫黑除恶"等专项行动检查，把综合治理大检查、宿舍区域突击检查、"三检一清"常态化，对校园周边安全、消防安全、用电安全、食品卫生安全、生产实习安全等进行全面排查，并督促整改工作的落实，有效保障校园安全。

3．开展全院学生心理普查工作，及时了解在校学生心理健康状况及心理动态，建立心理异常学生心理档案，做到心理问题早发现、早干预，切实帮助学生健康成长，促进校园和谐安全稳定。

4．制定演练方案和演练计划，组织三校区师生分别开展应急疏散逃生演练、灭火演练、校车应急演练，体验"穿越火线"烟雾逃生通道，切实提高全体学生和教职员工的自防自救能力和疏散逃生能力。同时，邀请广东省社安应急管理服务中心的消防教官到

校为师生开展消防安全培训讲座，讲解最新的消防法律法规、相关责任、灭火器材的使用方法等消防安全知识，提高全员消防安全意识。

三、育人成效

每年组织全员演练及校级培训不少于3次，师生参与率达99.3%，安全知识宣传覆盖率100%，学生对广州市工贸技师学院安全管理的满意度为98.8%。通过宣传教育、安全检查、应急演练、联防联控等措施有效遏制安全事故发生，确保校园安全。

【安全防护教育活动纪实之一】

织牢安全网　让毒品远离学生生活

毒品是全人类共同面对的世界性公害，禁毒工作是全社会共同关注的一项重大工作，而禁毒宣传教育是广州市工贸技师学院安全教育工作的重中之重。学院每年把禁毒教育纳入安全生产和日常管理，通过对学院师生广泛开展"关爱生命、远离毒品""无毒青春　健康生活""定向'扫'毒　快乐'益'跑"等宣传教育活动，让师生深刻了解毒品危害。

学院将禁毒知识融入新生入学第一课，教育引导新生深刻认识毒品给个人、家庭和社会造成的危害，做好禁毒教育第一步。除了利用传统的宣传手段，学院更充分利用新媒体的优势，以学生喜闻乐见的形式宣传禁毒知识，加深师生对禁毒、防毒工作的深刻认识。学院大力组织研发禁毒教育课程资源，构建并持续更新充实校内禁毒教育资源库。学院还借力政府部门和社会组织，邀请广州市禁毒办、广州市禁毒馆、属地派出所等相关单位人员到校开展禁毒专题讲座、主题展览、咨询、情景剧、场景体验等活动46场，让禁毒宣传教育更具权威性和说服力。参与师生达32 000多人次，进一步强化了师生对禁毒的学习和体验。

禁毒工作关系青少年的健康成长，更关系到社会的稳定。学院将坚守底线，持续打造"无毒校园"，携手家长、社会，让毒品远离学生的生活。

【安全防护教育活动纪实之二】

社区动员同防艾　健康中国我行动

每年的12月1日是世界艾滋病日。2019年世界艾滋病日，广州市工贸技师学院学生工作处积极响应"社区动员同防艾，健康中国我行动"的主题，邀请广州市疾控中心专家、广外艺青春健康同伴社到学院开展"预防艾滋病同伴教育及专题讲座"，守护师生健康。

广外艺青春健康同伴社社团演绎部的"戏精们"给大家带来情景剧《追赶潮流》，用精彩而有趣的情景演绎，让同学们认识到无保护性行为的危害，不要盲目追逐"潮流"，遵守规矩，走好自己的路也可以拥有独一无二的"潮流"。广外艺青春健康同伴社的暖心小讲师还给大家上了恋爱小课堂《性不性由你》，给大家讲述了她的恋爱小故事，分享了她在恋爱当中所遇到的烦恼和解决方案，不仅满足了同学们的好奇心，还顺带教学了如何采取安全措施。接着，广州市疾控中心宣讲专家用通俗易懂的语言、鲜明生动的图片、新颖有趣的动画，形象地给同学们讲解了什么是艾滋病，艾滋病的传播途径有哪些，以及如何与艾滋病人相处等。

本次活动的开展，进一步增强了同学们对艾滋病防治知识的了解，进一步夯实了"无艾校园"的建设基础。

【安全防护教育活动纪实之三】

筑牢网络安全防线　提高应急处置能力
——广州市工贸技师学院组织开展网络安全应急演练

2020年10月22日—23日，广州市工贸技师学院组织开展了网络安全应急演练，院领导、全体中层正职和各部门网络安全管理员共50多人参加了演练部署及模拟演练环节，应急演练过程更通过直播方式向全院师生开放观摩。

本次应急演练旨在进一步提高学院网络安全应急处置能力，形成科学、高效、快速的应急反应机制，确保学院网站、业务系统和关键信息基础设施安全稳定运行。演练由信息中心具体组织实施，包括演练工作部署、应急处置预案培训和模拟现场演练三个部分。通过演练，各部门、全体师生熟悉了网络安全应急流程，提高了应急处置能力。

"网络安全是一项极其重要、敏感的工作，特别是当前境内外网络攻击活动日趋频繁，网络攻击的手法更加复杂隐蔽。全校师生必须认清形势，高度警惕网络安全威胁，有效应对网络安全挑战，共同维护校园网络安全稳定。"院领导分析了当前严峻复杂的网络安全形势，并结合学院工作情况提出三点要求：一是全体师生要提高站位，树立正确的网络安全观，强化网络安全意识；二是各部门要高度重视网络安全工作，按照"谁主管谁负责、谁使用谁负责、谁运营谁负责"的原则，压实责任、落实到人；三是全面开展账号管理、终端防护、敏感信息保护方面的自查整改工作。

随后，信息中心主任针对学院网络安全应急预案和本次演练工作方案做了进一步培训和介绍。现场模拟演练围绕业务系统数据被篡改、官网被攻击、账号密码泄露、官网被篡改4个案例开展。在学生综合管理系统业务数据被篡改的模拟演练中，班主任发现系统中的学生关键资料被更改后迅速向系统管理员报障，学生处核实情况后通报信息中心，并由信息中心启动网络安全Ⅲ级响应。信息中心随后依托数据库审计系统、WAF系统、上网认证系统、视频监控系统，逐步确定数据修改时间、修改人IP地址、IP地址使用人与登录时间及地点，最终明确数据篡改事件原因、锁定具体修改人员并报相关部门跟进后续处理。在官网被攻击案例的模拟演练中，网络安全值班人员通过监控入侵防御系统发现学院官网短时间内遭受多次攻击，迅速启动网络安全Ⅳ级响应，应急团队首先对攻击IP进行封禁，并持续对入侵防御系统和防火墙数据进行监控。鉴于攻击行为已被拦截，由应急团队填报《突发事件应急处理结果报告表》归档后，解除该事件响应状态。

本次模拟演练全过程均通过直播形式展示，与会人员现场观摩、深入剖析并针对处置流程进行了讨论完善，进一步提高应急预案的实用性和可操作性。

本次演练检验了学院网络安全应急预案的有效性，验证了应急工作团队的组织指挥能力、应急处置能力以及跨部门应急联动机制的合理性，也为全院学生上了一节生动的网络安全防护课。

【安全防护教育活动纪实之四】

疏散演练进校园　迅速撤离保平安
——广州市工贸技师学院组织全校学生安全疏散演练

生命重于泰山，安全高于一切。2017年11月20日，为构建平安校园，提高学生消防逃生安全意识，学生处统筹组织开展了三校区2017年全校学生安全疏散演练活动。

学院高度重视本次活动，在分管学生管理、教学管理的院领导现场指挥下，全体班主任、学生管理人员、宿管、校卫、学生志愿消防队等师生齐心协力，为本次疏散演练提供了充足的人员准备与保障。本次疏散演练涉及面广，中心校区全体住宿生4122人，分日间和夜间宿舍开展疏散演练，全程紧张而有序地开展。

现场全体班主任、学生工作人员、医务组等在各个岗位准备就绪，当广播站响起逃生警报，工作人员在宿舍楼中点燃电子烟雾弹，模拟火警现场的浓烟，安全指引同学们用湿毛巾捂住口鼻，有序迅速离开宿舍楼。同学们进入校园通道后，工作人员与安保人员指引其到篮球场集合。同学们速度能成功控制在三分钟内，全部安全疏散至安全的区域。随后，院领导为本次疏散演练进行了总结，肯定了各位工作人员与同学们的表现，还在讲话中给全体同学"上了一课"，敲响了同学们心中的警钟。随后，学生志愿消防队在文化广场上进行了消防灭火实操演练。

在危难来临之时，时间就是生命，要做到临危不乱、处险不慌，不仅要靠过硬的心理素质，更要靠平时的训练有素。我们通过多次疏散演练总结经验，全方位增加应急疏散的照明和指引设备，购置应急疏散专用指引装备，为本次安全疏散演练顺利开展提供最大保障。一直以来，学院持续开展此类活动，提高师生的安全疏散意识和应急能力，在安全方面切实做到常抓不懈，警钟长鸣。

【安全防护教育活动纪实之五】

消防安全齐演练　筑牢安全防火墙

为使广大师生牢固树立"防范火灾风险，建设美好家园"理念，让学院师生和有关工作人员掌握消防安全知识和技能，提升排除消防隐患和及时处理消防事故的能力，学院于2019年11月19日开展教学区域紧急疏散演练。

演练过程中，指导消防演练的教官首先进行宣讲教育：遇到火灾后不要慌张，火灾无情，一旦发生火灾，要保持清醒的头脑，争分夺秒，快速离开，万一被火围困，更要随机应变，设法脱险；教学楼由于楼层逐渐增高，结构越来越复杂，学生密度大，加上课桌、课椅等可燃物较多，当发生火灾时，掌握消防安全的知识和能力格外重要；发生火灾时，不能乘电梯，千万不要从窗口往下跳，可以用湿毛巾堵住口鼻，切忌慌张、乱跑，应在火势蔓延前，朝逆风方向快速逃离。

接着，消防演练的教官在现场指导，学生们认真学习逃脱火灾的标准动作。然后，模拟火灾演练开始，人造烟雾从楼道飘出，警铃响起，学生们快速从教学楼内捂住口鼻逃生，由于提前掌握了火灾应对措施，学生们全程紧张却不混乱。

此次消防安全演练活动增强了师生的消防安全意识，对普及消防安全知识和提高学生自护自救能力起着重要的促进作用。另外，通过此次演练活动，师生应对火灾等灾害的应变能力也提高了，为建设平安校园奠定了基础。

【安全防护教育活动纪实之六】

通用能力建设中心组织运动伤害事故现场处置演练

根据学院《突发事件应急预案》《运动伤害现场处置方案》的要求，为了加强学院师生应对突发事件的意识和现场处置综合能力，提高紧急救援的反应速度和协调水平，2020年7月8日下午，通用能力建设中心在中心校区篮球场组织了一场运动伤害事故现场处置演练。参加的人员有：通用能力建设中心负责人、体育教师、校医、学生管理人员，2019级计算机动漫制作5年高级2班学生。

活动开始后，先由体育组组长钟海波老师对参与演练的学生进行演练教育，接着由两位校医代表讲解生活中常见运动伤害情况，以及处理突发意外伤情的方法，包括：肌肉痉挛、关节扭伤、表皮擦伤与外伤、骨折、突发抽搐、心肺复苏和伤员转运等。讲解结束后，老师们和学生们都纷纷开始模拟演练，演练过程中大家都非常认真，根据正确的步骤有序进行，丝毫不敢懈怠，校医更是全程进行监督和指导，以确保处理突发伤情的正确有效。

最后，由通用能力建设中心主任进行演练总结，强调必须充分认识到运动伤害预防的重要性，在发生运动内突发事件时，要积极有效地采取预防措施，在最短时间内有效处理好，把事故损失、事故影响降到最小。

第四节　活动纪实：加强文明礼仪教育，营造校园文明风气

【文明礼仪教育活动纪实之一】

垃圾分类：拒绝"流浪地球"

2019年11月13日，在广州市工贸技师学院南校区举行了绿色环保主题活动，让学生明白了为什么要进行垃圾分类、如何进行分类以及垃圾分类会给我们的生活带来哪些好处。

社区相关人员向同学们阐述垃圾泛滥的危害，深入浅出地进行详细的讲解，利用图片说明，科普如何进行垃圾分类，并组织同学们进行垃圾分类问答和游戏互动，在寓教于乐中增强大家垃圾分类的意识，并鼓励同学们将学习到的垃圾分类小常识运用到生活实际中。同学们经过这一下午的活动，在快乐的时光中学到了各式各样的环保小知识，从自己做起，让生活质量提高，营造一个更加健康卫生的美好生活环境。

垃圾分类进校园活动既丰富了同学们的课余生活，又增强了大家的垃圾分类意识，引导大家践行垃圾分类行动。通过手拉手的方式，将垃圾分类习惯带回家，带动身边的人一起为垃圾分类贡献自己的一份力。

【文明礼仪教育活动纪实之二】

第二十届校园文化艺术节之中华文化之美主题活动

2017年5月10日，由学院先进制造产业系承办的"第二十届校园文化艺术节——中华文化之美"活动在学院学术报告厅隆重举行。本次活动的主旨是传播中华民族优秀传统文化，传承中华传统文化精髓，通过寓教于乐、现场体验的方式打造一系列传统节日文化展活动，让学生更深层次了解我国传统文化的历史渊源、典故人物、民风民俗等知识。

各系学生积极参与本次活动，自编自导节目，从诗词歌赋到文明礼仪，精心策划每一个节目，深受老师、同学们的喜爱，同时，也在校园中刮起了学中华文化之风。此次活动将思想政治教育与中华优秀传统文化相结合，引导广大学生不断发现中华文化之美，将文化自信根植于心。

【文明礼仪教育活动纪实之三】

"文明进校园"系列特色活动

为了推动"文明进校园",打造校园文化特色,广州市工贸技师学院开展了"建设和谐校园文明,文明修身从我做起"系列活动。活动形式丰富,贴近时代、贴近学生,包括经典朗读分享、文明着装与形象打卡、主题教育、先进文明校园人物评选、"修身律己,文明和谐"征文等。通过调动学生参与活动,引导学生从自身做起,从小事做起,用自己的行动传播文明的种子,并以点带面带动身边的人,积极践行社会主义核心价值观,在校做文明的好学生,在家做文明的乖孩子,在社会做文明的好公民。通过先进人物、干部、志愿者引领,用文明的举止行为感染别人、影响别人、教育别人,努力营造温馨、和谐、文明的校园环境。

第五节 活动纪实：发挥榜样示范作用，助力学生自主管理

【榜样示范教育活动纪实之一】

英雄楷模　榜样力量
——广州市工贸技师学院学生工作处公众号"声临其境"

榜样是一种向上的力量，是一面镜子，更是一面旗帜。2019年4月至5月，广州市工贸技师学院学生工作处公众号"声临其境"重磅推出"英雄楷模　榜样力量"，线上阅读分享活动，每周五推送一位英雄人物或时代楷模，分享他们的人物背景以及事迹，让同学们了解到这些大人物的成长经历、奋斗历程及英雄榜样、英雄事迹。人物故事中有革命志士的救亡图存故事，有科学泰斗的科技强国故事，有企业家拼搏创业的故事，有大国工匠的精工筑梦故事。

榜样指引方向，使命激发动力。此项活动深受师生的喜爱。听故事及参加线上话题讨论和思考，吸引了大批学生的关注和参与，充分发挥了榜样的灯塔作用，照亮了年轻学子的成长道路。

【榜样示范教育活动纪实之二】

技行天下　星光闪耀
——广州市工贸技师学院选手在中华人民共和国第一届职业技能大赛中战果辉煌

2020年12月21日，广州市工贸技师学院文化广场上，五星红旗迎风飘扬，学院隆重举行第一届全国技能大赛获奖选手颁奖仪式，对获奖选手予以表彰。

在表彰仪式现场，广州市工贸技师学院领导主持颁奖仪式、宣读表彰决定。金牌获得者共6名：林武全（CAD机械设计项目）、阮康（制冷与空调项目）、黄金强（网络系统管理项目）、李晓杰（移动机器人项目）、杨书明（移动应用开发项目）、黄新颖（网络系统管理项目）。银牌获得者1名：郑旭升（CAD机械设计国赛精选项目）。优胜奖获得者共4名：黄俊龙（商务软件解决方案项目）、陈纪盛（网站设计与开发项目）、谭华纳（移动机器人项目）、关杰民（移动机器人项目）。广州市人社局领导、市职业技能鉴定指导中心主任及学院领导分别为金牌、银牌和优胜奖获奖选手颁奖。

参赛选手和指导老师代表发言，全体师生认真聆听，感受匪浅，备受鼓舞。"这块金牌是对我坚持奋斗的认可和鼓励，这块金牌更是学院以及项目教练团队共同努力的成果。"选手代表CAD机械设计项目金牌获得者林武全同学发言，分享了自己从加入精英班、训练、备赛、参赛一路上的经验和心得，更立志在训练中不断创新和提升自己，力争取得代表国家征战第46届世界技能大赛的入场券。

精益求精，不断磨炼技艺，选手及其背后的指导队伍挥洒汗水，终于脱颖而出。"一百多遍的测试，流程的不断优化，换来了选手做题速度提高10分钟。这10分钟非常关键，非常有价值。使得黄金强同学发挥出色，提前完成，赢得了变化模块的满分。"网络系统管理项目教练表示，团队将更加努力，奋勇向前，争取获得代表国家参加第46届世赛的资格，为实现学院世赛金牌梦贡献力量。他的发言传递了坚韧精神和对极致的追求。

本次大赛，学院派出11名选手参加世赛选拔CAD机械设计、制冷与空调、网络系统管理、网站设计与开发、商务软件解决方案、移动应用开发、移动机器人和国赛精选CAD机械设计、网络系统管理共9个项目比赛，勇夺6枚金牌、1枚银牌和3个优胜奖，占广东代表队金牌榜近1/5，占广州金牌榜的近"半壁江山"，成为本次大赛获得世赛选拔项目金牌数量最多的院校，为广东荣膺金牌榜榜首和团体总分第一名贡献了积极力量。工贸选手优秀的成绩充分体现了"精工求品质　极致而至善"的工贸精神，激励了同学们以金牌选手为榜样，学习技能、热爱技能、精进技能，全面提高综合职业素质，努力成长为社会主义现代化国家建设所需的新时代高素质劳动者和技术技能人才，为推动经济社会发展、实现中华民族伟大复兴的中国梦贡献青春年华与技能力量！

【榜样示范教育活动纪实之三】

相约国手　技能逐梦
——广州市工贸技师学院举行第43届世界技能大赛工贸国手访谈会

在第43届世界技能大赛上，学院参赛选手勇夺2银1铜2个优胜奖。为弘扬"创新、极致、自信"的竞赛精神，学院于2015年10月9日下午举办了第43届世界技能大赛国手访谈会，组织学院第43届世界技能大赛制冷与空调项目银牌得主钟建伟、CAD机械设计项目银牌得主谭伟创、网络系统管理项目优胜奖获得者李群嘉与同学们进行面对面交流。访谈会由广州市工贸技师学院教务处、教研室老师主持，院领导出席，学院500多名新生参加。

访谈会上，3位世赛国手娓娓讲述了自己就读广州市工贸技师学院的初衷，世赛之路的精彩与艰辛，以及自己对未来的规划等，所讲话题深深吸引着在场学生。在互动环节，同学们争相与世赛国手交流，提出了诸如"如何调整心理压力？""如何提高空间思维能力？""在追逐世赛梦想过程中，有过想放弃的时候吗？"等问题。三位国手结合自身学习及参赛经历，一一做出了回答。在一片热烈而和谐的气氛中，国手们与现场同学谈学习、谈生活、谈理想，全面分享世赛参赛的收获与经验。在技能展示环节，第43届世界技能大赛制冷与空调项目银牌得主钟建伟现场把冰箱的零件之一——铜管弯成"爱心"形状，其娴熟的手法、精湛的技艺引来阵阵掌声。

同学们纷纷表示，此次访谈会提供了与国手们交流的平台，让他们发现技能技术的另一种乐趣，同时学到许多良好的思维习惯和富有成效的学习方法。国手们追逐世赛梦想的事迹坚定了他们走技能成才之路的信念，更激励着他们未来积极探索技能，不断精益求精！

【榜样示范教育活动纪实之四】

榜样的力量
——国旗护卫队

"圆梦新一代"是习近平总书记对新时代新青年的殷切期望。青年兴则国家兴，青年强则国家强。每个周一早晨7：40，广州市工贸技师学院国旗护卫队在文化广场集结。他们迈着铿锵有力的步伐，表情专注而坚定，庄严地护卫国旗入场。"升国旗，奏唱国歌！"随着主持人的口令，国歌奏响，旗手奋力将国旗展向天空，鲜艳的五星红旗荡出优美的弧线，迎着朝阳冉冉升起……除了每周一例行升旗仪式，在清明扫烈士墓、运动会开幕式、每个重大活动中，都能看到他们挺拔而坚毅的身影。国旗护卫队一直以独特的方式活跃在校园里，他们用每一次升旗的完美展示一点一滴地追逐着护旗梦想，感染着青年学子，涵养着校园文化，诠释着深沉而真切的爱国主义。

学院国旗护卫队成立三十四年，风雨走来，他们刻苦磨炼、锐意进取。提到国旗护卫队，人们脑海中浮现的往往是笔挺帅气的仪仗礼服和令人羡慕的挺拔身姿，或是几十个人整齐划一地转体行进，但也许难以想象这种"军事美学"的背后，是日复一日的站军姿、踢正步、展国旗，是成百上千个口令的不断磨合，是披星戴月、沐雨栉风的辛勤付出。

"台上一分钟，台下十年功。"国旗队每周开展三次时长两小时的训练，初期主要进行队列训练，与军训无异。之后，除了常规训练外，升旗手、护旗手和刀手还有其各自不同的训练。护旗手的展旗，刀手的出刀、收刀和执刀礼都要经过更加严苛的训练。队列训练中，队伍的气氛十分严肃，组织训练的老队员们为参训队员纠正动作，同时不断强调动作要领："一令一动！注意动作要领'上端卜砍'！"

脚下是土地，头顶是红旗。国旗班队员纷纷表示，家国情怀、雷厉风行、坚忍不拔、追求完美是自己在国旗队中学到的最重要的东西。国旗队就如同一个"沉浸式"的第二课堂，队员们在课上接触了责任、感受了担当、领悟了协同、厚植了家国情怀。在未来，学院国旗护卫队将不忘初心，在繁荣校园文化、推进思政教育的道路上继续前进，让五星红旗飘扬在每一个工贸学子的心中，努力践行"圆梦新一代"的使命与担当，同时以榜样的力量感染身边无数的工贸学子。

【榜样示范教育活动纪实之五】

青春工贸　多彩社团
——2016年学生社团年度考评风采展示

2017年1月6日，由广州市工贸技师学院团委开展社团年度考评风采展示项目，精心打造学生社团展示节目，并带领学生干部坚守在各项活动现场中。

清晨的校园，早已热闹非凡。各社团学生代表在院团委工作人员的指引下，在学生社团展示活动的摊位早已就绪。踏着青春的旋律，本次展示活动学生主持人靓丽登场，各社团表演小组严阵以待，有21个学生组织共同呈现精美别致的节目，包括院学生会青春与活力的展示"花样年华"T台秀、瑜伽协会优雅与健美相结合的"蓝色天际"瑜伽展示、南校区代表展示动感与帅气结合的"精武门"武术表演。现场每一个社团的展示都彰显了自身特色，节目精彩度极高，现场观众热情高涨，欢呼声、掌声此起彼伏。活动期间，还设有奖欢乐互动问答环节，带动起现场的气氛。

　　活动中，参加社团展示的同学们用真诚与专业打动了观众们的心，学生干部和社团骨干用辛勤与耐心展现了组织纪律和敬业精神，成为广大学生、社团和组织成员的示范榜样。

第八章

技工院校实践育人工作的实践探索

第一节　建设方案：实践育人的建设目标与建设措施

一、建设目标

紧紧围绕新时代青少年成长成才需求，整合实践资源，探索构建以社会实践、专业实习、志愿服务、主题教育等为多元化载体，各年级学生全覆盖，"贴合社会需求，突出专业特点，适应个性发展"的三位一体实践育人模式。包括：通过组织学生开展"三自"教育（自我教育、自我管理、自我服务）实践，帮助学生提高自我管理能力、工作协作能力，养成严谨的工作作风、良好的工作操守。通过组织学生参加企业认知活动，帮助学生了解专业、认知职业、熟悉岗位，树立职业志向；通过组织学生开展创新创业实践，培养学生创新意识、创业精神以及服务社会、技能报国、诚信经营、带动就业的企业家情怀。通过推广志愿服务活动，引导学生树立正确的价值取向，增强服务国家和社会的责任感；通过组织主题教育实践，引导学生树立崇高理想信念，自觉把自己的人生追求同祖国的前途命运紧密联系起来，确立为国家、为民族奋斗的志向。

二、建设措施

（一）开展"三自"教育实践，了解自我

以培养学生自我教育、自我管理、自我服务能力为宗旨，对即将接触社会生活但还没做好充分准备的学生做好岗位实践指导、思想引领。一是针对技工院校学生特点制订"三自"实践教育工作方案，在广州市工贸技师学院教学、管理和服务三个阵地设立实践岗位，编写《三自教育实践课》学生工作页，提升"三自"教育实践的规范性和有效性。二是实施"三自"教育实践组织工作，让学生在"'三自'实践岗"上工作一周并获得"工作"初体验，针对学生的体验和意见完善"三自"实践教育工作方案。

（二）参加企业认知活动，理解职业

借力合作企业资源，循序渐进地开设职业认知系列实践课程。一是选取一批技术工艺标准高、经营理念新、用工情况好、转型发展快的大中型标杆企业建立校企合作联盟，开展全方位紧密型人才培养合作。以企业资源库平台面向各级学生开设职业认知（行业企业认知）系列课程。二是举办企业大讲坛，聘请行业企业专家宣讲行业发展现状与趋势，解读行业发展与专业学习的关联，分析行业标准与专业技能的衔接。三是组织学生跟岗学

习，参观企业生产一线，观看生产设备器械、观察产品生产流程，聆听企业师傅技术讲解，了解岗位工作职责与内容。四是筹办技能精英访谈见面会，讲述成长历程，分享技能学习故事，加强职业志向与发展规划的引导。

（三）开展双创实践活动，发展潜能

成立创新创业指导中心，依托广州市工贸技师学院众创空间和创业孵化基地，统筹推进学生创新创业教育工作。一是在双创通识课程、项目指导课程中融合思政教育，在学生课程学习和创新创业实践中培养技能报国、乡村振兴等家国情怀，树立经济效益与社会效益并重的价值理念。二是开展基于项目指导的创新创业实践教育，每年持续指导创新创业项目，举办全校创新创业大赛，举办创新创业沙龙，组织项目参加各级创新创业大赛，以此发展学生潜能，提高创新创业实践能力以及服务社会、责任担当、勇于创新、敢于拼搏、商业诚信的综合素养。

（四）推广志愿服务活动，服务社会

扩大志愿者队伍组织覆盖和工作覆盖，深化引领青年思想建设，拓展志愿服务工作的文化建设内涵。一是推动青年志愿服务组织向基层延伸，巩固和增强团属志愿服务组织的枢纽功能，建立健全院、系、班级志愿者服务队伍组织结构及配套服务制度，创新志愿者服务管理模式。二是积极构建便捷高效的青年志愿服务平台，完善"i志愿"系统平台，构筑数字化志愿服务体系，健全线上线下对接机制，实现志愿服务精细化管理。三是以参与志愿服务为载体，如扶弱助残、帮老助幼、支教助学、环境保护、科技传播、治安消防、社区服务、大型社会公益活动等社会公益服务，立足校园，服务社会，广泛普及"奉献他人，提升自己"志愿服务理念，加强对广大青少年的思想引领和价值引领。

（五）组织主题教育实践，坚定信念

开展主题教育实践活动，帮助学生树立正确理想信念、人生观与价值观，立报国之志，成有用之才。一是把爱国主义内容融入团日、主题班会、成人宣誓仪式、入团仪式等各类主题教育活动，通过公开宣誓、重温誓词等形式，强化国家意识、集体观念。二是充分挖掘重大纪念日、重大历史事件蕴含的爱国主义教育资源，组织开展系列庆祝或纪念活动。抓住国庆节等重要时间节点，广泛开展"我和我的祖国"系列主题教育活动，通过主题宣讲、大合唱、共和国故事汇、快闪、游园活动等形式，引导青年歌唱祖国、致敬祖国、祝福祖国；在"七一"党的生日、中国人民抗日战争胜利纪念日、烈士纪念日等，组织公祭、瞻仰纪念碑、祭扫烈士墓等活动，引导青年牢记历史、缅怀先烈、面向未来，激发爱国热情、凝聚奋进力量。三是密切与社区、街道、社会机构联系，丰富拓展爱国主义教育校外实践领域，组织青年学生参加军事国防教育、学雷锋志愿服务等活动，更好地了解国情民情，强化责任担当。

第二节 案例纪实：开展"三自"教育实践，了解自我

【"三自"实践典型案例】

创新实践育人模式，让"三自"教育生动起来

一、工作思路

进一步落实《中共中央 国务院关于全面加强新时代大中小学劳动教育的意见》等文件精神，坚持教育与劳动实践相结合，以"实践育人"为基本途径，有目的、有计划、有组织地开展劳动实践教育活动。通过整合各类实践资源，拓展实践平台，创设"三自"教育实践课程，组织学生在校园实践岗位上工作锻炼，提升学生自我管理、自我服务、自我教育的能力，养成严谨的工作作风及良好的工作操守，为今后走向社会打下坚实的基础。

二、实践亮点

（一）整合资源、创设岗位，开拓实践阵地

学生处、总务处、教务处、各产业系、信息中心、质量监测中心和各教学系多部门协同开展工作，整合校门、后勤、电梯、办公等岗位，梳理门岗管理、消防巡查、消防设备检查、资料整理及归档、数据录入、文件、信件、邮件分送和电话接听等符合学生能力水平的工作内容，做好学生窗口服务和业务服务两种类型岗位实践。

其次，以岗位工作为核心，以学生能力与素养培养为中心，结合技工院校学生特点制订实践方案，按岗位类别编写《"三自"教育实践课》学生工作页，让学生明确岗位职责与实践目标，熟悉工作流程与内容，掌握工作要求与标准，指导学生在岗期间严守工作职责，密切配合岗位指导老师开展工作。

（二）组织实施、管理评价，助力"三自"提升

按照教学安排，学生须在"'三自'实践岗"上工作一周，全身心参与"工作"锻炼，全面获取"工作"体验和感受。学生上岗前需先与岗位所属部门的指导老师进行有效沟通，获取工作任务，领取工作资料。每天提前做好上岗工作准备，下午离岗前做好相关工作整理和卫生清洁工作；在岗期间严守工作职责，密切配合岗位指导老师开展工

作。实践结束后,统一将《工作评价表》交给指导老师,由指导老师进行评价打分。学生通过"'三自'教育实践"工作平台,在不断体验"工作"中实现自我管理、自我服务、自我教育。

三、育人成效

(一)"三自"课程广泛铺开,学生技能与实践深度融合

"三自"课程开设已有近三年,参加三自实践的学生多达6300多人。学生在各自岗位中积极应用所学技能解决工作问题,在实践中积累工作经验。同时,各部门指导老师对学生工作表现做出及时、直观的指导与评价,使学生工作实践能力得到有效提升。

(二)创新实践育人模式,有效提升学生综合素养

广州市工贸技师学院采用"'三自'教育实践"载体,以校园典型工作任务为基础,使学生在提升工作实践能力的同时也增强了自我教育、自我管理、自我服务的能力。学生在实践期间充当管理者的角色,参与学院的部分管理工作,熟悉学院相关管理制度、工作流程和管理内容,初步掌握准工作岗位的技能要求。在管理的过程中,学生通过对照问题、对照同学,发现自身不足,从而接受教育,学会了自我约束、沟通协作,养成了严谨的工作作风、良好的工作操守,为今后走向社会打下坚实的基础。

(三)弘扬工匠精神,争当社会主义建设者和接班人

将工匠精神、社会主义核心价值观教育融入"'三自'教育实践",指导教师在岗位工作中的一言一行,都对学生产生了潜移默化的作用。一是在实践活动中通过实战性的、严谨性的工作氛围与要求,引导学生"爱岗敬业、勇于创新、甘于奉献"。二是注重实践指导的同时加强与学生的平等、融洽交流,关注学生思想道德状况,为及时纠正其言行提供有效的保障。三是在工作实践中引导学生干一行,爱一行,专一行,精益求精,追求卓越,提升学生的职业技能和综合素质,积极投身中国特色社会主义的伟大实践。

【"三自"教育实践纪实之一】

青春同路 乘风破浪
——广州市工贸技师学院举办"三自"教育实践岗前培训班

每个学期初,学生工作处组织学生在学术报告厅参加"三自"教育实践岗前培训班。授课老师向学生介绍开展"'三自'教育实践"活动的背景和含义、工作场景、岗位任务(含窗口服务岗、业务服务岗)和工作流程;要求参与实践的学生在每周一的升旗仪式结束后,到指导岗位报到,尽快了解和熟悉该部门的岗位职责和业务工作;实践课程结束后,全体"三自"实践教育学生参与考核评价。

学院向参与"三自"实践的学生倡导"青春同路,乘风破浪",要求以高度的使命

感、责任感和紧迫感，抓住机遇，迎接挑战，以饱满的热情、昂扬的斗志，与时俱进，奋发有为；看长远，重当下，勤学习，善作为，全身心参与"工作"锻炼，全面获取"工作"体验和感受。

【"三自"教育实践纪实之二】

文明示范　成就校门最美风景线

学院坚持日常检查与突击检查相结合、自律与他律相结合，形成常态化管理。每天由"三自"实践学生负责学生日常仪容仪表检查，为校园精神文明建设打下良好基础。

每天早上7时40分，"三自"实践的同学准时到达校门岗位，穿上橙色马甲，按照岗位工作要求，开展文明礼仪示范、校风校纪检查和文明礼仪教育。检查内容主要是着装穿戴、仪容仪表以及文明礼仪等，包括男同学头发不超过耳际，不留胡须；女同学刘海不遮眉，不烫发不染发、不染蓄指甲；扣好校服纽扣、不挽袖、不卷裤腿；不佩戴饰物；遵守新冠疫情防控管理要求等。检查过程细致入微，力争做到每个进入校门的同学仪容仪表及行为举止都达标。

通过学习仪容仪表标准、行为规范及开展管理实践活动，"三自"实践岗学生既加深了对学校管理规定的理解，增强了自觉遵章守纪的意识，又提升了自我管理、自我服务、自我教育的能力。

【"三自"教育实践纪实之三】

做好巡检工作　助力安全防护

学校是人员密集场所。为确保校园消防安全，防范校园火灾事故的发生，学生工作处把消防教育融入"三自"实践教育岗位训练，让学生在学中练、练中熟，深刻了解消防安全的重要性。

在岗位指导老师的带领下，学生尽职尽责，以积极饱满的精神状态巡查消防安全疏散通道和安全出口是否畅通；疏散指示标志和应急照明设施是否完好；消防设施设备是否有效、齐全；公共区域是否有影响逃生的障碍物等。同时，"三自"实践学生还深入宿舍区加强违规物品的排查力度，提醒学生在离开宿舍时记得带好钥匙，关好空调、门窗、水和拔掉充电设备等，做好安全防范工作。学生每到一处都仔细进行巡查，提醒同学们要提高自身安全意识，发现异常情况及时向宿管老师报告。

此外，"三自"实践学生还积极协助指导老师开展消防安全培训教育、消防安全疏散演练等活动，确保校园消防安全，筑牢校园消防安全屏障。

【"三自"教育实践纪实之四】

参加志愿消防队锻炼　提高防火意识

"三自"实践岗位为学生志愿消防队培养了一批优秀的学生干部，这批同学思想素质高、集体意识高、个人行为习惯良好、热爱消防事业。

巫文印同学是学生志愿消防队中的一员，也是其中的佼佼者。他承担校园消防安全巡查岗工作，深入了解志愿消防队成立的目的和意义，在课余生活中认真学习消防理论知识，刻苦训练，努力掌握消防技能，为自己立下了一个目标：要成为消防安全知识的宣传员、传播者。他承担了校园的消防安全宣传、消防知识培训、防火巡查和大型活动的执勤等工作，对学生宿舍、办公室和教学场地的消防设施情况开展定期和不定期的检查工作，在学生工作处（安全保卫处）指导老师的带领下，尽职尽责保卫校园消防安全。

自担任岗位工作以来，巫文印同学多次消除校园消防安全隐患，提升广大师生消防安全意识，有效维护了师生生命财产安全。巫文印同学表示，在今后的工作中，将继续坚守岗位、积极探索，不断为广州市工贸技师学院的消防安全工作做出应有的贡献。

【"三自"教育实践纪实之五】

加强后勤保障　助力学院再上新台阶

广州市工贸技师学院后勤服务工作关系着师生教学、生活的方方面面。加强后勤保障，为学院的持续稳定发展发挥了重要保障作用。

总务处按照"三自"实践的要求，为学生设置了后勤服务岗位，包括食堂纪检员、物业办公室助理、校园超市纪检员、电梯执勤员等，让学生真正参与到学校日常后勤管理中来。

与其他的食堂工作人员一样，担任食堂纪检员的"三自"实践学生每天上岗前要进行体温测量及手部检查。食堂纪检员的工作职能是把熟食留样保存以备检查；校园超市纪检员的工作职能是对面包、牛奶等质保期较短的食品进行抽样检查；物业办公室助理主要负责学校日常公共区域卫生。

在实践和学习中，"三自"实践学生由被管理者的身份转换到管理者的身份，深刻感受到后勤服务人员的责任感和使命感，他们纷纷表态，在以后的工作中，要干一行，爱一行，专一行，精益求精，追求卓越。

第三节　活动纪实：参加企业认知活动，理解职业

【企业认知活动纪实之一】

走进瑞松科技，认知企业生产校企携手共育高技能人才
——走进广州瑞松智能科技股份有限公司

2019年11月11日，广州市工贸技师学院"工贸·瑞松19工业机器人应用与维护预备技师校企双制班"职业认知活动在广州瑞松智能科技股份有限公司举行。

由企业工业机器人事业部负责人给学生上企业认知的第一课。企业专家通过播放视频的方式，向同学们介绍了公司的发展历程、主要业务内容、公司架构以及公司在行业中处于领航的重要地位。通过企业专家的介绍，学生了解到瑞松公司是一家涵盖机器人、智能技术、高端智能装备领域的研发、设计、制造、应用和销售服务，为客户提供成套柔性自动化、智能化解决方案的高新技术企业。公司设智能技术研究院、机器人焊接事业部、机器人自动化事业部、汽车装备事业部等。

接着，学生们到生产车间进行实地考察和学习。在车间，企业专家向学生介绍了车间安全防护要求及基本知识、车间的生产流程、岗位设置、岗位能力要求等。

回校后，"工业机器人应用与维护职业认知"课程的任课老师，随即就学生对瑞松公司的认知活动做了回顾，通过对学生提问，和学生交流得知，学生对工业机器人行业有了深入的理解，对工业机器人相关工作流程、岗位要求有了明确的认识，学生能够对未来的就业岗位有准确的定位，对自己接下来要学习哪些知识、技能有更清晰的认识。很多同学表示，对未来充满希望，对专业前景信心十足！

【企业认知活动纪实之二】

深入企业一线，对接专业岗位
——走进广东轩辕网络科技股份有限公司

社会实践活动是培养学生创新精神和实践能力、提升学生综合素质的重要载体，是素质教育的一种良好形式；而企业认知，是在校学生理论教育与实践相结合的具体体现。为了促进学生进一步了解本专业的发展方向及岗位技能需求，开阔视野，增长见识，同时强化就业意识，广州市工贸技师学院信息服务产业系开展了企业参访认知活动。通过活动，让学生提前融入社会，感触生活；通过参与体验，增强学生对相关企业、相近工作岗位的认识和理解，以提前做好个人职业生涯规划。

2018年9月，计算机网络专业学生走访了位于广州市天河区软件园的广东轩辕网络科技股份有限公司。该公司18年来深耕教育，为高等教育院校提供数字校园解决方案和实训云教学管理解决方案，全力打造IT行业实训人才云平台，同时也为政府和企业提供IT服务管理咨询和解决方案。

在企业联络员的热情引领下，学生们对产业园区以及公司进行了参观，了解了企业的工作文化及氛围、企业的相关人员分配、业务方向及内容等信息；然后，企业总经理为学生们举行了关于"新一代技术云计算的应用与发展"的行业讲座，通过播放企业介绍宣传片，分别从云的认知、云计算技术的市场与发展、云计算技术的应用以及云计算人才的需求等四个方面做了详细的介绍，让同学们认知了IT行业相关专业知识、就业前景、人才需求等重要信息；最后，在企业人员的带领下，学生们参观了企业的机房环境，了解了企业机房的网络架构及设备配置等情况。企业人员专业知识深厚、讲解风趣，激起了同学们的浓厚兴趣，讲座期间及参观过程中，同学们踊跃提问，现场气氛浓厚。

通过企业认知活动，同学们走出校园、走进企业，切身感受到了企业的真实工作环境，开阔了视野，对企业的工作流程有了深刻的认知；同时也了解了企业文化、行业发展趋势、企业岗位和人才的需求，激发学习和就业热情。

【企业认知活动纪实之三】

认知专业，兴趣驱动
——走进广州绿怪研文化传播有限公司

2019年10月17日下午，广州市工贸技师学院文化创意产业系"2019工贸·迪生校企双制班"26名同学在专业教师和北京迪生数字娱乐科技股份有限公司华南区企业代表的带领下，前往广州绿怪研文化传播有限公司进行企业认知教学活动。

广州绿怪研文化传播有限公司的企业代表热情接待了师生一行，为大家担当了企业文化认知课程广州绿怪研站的引导者和讲课人。在此期间，同学们观摩行业企业真实的工作场景，在座谈环节大胆地向企业专家提出了自己对专业、企业、行业等方面的疑问，专家耐心地为同学们一一解答。

在此次活动中，同学们不仅开阔了视野，亲身体验了企业的工作氛围和工作环境，同时还增加了对自身岗位的认知和对未来目标发展的确定。在企业代表的话语和老师们的鼓励中，同学们带着满满的收获回到了学校，以更加坚定的信心和饱满的热情继续自己的专业学习。

【企业认知活动纪实之四】

携手前行　校企双制
——走进黄边幼儿园

2019年10月30日，在商贸服务产业系老师的带领下，幼儿教育学生怀着喜悦的心情从广州市工贸技师学院出发来到黄边幼儿园,园领导亲切迎接了老师和同学们的到来。

在园领导的介绍下,同学们不仅对今后真实的工作有了详细的了解,还对幼儿教师职业的神圣和专业特殊要求有了更深的理解。在园领导的细心安排和随行专业教师的指导下,同学们有序地沿着观摩线路拍照、学习、记录,充分感受幼儿园的工作氛围,近距离接触可爱的小朋友们,了解幼儿园一线教师前辈们的工作。小朋友一张张洋溢着纯真的笑脸也更加激发了同学们的专业热情和学习专业知识、专业技能的动力。2017级幼儿教育预备技师2班的同学们还和小朋友们共同制作了手工丝绢花娃娃,小朋友们对漂亮娃娃爱不释手。

这次活动不仅加强了学生对职业的认知,还实现了教学与企业的零对接,让学生对未来专业的学习和职业的发展产生了无限的憧憬,更有利于以后的各项发展。

【企业认知活动纪实之五】

认知知名品牌企业文化　强强联合培养钣金人才

——走进广州中升增悦雷克萨斯汽车销售服务有限公司、广州中升之星(奔驰)汽车销售服务有限公司

2018年12月,广州市工贸技师学院新能源应用产业系2018级汽车车身修复高级5年1班的同学在系领导及老师的带领下,前往位于增城的广州中升增悦雷克萨斯汽车销售服务有限公司、广州中升之星(奔驰)汽车销售服务有限公司进行企业认知活动,对未来的工作环境有了进一步的了解。

此次认知活动的两家企业相邻,地理位置便利,有利于学生学习、管控。企业方销售代表和售后非常热情地接待了全体师生,带领师生们逐一参观公司车间、展厅,并由卡尔拉得汽车系统(北京)有限公司企业代表、中升集团(大连)培训总监、店长们为同学们上了一场生动的职业教育认知课程。企业整洁的车间环境、合理的工位布局、精细的管理方式、优秀的企业文化给同学们留下了深刻的印象。

在企业主管和领导的带领下,首先参观了奔驰品牌的机修场地。整个场地干净整洁,左右各有着近10个工位,两旁整齐排放着各种各样的维修设备,刷新了同学们对维修车间的认知与理解。随后,同学们又参观了钣喷车间,车间宽敞明亮,有着专门放着工具设备的仓库、专业的调漆房、放置拆卸部件的板件储物室和喷漆房。

在参观过程中,同学们对所学的知识有了更深层次的理解,对汽车油漆以及喷涂环境有了更深的认识。走出奔驰厂,来到了雷克萨斯车间,在此过程中,同学们饶有兴致地向师傅们请教了一些在参观途中产生的困惑,师傅们也非常耐心地向他们一一解答,这也让大家对未来职业生涯的发展有了初步的了解。

最后,企业领导和师生来到会议室进行座谈,为这次的参观和认知做进一步的讲解与总结。同学们积极提问、踊跃回答,两位企业的领导热情耐心地向同学们进行解答,让同学们对高档品牌的销售服务门店有了新的认知、好的向往。

此次企业认知活动的开展,坚定了同学们职业信念,增加了职业认知,为今后的学习充了电、蓄了能。

第四节 案例纪实：开展双创实践活动，发展潜能

【创新创业活动典型案例】

营造技工院校特色的创新创业生态环境

一、工作思路

为贯彻落实《国务院关于大力推进大众创业万众创新若干政策措施的意见》有关精神，共同推进大众创业万众创新的蓬勃发展，在人社部、广东省人社厅及广州市人社局的指导下，广州市工贸技师学院高度重视双创教育，目前已建设完成创新工坊、众创空间和创业孵化基地等支撑环境，构建起具有技工教育特色、专创融合的"四阶段"课程体系，并整合多方资源，培育符合技能人才成长规律的创新创业生态体系。通过以上创新创业教育实践，着力培养学生创新意识、创业精神。

二、实践亮点

通过不断的实践摸索，广州市工贸技师学院逐步形成了具有技工院校特色的创新创业教育生态环境，学生的创新意识、创业精神和思想政治觉悟均有较大提高，参与创新创业项目开发的师生团队数量逐年增多。

（一）构建创新创业课程体系，普及创新创业教育

广州市工贸技师学院构建了包括普及双创通识课程的基础阶段、专创融合的双创实习阶段、模拟创业的项目指导阶段和初创企业运营的实践阶段的完整课程体系，并根据不同的阶段开发相应的课程、建设相应的场地。

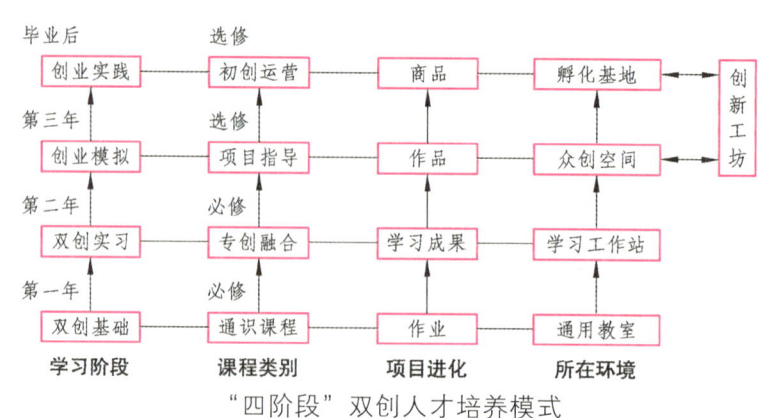

"四阶段"双创人才培养模式

1. 开设创新创业通识课程，提高学生创新意识与创业精神

第一阶段一般安排在第一学年，面向全校学生，开设"创新思维""创业基础"等通识课程，帮助学生创新性完成一体化课程的学习任务、挖掘学业成果的商业价值、构思产品的商业模式。这是普及双创知识的基础阶段（必修课）。

2. 优化学习任务设计，实现专业教学与创新创业深度融合

第二阶段一般安排在第二学年，以学习任务为载体的一体化课程，为创新创业教育提供抓手，也是创新创业项目开发的源泉。创新创业的理论知识只有在实际应用中才能得到更好的理解与内化，每一次完成学习任务的过程，就是一次创新创业知识被应用的过程。例如：完成各个学习任务所产出的学业成果，经常是创新创业项目的最初来源，从而可确保创新创业项目的"海量"；学习任务的实施，是一个创新思维培养的过程，从而把"学业成果"进化为"创新作品"；对学业成果的评价，引入创新性和商业性等相关指标，从而培养学生的创新意识和创业精神。这是专创融合的双创实习阶段（必修课）。

3. 开展创新创业项目指导，为创新作品进化营造创业环境

第三阶段一般安排在第二学年至第三学年，学生在完成学习任务时所产出的创新作品，还需要往产品、商品的方向继续进化。广州市工贸技师学院建设了创新工坊与众创空间等公共场所，为学生提供开展创新创业活动的平台。在完成学习任务中产出的比较有商业价值的作品，可以组成团队，进驻创新工坊与众创空间，在创新创业指导老师的帮助下，从产品的角度对作品进行优化，考虑产品的商业模式，制订商业计划书，其中比较优秀的商业计划书推荐参加各级创新创业大赛。这是模拟创业的项目指导阶段（选修课）。

4. 帮扶初创企业经营管理，为成功落地的项目保驾护航

广州市工贸技师学院在广东省人力资源和社会保障厅的大力支持下，建设省级创业孵化基地。部分在省级以上创新创业大赛中取得较好名次，或者获得一定的创业补贴，或者成功融资的项目，可正式注册公司，进驻广州市工贸技师学院的创业孵化基地，在创业指导老师的帮助下，开展初创企业的运营，逐步将企业推上轨道实现创业，并进而实现创业带动就业。这是初创企业运营的实践阶段，也是基于初创企业运营的创业实践阶段（选修课）。

（二）打造校内外师资队伍，确保项目获得精准指导

制定《广州市工贸技师学院创新创业指导教师标准》，根据标准开展校内创新创业指导教师的筛选，通过组织培训、校企联合技术开发任务实践、学生创新创业项目指导等途径建设校内双创教师团队。

通过与社会上的孵化器、兄弟院校的孵化基地、高校的创新创业中心等机构组成合作联盟，共享由创新创业园区负责人、历届创新创业大赛评委、企业创始人、投资融资专家等组成的校外师资，从而全面保障师双创师资的数量与质量。

（三）加强创新创业的思政融合，发挥以赛促教功效

创新创业大赛能比较准确地对创新创业项目做出评估，对创新创业教育有很好的引

导作用,并能让项目团队通过参赛获得创业补贴资金,推动创业项目成功落地。因此,广州市工贸技师学院高度重视各级创新创业大赛参赛的组织与指导,从校级、区级、市级、省级到全国性创新创业大赛,参赛基本贯穿全年的创新创业教育工作。在项目指导过程中,融合项目团队的思政教育,引导学生关注"扶贫攻坚""乡村振兴""大国工匠""带动就业"等社会民生热点,着力培养学生的家国情怀和社会责任感,从而提升项目高度。在每年的全国性创新创业大赛中,广州市工贸技师学院均有项目获得一等奖。

(四)建设博士创新工作室,提高创业项目的技术含金量

受社会生活经历缺乏、市场调研不足、技术范围有限等因素影响,学生提出的极具创意与价值的项目,往往因为技术所限或市场环境而无法落地。为此,广州市工贸技师学院与高等院校的博士团队合作,在校内建设博士创新工作室,该工作室将为学生创新创业项目提供技术指导,从而帮助学生更好地把设想变为现实,提高项目的核心技术含金量。

(五)完善创业孵化的运行机制,确保创业项目能进能出

通过借鉴社会上的孵化器、兄弟院校的孵化基地、高校的创新创业中心等机构的运营机制,制定《创新项目管理办法》《专利申报管理办法》《创业孵化基地入驻与退出条件》《创业孵化基地管理办法》《创业项目扶持办法》《创新创业大赛获奖项目奖励办法》《创新创业资金使用规范》等管理文件,并根据制定的管理办法落实创新创业的指导与孵化工作,形成一套创业孵化基地的运行机制。

(六)发掘社会资源,切实提高创业孵化的能力

创业孵化的一个重要内容,是帮助项目团队开拓市场、扩充订单,从而提高项目存活率和缩短过渡期。广州市工贸技师学院通过加大与社会上的孵化器合作、加强与各行业协会的互动、加强与企业的联合创新、共同开展创业沙龙、定期召开项目推介会等活动,帮助学生创业团队找到市场、赢得客户。

三、育人成效

经过近年的创新创业教育实施,学生的创新意识与创业精神得到普遍提高,学生创新创业项目开发的数量和质量得到持续上升,学生团队参加各级创新创业大赛均取得优异成绩。

(一)双创教育惠及全校学生

双创教育的基础阶段(通识课程)和实习阶段(专创融合课程)均为面向全体在校生的必修课。通过这两个阶段的学习,学生的创新意识与创业精神得到普遍提高,为将来的创业奠定了坚实的基础。

（二）学生创新创业项目质量得到提升

参与创新创业项目开发的学生越来越多，质量逐步提升，在各级创新创业大赛中，获得各级奖项逐年增加。如参加第一届（2017年）和第二届（2018年）中华职业教育创新创业大赛全国总决赛均夺得金奖，2019年获得第一届全国技工院校学生创业创新大赛一等奖。

（三）通过创业带动就业的模式逐渐形成

现有三个团队分别注册了营业执照、成立了公司，不但开创了技工院校在校生开办公司的先例，还为广州市工贸技师学院的毕业生提供了实习和就业的岗位，实现创业带动就业。

【创新创业活动纪实之一】

工业安全的守护者
——智能巡检机器人

日常巡检是监控安全生产的重要管理方式之一，但每年仍有大量的工业生产事故发生。通过事故原因调查报告分析，我们不难发现：企业的很多生产事故其实可以在发生前得到遏制，因为很多的事故原因都是对生产过程的监控不到位，生产设备状态异常未被及时发现，使得事故没能消灭在萌芽状态。企业主要依靠日常巡检工作机制来及时发现和抑制事故，但由于巡检人员长期进行着重复的机械性劳动，加上化工企业的生产环境较为恶劣，具有高温高湿、易燃易爆、噪声大、粉尘多的特征，容易对人体造成职业伤害，因此许多人都不愿意从事巡检工作，巡检工作人员流动性大，巡检的差错率高，从而事故频发。

每次看到这种事故的发生，都让人倍感揪心。由数控加工（加工中心操作工）专业2016级学生陈广诚、杜子健、钟树基，工业机器人应用与维护专业2018级学生朱雁翔和国际贸易专业2018级学生戚美珍组成的创新创业项目团队，在平时的各种思政教育中，逐渐提高了自己的社会责任意识和家国情怀。团队一致觉得自己身为技术工人，对守护工业生产的安全、呵护巡检人员的职业健康责无旁贷，于是提出要研发一种可以代替人类进行巡检工作的机器人——智能巡检机器人。

项目团队展开了大量研究，并远赴宁夏，对多家煤化工企业进行调研，经过一年多的努力、15次选材、23次试验、3次产品迭代，终于打造出具有室内外全自动导航、四轮独立驱动、防尘防爆等核心技术的智能巡检机器人。项目旨在通过智能巡检机器人替代人工巡检，守护工业安全。正因为团队的这种"守护工业安全、呵护职业健康"的初心，团队的技能梦得以实现，成功研发出智能巡检机器人并得到落地应用。项目在参加各级创新创业大赛时，团队的愿景和情怀深深感动着各级大赛的评委，使项目超越了简单的"赚钱"目标，成为更有高度的创新创业项目，获得评委的一致认同，项目在全国300余所技工院校的1000多个参赛项目中，经过市赛、省赛、全国网评的层层选拔，最后荣获第一届全国技工院校学生创业创新大赛全国总决赛一等奖。

项目团队的成功，与学生长期处于大思政培养环境有着密不可分的关系。通过思政课程、课程思政、活动思政的长期陪伴，学生逐渐提高了自身的思想高度，在开展创新创业项目研发的历程中，才能提升视角的高度、广度，从而得出更符合市场需求，解决民生、解决生产需求的好项目，也唯有这样的项目，才对个人消费者、对家庭、对地方、对国家有积极的意义。

【创新创业活动纪实之二】

电商助力脱贫攻坚
——"乡贸荟"农村电商平台

为深入贯彻落实习近平总书记关于坚决夺取脱贫攻坚战全面胜利的重要讲话和重要指示批示精神，帮助贫困村（清远市太平镇大楼村）早日脱贫，加快实现"摘帽致富"，由电子商务专业、物流专业和市场营销专业的学生组成的创业团队成立了"乡贸荟"电商工作室，开发了"乡贸荟"电子商务平台，帮助大楼村村民实现扶贫产品产销对接、增收致富。

为了帮助贫困户顺利完成农产品在电商平台的上架销售，团队多次到清远大楼村实地调研，为商品采集照片和视频素材，高标准完成农产品的上架。为了推广"乡贸荟"电商平台，团队联合村委会，举办了"乡贸荟"电商平台发布活动。通过发布活动，推广商城平台、助力扶贫攻坚，一方面在大楼村及周边村庄的农户中大力宣传平台，吸纳了更多优质的农产品加入商城，扩大商城的货源种类与规模；另一方面在社会中广泛宣传平台，吸引到更多人关注商城、参与消费扶贫。启动会当天共获得销售订单500多个，成交金额超过5万元，为扶贫电商平台的运营取得了一个良好的开端。

经过"乡贸荟"电商工作室的努力，电商平台为贫困户的产品销售提供了一条更加便捷的通道，对贫困户的农产品销售起到了大力助推的作用，乡贸荟电商工作室的努力获得了贫困户们的一致好评。

【创新创业活动纪实之三】

绿色环保新能源
——光伏发电站

长期以来，国家将生态文明建设放在突出战略位置，积极推进能源生产和消费革命成为能源发展的核心任务，确立了我国在2030年左右二氧化碳排放达到峰值以及非化石能源占一次能源消费比例提高到20%的能源发展基本目标。国家能源局制定了太阳能发展的指导方针、发展目标、重点任务和保障措施，进一步从价格、补贴、税收、并网等多个层面明确了光伏发电的政策框架。伴随新型城镇化发展，建设绿色循环低碳的能源体系成为社会发展的必然要求，为太阳能的发展提供了良好的社会环境和广阔的市场空间。广州市工贸技师学院光伏技术应用专业、机电一体化专业、市场营销专业的学生组建了光伏发电站创新创业项目团队。

通过整合项目所服务的村庄各村民房子天台的闲置资源，与当地供电所协调，创新性布局安装"分布—集中式"光伏发电站，实现与村民的共赢。每年可为每户村民增加租赁费收入4800元，普遍提高了村民的经济收入，对农村振兴起到了一定的助推作用；为当地减少碳排放量、推动当地节能环保、提高人们的环保节能意识起到了重要作用。

该项目团队通过发挥自己所学的技能，在合作企业帮助下，践行绿色清洁能源推广、助力乡村振兴，项目获得第二届中华职业教育创新创业大赛全国总决赛二等奖。

第五节 案例纪实：推广志愿服务活动，服务社会

【志愿服务活动典型案例】

构建"四化"模式，引领志愿服务新风尚

一、工作思路

贯彻落实国家《关于建设新时代文明实践中心试点工作的指导意见》，紧紧围绕新时代青少年成长成才需求，以志愿服务为载体，以"i志愿"系统平台为依托，探索构建"队伍专业化、服务体系数字化、项目多元化、阵地规范化"，立足校园、服务社会的志愿服务模式，积极推进志愿服务，提升志愿服务工作格局。在此过程中，着力打造一支高素质发展的广州市工贸技师学院青年志愿服务队，积极推广志愿服务活动，实现各年级学生全覆盖，引导学生树立正确的价值取向，培养学生践行"奉献、友爱、互助、进步"的志愿服务精神，增强学生服务国家和社会的责任感。

二、实践亮点

（一）构建"四化"服务模式，提升志愿服务工作格局

一是队伍专业化。广州市工贸技师学院团委创立青年志愿服务协会，建立一支校级青年志愿服务队，引领各系、校区7支志愿服务分队，每支队伍通过自发组织申报，在团委的统筹指引下，自发构思活动思路和志愿方向，撰写策划书，团队合作进行志愿服务。通过这样的组建和培养方式，既可以提高学生的志愿服务积极性、主动性，又让志愿服务精神更深入同学心中。志愿者团队的专业建设，有利于提升学生的团队意识和服务质量，从而更好为有需要的人服务。

二是服务体系数字化。积极构建便捷高效的青年志愿服务平台，完善"i志愿"系统平台，构筑数字化志愿服务体系，健全线上线下对接机制，实现志愿服务精细化管理。构建协调联动工作体系，用好信息平台，实现线上线下同频共振，各类资源有效配置，促进志愿服务工作及时、便捷、高效开展。通过网上平台动态发布供需信息，拓展志愿者招募通道，负责做好志愿者登记、注册、培训等工作，方便志愿者及时查询、预约，实现供需双方"零距离"互动、精准化对接。统筹安排工作任务，调配资源，制定志愿服务项目清单，组织协调各志愿分队全方位开展志愿服务工作。

三是项目多元化。深入把握新时代文明实践的目标任务，准确把握校园、社会需求动态，围绕学习宣传习近平新时代中国特色社会主义思想，制定具有引领作用、需要统一组织开展的主题志愿服务项目，培养时代新人，弘扬时代新风。聚焦扶弱助残、帮老助幼、支教助学、环境保护、科技传播、治安消防、社区服务、大型社会公益活动等社会公益服务，设计普惠性志愿服务项目。在服务中广泛普及奉献他人、提升自己志愿服务理念，加强对广大青少年的思想引领和价值引领。

四是阵地规范化。打造宣传科学理论、培育文明新风的"红色殿堂"，打造开展文明实践、服务社会的重要阵地。围绕重要主题，利用节庆、节日等重要时间节点，集中组织内容丰富、形式多样的文明实践志愿服务活动。依托设立的学雷锋志愿服务站，进行经常性志愿服务。开展结对服务，采取"一对一""多对一"等形式，由志愿队对困难群众进行帮扶。

（二）打造高素质青年志愿服务队，创新管理模式

广州市工贸技师学院致力扩大志愿者队伍组织覆盖和工作覆盖，深化引领青年思想建设，拓展志愿服务工作的文化建设内涵。打造高素质青年志愿服务队，推动青年志愿服务组织向基层延伸，巩固和增强团属志愿服务组织的枢纽功能，建立健全院、系、班级志愿者服务队伍组织结构及配套服务制度，创新志愿者服务管理模式。

三、育人成效

（一）志愿服务活动丰富，参与人数多

2019—2020学年度，广州市工贸技师学院团委开展、参与各类志愿服务主题活动约70余次，参与志愿活动3500人次。

序号	志愿服务类别	次数	参与人次
1	宣传教育类	20	1000
2	环境维护类	20	1000
3	扶贫帮困类	10	500
4	社区服务类	10	500
5	大型社会公益活动	10	500

（二）服务社会效益突出，学生淬炼茁壮成长

1. 覆盖面广

近年来广州市工贸技师学院团委开展、参与各类志愿服务主题活动达200余次。广州市工贸技师学院团委利用本校世界技能大赛集训基地的平台，面向青年实施"青春铸梦 技能强国"——技能精英帮培行动。行动实施以来，累计服务培养省、市级高技能竞赛选手和获奖者263人次，国家级、世界级高技能竞赛选手和获奖者44人次。2015—2018年，连续4年广州市工贸技师学院青年志愿队派出近250名志愿者前往海交会展馆参与志

愿服务，并获得海交会组委会授予的"最佳组织奖"荣誉。近两年开展"点滴真情点燃爱同行"献血活动共献血128 300毫升，近200名志愿者服务2018年广州善行者公益徒步活动、2019粤港澳大湾区"粤菜师傅"技能大赛志愿服务等大型公益志愿服务，服务时长超过7200小时。

2. 成绩优异

（1）2015年，广州市工贸技师学院青年志愿者协会特色鲜明、成绩显著，被共青团广东省委员会、广东省学生联合会评为"2014—2015年度广东省优秀学生社团"，被广东省职业教研会评为"广东省优秀社团""广东省十大影响力社团"，指导老师被评为"优秀指导老师"。

（2）2017年12月，在第三届广东省技工院校"优秀学生社团"评选活动中被评为"四星级优秀学生社团"（颁奖单位：广东省职业培训和技工教育协会）。

（3）2017年12月，在第三届广东省技工院校"优秀学生社团"评选活动中被评为"最具影响力社团"（颁奖单位：广东省职业培训和技工教育协会）。

（4）2018年12月，"关爱幼儿 筑梦未来"关爱幼儿成长教育公益项目荣获广州市优秀中学志愿服务项目二等奖（颁奖单位：广州市志愿者联合会）。

（5）2015年12月—2018年12月，获得中国海外人才交流大会"志愿服务最佳组织奖"（颁奖单位：中国留学人员广州科技交流会组委会）。

（6）2019年6月，"关爱儿童 筑梦未来"关爱幼儿成长教育公益项目获广州市羊城志愿服务基金会资助款8000元（资助单位：广州市羊城志愿服务基金会）。

3. 效果显著

2016级汽车维修高级五年1班赖俊良、2018级城市轨道交通运输与管理高级五年1班钟晓舒、2018级工业设计高级五年1班李佳蔚等15名青年志愿者承接2019粤港澳大湾区"粤菜师傅"技能大赛志愿服务。志愿者们在各展馆通道、观众入口、地铁通道等场所展开服务，为活动的顺利举行保驾护航，在汗水和快乐中感受奉献的价值，同学们纷纷感言："帮助他人，使我们感受到快乐和不平凡。"简简单单一句话，背后是默默的付出，能为大家带来一丝温暖就很开心，这就是青春最美的样子。

志愿服务是一种生活方式，成功的活动背后离不开他们的默默付出。"奉献他人，提升自己"，是志愿者们一直秉持着的志愿精神。在实践中，他们切实体会到了助人的意义与价值。工贸志愿者将继续秉持"奉献、友爱、互助、进步"的准则，以一腔热血继续为社会的公益事业做出更多的贡献，为建设和谐社会而继续努力。

【志愿服务活动纪实之一】

让青春在奉献中闪光
——"青春战疫"志愿者活动纪实

2020年冬天，一场疫情防控战在中华大地骤然打响。街道虽然寂静，但青年的声音是那么清晰而有力量。众多工贸青年志愿者加入抗疫战斗，展示奉献精神。

社区（村）作为疫情防控第一线，是外防输入、内防扩散最有效的防线。随着"复工潮"的来临,流动人口增多,防疫形势越来越严峻。为加强疫情防控工作,防止疫情的进一步蔓延和扩散,广州市工贸技师学院青年不忘初心,牢记使命,用实际行动助力疫情防控。

2016级机电一体化(电气自动化方向)五年3班团支书王梓龙自2月13日开始在汕头市澄海区东里镇中兴街道居委会进行志愿服务,每天早上八点到下午五点半,王梓龙坚持在社区的主要街道为父老乡亲们进行测温。

"这点累不算什么,一想到全国那么多医务工作者和志愿者奔赴武汉一线,一想到耄耋之年的钟南山爷爷,想到那些身负重病还坚持在前线工作的逆行者,就咬牙坚持了下来。"自2月1日以来,徐卓曦同学连续21天从早晨6点到晚上7点,平均每天13个小时坚守在所属村口做志愿者,有时忙到早上或中午都没空吃饭,但是他依然坚持在抗疫志愿服务第一线,青春在坚守中闪光。

疫情防控期间,还有其他众多工贸青年毅然加入疫情防控的志愿者大军,用实际行动响应党和国家的号召,响应各级团组织对青年的号召,践行广州市工贸技师学院"立足校园　服务社会"的校园志愿服务精神,为打好防疫战贡献自己的青春力量!

志愿者的光荣事迹在《广州青年报》以《聚是一团火　散是漫天星　工贸青年志愿者青春战疫》为标题大篇幅报道,青年们用实际行动践行着"奉献、友爱、互助、进步"的志愿服务精神。

【志愿服务活动纪实之二】

"青春铸梦　技能强国"
——技能精英帮培行动

广州市工贸技师学院团委利用本校世界技能大赛集训基地的平台,面向青年实施"青春铸梦　技能强国"——技能精英帮培行动,通过打造一流的技能实践基地,组建高水平的专家教练队伍,建立起完善的高水平技能人才选拔制度,开展工学结合、三位一体的教学模式,让青年在观摩、体验、实践等过程中,练就高技能本领,增强技能应用能力和科学创新能力。行动实施以来,累计培养省、市级高技能竞赛选手和获奖者263人次,国家级、世界级高技能竞赛选手和获奖者44人次。本次行动围绕实现中华民族伟大复兴的中国梦伟大实践,培养符合国际行业标准,具有高素质、高技能的新型青年高技能人才,为经济社会发展建设注入青春动力,促进我国从"制造大国"走向"制造强国",从"技能大国"走向"技能强国"。此项目由于创意出众,获得"第二届广州市青少年服务项目创意大赛银奖"荣誉。

【志愿服务活动纪实之三】

阳光心态　快乐人生
——广州市工贸技师学院团委同德围志愿服务系列活动

南粤大地,春意盎然,青春正能量,聚力中国梦,以青春的名义服务社区奉献爱心。2013年4月13日，广州市工贸技师学院团委在白云区同德街家庭综合服务中心广场举行广州市第二届志愿者广交会项目"阳光心态，快乐人生"志愿服务系列活动启动仪式暨青年文明号进社区服务活动。启动仪式结束后，工贸青年为同德围居民献上了精彩纷呈的文艺表演。与此同时，心理健康知识长廊展、现场心理咨询区、性格色彩测试也在如火如荼地进行。在心理健康知识长廊展区，居民认真阅读并了解心理知识；在性格色彩测试区、现场心理咨询区更是挤满居民。

"阳光心态、快乐人生"志愿活动系列活动启动，是贯穿全年扎实开展志愿服务社区的序幕，同时提高青年的社会关注意识和社会服务意识，共建社区服务平台，使他们充分运用所学知识及技能，服务社区，奉献社会。

团市委、广东狮子会爱心服务队和同德围社区共同为工贸青年志愿者搭建平台，自此工贸青年志愿者经常性服务该社区，践行志愿精神，协同居民共同努力打造和谐社区，树立志愿服务品牌。

【志愿服务活动纪实之四】

开拓创新献青春　志愿服务海交会

2015—2019年，连续5年，广州市工贸技师学院青年志愿队派出近250名志愿者前往海交会展馆参与志愿服务，服务人次高达上万人。会前，每年都如期举办海交会志愿者成立誓师大会暨培训动员大会，广州市团校团属培训部为所有志愿者进行培训，让志愿者们全方位学习和掌握志愿者精神和志愿者礼仪。大会坚持"面向海内外，服务全中国"的办会宗旨，通过举办峰会论坛、展览展示、项目交流等八大板块活动吸引海外留学人员回国创新创业，吸引高层次海外人才来华交流合作，促进已回国海外高层次人才跨地区交流。广州市工贸技师学院青年志愿者踊跃加入志愿者队伍，为大会的顺利举办贡献自己的绵薄之力。工作期间，面带笑容，主动进行指引和志愿服务工作。不少国外或者省外嘉宾初到场馆感到很陌生，我们的礼仪志愿者马上主动迎接，嘉宾们纷纷竖起大拇指，对我们的志愿者予以肯定和赞赏。志愿者们凭借出色的表现多年连续获得中国海外人才交流大会"志愿服务最佳组织奖"。参加海交会志愿服务活动的工贸学生表示："我们既是海交会的一线志愿服务者，又是海交会的宣传形象大使。我们秉承'奉献、友爱、互助、进步'的志愿精神，在海交会上展示志愿风采。一起来，更精彩！"

【志愿服务活动纪实之五】

垃圾分类新时尚，志愿服务我先行

广州市工贸技师学院团委发动青年开展垃圾分类活动，发动团员青年、志愿者踊跃参与以关爱环卫工人、垃圾分类生态保护宣传等为主题的志愿服务，参加人员达1000人次。2019年11月11日，共青团白云区委员会主办，白云区青年志愿者协会承办的"垃圾分类新时尚，志愿服务我先行"暨金沙街党建引领"小手拉大手，大手牵小手，参与垃圾分类一起走"宣传活动在金沙第二小学开展，这也是白云区"垃圾分类新时尚，志愿服务我先行"巡回宣传活动进学校的首场。广州市工贸技师学院青年志愿者协会的青年志愿者们积极参与本次活动，活动中配合宣传垃圾分类小知识，带领老师同学们体验垃圾分类小游戏，分发垃圾分类小册子。整个活动下来，既成功推广了垃圾分类的良好理念和做法，利于提高城市文明，也切实加强了学生个人对于垃圾分类的意识，从而在生活中逐步形成好习惯。

【志愿服务活动纪实之六】

青春建功新时代　立足校园我能行

2019年是毛泽东主席为雷锋同志题词56周年，也是中华人民共和国成立70周年和五四运动100周年。为进一步弘扬新时代雷锋精神和"奉献、友爱、互助、进步"的志愿精神，提升全院师生的奉献精神和服务意识，引领青年向上向善，3月份，广州市工贸技师学院团委在全院范围内组织开展"青春建功新时代，志愿服务我先行"主题志愿服务月活动。3月13日，院团委联合各系团总支、学生会、各志愿服务分队，共134名志愿者，开展了"春暖校园"校园护绿美化义务活动。同月在校园中开展三校区"雷锋精神我来讲"讲师团进支部宣讲活动：面向院、系（校区）两级志愿服务分队及社会公益类社团挑选优秀志愿者，组成讲师团，分别深入各系各班级团支部，以新时代雷锋精神为主题，通过主题演讲等形式的宣讲活动，以加强广大青年团员对新时代雷锋精神的理解，大力弘扬、践行雷锋精神，做雷锋精神的忠实传承者和社会主义核心价值观的模范践行者。

【志愿服务活动纪实之七】

我自愿　我劳动　我快乐
——社区志愿服务

广州市工贸技师学院青年志愿服务队与白云湖街道、荔湾区鹤洞街、花都区江高镇等联合共建志愿服务基地，常态化开展志愿服务。2019年4月，先进制造产业系团总支、学生会、志愿服务分队，于白云湖街兵房社区开展义务劳动清洁社区活动。他们认真清扫每一片落叶，为社区的洁净出一份力量。信息服务产业系志愿分队开展"白云区图书馆整理书籍"行动。辛勤付出的同时，志愿者们也纷纷表示学到很多相关知识："之前我不知道图书馆需要做什么，以为很清闲，现在发现并不是这样，图书的整理涉及很多图书管理的知识，也需要工作人员一丝不苟的工作态度，我需要向他们学习。"

种下一点绿，得到一整片春。北校区团总支、学生会、志愿服务分队在江高镇开展"植树造林、弘扬传统节日"活动，同学们自发为春天增添绿意。经过周密部署，大家拿着铁锹、水桶等劳动工具，分工协作，挖坑、填土、浇水，每个环节都一丝不苟，干劲十足。在将一棵棵充满生机和希望的树苗植入大地的同时，也栽种下绿色的希望。此次活动的开展，使广大学生认识到绿化、环保的重要性，并感受到珍惜绿色生命、共建绿色家园的快乐，树立爱护环境的意识。

【志愿服务活动纪实之八】

敬老爱幼　青春奉献

2018年3月，广州市工贸技师学院青年志愿者协会与黄边幼儿园开展了一次雷锋精神的实践活动。现场分配完工作后，可爱的小朋友们开始安静地聆听志愿者姐姐给他们讲的雷锋故事，了解雷锋叔叔的光荣事迹、奉献精神。志愿者和孩子们一起玩游戏，玩得不亦乐乎。接近尾声时，志愿者和小朋友还意犹未尽，约好了下次再来。借着这次雷锋月，广州市工贸技师学院团学干部以及志愿者们一起进行志愿实践活动，给孩子们带去欢乐，给自己留下回忆，在此共携手、共成长。工贸志愿者协会在公益领域的付出换来了嘉奖，2018年12月，"关爱幼儿　筑梦未来"关爱幼儿成长教育公益项目荣获广州市优秀中学志愿服务项目二等奖。

"悠悠寸草心，浓浓敬老情。"2019年5月，北校区团总支、学生会、志愿服务分队联合区团工委，走进社区及敬老院进行关爱老人行动。同学们帮助老人打扫庭院、收拾屋子，并为老人更换新的家具和日用品。志愿队的同学们还用吉他伴奏给老人唱起了歌谣，逗得老人乐不可支，原本昏暗的小屋一下子亮堂了起来。精彩的文艺演出、贴心的活动给敬老院带来了欢声笑语和关切的问候，不仅丰富了老人的日常生活，也让志愿者们明确了本次志愿活动的深刻意义——弘扬志愿精神，关注老年群体。

第六节 活动纪实：组织主题教育实践，坚定信念

【主题教育活动纪实之一】

弘扬革命精神　凝聚青春正能量

在党的十九大胜利召开，习近平总书记等瞻仰中共一大会址，带领中央政治局常委重温入党誓词之际，2017年11月2日，广州市工贸技师学院第十七期业余党校培训班学员集体前往农民运动讲习所旧址纪念馆进行现场参观教学，追寻红色印迹，重温党的光辉历史，学习党的优良传统，使全体学员接受了一次深刻的革命传统教育。

工作人员以党史为背景，通过大量珍贵的图片、文物及文献资料，向我们展示了农讲所的建馆历史，国共合作时期农讲所的日常运作以及农讲所第一至六届馆长、学员的个人事迹。在参观过程中，学员认真观看和聆听讲解，不时停下脚步驻足思考，听着一个个舍生取义的感人故事，看着一篇篇古迹沧桑的文字介绍，大家为革命先烈伟大无私的崇高精神所感染，纷纷驻足沉思。

通过这次现场参观学习，全体学员重温了党的奋斗历程，了解复兴路上共产党人的热血与担当，进一步坚定了理想信念，增强了使命感和责任感，努力为实现中华民族伟大复兴的中国梦贡献力量。

【主题教育活动纪实之二】

"青年大学习——青年意识形态教育"主题讲座

2018年10月31日，广州市工贸技师学院团委举办"青年大学习——青年意识形态教育"主题讲座，邀请广东省人力资源和社会保障厅领导主讲。当天青年学生团学干部近540人出席。

讲座结合意识形态工作实际，分别从意识形态工作的重要性、十九大是意识形态工作重要里程碑为背景，以意识形态和党的领导为主线，剖析组织和个人在意识形态问题上如何找准时代使命和个人位置。并从10个重点维度做了深入浅出的讲解，客观分析了当前意识形态领域面临的多种挑战，剖析了学校、青年意识形态领域工作的重点要点。讲座主题鲜明、内容丰富、案例翔实，既有高度，又接地气，对于引导全体青年进一步加深对意识形态工作重要性的认识和理解，对于增强全院师生进一步做好意识形态建设工作责任感、使命感和紧迫感具有促进作用。

主讲人深入浅出地为青年学生上了一堂理论联系实际的专题课，进一步拓宽了青年学生的政治领域视野和思路，提高了青年学生的思想政治水平，是一次令人难忘的青年意识形态教育。学生表示会后一定认真学习和领会讲座的内容与精神，坚定理想信念，增强爱国情怀，不忘跟党初心，注重提升思想修养，并带头做好表率，不断提升自己的思想政治水平，为技能强国贡献青春力量。

活动效果显著，进一步加强了青年意识形态教育工作，积极响应团中央"全团开展'青年大学习'行动"的号召，全面加强了广州市工贸技师学院青年学生的思想政治素质和意识形态引领。

【主题教育活动纪实之三】

坚定四个自信　厚植爱国情怀
——全院青年意识形态教育培训

2019年12月16日，广州市工贸技师团委举办"坚定四个自信　厚植爱国情怀——全院青年意识形态教育培训"。学院领导、教师及各级团学干部、社团干部共530人参加本次培训。讲座以五四运动100周年为契机，结合国际发展的变化与国内面临的挑战，以党的领导和意识形态为主线，通过反面案例与正面榜样示范对比，剖析青年干部如何在工作、学习、生活中厚植爱国情怀，弘扬以爱国、进步、民主、科学为主要内容的伟大五四精神。

通过本次学习，青年团干深刻认识到作为一名学生干部，应在学习、工作中强化自身爱国意识，起到学生干部应有的模范带头作用。培训取得了预想的效果，进一步加强了青年意识形态教育工作，积极响应了团中央"全团开展'青年大学习'行动"的号召，加强了学院青年学生的思想政治素质和意识形态引领。

【主题教育活动纪实之四】

"缅怀革命先烈·牢记初心使命"清明扫墓活动

为缅怀革命先烈，继承革命传统，弘扬爱国主义精神，深化爱国主义教育和革命传统教育，激励引领广大青年深入学习宣传贯彻习近平新时代中国特色社会主义思想和党的十九大精神，2019年4月17日，广州市工贸技师学院团委组织五个专业系团总支共42名团干前往广州起义烈士陵园参加了"缅怀革命先烈·牢记初心使命"扫墓活动，集体缅怀革命先烈。祭扫活动结束，学院组织青年学生开展爱国主义教育活动，通过走进广东革命历史博物馆参观学习，重温入团誓词，齐唱团歌，激发团干的爱国热情，增强凝聚力。

本次祭扫与参观学习活动，让青年学生深入了解英烈故事，继承遗志，激发青年的爱国热情，让先烈们的革命精神激励广大青年学子不断前进。活动取得了预期效果，参与活动的学生纷纷表示要时刻铭记先烈们的英勇事迹，学习先烈不畏艰难、勇于献身的革命精神。

【主题教育活动纪实之五】

"青春心向党 建功新时代"五四表彰暨纪念五四运动100周年宣誓活动

2019年5月15日下午,广州市工贸技师学院团委组织的"青春心向党 建功新时代"五四表彰暨纪念五四运动100周年宣誓活动在中心校区学术报告大厅隆重举行,青年团员代表逾540人参加本次活动。

活动在齐唱《我和我的祖国》《光荣啊,中国共青团》的歌声中拉开序幕,全体师生挥舞着手中的红旗,用发自肺腑的吟唱,致敬五四运动,表达对祖国的热爱之情。老师与青年学生代表用《五四礼赞》诗朗诵,展现了工贸青年师生牢记历史、勇担时代重任的奋进姿态。

活动现场,130名新团员庄严宣誓,表彰了2018年度学院红旗团总支、红旗学生会、先进团支部、十佳优秀社团、优秀团干、优秀团员和2019年优秀入团积极分子,树立青春榜样,传递优秀力量。

活动现场效果震撼,"爱国、进步、民主、科学"的五四精神和以爱国主义为核心的伟大民族精神深入青年团员心中,激发了广大青年的爱党爱国情怀,展现了学院青年学生朝气蓬勃、奋发进取的精神风貌,促进其继续发挥先进模范作用,为学院发展、团的建设做出新的更大的贡献。

【主题教育活动纪实之六】

收看"纪念五四运动100周年大会"直播活动

为认真学习习近平总书记在纪念五四运动100周年大会上的重要讲话,2019年4月30日,广州市工贸技师学院团委组织全院团干部和团员青年代表共540人集中收看纪念五四运动100周年大会直播。

大会直播结束后,广州市工贸技师学院团委以分小组形式组织学院中层干部、青年教师、团干部、团员代表召开学习座谈会,及时与同学们分享交流学习习近平总书记在纪念五四运动100周年大会上的重要讲话的收获与体会。座谈会上,参会代表们结合自身学业、工作和个人发展深入思考,畅所欲言,积极分享了相关学习体会。同学们纷纷表示:习总书记在纪念五四运动100周年大会上提出的六点要求让人倍感振奋,深感作为新时代青年的时代使命之重大,一定会更加勤奋好学、敢于担当,努力成为德智体美劳全面发展的社会主义建设者和接班人,以青春之我、奋斗之我,为民族复兴铺路架桥,为祖国建设出新出彩。

【主题教育活动纪实之七】

2019年秋季"开学季:广州市中学团校开课日"

2019年9月5日下午,按团市委、局团委要求,广州市工贸技师学院团委在学院党委的指导下,在三个校区同步开展"开学季:中学团校开课日"活动。

广州市工贸技师学院团委认真组织本次团课，课中严格要求三校区全体团学干部们专心听讲，做好笔记。团学干部们认真观看了团市委视频讲座转播——《壮丽七十年，奋进新时代——建国70周年光辉历程与青年发展》。

此次团课深刻而生动，让同学们认识到祖国建设不易，需要青年的力量共同推动建设，并认识到青年在祖国建设中的贡献力与重要性。同学们在课堂中受益匪浅，感受颇多，纷纷表示这是一堂具有实际意义的团课。

【主题教育活动纪实之八】

十八而至　不负韶华
——工贸成人宣誓仪式

2019年10月24日下午，广州市工贸技师学院团委在中心校区开展成人宣誓仪式暨无偿献血活动。学院团委以"十八而至，不负韶华"为主题，在文化广场隆重举行成人宣誓仪式。现场近300名当年满18岁的青年代表参与。在活动中，团委老师带领同学们学习习近平总书记对青年的寄语。院领导对同学们提出三点要求：一是严以修身，立品做人；二是立志成功，不负青春；三是牢记使命，勇于担当。在完成宣誓、学生代表发言、师长和家长赠青年代表《中华人民共和国宪法》等仪式后，18岁青年们列队与领导、老师、家长击掌，在老师、家长的见证和祝福下完成成人仪式，跨过"成人门"。

本次成人宣誓活动激发了学生成人的神圣感、使命感，增强学生成人后的社会责任感，强化青年学生的感恩之心、爱国之心，树立成人成才的坚定理想，让学生充分意识到跨入18岁成人行列的意义，体现学校、老师、家长对青少年即将跨入社会的关心、爱护、祝愿和期望。

同时，"点点滴滴热血浓　人道博爱处处情"无偿献血活动也在当天下午火热开展，共有110位同学参与其中，总献血量为37 600毫升。同学们对参与公益事业的热情以及乐于助人、无私奉献的高尚精神让人动容，用自己的实际行动呼吁更多的同学参与其中，奉献爱心，践行社会责任。

第九章

技工院校心理育人工作的
实践探索

第一节　建设方案：心理育人工作的建设目标与建设措施

一、建设目标

以"积极心理建设"为主题，以心理素质发展中心、心理健康测评管理系统为平台，通过打造"5·25"心理健康主题月活动以及心理素质发展中心开放日活动，营造"人人关注心理健康"的校园氛围，帮助学生正确认识心理辅导，提升自身心理素质，发现并充分发挥自身潜能优势。

二、建设措施

（一）建立科学规范的心理育人阵地

一是科学规划、建设和使用心理素质发展中心，包括个体心理辅导室、团体心理辅导室、来访接待区、心理阅览区、音乐放松室、心理宣泄室等功能区域。二是采购一批专业的心理辅导软硬件设备，包括心理测评系统、箱庭治疗设备、团体辅导箱、团体辅导桌椅、智能呐喊宣泄设备、心理素质拓展器材等。整体营造温馨、舒适、安全的氛围，使心理素质发展中心成为师生心理减压、心灵休憩的好场所。

（二）充分利用好心理健康测评管理系统

一是通过心理健康测评管理系统，建立包括班级心理委员、宿舍心理联系员、朋辈心理辅导员、班主任、学管老师、心理老师在内的有效的校园心理支持系统，形成完整的心理健康工作机制。二是通过心理健康测评等途径发现心理问题学生，通过人格测试、职业兴趣测试、潜能测试等手段促进学生心理素质提升。以发展性问题的疏导和心理素质的提升为目标，解决学生成长过程中出现的各种心理困惑和面临的现实人生课题，帮助学生克服心理发展障碍，提升自我调节能力、耐挫力、适应性、免疫力，使学生更好地适应校园、适应社会，促进学生的健康成长和优势潜能的发挥。三是通过建立心理健康预警机制，及时发现心理异常学生，实施转介，保障校园心理安全。

（三）打造特色化心理健康宣传教育活动

通过院、系、班级三级联动，以"5·25"心理健康活动月、心理素质发展中心开放日等特色活动，宣传普及心理健康知识，营造"人人关注心理健康"的校园氛围，提升学生的心理健康意识。引导学生积极参与活动，在活动中进行心理体验，认识自身的潜能，端正学习动机，改变不良习惯，增强学习兴趣，改善人际交往，促进心理健康发展。

典型案例：建设科学规范心理育人阵地，培养健康心理

【心理育人阵地建设典型案例】

心理素质发展中心的建设与使用

一、心理素质发展中心的建设经过

为进一步引导和帮助学生提升心理健康水平，培养积极心理品质，促进学生全面健康发展，团委在心理辅导室原有场地的基础之上，重新设计、改造、装饰，充分利用空间，根据心理教育工作需求，设计了六大功能区域，同时配备相应设备、物资，建成了科学规范、功能齐备、温馨舒适的心理素质发展中心。心理素质发展中心在做好学生心理辅导和危机干预工作的同时，致力培养学生积极心理品质，进行心理建设，逐步提升心理素质，营造阳光的校园氛围。

二、心理素质发展中心各功能室介绍

心理素质发展中心由来访接待区、心理阅览区、团体辅导室、音乐放松室、心理宣泄室、个体辅导室六大功能区域构成，整体营造温馨、舒适、安全、积极向上的氛围，目的是使心理素质发展中心成为学生心理减压、心灵休憩的场所，促进学生心理问题的解决以及心理素质的提升。

来访接待区营造开放、绿色、自然、舒适的感觉，给来访者带来轻松、自然的舒适氛围，让每个来访者感受希望。心理阅览区集合了有关心理成长、心理素质提升、心理研究方面的报纸、杂志、书籍，给来访者提供了一个充分休息或放松的空间。来访者在等待休息的同时，可以翻阅书籍，从而得到启示。团体辅导室配备专业的团辅桌椅和坐垫，以及多媒体设备、团体辅导器材、行为训练器材，是开展团体心理辅导、心理素质拓展训练、心理沙龙、心理培训等团体活动的场所，能够让来访者在团体活动中感受团队力量，激发潜能，提升心理素质。音乐放松室配备了专业的生物反馈放松椅，来访者在咨询师的指导下，运用音乐特有的生理、心理效应，缓解和消除焦虑、紧张等不良情绪，消除心理障碍，通过呼吸练习、静修释压、催眠减压、失眠康复、深度调养等训练，放松身心，构建阳光积极心态，促进身心健康发展。心理宣泄室配备了宣泄器材、智能呐喊宣泄仪等，帮助来访者将因内心冲突所产生的负面情绪、心理负能量通过一

个安全合适的途径排解、宣泄出来，再结合咨询师的引导，促进个体心理素质水平的提升。个体辅导室承担一对一个体辅导的功能，配备了沙盘治疗设备，来访者能够在一种相对安全舒适的环境下，与咨询师面对面表达真实的自己，在咨询师的帮助下消除心理困惑，促进心理健康。

三、心理素质发展中心的管理制度

心理素质发展中心本着"积极、乐观、自信、向上"的理念，引导来访者自助，日常安排专兼职心理教师轮值，同时安排心理社团学生干部协助。心理素质发展中心已上墙制度有《心理素质发展中心值班制度》《来访者的权利和义务》《咨询师的权利和义务》。心理素质发展中心室内环境整洁、温馨、舒心。心理老师充分尊重学生的人格、保护学生的隐私，切实履行保密原则，竭力为广州市工贸技师学院师生做好心理服务。

四、心理素质发展中心的使用情况

自心理素质发展中心成立以来，3位专职心理教师每年接待个体心理辅导200余人次，有效地帮助学生解决了心理困扰，促进了学生的心理健康和心灵成长，及时化解了心理安全隐患，保障了校园心理安全。同时，3位专职心理教师充分利用心理素质发展中心各功能区域，年均服务师生2000余人次。师生通过提前预约，体验各类专业设备，发现自己的内心困扰，进而获得个人成长；通过音乐放松椅放松身心，调整自己的状态；通过宣泄设备及时安全地释放自己的不良情绪与压力，促进心理健康；通过阅读心理书籍获得心灵成长；通过参与团体活动，获得了同伴的支持与鼓励。

第三节 典型案例：建立心理健康测评管理系统，加强心理干预

【心理健康管理典型案例】

心理健康测评管理系统的建设与使用

一、心理健康测评管理系统的建设

  心理健康测评管理系统是广州市工贸技师学院心理健康教育工作的一个不可或缺的重要组成部分，每年新生入学的心理测评、学生心理状况的跟踪、心理咨询中心的日常管理、学生心理咨询档案建立等工作都迫切地要求建立一个完善并且符合广州市工贸技师学院基本情况的心理健康测评管理系统，学院心理健康工作信息化管理是心理健康工作有效开展的基础。广州市工贸技师学院心理健康测评管理系统是由华南师范大学心理学专家组和智为联合研发的最新版本，系统实用性、专业性和科学性强。系统提供了心理测评、微信心理服务、心理档案系统、心理危机预警系统、统计分析系统、心理咨询管理系统等功能，为广州市工贸技师学院开展心理健康教育服务工作，建立有效的"预防、预警、干预、发展"保障机制，提高学生心理素质和因材施教提供了一个先进的软件平台，促进了广州市工贸技师学院心理健康教育工作规范化发展。

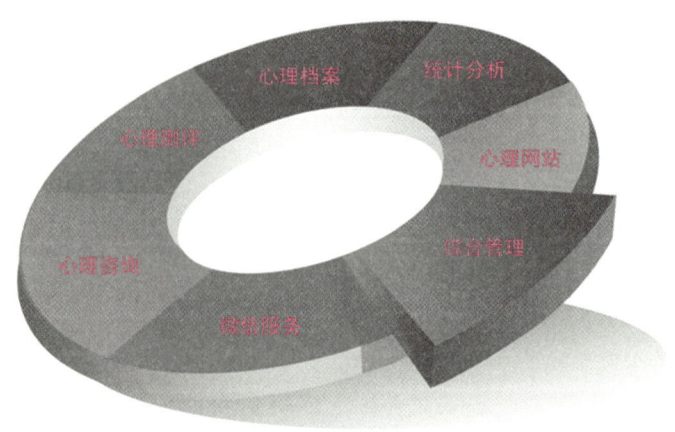

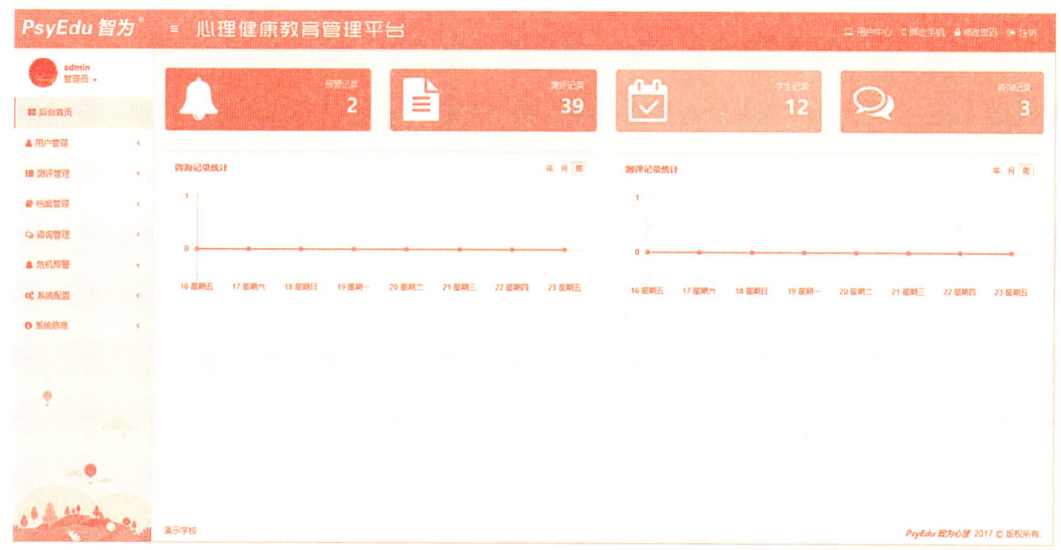

心理健康测评管理系统

二、心理健康测评管理系统的使用

（一）新生心理普查

心理测评管理系统包括心理健康、个性特征、智力能力、心理素质、学习心理、职业倾向等方面，可系统地测试并反映现阶段学生的心理健康状况和心理素质水平，为广州市工贸技师学院进行心理健康辅导和因材施教提供了可靠的依据。测评方便简易，便于高效开展大规模心理普查。软件自动处理和分析测试结果，形成学生的心理档案。心理测评结果不仅有直观的测试结果数据表和统计图，还有详细的心理特点分析，又提供了根据该心理特点所做的教育建议或指导，报告均可以打印、导出。测评进度统计和自动预警，可随时查询已完成和未完成的名单，对于测评结果发现有异常心理的，系统自动记录并提示给有权限的教师。这一预警功能可以在进行心理普查之后快速得出有异常心理倾向的学生名单，便于学院进行跟踪处理和相关决策。

（二）为学生建立心理档案

系统的档案管理功能强大，可以通过不同的条件检索学生的个体档案，也可以查询全院、特定年级、特定班级的团体档案。个体档案结果包括学生的基本资料、心理测评情况、心理咨询情况。系统生成的每份档案内容包括档案封面、学生基本信息表、量表测评记录、心理咨询记录、心理辅导记录等多方面的信息，通过批量打印功能，能够方便、灵活地将整个班级、年级学生的心理档案进行打印，并装订成规范化的档案册。团体档案包括团体测评报告，可以快速得到班级、年级的测评结果总体报表，包括平均状况、最高、最低、结果类型分布等数据和图表，便于在第一时间掌握全院心理状况。

（三）心理咨询

系统有心理留言、心理咨询预约功能。全程保证学生心理咨询的隐私安全，且操作方便灵活。学生可以在系统上提交自己的问题进行倾诉，也可以在心理素质发展中心安排的日期表中进行预约，然后由心理老师进行问题解答或通过系统在线对学生进行心理辅导。系统还提供了心理咨询记录、查询、管理和统计等心理咨询日常工作功能。

（四）心理危机预警

系统的心理危机预警机制有：通过心理测评快速筛选出有心理异常的名单，或通过心理咨询产生预警，或通过心理委员及班主任等的上报产生预警。可多用户角色对心理异常名单人员进行评估、追踪、干预，提供一套多层次协作的心理危机管理系统。预警名单经审核后，系统会发短信通知相关负责人，实现多方协助实时跟进。

（五）心理训练

系统提供心理放松、心理激励、注意力训练、记忆力训练、思维训练、反应训练等心理训练模块，可训练提高学生心理素质及综合能力，让学生在完成心理测评之余可以参与一些心理学的小实验或体验。

（六）统计分析

系统还具有教育科研作用，既可对全院进行统计，也可以对某一年级或班级进行统计，还可以对任何两个群体做T检验和多个群体的方差分析，以比较年级或班级、男女性别或前后施测的差异显著性等，统计结果使用表格和图形描述分析，直观生动。所有的学生测试的原始答案、原始分数和标准分数均可导出到Excel电子表格和SPSS中，以便进一步统计应用。

心理健康测评管理系统每年服务新生2000余名，也可以进行全校的心理摸查，为分类干预、针对性辅导提供了科学依据。

第四节　活动纪实：打造心理健康宣传教育活动，营造正向环境

在场地建设的基础之上，团委充分依据学生的心理发展特点，策划形式多样、内容丰富的心理健康教育活动。学生通过参与活动，对心理问题和心理辅导有了正确全面的认识，对学校的心理援助途径有了更深的了解。通过活动，还普及了心理健康知识，提升了学生的心理保健意识。学生在参与活动的过程中，学习心理自助和互助技巧，进行心理体验，发现自我潜能优势，获得心理成长，提升心理素质。

【特色心理健康教育活动纪实之一】

心理游园会活动　营造积极心理氛围

构建良好的心理认知氛围是增强学生心理健康的基础和前提。一年一度的心理健康日是营造积极心理氛围的最佳时机。2019年5月22日，工贸心理健康日以"感悟生命真谛，绽放精彩人生"为主题，包括"生命不易，感恩父母""生命不止，自强不息""生命如花，努力绽放""预立遗嘱，感悟生命""我的生命箴言"五个模块的心理游园会活动有序开展。立意新颖、主题丰富的体验活动激发了同学们积极参与的热情。

"生命不易，感恩父母"活动带领同学们走入生命孕育的世界，引导同学们了解生命的来之不易，体验生命的珍贵，感受生命的美好；"生命不止，自强不息"活动带领同学们认知生活的现实和残酷，引导同学们直面人生的烦恼与挫折，树立乐观向上的积极心态；"生命如花，努力绽放"活动带领同学们发现生活的美好，引导同学们勇往直前，实现人生价值；"预立遗嘱，感悟生命"活动带领同学们认识生命长度的有限性和生命宽度的无限性，引导同学们努力寻找人生目标，让生命焕发精彩；"我的生命箴言"活动带领同学们领悟生命的价值，引导同学们积极践行美丽人生。

心理游园会活动有效带动了同学们的学习热情，成功吸引了一批又一批学生走进心理素质发展中心，了解心理健康的奥秘，为校园营造了良好的心理健康认知氛围。

【特色心理健康教育活动纪实之二】

心理素质拓展　培育积极心理

积极心理建设无法一蹴而就，而需循序渐进、有效引导。为了在实际行动中培养学生的积极心理，2018年5月22日，学院团委组织开展了以"同心同行同成长"为主题的团队心理素质拓展竞赛。

25支参赛团队持续参加"不倒森林""盲人足球""圈圈相套""跳出新天地""同舟共济""无敌风火轮""异形穿梭""珠行万里""坐地起身""齐眉棍"10个心理竞技游戏，每个游戏对协调能力、默契度、信任感、体力、问题解决等多项能力均有较高要求，这对任务的顺利完成提出了非常大的挑战。

虽然有诸多的困难和挑战，但每支参赛团队都团结一心、齐心协力，突破层层困难，共同完成一个又一个的游戏，每一次任务的艰难完成都发出了振奋人心的欢呼声。通过这次心理素质拓展竞赛，同学们切身感受到团队的力量，体会到坚持的价值。

极具趣味性和竞技性的心理素质拓展竞赛为同学们提供了在实践中体验心理变化、进行自我心理调适的最佳平台，在持续的游戏中锻炼同学们的团队合作、沟通协调、坚持不懈和问题解决等方面的素质和能力，在潜移默化中感受积极心理品质的正向影响。

【特色心理健康教育活动纪实之三】

心灵书籍阅读　提升心理健康认知深度

培育积极心理，心理健康认知能力提升是关键。为了培养同学们的阅读习惯，逐步积累心理保健知识，交流阅读感悟，拓展心理知识面，提升心理健康认知能力，增强心理健康素质，2018年11月，学院团委组织开展了以"心轻松　新感悟"为主题，为期三周的心灵阅读时光读后感评选活动。

精心选定的区域、精心推选的书籍、良好的阅读氛围，为同学们提供了绝佳的阅读条件。琳琅满目、生动有趣的心理学书籍激发了同学们的阅读兴趣，他们争先抢后地借阅并积极参加读后感评选活动。

最终，21份优秀作品从100多份读后感中脱颖而出，涉猎范围从《教育心理学》等专业类书籍，到《女生，我悄悄对你说》等心理学通俗类读物，同学们阅读兴趣浓厚，阅读范围广泛。读后感中，同学们时而充满好奇疑问，时而陷入深入思考，见解独到、深刻。

心灵阅读时光读后感评选活动的持续开展产生了喜人的效果，掀起了学习心理学的热潮，逐渐形成了关注心理健康、了解心理保健知识、提升心理健康认知能力的阅读氛围。

【特色心理健康教育活动纪实之四】

有效疏导正向引导　增强心理健康素质

积极心理建设只有落到实处才能真正发挥实效。为了向全校师生充分展示心理素质发展中心各功能区域及设备设施，引导学生学会借助设施设备或求助专业人员解决心理困惑，正向引导学习产生积极心理行为，促进学生心理健康成长和心理素质的提升，

2018年11月14日，学院团委组织开展了以"心理健康正向导引计划——阳光青春 健康成长"为主题的心理素质发展中心开放日活动。

在专业老师的指引下，同学们依次体验了音乐放松椅、宣泄设备、沙盘游戏等专业设备设施。音乐放松椅让大家在舒缓轻快的音乐中放松身心，缓解学业生活带来的压力和烦恼；宣泄设备是释放压力的良好工具，借助器具击打、呐喊、注意力转移等方法，宣泄负面情绪，体验宣泄带来的舒畅感觉，达到身心放松的目的；沙盘游戏是心理治疗的辅助工具，在沙盘场景创设的过程中深入了解个体或群体的内心世界，为同学们提供有效的心理辅导。

深度体验了心理素质发展中心诸多的专业设备之后，同学们纷纷点赞并争相预约，截止到2021年5月，心理素质发展中心已接待了师生近万人次，对300余名学生进行了心理辅导并持续跟踪。在专业老师的细心指导和关爱下，100余名学生顺利解决了学业、家庭、情感等方面的困惑，心理问题得到了有效疏导，心理素质得到实质性的提升。

心理健康正向导引计划将持续开展，为不断提升学院师生的心理健康素质而不懈努力！

【特色心理健康教育活动纪实之五】

团体心理辅导　发挥积极心理功能

积极心理建设，是一个长期且持续性的过程，需学生、学校、家长和社会共同努力和营造。正处于青春期的技校学生，部分存在情绪情感强烈不稳定、看待问题不全面、思考问题不成熟的情况，如何正确并及时疏导是关键。

为了引导学生认识情绪的特点，学会管理情绪，2019年4月，学院团委组织开展了以"青春，不抱怨"为主题的团体心理辅导系列活动，活动公开招募成员，学生自愿报名参加。本次活动共有30余名学生踊跃报名参加，从认识情绪、体察情绪、合理宣泄消极情绪、激发积极情绪四个单元由浅入深、由表及里地引导学生一步步感知情绪、发现情绪、寻找方法、突破瓶颈，最终实现排解消极情绪、培养积极情绪的目的。

团体心理辅导是心理素质发展中心推动积极心理建设的有效途径，学院团委将坚定不移地持续开展团体心理辅导活动，不断提升学院师生的情绪感知、理解、表达、控制和管理能力，助力学院师生心理健康成长。

【特色心理健康教育活动纪实之六】

关爱女性心理健康　拓展积极心理新高度

积极心理的培养，要因材施教，也要把性别差异考虑进去。青春期的男女，因身心发展特点的差异，面临的困惑和问题也有所不同。2018年3月，正值一年一度的女生节来临之际，学院团委组织开展了以"魅力女生，青春飞扬"为主题的女生节系列活动，帮助女生认识自己的内心世界，塑造健康积极的人格。

女生节系列活动包括了多个子活动。"女生风采"活动展示工贸女生青春活泼、积极向上、独立自信的正能量形象，营造健康成长的校园氛围。"真诚、友爱"圆梦行动打破青春期异性交往的羞涩心理，展现同学们的蓬勃朝气和青春活力，增进男女生的友谊，促进男女生之间的文明、大方、真诚交往。"魅力女生，健康同行"的主题讲座深入浅出、生动自然地介绍青春期女生的生理和心理保健知识和问题应对方法，引导女生学会了解自己、保护自己、爱护自己。

蓬勃向上、积极进取的女生形象是健康文明校园的亮丽名片，"自尊自信、自爱自强"是当代女性的必备素养。关爱女性，关心青春期女生的心理健康，心理素质发展中心将持续为不断提升青春期女生的心理健康而努力。

第十章

技工院校网络育人工作的实践探索

第一节 建设方案：网络育人的建设目标与建设措施

一、建设目标

通过多样化网络工具和平台的应用，将思想、政治、道德等多方面的知识、内容、案例等及时、高效地传递给学生，发挥好网络育人的积极作用，探索形成立足时政热点，弘扬主旋律，具有网络社交特点、校园青年特色的话语体系，打造宣传工作与思政教育紧密融合的宣传展示"品牌矩阵"。一是整合网络文化平台资源，建设特色鲜明、功能互补、多平台联动的校园网络育人阵地；二是丰富网络思政内容，创新形式，打造网络育人品牌；三是加强舆情管理，深入学生的媒体使用行为习惯研究，抓牢网络意识形态话语权。

二、建设措施

（一）完善网络育人机制建设

建立院系共建、师生协同、全员参与的网络育人工作格局，强化网络育人工作队伍的立德树人精神和政治法治意识，加强网络管理能力建设，提升网络育人工作水平。充分利用校内外资源，充分整合门户网站、微信公众号、校园电视台、校园广播台以及团总支、社团、班级等平台载体，强化共建、共享，打造互联互通、同频共振的思想政治育人网络。持续优化网络育人工作机制，创新网络育人方式方法，把网络思想政治工作纳入文明校园、意识形态工作整体考量，进一步完善网络育人考核体系，加强网络育人考核工作，促进网络育人工作长效发展。

（二）加强网络育人品牌塑造

坚持以习近平新时代中国特色社会主义思想为指导，加强院系网络思政内容建设，鼓励支持各系结合自身特色打造品牌项目。依托校园电视台、校园广播台等载体，开设新闻类、电台类节目，传播中华优秀传统文化与社会正能量。重点关注社会热点问题、学院新闻、校园生活，结合不同时间节点，探索开展多种主题的网络文化活动，制作微视频、微访谈、微演讲，打造一批网络文化精品。大力开展校园文化艺术节、体育节、技能节，并结合重大节日和纪念日举办每月一主题活动，对重点活动进行微视频直播，激发转播与评论互动，强化网上主旋律宣传。

（三）强化网络意识形态管理

提高网络资源的整合利用率，进一步强化正面宣传工作。强化风险防范意识，对网络舆情进行动态监控，及时发现涉校舆情，研判风险等级，科学组织开展舆情应对和处置工作，切实强化网络意识形态管理。明确相关部门职责分工，细化舆情管理工作内容、舆情事件处置流程、突发事件信息发布、校内网络阵地管控等内容，持续完善网络信息发布与舆情管理制度机制。组建网评员队伍，通过微博、微话题、网络跟帖等方式进行正面发声，加强舆情疏导，增强网络意识形态话语权。加强对学生思想动态的关注，分析研究青年学生的媒体使用行为习惯，引导学生正确、合法地使用媒体发声。

第二节　典型案例：同心同向，着眼长效机制建设

【网络育人平台建设典型案例】

搭建"4平台同频共振"矩阵，打造网络育人品牌

一、工作思路

以习近平新时代中国特色社会主义思想和党的十九大精神为指导，落实《中共中央 国务院关于进一步加强和改进新形势高校思想政治工作的意见》（中发〔2016〕31号），以社会主义核心价值观为引领，坚持把立德树人作为中心环节，以管理育人、实践育人、心理育人、文化育人、环境育人为工作基础，搭建网站、公众号、电台、广播台"4平台同频共振"网络育人矩阵，构建网络育人的长效机制，培养学生正确的人生理想信念，营造良好的网络文化环境，助力构建完整的思政育人体系，体现学校网络思政育人的系统性和有效性。

二、实践亮点

（一）同心同向，着眼长效机制建设

一是整合资源、凝聚力量。整合现有资源，构建了门户网站、校园电视台、广播台和新媒体矩阵为基础的网络思政教育大平台的育人模式，努力做到"育人全过程、影响全方位、传播全效能"的思政育人高能量。二是互联互通。坚持共建、共享、共融，在网络育人工作中形成校园内外联动、院系共建、师生密切协作的全员参与格局以及教育效果显著的良性运行态势，并通过定期培训交流和重点指导提高师生法制意识、政治意识、责任意识和网络管理工作技能。三是规范管理，加强考核激励。加强对学院二级网站的管理、监督和维护力度，将网络思想政治工作开展情况列入文明校园、意识形态等工作考核指标体系；把指导老师开展网络育人工作情况纳入年度工作考核。

（二）提升品质，打造网络育人品牌

一是加强价值引领。以学习传播习近平新时代中国特色社会主义思想为主线，常态化实施院系网络思政"十佳项目"，形成"一系一品"的示范效应；开设《贸然视界》《工贸留声》等新闻类、电台类节目，传播优秀文化与正能量。二是创新作品形式。从

青年学生关心的社会热点问题、学院新闻、校园生活等角度切入，抓住开学季、招生季、毕业季等关键时间节点，积极开展网络文化主题活动，打造主题鲜明、思想深刻、生动活泼的微视频、微访谈、微演讲等网络文化精品。三是办好品牌活动。以校园文化艺术节、体育节、技能节等品牌文化活动为重点，以重大节日和纪念日宣传为契机，实行每月一主题的网上主旋律宣传，对大型主题活动进行全程微视频直播，激发转播与评论互动，形成校园文化活动直播的常态机制。

（三）把控网络舆情，深入探究学生媒体使用行为

一是坚持正面宣传与舆论引导、风险防范与应急预控相结合，把握好学院网上舆论宣传引导的时、度、效；加强网络舆情的监控，及时关注、积极应对、主动作为，提升网上舆情发现力、研判力、处置力，提高网络资源的整合利用率，使互联网的育人工作最大变量变成最大增量。二是出台网络信息发布与舆情管理的相关管理办法，对舆情管理工作内容、工作制度、监测制度、上报制度、舆情事件处理、突发事件的信息发布、舆情引导、校内网络阵地管控、校外媒体支持等进行明确规定。三是本着"导先于防，防寓于导"的原则，选拔专职党团干部、青年教师组成网评员队伍，通过微博、微话题、网络跟帖等方式，与师生进行切实有效的沟通，及时掌握学生的思想动态，有的放矢进行思想引导，抓牢网络意识形态话语权。四是依托学校信息反馈与服务平台，从学生课堂到实践，收集学生学习、生活、实践数据，做好大数据挖掘，动态观测和分析学生思想动态、关注热点、生活需求等，探索研究青年学生的媒体使用行为习惯。

三、育人成效

（一）矩阵效应显现

强化门户网站的运营管理，加强官方主页及二级网站发布内容的审核管理。完善官方微信建设，增强微信公众号的服务功能，优化用户体验，进一步提高官方微信的关注度。以校园电视台为基础，打造互动式的文化宣传平台和校内外宣传的重要窗口，更好地服务学院宣传工作和文化建设。各平台同频共振，及时发布学院新闻、学院通知，宣传学院文化，通过宣传典型人物、优秀校友事迹等，达到网络思政育人润物无声的效果。

（二）内容影响广泛

网络思政平台深受全校师生好评和喜爱，已经成为开展网络思政教育的重要阵地。门户网站的运营管理得当，每月更新，确保内容新鲜度。官方微信于2014年12月建立，截至2020年年底，累计推送信息499条，关注用户28 384人。公众号稿件质量较好，阅读量大，远超预期，有效地通知广大师生重要的官方信息，服务大众。校园电视台自成立以来，推出了《工贸视界》《工贸留声》等节目，节目内容好、质量高，得到了主管单位的高度肯定。

第三节 活动纪实：提升品质，打造网络育人品牌

【网络育人活动纪实一】

强化官微运营　服务思政育人

微信公众号为个体和社会提供了一种全新的信息传播方式，构建了媒体与读者之间更好的沟通与管理模式。广州市工贸技师学院于2014年12月创建官方微信公众号，用于向社会各界发布学院最新工作动态、重要通知等官方消息。

学院官方微信公众号，是学院信息发布、招生咨询、意见反馈的综合性窗口，由学院办公室专职老师和分管宣传工作的副主任具体运营，信息的推送和发布采取三级审核管理机制，专职老师负责微信内容编辑、版面设计和初核，分管宣传工作的办公室副主任负责审核修改，学院院长把关审定，确保内容的高质量和权威性。官方微信公众号自创建以来，已累计推送微信推文499条。

近年来，学院充分发挥官方微信的网络育人作用，着力打造宣传工作与思政教育紧密融合的官方微信，强化官微宣传报道的导向功能和教育功能，服务思政育人工作的开展。一是开展思政专题宣传，宣传学校大思政体系构建的经验和成效，以及思政课建设、思政育人工作中的先进人物和先进事迹，充分运用新媒体新技术使思政宣传工作活起来，增强思政教育时代感和吸引力。二是把思想政治宣传贯穿和融入广州市工贸技师学院各项重大活动、事件宣传之中，在官微宣传报道中善用、巧用"网言网语"传递声音，实现宣传育人、思政育人。三是加强对学院官方微信和各部门子公众号联合宣传机制建设，及时对重大党政、活动开展联动宣传，扩大思政宣传覆盖面，增强思政教育影响力。

【网络育人活动纪实二】

借助社交平台　发挥网络引导功能
——学院团委充分利用官方平台，提升共青团网络舆论引导影响力

为更好宣传和学习党团的群众路线教育实践活动，广州市工贸技师学院团委充分利用新媒体优势，发挥共青团官方微信、腾讯微博、学院二级网站、QQ等新媒体综合服务平台作用，用广大青年喜闻乐见的方式及时向广大团干部、团员发布共青团教育实践活动的有关动态，大力宣传共青团组织开展的教育实践活动进展、成效和经验做法。宣传青年工作，引领青年思想建设，拓展了团工作的文化建设内涵。

通过社交平台加强与各团总支、学生会、各学生社团的信息沟通与对外交流。2019—2020年团委官微推文80余篇，青年志愿者协会、工贸之声及社团推文200余篇，有效发挥新媒体阵地功能。宣传阵地坚持全方位、多样化建设方针，注重发挥网络引导作用，提升共青团网络舆论引导影响力。

【网络育人活动纪实三】

音乐盛宴喜迎新年
——广州市工贸技师学院校园电视台台庆晚会成功举办

2019年12月26日，广州市工贸技师学院举行2020新年音乐会暨校园电视台GMTV台庆，活动包括校园电视台介绍、校园电视台发展史回顾、"音为由你"2020新年音乐会等环节。

广州市工贸技师学院校园电视台GMTV于2018年8月筹建，由学院办公室负责管理和指导。在学院领导的关心和支持下，校园电视台创台建制，破茧成蝶，运营团队不断壮大。在一年多的时间里，校园电视台充分发挥文化宣传阵地作用，制作了11期校园要闻节目《工贸视界》和2期电台节目《工贸留声》，推出了校运会等多条专题报道，累计推送微信推文22期，展现了学院工作开展情况和师生风采。

院领导为活动致辞，充分肯定校园电视台作为学院文化建设重要载体和品牌宣传重要窗口产出的成果，希望同学们踊跃参加校园电视台工作和活动，推动学院文化建设成果高质量展示、传播和推广，并在工作、训练和演出中不断磨炼品格意志，增强团队意识，提升综合素养，实现多元成长。

【网络育人活动纪实四】

工贸之声校园广播台
——网络育人的前沿阵地

校园广播是学校向学生传递政治立场、政治观点、育人方向和培养目标的重要工具，是课堂教学"传递科学知识、弘扬先进文化"的有益补充。

工贸之声校园广播台内容丰富、感染力强，深受学生喜爱。以时政新闻、政治主题和学校主流文化宣传为主的周一栏目《学风建设》，开设十九大主题专栏，邀请嘉宾访谈交流，及时准确的信息传递、严谨活泼的访谈氛围，既有效传播党和国家的方针政策，又以润物细无声的方式深入人心。以"吃、喝、玩、乐"为主题的周二栏目《民俗介绍》，通过分享与学生密切相关的生活信息，介绍广州乃至广东省的特色民俗文化，将文化教育和思政教育融入生活。以音乐及情感为主题的周三、周四栏目，基于学生特殊的心理需求，在轻松愉悦的氛围中注重学生情感与心理问题的解决。

工贸之声校园广播台一直致力服务师生，营造良好的校园文化氛围。新冠肺炎疫情蔓延之际，在学院团委的引导下，学生主播用声音传递爱，向为抗疫工作做出贡献的英雄们致敬！

工贸之声校园广播台将持之以恒地坚持高标准、高要求、高质量地制作师生喜闻乐见的栏目，一步一步朝着构建专业媒体平台的目标迈进。

第四节　工作纪实：把控舆情，引导媒体使用行为

【网络舆情应对工作纪实】

科学应对舆情　有效化解矛盾

——广州市工贸技师学院迅速有效处理食堂小炒档工作人员用扫帚清洁炉灶舆情

2017年5月16日23时33分，学院个别学生在百度贴吧发帖反映学院中心校区一楼食堂小炒档工作人员用扫帚清洁炉灶的问题。5月17日8时10分，学院监控并发现这一舆情，在广州市人社局宣传处的指导下，按照学院舆情管理机制积极开展应对和引导工作。

学院高度重视，总务处马上向第一食堂承包方了解情况，并调阅涉事窗口当天营业结束后例行卫生清洁时的监控视频进行核实，确认该窗口工作人员使用工作台清洁扫把进行炉灶清扫。后续的视频监控显示，该工作人员随后使用清水对相关灶台和锅具进行了冲洗。

根据食品药品监督管理局相关要求，食堂要对工作台清洁扫把和地面清洁扫把进行明确区分和标识。涉事食堂为A级食堂。通过检查发现，该食堂涉事小炒档有将工作台清洁扫把和地面清洁扫把分区域摆放并区分使用，但因两种扫把外观和款式相似，标识不清晰，有错用的隐患，且容易让师生误解。此外，监控视频中灶台清洁时使用的锅具也并非炒菜用锅，而是清洁专用，仅用于盛放灶台清洁时需要使用的洗涤剂和热水。

全面了解上述情况后，学院马上向广州市人社局宣传处电话汇报该舆情，迅速在第一、第二食堂宣传栏及显眼处张贴通告，将事件有关情况及改进措施及时告知师生。同时，还组织各系学生代表共190人于5月17日午餐和晚餐时段结束后分批到食堂进行实地参观，加深学生对食堂运作管理的了解。之后，了解详情的学生及时跟帖发声，消除误解。

第十一章

技工院校校园文化育人工作的实践探索

第一节 建设方案：校园文化育人工作的建设目标与建设措施

一、建设目标

持续完善广州市工贸技师学院文化体系，围绕"精工求品质 极致而至善"的广州市工贸技师学院核心精神，打造"品质精""体魄强""极致美"的精品文化，增强师生文化认同感和整体凝聚力，使精品文化的精神理念有效内化到学生身上，促进学生多元成才、全面发展。

一是通过打造对接世赛和行业标杆的技能展示与成果体验平台，多形式营造和传播"品质精"的技能文化，强化专业技能追求，激励学生潜心钻研、勇攀高峰、技能成才、报效祖国。

二是通过打造强化体魄和意志磨炼的健康教育与体育锻炼平台，多形式营造和传播"体魄强"的健康文化，强化身心健康发展，激励学生积极参加健康教育与体育运动，砥砺品格意志，努力实现体魄强健、心理健康的目标。

三是通过打造关注共性与个性发展的文化传播与艺术育人平台，多形式营造和传播"极致美"的艺术文化，强化文化艺术熏陶，激励学生积极参与文艺活动，努力追求艺术极致，提升文艺素养。

二、建设措施

（1）聚焦"品质精"，打造对接世赛和行业标杆的技能展示与成果体验平台。

对接世界技能大赛标准，加强校内技能比武，开展技能展示与体验嘉年华活动，培养指导学生参加世界技能大赛、国内各级各类技能竞赛，并通过世赛国手经验分享、精湛技能展示，让广大学生感受精益求精、毫厘必争的世赛精神理念和技能竞赛文化；对接行业标杆企业标准，组织学业成果展示与第三方评价活动，使校园内呈现处处可见学业成果精品、人人专注学业成果打磨的良好文化氛围，引领学生对技术技能的钻研和对精品极致的追求。

（2）聚焦"体魄强"，打造强化体魄和意志磨炼的健康教育与体育锻炼平台。

强化健康教育宣传，大力开展健康知识专题讲座、禁毒知识讲座与系列展览，大力倡导健康生活方式，让学生感受积极向上的健康生活理念；强化体育素质教育，引进民族体育运动，打造形式多样、内容丰富、项目创新的体育节，持续开展"阳光运动一小时"活动,让学生感受体育乐趣和运动魅力,激发学生自觉参与体育锻炼、磨炼品格意志的意识,养成良好的生活习惯,实现身心健康发展。

(3)聚焦"极致美",打造关注共性与个性发展的文化传播与艺术育人平台。

强化校园文化中心的艺术传播与育人功能,利用第二课堂形式开展艺术鉴赏、艺术培训,持续开展建党晚会、文艺会演及校园音乐会等活动,在强化共性发展的同时为学生展示自我、张扬个性创造条件,让学生充分参与到艺术作品的创作全程,对作品构思、基础训练、舞台布置、演出实践精益求精,通过不断追求艺术创新,不断打磨提升作品质量,增强学生的审美感知能力、创造表现力及形象思维力,促进学生健康审美情趣和良好艺术素养的养成。

第二节 案例纪实：打造技能展示与成果体验平台，聚焦"品质精"

【"品质精"技能文化典型案例】

匠心筑梦·品质育人

一、工作思路

根据习近平总书记关于技能人才工作的重要指示精神，充分发挥技能竞赛文化对技能人才培养工作的引领作用，广州市工贸技师学院以"品质精"为精神追求，以技能节为依托，着力打造对接世赛的技能展示体验平台、匹配珠三角中高端企业用人需求的学业成果展示平台、检验一体化技能人才培养成效的技能竞赛交流平台等"三大平台"，突出精益文化育人、实践文化育人、竞技文化育人，着力培养学生敬业、精益、专注、创新、钻研等工匠精神，多角度、全方位实现技能文化育人功能。

二、实践亮点

（一）打造对接世赛的技能展示体验平台，强化精益文化育人

作为最早参与世界技能大赛的技工院校之一，广州市工贸技师学院自2010年以来成功培养制冷与空调、CAD机械设计等7个项目20名选手为国家斩获3银6铜11个优胜奖。全院近20个专业对标世界技能大赛标准设立兴趣小组或精英班，开展技能人才培养和选手储备。师生参与竞赛研究、竞赛交流积极性高，竞技文化氛围浓厚。近年来，广州市工贸技师学院学生在国内各级各类近60个职业技能竞赛中获奖达到300多项。其中，延续已逾十年的技能节功不可没。

2019年4月2日，第45届世界技能大赛部分参赛项目广州邀请赛及高技能人才培养高峰论坛在广州市工贸技师学院举行，学院教务处（竞赛办）牵头各教学系组织以"匠心筑梦·品质育人"为主题的新时代技能人才培养成果展示活动，并以此作为广州市工贸技师学院第10届技能节的开幕式。本次展示活动围绕大湾区高品质生活技能体验、汉字文化体验、互联网+智汇新动能、智能产品应用与体验、艺术传承与创意时尚、新能源与新材料应用体验等6大类别25个展位进行，突出广州市工贸技师学院高标准、高品质、高水平培养高技能人才的成果，以世赛标准转化、产教研校企融合、技能人才培养品质高端等为主线，向包括时任世界技能组织主席Simon Bartley在内的国内外各级来宾、中学

师生代表、行业企业代表及广州市工贸技师学院师生约5000人全面展示了学院对接世赛标准培养人才的成效。广州市工贸技师学院各教学系通过精心策划、全员参与，把"追求卓越"的精益文化融入本专业教学课程，在不断精研展示作品、打磨展示过程的准备中，发挥高水平技能展示平台的综合育人作用；在现场极具趣味而又新意无限的技能体验中，点燃对高品质技能工艺的热情，扩大技能文化的影响范围。

（二）打造匹配珠三角中高端企业用人需求的学业成果展示平台，强化实践文化育人

广州市工贸技师学院于2009年率先构建了"校企双制、工学一体"办学模式和高技能人才培养模式，在一体化课程教学改革路上，屡有创新尝试。早在2011年，广州市工贸技师学院已有多个专业引入企业开展第三方评价，为工学一体人才培养模式的实施把准方向、保驾护航。在每年的技能节，各系均把周密筹备已久的毕业生作品展或学业成果展作为重头戏，通过引入珠三角地区中高端企业的专家作为第三方评价主体、组织专业全体师生观摩参与等方式，把行业企业的实践标准和企业文化融入人才培养阶段性评估，让行业企业文化与强调"学中做、做中学"的工学一体实践文化紧密结合，实现技能文化育人的导向性功能。第十届技能节同样有精彩的学业成果展暨第三方评价活动。

2019年6月27日，由中国职协技校委员会教学改革工作委员会组织的技工院校一体化课程教学改革现场交流活动在学院举行，学院集中举办了工业机器人应用与维护专业和数控编程专业的学业成果第三方评价，信息服务产业系7个专业的优秀毕业生作品展暨第三方评价，文化创意产业系动漫与游戏、广告与影视、室内与会展3大类专业的优秀毕业生作品展暨第三方评价、幼儿教育专业技能展示暨第三方评价等4场一体化课程教学第三方评价活动。参与评价的第三方企业专家表示，先进制造产业系学生训练有素、能力全面，任务完成得很好；信息服务产业系学生作品整体思路清晰，操作性和拓展性都很强；文化创意产业系学生作品令人"眼前一亮"，展示效果很好，与本科生作品没有差距；幼儿教育专业学生基本功扎实，节目非常精彩。

（三）打造检验一体化技能人才培养成效的技能竞赛交流平台，强化竞技文化育人

为了促进广州市工贸技师学院所有专业全面推广技能文化育人，每届技能节除了组织大型技能展示和集中性第三方评价活动外，更注重点面结合，由各教学系策划实施能够凸显专业特色和育人全面覆盖性的各种技能竞赛活动或技能展示活动。第十届技能节也不例外。

2019年5月—6月，广州市工贸技师学院6个教学系结合本系教学课程特色，组织了26项校内技能竞赛活动，呈现全面开花、辐射面广的特色。信息服务产业系策划了7场专业技能比武，新能源应用产业系在三校区策划了13场校内技能比武，通用能力建设中心举办了面向全校的通用职业能力竞赛，而文化创意产业系则突出专业特色将2019服装设计毕业作品展演移至广州国际轻纺城举行，通过学生毕业作品现场走秀PK的形式直接接受行业专家的检验。

三、育人成效

一年一度的技能节的开展，让同学们逐渐形成"品质精"的技能追求，树立起工匠精神的职业目标和职业价值观，促进了学生的综合职业素养培养。在第十届技能节的带动下，2019年广州市工贸技师学院师生参加第三届全国智能制造应用技术技能大赛无线电调试工（智能飞行器数字化设计与制造）项目、2019年中国汽车工程学会巴哈大赛、第十二届"高教杯"全国大学生先进成图技术与产品信息建模创新大赛、第三届中华职业教育创新创业大赛、2019年广东省CAD图形设计大赛、2019年广东省"谷丰园杯"育婴员职业技能大赛、第四届广东省技工院校技能大赛等国家级、省级竞赛取得丰硕成绩，获得9个全国一等奖、15个全国二等奖（或第2名）、6个全国三等奖，以及27个省级一等奖、16个省级二等奖、9个省级三等奖的好成绩；杨强华、张光辉2位老师获得"全国技术能手"称号，谢永峰、曾乐2位老师获得"广东省技术能手"称号。学院林楚镇、杨梓浩、梁浩琨等3名师生还代表中国参加第45届世界技能大赛CAD机械设计、制冷与空调和网络系统管理3个项目比赛，获得3个优胜奖。获奖师生技能成才、技能成长的成功实践是广州市工贸技师学院技能竞赛文化推动人才培养的真实写照，更鼓舞广大技能学子不懈奋斗在追求卓越技能、铸就精湛品质的道路上！

【"品质精"技能文化活动纪实之一】

以赛会友分享智慧　中外菁英技展花城
——第44届世赛部分参赛项目广州邀请赛暨技能人才培养经验交流会

2017年4月10日，广州市工贸技师学院组织了第44届世界技能大赛部分参赛项目广州邀请赛暨技能人才培养经验交流会，并同期开展以"技能欢乐谷"为题的职业技能展示与体验活动。包括时任世界技能组织主席Simon Bartley、世界技能大赛标准及测评顾问Jenny Shackleton等在内的10多个国家或地区的专家、企业代表、技能精英等500多人齐聚广州市工贸技师学院共襄盛举。

其中，邀请赛围绕第44届世界技能大赛制冷与空调、网络系统管理、CAD机械设计3个项目进行，来自澳大利亚、俄罗斯、日本等国家和地区的37名专家、教练、选手参与其中，比拼技能，交流技术。技能人才培养经验交流会从世界技能组织、世赛专家、政府、企业等不同视角对技能人才培养工作进行剖析、分享经验，拓宽了广州市工贸技师学院师生的视野。在紧张激烈的邀请赛和碰撞智慧的交流会举办的同时，广州市工贸技师学院师生还精心打造了"智能工坊""IT空间""写意商旅""印象中国风""模拟汽车工厂""中华传统文化"和"老手艺新传承——社团春华"7大主题展馆，设置了30余项技能展示与体验活动，展现广州市工贸技师学院"精工求品质，极致而至善"的核心精神和青年技能人才的风采。此次活动参与人数超过5000人，还吸引了广东电视台、广州电视台、南方日报、广州日报等12家省市媒体的高度关注和报道。

【"品质精"技能文化活动纪实之二】

一鸣惊人　技惊四座
——广州市工贸技师学院连续七届勇夺全国大学生成图大赛一等奖

2015年7月,第八届全国大学生先进成图技术与产品信息建模创新大赛(下文简称"全国大学生成图大赛")在昆明理工大学举行。作为首家参加该项赛事的技工院校,同时也是本次唯一一所参赛的技工院校,广州市工贸技师学院一举夺得19个奖项,成绩喜人。这一喜讯也得到人社部《职业》杂志微信、广东省技能人才网、新华网广东频道等媒体关注并报道。自2015年首次参赛即拔得头筹后,广州市工贸技师学院学子连续七年参赛并成功实现了"七连冠"。

全国大学生成图大赛由教育部高等学校工程图学教学指导委员会、中国图学学会制图技术专业委员会和中国图学学会产品信息建模专业委员会联合主办。在广州市工贸技师学院参赛之前,该赛事历年来以高等院校在校大学生为参赛主体。广州市工贸技师学院首次参赛派出CAD机械设计精英班9名学生参加竞赛,与来自全国各地共185家高等院校的1199名学子同台竞技。广州市工贸技师学院选手不畏强手,一举夺得了团体一等奖、全能一等奖等19个奖项。

广州市工贸技师学院之所以不断取得优异竞赛成绩,是因为自2011年参与世界技能大赛CAD机械设计项目以来,不断对标世赛标准,探索世赛成果转化模式,对精英班学生开展系统化培训,大幅提升工业设计、机电一体化等CAD机械设计相关专业在校学生的技术技能水平和知识理论综合能力,形成了以赛促教、以教促赛的良性循环。自2015年首次参加全国大学生成图大赛并拔得头筹后,广州市工贸技师学院学子连续七年参赛并连续七届夺得全国大学生成图大赛团体一等奖。丰收的硕果是众人汗水的结晶,更是广州市工贸技师学院"校企双制　工学一体"技能人才培养模式、世赛标准转化和频繁的国际交流的成果展现。

【"品质精"技能文化活动纪实之三】

对标世赛　综合评价
——商务软件开发与应用专业期末课程联合考核

2015年12月27日—29日,为期3天的商务软件开发与应用专业期末课程联合考核在广州市工贸技师学院中心校区知明楼9楼会议室举行,来自商务软件开发与应用专业的30位同学现场演示及讲解自己的作品,接受专家的现场点评。本次考核对标世赛,更好地推动了以赛促教、以教促赛的良性循环。

本次期末课程考核与以往的考核方式大不相同,采用行业企业专家联合考核的方式进行。学院邀请了第44届世界技能大赛商务软件解决方案项目首席专家、世界技能大赛商务软件解决方案项目教练、行业企业专家等作为评委,对同学们的作品进行高水平、严标准的评分和指导。

本次考核任务有两个。任务一是仓库管理系统开发。其评价范围包括数据库设计、登录功能、用户管理、采购订单管理、入库功能、出库功能、移库功能、ER图等。任务二是学生管理系统开发。其评价范围包括数据库设计、登录功能、注册功能、学生列表、信息的新增、修改、删除、ER图等。考核过程参照商务软件解决方案项目竞赛方式进行，评委们根据同学们的作品展示、讲解和现场提问回答情况进行评分。评分过程严格遵循"公平、公正"原则，很好地检验了该专业学生的学习成效和技能水平。

【"品质精"技能文化活动纪实之四】

不忘初心　技能成才
——广州市工贸技师学院杨梓浩同学技能成长之路

杨梓浩是广州市工贸技师学院2016级制冷设备运用与维修专业高级班学生。抱着技能成才的目标，入学之初，杨梓浩就积极报名参加制冷与空调项目精英班选拔。在精英班学习期间，他刻苦钻研，不断吸收新知识、掌握新技能。2019年8月，刚刚年满18岁的他，代表国家参加了在俄罗斯喀山举办的第45届世界技能大赛，在28个国家和地区参赛选手中以第6名的成绩夺得制冷与空调项目优胜奖。

杨梓浩特别喜欢钻研技术，他恨不得一天24小时都待在制冷与空调项目基地摸索各种设备，不断吸收新知识、掌握新技能，即使集训期间身体不适被送院治疗，他仍双手不离制冷专业书籍，反复思考自己存在的不足，最终反超其他选手的训练进度。历经第45届世界技能大赛广州市选拔赛、广东省选拔赛、全国选拔赛、国家集训队两个阶段集训考核共五次"大考"，杨梓浩一路过关斩将，成为第45届世界技能大赛中国代表团里少有的"00后"小将，并以第6名的成绩夺得制冷与空调项目优胜奖。

杨梓浩善于将所学技术进行创新应用。盛夏的广州酷热无比，特别是在制冷与空调项目基地里，切割和焊接让原本高温的环境更加难忍。杨梓浩活学活用，利用自己掌握的制冷系统、管道制作、洛克环链接等方面的专业知识，迅速制作了一台移动炒冰机，受到时任香港特区政府机电工程署署长、香港空调及冷冻商会会长等参观嘉宾的高度赞扬。专注、钻研、创新、精益求精，这是杨梓浩身上的标签，也是他坚持不懈、技能成长的写照。2020年5月4日，《人民日报》公告刊登了"中等职业教育国家奖学金获奖学生代表名录"，杨梓浩成为荣登名录榜的两名广州技工院校学生之一。

【"品质精"技能文化活动纪实之五】

技艺精湛　勇夺桂冠
——广州市工贸技师学院师生双双问鼎第三届全国智能制造应用技术技能大赛

2019年11月22日，第三届全国智能制造应用技术技能大赛总决赛在河南郑州落下帷幕。广州市工贸技师学院师生获得学生组、职工组双一等奖，学院还荣获"冠军选手单位"奖牌。

该项比赛由人力资源和社会保障部、中华全国总工会、中国机械工业联合会共同主办，是我国面向智能制造领域规格最高、规模最大、综合性最强的国家级一类大赛。本次大赛以"新时代、新技能、新梦想"为主题，共设装配钳工（切削加工智能制造单元安装与调试）、维修电工（切削加工智能制造单元生产与管控）、模具工（精密模具智能制造单元综合应用）和无线电调试工（智能飞行器数字化设计与制造）四个赛项，共有来自全国27个省（区、市）及机械行业的361支参赛队伍1015名选手参赛。

无线电调试工（智能飞行器数字化设计与制造）赛项是本届比赛新增赛项，分职工组（含教师）和学生组2个竞赛组别，均为双人团体赛。比赛结合智能制造应用技术领域在智能飞行器制造方面的新技术、新工艺、新规范和企业生产实际命题，重点考察参赛选手安装、调试、运用、维护和管控智能制造单元的技术水平，以及利用智能制造单元进行产品生产和加工的能力。

学院教师张光辉、杨强华和学生苏祥和、叶达恒两两组队，经过层层选拔，分别参加无线电调试工（智能飞行器数字化设计与制造）赛项职工组和学生组比赛。得益于从训练场地到指导教练的科学配置，得益于训练备战过程中的精益求精，学院选手在4天激烈的比赛中始终沉着应战、稳定发挥，取得优异成绩。其中，张光辉、杨强华以第二名成绩获得无线电调试工（智能飞行器数字化设计与制造）项目职工组一等奖，经人力资源社会保障部核准后授予"全国技术能手"称号；苏祥和、叶达恒以第一名成绩获得无线电调试工（智能飞行器数字化设计与制造）项目学生组一等奖，学院由此荣获"冠军选手单位"奖牌。

第三节 活动纪实：打造健康教育与体育锻炼平台，着力"体魄强"

【"体魄强"健康文化活动纪实之一】

发扬体育精神　展示青春风采

2019年12月23日，广州市工贸技师学院第十六届体育节圆满落幕。广州市工贸技师学院每年均举办体育节活动。为期两个月的体育节，包含个人竞技和团队比赛系列活动，是一个培养学生综合素质、展现学生风采的舞台，对于增强学生参与体育锻炼的意识、提高学生的身体素质具有重要的意义。

第十六届体育节上，旱地冰球、拔河比赛、篮球比赛、大力士争霸赛、特色操比赛等9项活动在中心校区、南校区、北校区陆续进行。大力士争霸赛体现对健康和力量的追求，也是对极限的挑战；旱地冰球比赛，考验的是同学们的奔跑能力和控制能力，更体现出互帮互助的团体精神；拔河比赛不仅锻炼身体，更教会同学们齐心协力、团结一心；篮球这项集体运动也体现了团队配合；特色操比的不仅是创意，更是艰苦训练换来的整齐划一动作。

体育是力量的角逐、智慧的较量。体育节活动内容丰富、形式多样。无论是哪种形式的运动，都能够帮助同学们锻炼身体素质，培养团队合作意识，增强班级凝聚力。陶行知先生说："我们深信健康是生活的出发点，也就是教育的出发点。"学院以体育节为契机，把良好的体育精神延伸到同学们的学习和生活中，鼓励学生用健康的体魄、过硬的技能、文明的习惯、优良的品德，去迎接未来的学习和生活。

【"体魄强"健康文化活动纪实之二】

阳光体育　青春逐梦

习近平总书记强调，要树立健康第一的教育理念，开齐开足体育课，帮助学生在体育锻炼中享受乐趣、增强体质、健全人格、锤炼意志。2019年11月21日—22日，广州市工贸技师学院隆重举行了以"阳光体育　快乐参与　团结拼搏　青春逐梦"为主题的第31届运动会。

适逢广州市工贸技师学院举行2019年校企合作年会，世界技能组织荣誉主席西蒙·巴特利、广州市人力资源和社会保障局局领导以及71位合作企业嘉宾莅临开幕式现场，与广州市工贸技师学院师生欢聚绿茵场、共庆体育盛会。学院领导在开幕式上致辞，希望通过校运会等体育活动的持续开展，进一步强化全体工贸人的体育精神和健康理念！

本次运动会共设三大类别，包括24个田径比赛项目、跳绳比赛以及毽球比赛。学院还举行了别开生面的火炬传递仪式，象征着体育与传承，寓意着"勇往直前，奔向未来"的奥林匹克精神在工贸校园的延伸。冬日暖阳下，857人次参赛，运动健儿挥洒热汗，用拼搏托举希望，用青春成就梦想。

【"体魄强"健康文化活动纪实之三】

阳光运动一小时　健康快乐每一天

党的十八大以来，习近平总书记亲自谋划和推动全民健身事业，把全民健身作为全面小康社会的重要组成部分，推动全民健身和全民健康深度融合。为积极响应国家号召，树立"健康第一"的理念，帮助学生在体育锻炼中享受乐趣、增强体质、健全人格、锤炼意志，促进学生全面发展，推进校园文化建设，构建活力校园，广州市工贸技师学院组织开展了"阳光运动一小时"活动，保证学生每天锻炼一小时，不断提高学生体质和健康水平。

在学生工作处的精心策划和统筹下，各系和校区根据各班级的实际情况进行合理的安排，班主任每天组织学生在课余时间参加"阳光运动一小时"活动，活动项目各式各样，例如：晨跑、跳绳、踢毽子、球类运动等。运动场上，同学们不怕苦、不怕累，挥洒着汗水，经历着时间的磨炼和毅力的考验，成为校园一道靓丽的风景线。

"阳光运动一小时"活动让同学们放下手机，走出宿舍，走向操场，享受阳光体育，帮助同学们养成体育锻炼的良好习惯，保持身心健康发展，展现朝气蓬勃的精神风貌。活动也成为同学们展示个人和集体风采的舞台，增强了班级的凝聚力，形成热爱体育、崇尚运动、健康向上的良好风气。通过每天锻炼一小时，同学们强健身心，更好地迎接未来的学习和生活，共同实现"每天锻炼一小时，健康工作五十年，幸福生活一辈子"的目标。

【"体魄强"健康文化活动纪实之四】

社团强身　谁"羽"争锋

广州市工贸技师学院鼓励学生成立体育社团，实现快乐健身。学院羽毛球协会创立于2015年9月14日，由学院学生中的羽毛球爱好者自愿组织成立，以"以球交友，快乐健身"为宗旨，以"工贸羽协，谁'羽'争锋"为口号。协会自创办以来一直致力组织羽毛球爱好者进行训练，每学年还会举行内部总结赛，以检验成员的训练成果，同时增加成员的实战经验。为了推广宣传羽毛球运动，在学校的支持下，协会自2017年起举办"广州市工贸技师学院羽毛球全校团体赛"系列活动，其中包括全校赛和新生杯。至目前为止，该项比赛已成功举办两届，不仅促进了羽毛球运动在校内的推广，更进一步增强了校园体育健身风尚。

2019年6月，工贸羽协派出优秀成员参加广州市第十三届"市长杯"比赛。队员们奋力拼搏，力压群雄，最终战胜28支队伍，获得了2019广州市第十三届"市长杯"中职组男子团体白云赛区第二名、广州市总赛区第四名的好成绩。本次比赛规模大，等级较高，成员们增强了实战经验，提高了心理素质，广州市工贸技师学院羽协获得了"市长杯"黎汉伟总教练的认可。此外，广州市工贸技师学院羽协还积极与广东省国防科技技师学院、广建羽协进行友好交流，探讨羽毛球的相关技术问题以及协会的管理问题，促进了协会的更好发展。

【"体魄强"健康文化活动纪实之五】

宝剑锋从磨砺出 梅花香自苦寒来

2018年11月30日，第十七届广州市属技工院校学生运动会在广东省体育场顺利举行，广州市工贸技师学院夺得了广播操团体比赛第一名的佳绩。运动会激发了同学们参与运动的积极性。

本次市技工院校运动会由广州市职业技能教学研究会主办，共有来自全市20所技工院校的1584名体育小将参加竞技。比赛设有第八套广播操团体比赛、田径比赛、跳绳比赛以及传统南狮比赛等共六大类24个竞赛项目。广州市工贸技师学院学生工作处组织的广播操代表队参加第八套广播操比赛，以91.2分的高分勇夺市技工院校运动会广播操团体比赛第一名。此外，广州市工贸技师学院运动健儿们还荣获传统南狮比赛第一名，田径女子组一等奖、田径男子乙组二等奖、跳绳比赛二等奖的优异成绩。

宝剑锋从磨砺出，梅花香自苦寒来。这些成绩的取得来之不易，是运动健儿们通过每天的努力一点一滴积累起来的。每天清晨，当许多人还沉浸在温暖甜美的梦乡时，运动健儿们早已开始艰苦的训练，任由汗水滴滴答答，任由刺骨寒风拍打。特别是广播体操队员们，在长时间的训练，成百上千次的锤炼中，形成了集体默契，动作干脆利落、整齐划一、刚柔并济，笑容感染力十足，第一名实至名归。

【"体魄强"健康文化活动纪实之六】

传承中华传统体育 促进学生强身健体

2019年9月，广州市工贸技师学院信息服务产业系组织开展健身气功"八段锦"走进工贸校园活动，旨在传承中华传统体育，增强体育运动的趣味性、多样性，传递健康生活理念，培养学生健康的生活方式，促进学生强身健体。

健身气功"八段锦"是一套独立而完整的健身功法，起源于北宋，距今已有800多年的历史。八段锦易学易练，调息安神健身效果极好，是中华传统体育的代表之一。八段锦共分八段，整套动作舒展大方、圆润柔缓，是国家体育总局确定的第97个体育运动项目，也是一种以民族传统文化的生命整体观为理论基础，以自身形体活动、呼吸吐纳、心理调节相结合为主要运动形式的自我身心的锻炼方法。

每天早上7:30，广州市工贸技师学院运动场传来舒缓的音乐，信息服务产业系的同学们练起健身气功八段锦，一招一式有模有样。经过近一个学年的刻苦训练，大部分同学已经初步掌握了功法要领。个别没有掌握好要领的同学，也利用课余时间进行了练习和训练。开展健身气功八段锦活动，不仅可以缓解同学们课业压力，培养学生健康的生活方式，更重要的是在同学们的心灵中播下热爱中华传统文化及民族传统体育的种子，让他们成为传统文化和民族体育运动的热爱者与践行者，把璀璨的传统文化和民族体育运动传承下去。

【"体魄强"健康文化活动纪实之七】

广州市工贸技师学院举办"青春爱健康"公益校园行讲座

2019年4月，广州市工贸技师学院举办了"青春爱健康"公益校园行讲座，讲座共6场，覆盖三校区，院领导以及各系指导老师、班主任、学生等参加了讲座。讲座旨在增强同学们的健康安全意识，提高自我防护能力。

讲座特邀德兰光明慈善基金会的专家为同学们深入讲解，让同学们深入了解性知识，了解如何预防艾滋病、如何抵制毒品、如何避免陷入网络陷阱等。本次讲座通过发放防艾性教育小册子、专业医生现场讲解性病，同学们了解到"性"这个敏感话题和艾滋病的严重性。性传播是艾滋病的主要传播途径之一，若因为性无知而染上性病，则后悔莫及。讲座现场，同学们进行了宣誓活动，郑重承诺"做到爱自己，保护自己；做到爱他人，保护他人；珍爱生命，远离伤害"。讲座结束后，院领导寄语："通过讲座让同学们提高自我防护能力，减少不安全性行为和毒品等危害，塑造自主自律的健康行为，养成健康的生活方式，进而以健康身心为基础，为未来创建社会主义和谐社会做出贡献。希望班主任们可以结合讲师所讲的专业知识，利用主题班会课的方式，让同学们进一步了解自己，珍爱生命。"

第四节 案例纪实：打造文化传播与艺术育人平台，追求"极致美"

【"极致美"艺术文化典型案例】

不负青春韶华　绽放艺术"极致美"

一、工作思路

认真贯彻落实习近平总书记在全国教育大会上的讲话精神，《中共中央 国务院关于加强和改进新形势下高校思想政治工作的意见》以及《高校思想政治工作质量提升工程实施纲要》的相关要求，广州市工贸技师学院深入推进文化育人，充分发挥学院校园文化中心的独特功能，以"极致美"为精神追求，创新构建"专业队伍引领、艺术课堂浸润、实践平台支撑、精品节目淬炼"的艺术美育模式，培养学生爱国情怀，提升文化艺术素养及人格修养、创造力及形象感受力，不断强化学生对美的极致追求。

二、实践亮点

广州市工贸技师学院校园文化中心自2010年成立至今，全面统筹组织校园文化艺术美育工作，在长期的实践中构建了专业队伍引领、艺术课堂浸润、实践平台支撑、精品节目淬炼的艺术美育模式。在不断的艺术教学及演出实践基础上，校园文化中心总结出了一套具有特点的人才培养方式，即在多艺术专业综合育人的背景下对学生进行宽阔的艺术视角培养、在专职教师指导下进行精细化专业培养、在丰富的艺术实践平台中进行"实战"能力的培养、在多元艺术专业队伍的融合训练下进行审美认知的培养，成功培养了一大批热爱艺术、追求"极致美"的学生，打造了一系列反响热烈的精品节目，为校园精神文明建设贡献了自己的力量。

（一）打造多元化专业队伍，多线路引导学生艺术追求

结合广州市工贸技师学院现有专业及在校师生的艺术兴趣爱好，校园文化中心面向全院师生开设合唱、乐队、街舞、舞蹈、曲艺、宣教以及南北校区兴趣组等九支专业队伍。校园文化中心专职教师根据学生的兴趣爱好、艺术天赋以及自身条件综合评估，给每一位有意报名的学生提供最符合学生艺术追求的指导意见，学生以此为参考选择适合自己的文艺方向，进入相应专业队伍，并在各自专业队伍中接受由专职教师指导的专业

艺术训练，提升艺术审美情趣、感受艺术魅力、提高艺术表现力。

（二）开设艺术欣赏大课堂，积极拓宽艺术育人新渠道

校园文化中心定期面向全校师生开设线上艺术欣赏大课堂，开拓艺术教育新阵地，拓展全校性普惠艺术教育。艺术欣赏大课堂涵盖音乐党史、正能量歌曲展播、舞蹈鉴赏、民乐赏析等艺术模块，内容丰富、吸引力强，既引导学生关注时政，培养学生爱国情怀，激发民族自豪感与认同感，又以"润物细无声"的方式充分发挥艺术的隐性教育力量。

（三）打造全方位实践平台，提升审美水平和艺术表现力

一是利用校内外各类舞台和演出机会，为学生提供丰富的实践平台，包括各校区校园常规的文艺会演、建党晚会、合作企业文艺晚会、送节目下乡的扶贫演出、音乐节、各级文化艺术节目比赛、各类重大活动暖场演出等。二是为普及艺术教育，投播线上文艺节目，展示优秀作品，广州市工贸技师学院搭建艺术育人多媒体宣传平台包括校园文化中心公众号、校园公共区域视频宣传、平面媒介宣传、橱窗式宣传栏等，实现全校多方位全覆盖，使艺术育人惠及每一位学生。在全方位实践平台的支撑下，学生纷纷化身小明星，艺术学习、表演、创作的积极性大大提升，观众的关注和支持也促进了他们自身对艺术审美和表现水平的提升。

（四）打造高光精品节目，淬炼"极致美"精神追求

通过对艺术表演节目的匠心设计、反复打磨，在舞台下争分夺秒、孜孜不倦的刻苦训练，艺术团队呈现了众多精致、震撼的、引起强烈反响的精品节目，在作品打磨中体现了极致的创意，在艺术表现中体现了极致的考验。例如：现代舞《捍卫》，曾夺得"匠心筑梦"2019年广州市属技工院校校园文化展示一等奖、2019年羊城之夏第二届广州市群众原创音乐舞蹈大赛银奖及最佳表演奖。其极致的创意体现在作品的构思、音乐设计、舞台的布置上精益求精、极致至善，舞台表现时刻精确到秒；其极致的考验体现在演出的过程中，必须在短短6分钟里，运用18组面光灯、24组耳光、26组摇头灯、16组电脑灯、48组光束灯、2组追光等灯种，通过20余次灯光变换，与人物的服装造型、特型化妆、肢体动作配合做到天衣无缝。每一项舞美的细化精确与完美呈现，都体现了主创团队和每一位演员的"极致美"追求。再如，现代舞《砥砺前行》，表达了技能工匠在精益求精的技艺道路上不懈奋斗、砥砺前行、勇攀高峰的匠人精神。作品呈现了令所有观众拍案叫好的高难度动作，对于在入读工贸之前毫无舞蹈基础的队员们是超乎想象的考验。呈现"云端之上"的高难度动作的女孩叫欧阳碧慧，是校园文化中心2016届的舞蹈队员。在这个动作上，她冒着极大的风险，经过近2000小时的刻苦训练，不断磨炼自己的技艺，为的是在作品的最后一刻呈现最为完美的主题诠释，为此她不知摔了多少次，胳膊上时常青一块紫一块。滴滴汗水换来的是精彩的表现和雷鸣般的喝彩。他们就是这样用精益求精的艺术态度诠释"极致美"的追求。

三、育人成效

（一）辐射广

经过多年的实践探索，广州市工贸技师学院文化艺术团体累计参加各类文艺演出600多场，年均50场，各艺术队伍培训学员达6000人次，艺术鉴赏大课堂覆盖近25 000人次，参与互动达8000人次。

（二）成绩优

1．获国家级奖项共2个：一是2010年现代舞《舞动的青春》参加全国第四届"和谐春晚"文艺会演获金奖；二是2016年现代舞《追梦人》参加全国第六届"星光校园"全国中小学舞蹈比赛总决赛获金奖。

2．获省级奖项共8个：作品如歌舞《校园歌曲联唱》、现代舞《英雄赞歌》等。

3．获市级奖项30个：作品如歌舞《芬芳的赞歌》，舞蹈《如火的青春》《中国魂》等。

（三）氛围浓

在普惠艺术推广和专业化培养的多重努力下，全体学生参与文艺活动比例大幅提升，个人文艺素养大幅增强。校园生机勃勃，晨练风雨不停，作品技巧愈发精湛，演出实践愈发精彩、实践成果有目共睹，形成了良好的文艺渗透和培养机制。各项育人工作翔实数据也彰显广州市工贸技师学院育人工作的显著成效，真正使学生在校期间做到不负青春韶华，绽放艺术"极致美"。

【"极致美"艺术文化活动纪实之一】

极致淬炼之精益求精

比赛是检验水平的最好方式之一，同时体现对"极致美"精益求精的追求。广州市工贸技师学院舞蹈队的现代舞《捍卫》，荣获"匠心筑梦"2019年广州市属技工院校校园文化展示一等奖、2019年羊城之夏第二届广州市群众原创音乐舞蹈大赛银奖及最佳表演奖。

舞蹈作品《捍卫》以抗日战争时期，抗联战士与普通民众共同守护一份绝密抗日战士名单为故事线索进行创编，表达了中华民族面对帝国主义侵略所展现的奋不顾身、不怕牺牲的精神，体现了人民捍卫国土的决心。为了筹备比赛，舞蹈队进行了精心的准备：参赛的16名学生演员在专业指导老师的带领下，每天利用上午课前、下午课后、晚修后的时间进行了长达一年的训练，平均每天训练5小时以上；舞蹈服装根据人物角色提前两个月定制；在短短6分钟演出过程中，运用了18组面光灯、24组耳光、26组摇头灯、16组电脑灯、48组光束灯、2组追光等灯种，做出了20余次灯光变换。可以说，无论是作品构思、音乐设计、舞台布置，还是演员功底、表现力及服装设计、灯光运用等方面，作品处处都体现"极致美"，精益求精，完美的呈现让观众耳目一新。

【"极致美"艺术文化活动纪实之二】

极致淬炼之红色育人

一年一度的建党晚会,是校园文化中心精心打造的品牌活动。自2010年起,历经10年,建党晚会已然成为广州市工贸技师学院对外宣传的一张重要艺术名片。2019年6月27日,广州市工贸技师学院举办了庆祝中华人民共和国成立70周年及中国共产党建党98周年晚会,活动由校园文化中心承办。

此次晚会所有节目紧紧围绕爱党、爱国的主题进行编排,从多方面进行突破,整体规模、质量超越往届晚会。在舞美方面,首次搭建三层立体舞台,使用超大LED主屏幕、加宽分屏。在节目方面进行了创新,首次运用了大规模演员、大量道具,并采用不同种类的艺术形式来呈现节目。如情景合唱《在太行山上》,融合了朗诵、领唱、合唱、情景表演,配合各类服装、特型化妆以及长枪、手枪、大旗等道具,生动展现了人民英雄的抗战场景,歌颂中国共产党及其领导下的人民抗日武装,为观众展现生生不息的民族精神;舞蹈《繁花似锦》在短短6分钟内展示了多个民族舞蹈,并结合舞龙表演,用欢快的场景表达中华民族各族人民对国家繁荣昌盛的美好祝愿;诗朗诵《雄起中国 奋起工贸》由广州市工贸技师学院全体院领导带领学院中层干部深情朗诵,阐述了技工教育的发展重任和学院"精工求品质 极致而至善"的核心精神等。此次晚会共有院领导、中层干部、各系学生演员共200多人参演,是历年晚会之最。无论是参演师生,还是舞台底下的观众,都受到了爱国主义的熏陶和洗礼。

建党晚会是红色育人的平台,建党晚会不仅运用舞台表演的方式,将爱国主义教育、人文教育、艺术教育渗透给每一位学生,而且为师生搭建了展现精神风貌的平台,成为广州市工贸技师学院对外宣传的窗口,让更多人认识工贸、了解工贸。

【"极致美"艺术文化活动纪实之三】

极致淬炼之南狮传承

党的十八大以来,习近平总书记多次强调要传承和弘扬中华优秀传统文化。在校园文化中心,就有一支传承和弘扬中华优秀传统文化的队伍——醒狮队。

醒狮又称南狮,是起源于广东南海的传统民俗文化。南狮造型威猛,一般二人共舞一头,舞动时主要是靠"狮头"和"狮尾"舞者的相互配合。校园文化中心醒狮队组建于2015年,为更好地掌握醒狮表演的技巧,队员长期训练马步、跳跃、翻滚、托举、站肩、跳凳等基本功,长时间托举不少于5斤的道具做出各种姿态变化,长时间弯腰配合其他队员动作,还需与鼓、镲、锣等打击乐进行配合。5年来,一届又一届的队员如此训练,日复一日,追求极致,风雨不改。2018年11月30日,醒狮队代表广州市工贸技师学院参加了由广州市人力资源和社会保障局举办的广州市属技工院校第十七届学生运动会暨传统南狮比赛,以精湛的技艺、创新的表现形式,获得全场最高分,一举夺得冠军。

新时代必须推动中华优秀传统文化创造性发展，不断增强中华文化的影响力和吸引力。醒狮队亦紧跟趋势，除传统表演形式外，还大胆尝试用现代音乐代替锣鼓伴奏、加入舞蹈元素等不同的展现方式，赋予传统南狮新活力，带动更多年轻一代了解、热爱、主动传承中华民族传统文化。

【"极致美"艺术文化活动纪实之四】

极致淬炼之扶贫助农

2020年7月13日，广州市工贸技师学院在清远市清新区太平镇大楼村成功举办了"技艺下乡 E起致富"——"乡贸荟"农村电商平台发布活动。校园文化中心为此次活动策划了一台精彩的文艺晚会。

此次活动仅有两周时间筹备，时间紧、任务重。校园文化中心接到任务后立即组建演出团队，紧扣主题策划节目，并凭借队员在日常训练时打下的扎实的基本功，在规定时间内迅速组织编排出了10个节目。为保证活动质量，相关负责人员提前一天前往大楼村，在户外39℃的高温天气下进行舞台布置、音响设备调试，顶着烈日反复演练。校园文化中心精心准备的狮舞表演、舞蹈、歌唱、诗朗诵、萨克斯独奏等节目，为村民们带去了一场精彩纷呈的文艺盛宴，处处体现助力村民脱贫致富的决心。此次活动，不仅提高了学生完成节目的能力，而且让学生更深入了解到国家扶贫政策、广州市工贸技师学院对口帮扶政策，让学生直观体会到助力农村脱贫的紧迫性、重要性，亲身感受扶贫政策下农村翻天覆地的新风貌，切实提升育人实效。

【"极致美"艺术文化活动纪实之五】

极致淬炼之"疫"起同行

2020年7月15日，校园文化中心成功举办了"六尚常艺 '疫'起同行"网络云端文艺汇演。在这个特殊的时期，校园文化中心严格遵守防疫要求，积极响应广州市工贸技师学院宣传"抗疫"正能量的号召，接受挑战，大胆创新。

此次文艺会演采取线下录制、线上直播形式。每一批参演的返校生在"不混班""不串班"和保证安全距离的前提下进行节目创作和排练。由于每一批返校生在校时间只有三至四周，为保证节目排练进度和节目质量，呈现精彩节目，队员们在专业老师指导下利用每天下课、周末休息时间加班加点刻苦训练。

校园文化中心为此次会演准备了舞蹈、合唱、街舞、诗朗诵、模特走秀、器乐合奏等节目。节目录制当天，全体工作人员戴口罩、注意安全防护，一个一个节目分批录制，每个节目至少录制两至三次，力求完美呈现。

此次文艺会演虽在校内演出，但通过网络社交平台进行公开宣传、播放，直播时段观看人数达6650人，覆盖广、影响大，不仅展示了工贸师生的艺术才能，更是向全社会展现工贸师生的精神风貌。特殊时期的文艺会演，给了学生特殊的体验与感受。通过活动，参演学生的舞台表演能力得到迅速提升，并在克服困难中磨砺了意志；观看的学生更加了解了防疫知识，了解学院以及社会各界的抗疫事迹。校园文化中心用艺术的形式，传播正能量，渗透人文教育，让更多学生切身感受来自社会各个群体的贡献，起到了很好的识恩、知恩、感恩教育作用。

【"极致美"艺术文化活动纪实之六】

极致淬炼之艺术鉴赏

2020年5月起，校园文化中心面向全校师生开设了为期六周的艺术鉴赏大课堂，既配合做好学生返校复课稳定工作，又宣传抗疫防控知识，还能丰富学生课余文化生活，促进学生文化艺术素养提升。在艺术鉴赏大课堂的前期准备工作中，校园文化中心根据院领导对学生德育工作的指示精神，成立了教研团队，精心挑选课程素材，仔细梳理课程模块，旨在给全校师生呈现精彩的艺术鉴赏大课堂。

2020年5月31日，校园文化中心为第一、二批返校生率先开展了《艺术之路"疫"起同行——优秀抗疫歌曲展播》。此次课程从选题、收集素材到录制音频、剪辑视频，每一步都经教研团队反复研讨、修改，力争最完美呈现。课程以疫情期间涌现出的一批优秀抗疫歌曲为欣赏对象，选取了12首不同唱法、不同风格的歌曲，引导学生鉴赏。课程推出后，得到了全校师生的热烈反响。据统计，此次教学视频首日点击量高达8205次，可见此次课程受众面之广，学生喜爱程度之高。此次课程不仅从艺术层面指导学生欣赏作品，而且有助于学生心理调节，更通过课程引导学生关注时政，培养学生爱国情怀，激发民族自豪感、认同感，以"润物细无声"的方式充分发挥音乐的隐性教育力量，激发学生主观能动性，达到文化育人的目的。

【"极致美"艺术文化活动纪实之七】

极致淬炼之校园星光

习近平总书记在全国教育大会上强调，坚持中国特色社会主义教育发展道路，培养德智体美劳全面发展的社会主义建设者和接班人。校园文化中心，正用艺术教育助力学生全面发展。在校园文化中心，涌现了不少优秀的"校园之星"，树立了榜样作用。

段吉祥是2018级制冷设备制造安装与维修专业学生。入学后，他报名校园文化中心合唱队，并顺利通过了初试、复试，成为合唱队的一员。他勤学好问，刻苦训练，迅速提升自己的艺术素养，在短短一年内从普通队员晋升为合唱队队长，并多次在校内外大型比赛与演出中承担重要角色，例如：担任广州市工贸技师学院庆祝建党98周年专场文艺演出大型合唱节目领唱、学院第30届校运会开幕式领唱、学院庆祝第35个教师节文艺演出主角，此外还担任了校内外20多次小型演出的主力队员。在校的两年时间里，他一直以"高标准、严要求"督促自己，凭借扎实的基本功和优秀的舞台表现力，他获得了2018年广州市属技工院校首届校园好声音歌手大赛一等奖、2019年广州市属技工院校文化展示活动三等奖、广州市工贸技师学院"校园十佳歌手"称号。

加入校园文化中心艺术团队并没有对他的学习造成负面影响。相反，他在艰苦的训练中磨砺了意志，增强了自律，学会了自我管理，并把对艺术的极致要求作为对自身的要求贯彻到日常学习中，学习成绩名列前茅，连续两年获"三好学生""优秀班干部"称号。凭借自身优异的成绩及文化艺术上的出色表现，他在全省技工院校学生中脱颖而出，获评广东省技工院校"校园之星"。

校园文化中心的专业艺术指导，让学生在校专业学习的同时，获得学习艺术知识、提升艺术修养的机会，并能够发掘潜能，培养自信，学会自我管理，磨炼坚韧意志。校园文化中心在对极致美的追求中，用艺术熏陶学生，助力学生德智体美劳全面发展。

第十二章

技工院校环境育人工作的
实践探索

第一节 建设方案：环境育人工作的建设目标与建设措施

一、建设目标

创设能够感染学生思想、陶冶学生情操的学习生活环境，使学生在这种"氛围"中产生良好的内心体验，促进学生积极主动学习和形成良好品德。良好的学习生活环境由学校的一景一物组成，能激发学生爱校恋校、努力学习、刻苦钻研、热爱生活，起到启发和教育作用，实现启迪心智、润泽心灵、提升素养的目的。

二、建设措施

1. 校园环境建设

一是建设绿色低碳环保校园，使之舒适整洁，宜居宜学。通过改造和拓展学生活动共享空间，更新生活设施设备等，不断优化升级校园环境；通过组织学生开展食品卫生监督、日常维修、节能巡查、可回收资源利用等方面的活动，培养学生爱护公共财产、节约资源、保护环境的良好行为习惯。二是营造"文化"属性的校园景观，结合学校历史传统、校风校训、专业特点等，打造一批校园景观，使校园环境沉淀着学校的历史、文化和社会价值。如趣园、校风校训墙、文化石、雕塑、假山水池等校园景观的打造，潜移默化地影响着学生的态度、情感、审美和价值观。

2. 宿舍环境建设

打造整洁、舒适、融洽、积极、团结的宿舍文化环境。一是在宿舍文化内涵、宿舍管理制度、宿舍文化活动等内容中融入职业、科技、人文等多种元素，提升宿舍文化内涵。二是制作宿舍文化见面墙，打造样板星级宿舍，成立宿舍学生委员会，输送学生管理人员接受"8S"管理的标准化培训学习，修订、完善、评审有关制度、评价标准、激励评优等制度或方案。三是配套设施融合管理文化，如在宿舍区域建立书吧（读书角），制作张贴"8S"管理标准墙纸，建设电子智能安防联动系统、脸部识别系统、门禁管理系统、供电智控系统等。

3. 教学环境建设

引入企业生产现场管理文化，建立"8S"教学现场管理委员会，形成学生、教师、场地管理员、安全员、教务督导多方共管共治格局。一是执行每天、每周、每月的例行检查制度，打造安全、整洁、便利、节约的教学场地管理文化。二是通过"8S"管理之星、"8S"优秀班级等评比活动，加强现场管理工作激励，推动实现教学场地"8S"管理的全员参与。三是促进"8S"理念的全员覆盖，在所有教学场地张贴"8S"管理理念宣传标识，在电子班牌展播"8S"内容，定期组织"8S"管理标准和相关内容的学习，提升师生对"8S"管理标准的理解水平和有效执行力。

第二节 典型案例：校园环境建设，启迪心智

【校园环境育人典型案例】

静物无声化成河，与"共建共享"同行

一、工作思路

贯彻习近平总书记在全国高校思想政治工作会议上的讲话精神，落实立德树人根本任务，在"三全育人"过程中将社会主义核心价值观、广州市工贸技师学院校园文化融入校园里的一事一景一物，创设能够感染学生思想、陶冶学生情操的学习与生活环境，建设绿色环保校园，并以后勤服务社团带动广大学生共建共享美好校园，实现对学生启迪心智、润泽心灵、提升素养的育人目的。

二、实践亮点

（一）打造"文化"景观，静物无声成河

一是在校园内合适的物化版面，如重要通道、宣传栏、路灯道旗等，以图文形式直接宣传社会主义核心价值观、工匠精神、先进人物事迹等。二是结合历史传统、校风校训、专业文化等，打造了一批校园景观，使校园环境到处沉淀着广州市工贸技师学院的历史、传统、文化和社会价值。广州市工贸技师学院将办学理念、校风校训设计成雕塑墙，固定在建筑物的外墙壁上，再以校风校训中的关键字对各栋建筑物进行命名，以"知"开头命名教学实训建筑，如知学楼、知明楼、知行楼、知艺楼等，以"德"开头命名办公生活建筑，如德馨楼、德勤楼、德雅楼、德正楼等。三是以广州市工贸技师学院校园文化的核心内容为主题设计系列景观与造型，体现在趣园、假山鱼池、文化石、创新创业长廊、创新工坊等。当学生置身校园，无形中被其所承载的文化所感染，这些景点用无声的语言从灵魂深处教育着他们，这无声的教育如雨润无声却化成河。

（二）建设环保校园，倡导绿色生活

广州市工贸技师学院倡导绿色和节能发展，在基础设施设备建设上，尽量选择可再生能源和节能产品，如LED节能灯具、感应式水龙头、节能洁具、光伏发电等，采用覆草屋面，增加绿植面积等。同时，广州市工贸技师学院通过组织学生一同参与打造绿色校园、推行垃圾分类、实施节能改造等活动中，培养学生绿色低碳、垃圾分类、节约资源、保护环境等社会责任意识，实现专业技能的场景实践，养成良好的行为习惯。

（三）共建美丽校园，共享美好生活

校园环境的优美绝不仅仅靠建设，更靠维护和爱护。在校园环境建设中，广州市工贸技师学院专门成立了一个特色学生团队——后勤学生服务社，吸引并带动了一大批有技能、有担当、有爱心的"志同道合"的学生参与到美丽校园的共建共享中。同学们承担了食堂食品卫生监督、就餐秩序维护、校园周边生活便利指引、美食宣传、学生宿舍空调清洗和风扇等电器维修、日常机械用品维修、课桌椅维修、水电维护、节能环保践行、可用资源回收、新生报到指引、复印打印服务、横幅喷画制作、垃圾分类宣传及巡查等大量工作。除此以外，该服务社还每年都到附近社区举办"爱心服务周"，每年在校园内举办"校园文化美食节"等活动。来自广州市工贸技师学院各个专业系的服务社成员们，其专业技能也在各种活动载体中得到实践与提升，如机电一体化专业的电器维修、制冷与空调专业的空调维护、会展专业的活动策划、广告设计类专业的美食宣传等。

三、育人成效

（一）注重环境涵育，校风学风优良

三校区文化景观多样丰富、立体全面，处处体现着社会主义核心价值观，沉淀着广州市工贸技师学院的历史、传统、精神，潜移默化地影响着学生的态度、情感和价值观，在润物无声、潜移默化、循序渐进中对学生的健康成长产生了巨大的影响。近年来，广州市工贸技师学院"德技双馨　知能相长"的校训、"活泼、向上、现代、和谐"的校风在学生的精神风貌、实践行动中得到了充分的展现。

（二）服务性社团特色明显，共建共享育人效果突出

以后勤学生服务社为主导的学生服务工作遍布广州市工贸技师学院的每一个校园生活场景，活用技能、自给自足型的环境共建共享特色鲜明，强化了学生的归属感、责任心、服务意识，促进了学生知行合一、实践感悟。广州市工贸技师学院后勤学生服务社也因此荣获3次"全国高校优秀社团奖"、2次广东省技工院校"优秀学生社团"荣誉称号。

第三节　活动纪实：宿舍环境建设，润泽心灵

【宿舍环境育人案例纪实之一】

提升8S宿舍内务能力　共创工贸美好家园
——广州市工贸技师学院第一届叠被子大赛圆满落幕

为进一步提高学生文明素质，打造整洁、干净、温馨舒适的生活环境，促进学生综合素质的全面提升，宣传落实8S文明宿舍标准，2018年10月25日下午，学生处主办了第一届叠被子大赛决赛。

比赛在中心校区举行，决赛的72名住宿生从各宿舍区共1000名参赛者中层层筛选脱颖而出，为师生呈现了一场高质量的叠被子比赛。通过评委组的认真考核评价，最终决出了5个一等奖、10个二等奖和15个三等奖。本次比赛不仅提升了同学们对宿舍8S标准的理解和认同，增强了宿舍内务整理水平，而且有助于形成良好的文明氛围，让8S文明宿舍管理制度深入人心。

【宿舍环境育人案例纪实之二】

开展学生宿舍安全卫生专项检查，营造文明健康生活环境

为进一步落实学生思想政治教育工作，加强学生寝室日常管理，引导广大学生培养良好的生活和卫生习惯，2019年3月1日下午，学生处统筹多部门及教学系管理人员、班主任等，在三个校区开展了学生宿舍安全卫生专项检查，提高师生安全防范意识，促进安全文明校园建设。

检查组对广州市工贸技师学院三个校区的学生宿舍进行综合检查，重点检查寝室内是否有存放和使用违规电器、易燃易爆物品，是否有饲养动物行为，物品摆放是否整齐，是否有异味，垃圾是否及时处理等情况。检查过程中，检查组人员对宿舍仔细检查，耐心细致地向同学们讲解消防安全知识，对存在的问题现场提出整改意见，鼓励学生共同营造文明、安全、健康的生活环境。通过检查发现，学生寝室总体情况良好，床铺及生活用品整齐美观，寝室内无违规电器，宿舍安全管理制度完善。

此次学生宿舍安全卫生专项检查进一步提高了广大学生的安全意识和自防自救能力，共同改善宿舍育人环境，携手共建和谐文明美好校园。

【宿舍环境育人案例纪实之三】

我的宿舍我的家　宿舍安全靠大家
——学生宿舍违禁物品展示教育活动

为提高同学们的消防安全意识以及自我防范能力，帮助同学们正确识别违禁物品种类，2019年3月11日上午，广州市工贸技师学院中心校区宿管组在8号宿舍楼前开展了"我的宿舍我的家，宿舍安全靠大家"宿舍违禁物品展示教育活动。

活动现场气氛热烈、秩序井然，效果明显。学院生活指导老师在活动展示区集中展示了学生宿舍的违禁物品和违禁电器，并专门为同学们讲解各类违禁物品的危害和潜在的安全隐患。同学们在观摩学习中，深刻体会到了违禁物品的安全危害，大家纷纷表示，会在今后的生活中杜绝使用违禁物品。本次教育活动旨在增强学生的消防安全意识，预防和减少火灾事故发生。师生们积极参与，达到了树立广大师生消防安全意识、提高火灾防范和自救互救能力、降低校园火灾危害的目的。

第四节 案例纪实：教学环境建设，提升素养

【教学环境育人典型案例】

以共建共享机制促教学场地"8S"现场管理育人

一、工作思路

贯彻习近平总书记在全国高校思想政治工作会议上的讲话精神，落实立德树人根本任务，推进"三全育人"，以共建共享安全、文明、整洁、舒适的学习环境为渠道，通过制定和执行管理标准及工作规范，全面推广"8S"现场管理教育实践活动，组建并运行三校区"8S"学生管委会，开展教学场地日常巡查及院级月度巡查，定期公布检查数据并表彰先进，形成良好的共建共享机制，使教学场地管理规范化、实训安全教育常态化、物品摆放标准化、学生素养习惯化，提升学生责任意识和职业素质。

二、实践亮点

（一）制定和执行"8S"管理标准及工作规范

对现场管理要求制定"整理、整顿、清洁、清扫、素养、安全、节约、学习"八大方面的要求与标准，包括：

1．整理：对现场滞留物的管理，不用的东西坚决清理出现场；不常用的东西指定角落存放；偶尔使用的东西集中放在储备区；经常使用的东西放在作业区。

2．整顿：对需要物品的整顿。重点合理布置，方便使用。

3．清扫：制定出具体清扫值日表，责任到人，把现场打扫干净，创造一个明快舒畅的优质、高效的工作环境。

4．清洁：将上面的3项内容实施的做法彻底化、制度化、规范化，并维持成果。

5．素养：素养就是行为规范，提高素质就是养成良好的风气和习惯，自觉执行制度，标准，改善人际关系。

6．安全：建立起安全教学、实训的环境，重视全员安全教育，每时每刻都有安全第一观念，所有的工作应建立在安全的前提下，防患于未然。

7．节约：对时间、空间、能源等方面之合理利用，以使它们发挥最大的效能。

8．学习：深入学习各项专业技术知识，从实践和书本中获取知识，不断向同事及上

级主管学习，完善自我，提升综合素质。

配套相应的"8S"管理标准宣传标识、顺口溜等，全面宣传现场管理标准与要求，实现全员参与。

（二）全面推广"8S"现场管理教育实践活动

各教学系每天监督班级学生按照要求进行一次整理、整顿、清洁、清扫、现场环境自查工作，并根据工作需要，每月协同"检查小组"对治理后的教学、实训及工作现场进行拍照留样，并将各区域负责人和"检查小组"共同认为"优秀现场"的图片提交教务处，做好宣传教育工作，"检查小组"将此作为不可量化项目的检查依据。

此外，每月开展"8S"现场管理宣传教育活动，通过劳动课的形式，实现全校学生的"8S"管理宣传及劳动活动组织工作。每学期根据班级现场管理学习及活动得分情况，期末评选"8S管理模范班级"，进行颁奖及宣传。

（三）组建并运行三校区"8S"学生管委会

为推进现场管理工作的监督与评比工作，成立以教务处主任为组长，各教学系主任、教学督导或负责人为组员的现场管理委员会（以下简称现场管委会）。现场管委会下设管理组和职能工作组，管理组由教务处教务助理组抽调各教学系学生干部组成，负责对现场管理的重大问题进行决策及评判工作；职能工作组由各教学系班级学生组成，负责班级现场管理各项具体任务落实，从而确保现场管理工作督导、检查、问题纠正、评比等工作的可持续开展。

（四）开展教学场地日常巡查及院级月度巡查

现场管理监督及评比工作采用院系二级督查机制，系级监督主要为日常课程教学开展情况的检查，院级监督主要为"8S"现场管理劳动活动情况的检查。每日课程结束或每月劳动活动前，教师需教育并组织学生做好教学场地"8S"管理工作，由教务处指导的"8S"学生管委会成员（挑选各专业系的学生组成）进行分时段抽查，并进行拍照登记，录入教务协作系统，对班级和教师进行评分，适时反馈至各教学系。这项做法有利于及时监督各班级对场地的日常管理并使其常态化，全面落实了教学场地的管理制度，也有利于提高管委会学生对"8S"的认知水平和管理能力。

（五）定期公布检查数据并表彰先进

现场管理评价数据均通过系统进行录入与公示，每个月进行取数与评价。对"8S"现场管理优秀班级，发放班级奖状，当月加分2分；对优秀场地的相关教师，当月工作态度得分加2分；对"8S"现场管理之星，发放奖状及奖品。

通过每月组织的"8S"现场管理教育实践活动与评比，督促全院师生齐参与，院级督导在活动当天对教学场地进行检查并对未达标者进行考核，各校区各系按分配的指标提供优秀场地，可在月度绩效进行加分。月度实践活动设置的奖惩机制提升了师生的工作效率和积极性，进一步加强"8S"宣传教育的效果。

三、育人成效

（一）全面覆盖，提升了学生职业素养

在长达四年的"8S"管理实践探索中，始终以学生为本，100%覆盖所有班级学生，形成了共建共享的教学环境管理机制，有效提升学生责任意识和职业素质。现有学生管委会的学生53人，被评优秀或获奖的班级每学期有12~13个，从现场管理工作推广至今，分数低于90分的班级减少了30%以上，强化了学生环境卫生意识、防疫意识，并逐步养成了卫生习惯，现场管理成效显著。

（二）形成机制，提升了教学场地管理水平

在探索实践中，形成了以"8S"管理标准及工作规范为内涵核心的，"8S"学生管委会日常巡查及院级巡查推动落实，所有班级师生齐抓共管的共建共享机制，使广州市工贸技师学院各系教学场地常年都能保持规范、整洁、卫生的状态。

不管是管委会学生每日风雨不改的检查监督，还是每月一次的教育实践活动评比，"8S"育人体系的推行广度和力度总体上达到预期效果，也为全院营造出以学促行的良好氛围。两项工作双管齐下，每学期根据各班级平均分，按校区分配名额颁发奖状及奖品，这也提高了学生的集体荣誉感和行动积极性。

而管委会成员一年一换届、以旧带新的管理机制，培养了学生"离职不离责，退位不褪色"的主人翁意识。"8S"现场管理教育实践与综合育人体系的有机结合，走出了一条践行素质教育的新途径。

【教学环境育人活动纪实】

开展8S管理教育实践活动，提高学生综合职业素养

为提高学生综合职业素养，确保同学们在整洁、美观、安全、舒适的教学环境中学习，2017年开始，广州市工贸技师学院引入了有效的现场管理手段——"8S"现场管理。为做好"8S"管理工作，广州市工贸技师学院建立了"8S"管理教育实践活动与检查的工作机制。

"8S"机制运行以来，在师生共同努力下，全院教学场地"8S"管理的整体效果有了较大的提升。在"8S"管理教育实践活动检查中，我们看到了全体师生对教学场地做到了分工包干管理，看到了同学们热情高涨的工作身影，看到了师生齐心协力合作的瞬间。正是师生们的辛苦付出，换来了整洁、美观、安全、舒适的教学环境。在每月的检查活动中，各系评选出了月度表现优秀的班级和教师。对于优秀的班级，学院颁发"8S现场管理优秀班级"流动红旗，期限为1个月，同时给予班级"8S"管理工作加2分；对于表现优秀的任课教师，将由系在月度绩效考核中给予"工作态度"加分奖励。

通过每月的"8S"管理教育实践活动，"8S"管理的含义、内容、标准已逐渐地在师生中普及、内化，既能助力提高学生整理、整顿、清扫、清洁、素养、安全、节约、学习的"8S"综合职业素养，也能形成独具工贸特色的"8S"管理育人品牌。

【教学环境育人工作纪实】

引入企业文化　　创建励志校园

为进一步营造"校企双制　工学一体"教学氛围，对接行业企业文化，实现"十步一企业，一人一格言"的工学氛围，展示我院人才培养与企业紧密对接的内涵特点，教务处对全校教学楼层的走廊画框及宣传内容进行了系统规划和全面更新，在保留了思想教育、竞赛文化、劳动模范、技能精英等宣传内容的同时，重点利用教室、实训室内外墙空位，引入与学院紧密合作伙伴的企业文化、知名企业家格言，用宣传画、人物特写配文案的方式着力打造校园企业文化氛围，让学生在真实的环境中了解企业对人才需求的期望和标准。

近150幅的宣传画和人物特写使校园呈现崭新的面貌，通过营造更浓郁的企业文化氛围，了解更贴近身边的企业家励志格言，鼓励学生向企业标杆人物学习，指引学生在未来职业的道路上越走越好。

【附录】

附录一　广州市工贸技师学院思想政治理论课暨大思政育人体系建设工作方案

（2020年11月中共广州市工贸技师学院委员会印发）

为深入贯彻落实习近平新时代中国特色社会主义思想和党的十九大、十九届二中、三中、四中全会精神，以及习近平总书记在学校思想政治理论课教师座谈会上的重要讲话精神，全面落实立德树人根本任务，推动思政课改革创新，提升技能人才培养质量，根据中共中央办公厅、国务院办公厅《关于深化新时代学校思想政治理论课改革创新的若干意见》《关于进一步加强和改进我省技工院校思想政治理论课建设的意见》（粤人社函〔2019〕1745号）、《关于印发〈广东省技工院校思想政治理论课建设工作方案〉的通知》（粤人社函〔2020〕8号）文件精神，现制定学院思想政治理论课（以下简称思政课）暨大思政育人体系建设工作方案。

一、指导思想

以习近平新时代中国特色社会主义思想铸魂育人，坚持社会主义办学方向，全面贯彻党的教育方针，落实"培养什么人、怎样培养人、为谁培养人"初心使命，以立德树人为根本，以理想信念教育为核心，以社会主义核心价值观为引领，以提高思政课教学质量、提升技能人才培养质量为目标，通过构建学院思政课程体系、培养"六要"思政教师队伍、创新思政课教学改革、建设思政特色精品课程、推进课程思政融合、实施综合育人思政实践，形成全员全过程全方位"大思政"育人格局，探索具有技工教育特点、工贸特色的思政教育教学模式，着力培养德智体美劳全面发展的社会主义建设者和接班人、担当民族复兴大任的时代新人、具有工匠精神的高素质技能人才，为推动国家建设社会主义现代化强国，实现"技能强国"做出积极贡献。

二、基本原则

1. 导向性原则

坚持党对思政课建设工作的领导，坚持正确政治方向，严格贯彻落实习近平总书记关于思政课建设的系列讲话精神和国家、省市指导学院思政课建设的相关文件要求，把握建设核心目标，确保习近平新时代中国特色社会主义思想进教材进课堂进学生头脑，着力引导学生树立"四个意识"、增强"四个自信"，把爱国情、强国志、报国行自觉融入坚持和发展中国特色社会主义事业、实现中华民族伟大复兴的奋斗之中，培养适应时代要求的高素质技能人才。

2. 系统性原则

以整体性和系统性思维推进思政课建设，着力顶层设计，坚持思政课在思政教育中的主阵地主渠道定位，坚持"守好一段渠，种好责任田"的课程思政指示，坚持"思政小课堂、社会大课堂"的实践路径指引，把思想价值引领贯穿教育教学全过程和各环节；推动人文素质课程、通用职业素质课程、专业课程思政融合，与思政课程建设同向同行，形成协同效应；充分发挥管理、实践、文化、网络、心理、环境6个方面工作的育人功能，总体构建"思政课程、课程思政、综合育人"三体系十阵地立体"大思政"格局，实现全员全程全方位育人。

3. 创新性原则

以社会主义核心价值观统领思政课课程改革，坚持"八个统一"，结合技工教育特色，融合一体化课程教学改革和行动导向教学理念，创新思政课课堂教学模式，推进思政课理论思路、内容形式、方法手段创新，提升思政课教学的针对性和时效性，提高思政课教学的时代感和吸引力，扎实推进新时代思政课守正创新，以改革创新为抓手提高思政课教学质量和人才培养质量。

4. 实践性原则

坚持"六要"标准，打造政治素质过硬、业务能力精湛、育人水平高超的思政课教师队伍，遵循教育规律、思政工作规律、学生成长规律，全面推进思政育人工作，以"一校一品牌、一系一特色、一课一精品"为目标，输出课程体系建设、课堂教学改革、课程思政融合、育人实践案例等一系列具有实践指导意义的思政建设成果，深入开展思政教育工作理论研究，构建具有技工教育特点、工贸特色的思政育人模式。

三、工作目标

构建与实施136大思政育人体系，推进"思政课程、课程思政、综合育人"三个子体系、"思政理论课程、人文素质课程、通用职业素质课程、专业课程、管理育人、实践育人、文化育人、网络育人、心理育人、环境育人"十阵地建设工作，以思政课程为核、课程思政为本、综合育人为基，实现纵向贯通、横向链接的全员全过程全方位思政育人，促使学院思政课程体系更加完善、思政课教师队伍更加优化、思政课教学质量明显提升、课程思政融合成效凸显、综合育人效果突出，全面提升学生的政治素养，树立学生的政治认同，以正确的价值导向促使学生立德成人、立志成才，探索具有技工教育特点、工贸特色的思政育人模式，培养德智体美劳全面发展的社会主义建设者和接班人、担当民族复兴大任的时代新人、具有工匠精神的高素质技能人才。具体目标如下：

1. 开展思政课程建设，为学生"铸魂"

遵照国家思政课课程教学要求，实施国家思政课课程标准，构建技师学院学制特点思政课程体系；统筹规划思政课教师队伍建设，按照"六要"标准加强思政课教师培养培训，打造高素质思政课师资队伍；建立"手拉手"一体化备课机制，以科研课题为引领推进思政课程教学改革，建设弘扬"工匠精神"思政精品课程，输出一批思政课程教学创新示范课例；结合新媒体技术建设沉浸式学习思政智慧课室，提升思政课程教学的互动性、参与性、生动性和亲和力，引导学生衷心拥护党的领导和我国社会主义制度，形成做社会主义建设者和接班人的政治认同，促进学生知、情、意、行的统一。

2. 开展课程思政融合，为学生"匠志"

深入挖掘人文素养、通用职业素质、专业课程三类课程中所蕴含的思政元素和承载的德育功能，推进课程思政融合工作，基于一体化课程体系，结合自身服务的行业与产业内涵、职业特征及专业课程特点，探索、创新本系专业课程思政模式，对专业课程的教学内容及教学策划进行思政"融合"改革，提升教学实效，形成"一系一特色"的专业课程思政特色做法，通过课程思政教学引导学生增强文化自信，提升人文素养，树立家国情怀，坚定技能强国、技能强国理想信念，培养大国工匠精神与责任担当，提升综合职业能力及素养，最终实现与思政课程的同向同行。

3. 开展综合育人实践，为学生"立身"

以学生为中心，全面探索管理育人、实践育人、心理育人、网络育人、文化育人、环境育人工作，构建校园和社会大课堂，推进综合协同育人，促进学生在品格、态度、思维、行为等方面全面发展。具体包括，通过管理育人实践，培养学生的守法意识、安全意识、文明意识和自主管理意识；通过实践育人实践，推动学生了解自我、理解职业、发展潜能、服务社会、坚定信念；通过心理育人探索，疏减学生心理压力、提升学生心理素质，促进学生健康发展；通过网络育人实践，引导学生构建正向的话语体系、树立正确的意识形态、形成正面的价值导向；通过文化育人实践，促进学生多元成才、全面发展；通过环境育人实践，启迪学生心智、润泽学生心灵、提升学生素养。

四、重点措施

（一）以思政课为核心，推进主阵地育人工作

遵照国家课程要求，结合技工院校特色及学院实际情况，构建技工院校学制特点思政课程体系，打造"六要"标准思政师资队伍，开设弘扬"工匠精神"思政精品课程，建设具有沉浸式学习的思政智慧课室，传承红色基因，弘扬工匠精神，提升学生政治素养，引导学生衷心拥护党的领导和我国社会主义制度，为大思政树"核心"，为学生"铸魂"，全面规范推进思政主阵地育人工作，着力提升思政课教育质量和水平。

1. 实施国家课程标准，完善思政课程体系

根据国家对思政课的最新要求，贯彻落实国家思政课程标准，统一教材使用和教学管理要求，加强不同专业、不同培养层次和不同学制思政课规范管理和有效实施，推进习近平新时代中国特色社会主义思想进教材进课堂进学生头脑，确保思政课程教学课时。（通用能力建设中心落实）

围绕立德树人，以提高思想政治素质为主线，探索思政特色选修课程建设，规范选用正版教材，充分利用第二课堂，组织开展中华优秀传统文化（含岭南特色传统文化）、人文素养、心理健康教育、双创教育、文化艺术、体能健身、志愿服务等类型课程，构建必修为主、选修为辅，必修固本、选修拓展的思政课程体系，不断提高思政课

教育的政治性、思想性、理论性、针对性和有效性。（教务处牵头，各教学系落实）

2. 推进师资队伍建设，培养"六要"思政教师

统筹推进思政课教师队伍建设，把思想政治教育工作队伍建设纳入学校师资队伍建设和干部队伍建设的总体规划，严把思想政治教育工作队伍进口关。按照专职思政课教师配备要求，根据学生人数和实际教学研究等需要，合理核定专职教师编制，引进高学历专业思政课教师，配备足够数量和较高质量的思政课教师。以专职为主、专兼结合的原则，组建专兼职思政教师队伍，由通用能力建设中心政史相关专业和其他专业转型的专职教师组成思政课专职教师队伍；由院领导、教研室、教务处、政工处、学生处、团委、党支部书记等组成兼职思政教师队伍。到2021年底，专兼职思政课教师师生比达到1∶350。并在绩效考核和职称评审中进一步落实好师德一票否决制。（人力资源处牵头，通用能力建设中心落实）

抓好师德、师风建设，制定师德建设规范。利用周五政治学习、专题辅导、学习强国平台等形式加强学院全体教职工的政治理论学习，建设一支政治坚定、师德高尚的教师队伍；同时对现有非中共党员思政课教师有计划有重点地加快政治吸纳。对立场坚定、学养深厚、联系实际、成果突出的思政课教师代表加大宣传力度，发挥示范引领作用。（政工处牵头，各部门落实）

围绕"政治要强、情怀要深、思维要新、视野要广、自律要严、人格要正"标准，加强思政课教师培养培训，推进思政课教师素质提升。建立学校思政课教师"岗前培训"制度和分级分层思政课教师全员培训机制。把思政课教师培训工作纳入学院师资培训统一计划，通过聘请思政理论课教育专家到校培训，选派思政课教师外出参观学习等方式，拓宽思政课教师视野，提高思政课教师教学能力，培养一批思政骨干教师。鼓励学院思政课教师在职攻读硕士、博士研究生，着力提高思政课教师学位学历层次。（人力资源处牵头、通用能力建设中心协助落实）

3. 推进教学改革创新，打造思政精品课程

构建"手拉手"集体备课机制，探索将一体化课程教学模式和行动导向教学理念融入思政课教学，推进思政课课堂教学守正创新。充分利用红色资源，丰富思政课教学形式和内容。打造"理想信念""爱国情怀""技能强国""工匠精神""活力世赛"等优质课堂，建设一批思政课创新课例，不断增强思政课教学的互动性、参与性、生动性、亲和力。探索与高校开展横向课题项目合作，发挥高校科研优势，指导思政课教师开展教学研讨、课题研究，不断提升学院思政教研工作水平。（通用能力建设中心落实）

结合技工院校特点，突出技工院校学生技能报国，在思政教师队伍中挑选"精"兵强将，组建精品课"精"英建设团队，开展"工匠精神"思想政治精品课程建设，组织"工匠精神"课程教学设计比赛。通过教学设计比赛，推动教师在思政课教学方法，教学形式的创新，打造思政"精"品教学设计，制作思政"精"品微课。（通用能力建设中心落实）

着力突破传统思政课教学的时间、空间局限，借助虚拟现实技术，推进思政智慧课室建设工作，让学生在课堂学习中身临其境地参观红色教育基地、感受历史事件，有力提升思政课学习趣味性，增强沉浸式学习体验。（通用能力建设中心落实）

（二）以课程思政为抓手，推进全过程育人工作

深度挖掘国家热点事件、中华优秀传统文化、红色文化、社会主义先进文化、科技创新文化及国家意识、人文素养、技术思想和职业情怀等思想政治教育资源，融入人文素质课程、通用职业素质课程、专业课程教学，树立学生文化自信，培育学生工匠精神，明确学生技能报国志向，提升学生综合职业能力和思想道德水平，促进各类课程与思政课同建同构，保持同向同行，形成协同效应，实现课程教学全过程思政育人。

1. 探索推进人文素质课程思政融合

深入挖掘语文课、历史课、英语课、数学课、体育课等人文素质课程思政育人元素，结合课程特点，探索课程思政融合方案，优化课程教学目标、创新课程教学方法、补充课程教学内容，促进课程思政实施落地，确保育人成效。通过推进语言文化类、数学、体育课程思政融合工作，着力提升学生的人文素养、科学素养和体育精神，引导学生树立正确的世界观、人生观、价值观，树立健康、乐观的生活态度，培育家国情怀，激发爱国热情，增强民族自豪感和文化自信，提升学生品质追求意识和技能报国思想。（通用能力建设中心落实）

2. 深入推进通用职业素质课程思政融合

落实人社部关于技工院校通用职业素质课程建设要求，大力推进通用职业素质课程试验工作，探索学业规划与指导、创新思维与方法、自我管理、自主学习、沟通表达、团队合作、数字应用、解决问题、英语应用、就业和创业共10门通用职业素质课程的思政融合工作，强化通用素质课程的价值导向和思想引领，创新"学会做人与学会做事并重、通用能力与专业能力对接、能力培养与社会需求趋同"的通用职业素质课程课程思政育人理念。通过课程思政融合，有力提高学生的思想道德水平，塑造学生健全人格，形成良好职业道德；养成职业行为习惯，塑造良好职业形象；提升就业能力、职场适应能力和职业发展能力。（通用能力建设中心落实）

3. 创新推进专业一体化课程思政融合

基于一体化课程体系，推进各产业系结合行业产业内涵、职业特征及专业课程特点，探索本系专业课程思政特色，形成"一系一特色"的产业系课程思政特色，全面布局各产业系思政融合工作。在此基础上，推动各专业充分深入挖掘本专业一体化课程体系中的思政育人元素，探索本专业课程思政特点，输出"一专业一特点"的专业思政融合方案，以专业人才培养方案修订和一体化课程教学指导手册编制为抓手，对专业人才培养目标、课程标准和每门一体化课程的学习任务设计、教学内容开发、教学活动策划、环境资源建设、考核评价组织等进行系统、逻辑、序化的思政育人渗透融入，全面推进专业课程思政育人落地实施。此外，结合行动导向教学理念和思政教育教学规律，将课程教学的"工学一体"与思政育人的"知情意行"有机融合，创新探索具有技工院校特色的"工—学—育"三位一体的课程思政育人模式，着力培养学生国家意识、技术思想、人文素质、职业素养和专业文化，培育具有爱国情怀、工匠精神，符合行业企业需求的高素质技能人才。（教研室统筹，各产业系落实）

（三）以综合育人为抓手，推进全方位育人工作

推进实践教学和活动教育，把思政小课堂同社会大课堂结合起来，推进管理、实践、心理、网络、文化、环境6个方面的思政育人探索，构建校园和社会大课堂，在实践中教育引导学生立鸿鹄志，做奋斗者，逐步实现"课上课下、线上线下、校内校外、理论与实践、管理与教学、灌输与互动"的全方位一体化思政大格局，促进学生品格、态度、思维、行为等方面全面发展。

1. 着力推进管理育人探索工作

坚持"管理"与"教育"二者相结合，做到在管理中注重育人，在育人中进行管理。以学生为本，完善各项规章制度，从遵纪守法、安全防护、文明礼仪、榜样示范四个维度深化教育管理。（学生处统筹）

一是加强遵纪守法教育，营造法制育人环境。大力加强法制教育特别是宪法教育，通过国旗下讲话、主题班会课、宣讲会、宣传活动等形式组织学生学习法律知识，提高对民主与法制的认识，增强法制观念，做到知法、守法、用法、护法；进行纪律和日常行为规范养成教育，要求学生自觉遵纪守规，达到《广东省技工学校学生守则》《广东省技工学校学生学籍管理规定》《广东省技工学校学生日常行为规范》《广州市工贸技师学院学生行为规范》和《广州市工贸技师学院校园文明公约》等各项要求，养成良好的行为习惯；以知识竞赛、"学习强国"等载体，引导学生开展自主学习，使遵纪守法意识入神、入脑、入心。（学生处牵头，各产业系落实）

二是加强安全防护教育，保障校园安全环境。抓好专项安全教育，将法制、防艾、禁毒、反邪、扫黑除恶等列入专项安全教育工作方案，实现专题教育与宣传有计划、有实施，增强学生防毒拒邪、扫黑除恶思想意识；做好安全信息收集和安全检查工作，及时发现、遏制安全隐患，通过组织学生参与安全隐患自查，隐患治理，保障学生人身、财产、信息安全，提升学生安全隐患排查与治理的意识和能力；做好常规安全教育，开展安全教育系列化课程设计，开发安全教育系列化资源，将安全技能提升行动计划纳入对学生安全教育和消防综合考核内容，提升常规安全教育实效，使学生的头脑中时刻紧绷安全之弦，警钟长鸣，居安思危，自救互救技能过关；做好学生活动安全防范措施和特殊时间节点的监管，防范各类安全事故发生，为安全校园保驾护航。（学生处牵头，各产业系落实）

三是加强文明礼仪教育，营造校园文明风气。按照学院《学生手册》《校园文明公约》《宿舍文明公约》《班级文明公约》等规定和要求，开展"班级文化建设"等活动倡导文明礼仪，整顿校园不文明行为，提高学生文明素质，创建文明、和谐校园；通过开展中华传统美德系列活动与专题教育，弘扬中华民族礼仪传统，让学生在活动中感受文明礼仪带来的强大力量，培养个人良好品质，提升自身文明修养水平，总体营造良好的校园文明风气。（学生处牵头，各产业系落实）

四是发挥榜样示范作用，助力学生自主管理。构建以团组织为核心，以学生会、学生社团组织为外围的"一心双环"团学组织格局，组织开展"与信仰对话"主题报告会、"新青年讲坛""青年思享汇"网络主题团日等活动，全面促进青年学生干部的思

想引领；开展精品团学组织培育工程，实施学习、创新、服务等多维度团学组织培育，开展"五型团总支""星级学生会"等评选，全面提升团学组织服务青年、服务学院的能力及示范效应；通过"一社一品"创建，促进学生社团活力，社团品牌建设，带动社团服务青年成长成才；通过培训和外出交流，实现新突破和新跨越，发挥示范引力作用，带动全院学生提升自我管理水平。（团委牵头，各产业系落实）

2. 着力推进实践育人探索工作

紧紧围绕新时代青少年成长成才需求，整合实践资源，探索构建以社会实践、专业实习、志愿服务、主题教育等为多元化载体，各年级学生全覆盖，"贴合社会需求，突出专业特点，适应个性发展"的三位一体实践育人模式。（学生处统筹）

一是开展三自教育实践，促进学生了解自我。以培养学生自我教育、自我管理、自我服务能力为宗旨，对即将接触社会生活但还没做好充分准备的学生做好岗位实践指导、思想引领；针对技工院校学生特点制订三自实践教育工作方案，在学院教学、管理和服务三个阵地设立实践岗位，编写《三自教育实践课》学生工作页，提升三自教育实践的规范性和有效性；实施三自教育实践组织工作，让学生在"三自实践岗"上工作一周并获得"工作"初体验，推进学生了解自我，管理自我，服务他人。（学生处牵头，各产业系落实）

二是参加企业认知活动，促进学生理解职业。借力合作企业资源，循序渐进地开设职业认知系列实践课程。选取一批技术工艺标准高、经营理念新、用工情况好、转型发展快的大中型标杆企业建立校企合作联盟，以企业资源库平台面向各级学生开设职业认知（行业企业认知）系列课程；举办企业大讲坛，聘请行业企业专家宣讲行业发展现状与趋势，解读行业发展与专业学习的关联，分析行业标准与专业技能的衔接；组织学生跟岗学习，参观企业生产一线，观看生产设备器械、观察产品生产流程，聆听企业师傅技术讲解，了解岗位工作职责与内容；筹办技能精英访谈见面会，讲述成长历程，分享技能学习故事，加强职业志向与发展规划的引导。（校企合作办牵头，各产业系落实）

三是开展双创实践活动，促进学生发展潜能。依托学院众创空间和创业孵化基地，统筹推进学生创新创业教育工作。在双创通识课程、项目指导课程中融合思政教育，在学生课程学习和创新创业实践中培养技能报国、乡村振兴等家国情怀，树立经济效益与社会效益并重的价值理念；开展基于项目指导的创新创业实践教育，每年持续指导创新创业项目，举办全校创新创业大赛，举办创新创业沙龙，组织项目参加各级创新创业大赛，以此发展学生潜能，提高学生创新创业实践能力以及服务社会、责任担当、勇于创新、敢于拼搏、商业诚信的综合素养。（创新创业指导中心牵头，各产业系落实）

四是推广志愿服务活动，促进学生服务社会。扩大志愿者队伍组织覆盖和工作覆盖，深化引领青年思想建设，拓展志愿服务工作的文化建设内涵。推动青年志愿服务组织向基层延伸，巩固和增强团属志愿服务组织的枢纽功能，建立健全院、系、班级志愿者服务队伍组织结构及配套服务制度，创新志愿者服务管理模式；构建便捷高效的青年志愿服务平台，完善i志愿系统平台，构筑数字化志愿服务体系，健全线上线下对接机制，实现志愿服务精细化管理；以参与志愿服务为载体，如扶弱助残、帮老助幼、支教助学、环境保护、科技传播、治安消防、社区服务、大型社会公益活动等社会公益服务，立足校园，服务社会，广泛普及"奉献他人，提升自己"志愿服务理念，加强对广大青少年的思想引领和价值引领。（团委牵头，各产业系落实）

五是组织主题教育实践，促进学生坚定信念。开展主题教育实践活动，帮助学生树立正确理想信念、人生观与价值观，立报国之志，成有用之才。把爱国主义内容融入团日、主题班会、成人宣誓仪式、入团仪式等各类主题教育活动，通过公开宣誓、重温誓词等形式，强化国家意识、集体观念；充分挖掘重大纪念日、重大历史事件蕴含的爱国主义教育资源，组织开展系列庆祝或纪念活动；抓住国庆节等重要时间节点，广泛开展"我和我的祖国"系列主题教育活动，通过主题宣讲、大合唱、共和国故事汇、快闪、游园活动等形式，引导青年歌唱祖国、致敬祖国、祝福祖国；在"七一"党的生日、中国人民抗日战争胜利纪念日、烈士纪念日等，组织公祭、瞻仰纪念碑、祭扫烈士墓等活动，引导青年牢记历史、缅怀先烈、面向未来，激发爱国热情、凝聚奋进力量。密切与社区、街道、社会机构联系，丰富拓展爱国主义教育校外实践领域，组织青年学生参加军事国防教育，学雷锋志愿服务等活动，更好地了解国情民情，强化责任担当。（学生处牵头，各产业系落实）

3. 着力推进心理育人探索工作

以"积极心理建设"为主题，以心理素质发展中心、心理健康测评管理系统为平台，通过打造"5·25"心理健康主题月活动以及心理素质发展中心开放日活动，营造人人关注心理健康的校园氛围，帮助学生正确认识心理辅导，提升自身心理素质，发现并充分发挥自身潜能优势。（团委统筹）

一是建设科学规范心理育人阵地，培养学生健康心理。科学规划、建设和使用心理素质发展中心，包括个体心理辅导室、团体心理辅导室、接待区、阅览区、音乐放松室、心理宣泄室等功能区域；采购一批专业心理辅导软硬件，包括心理测评系统、箱庭治疗设备、团体辅导箱、团体辅导桌椅、智能呐喊宣泄设备、心理素质拓展器材等，整体营造温馨、舒适、安全的氛围，构建师生心理减压、心灵休憩的场所，培育学生健康心理。（团委负责）

二是建立心理健康测评管理系统，加强学生心理干预。通过心理健康测评管理系统，建立包括班级心理委员、宿舍心理联系员、朋辈心理辅导员、班主任、学管老师、心理老师在内的有效的校园心理支持系统，形成完整的心理健康工作机制。通过心理健康相关测评等途径发现心理问题学生；通过人格测试、职业兴趣测试、潜能测试等促进学生心理素质提升。以发展性问题的疏导和心理素质的提升为目标，解决学生成长过程中出现的各种心理困惑和面临的现实人生课题，帮助学生克服心理发展障碍，提升自我调节能力、耐挫力、适应性、免疫力，较好地适应校园、适应社会，促进学生的健康成长。通过建立心理健康预警机制，及时发现心理异常学生，实施转介，保障校园心理安全。（团委负责）

三是打造心理健康宣传教育活动，营造正向育人环境。通过院、系、班三级联动，以"5·25"心理健康活动月、心理素质发展中心开放日等特色活动，宣传普及心理健康知识，营造"人人关注心理健康"的校园氛围，提升学生的心理健康意识。引导学生积极参与活动，在活动中进行心理体验，认识自身的潜能，端正学习动机，改变不良习

惯，增强学习兴趣，改善人际交往，促进心理健康发展。（团委负责）

4. 着力推进网络育人探索工作

通过多样化网络工具和平台的应用，将思想、政治、道德等多方面的知识、内容、案例等及时、高效地传递给学生，发挥好网络育人的积极作用，探索形成立足时政热点，弘扬主旋律，具有网络社交特点、校园青年特色的话语体系，打造宣传工作与思政教育紧密融合的宣传展示"品牌矩阵"。（团委统筹）

一是同心同向，着眼长效机制建设。建立院系共建、师生协同、全员参与的网络育人工作格局，强化网络育人工作队伍的立德树人精神和政治法制意识，加强网络管理能力建设，提升网络育人工作水平。充分利用校内外资源，充分整合门户网站、微信公众号、校园电视台、校园广播台以及团总支、社团、班级等平台载体，强化共建、共享，打造互联互通、同频共振的思想政治育人网络。持续优化网络育人工作机制，创新网络育人方式方法，把网络思想政治工作纳入文明校园、意识形态工作整体考量，进一步完善网络育人考核体系，加强网络育人考核工作，促进网络育人工作长效发展。（团委牵头，各产业系落实）

二是提升品质，打造网络育人品牌。坚持以习近平新时代中国特色社会主义思想为指导，加强院系网络思政内容建设，鼓励支持各系结合自身特色打造品牌项目。依托校园电视台、校园广播台等载体，开设新闻类、电台类节目，传播中华优秀传统文化与社会正能量。重点关注社会热点问题、学院新闻、校园生活，结合不同时间节点，探索开展多种主题的网络文化活动，制作微视频、微访谈、微演讲，打造一批网络文化精品。大力开展校园文化艺术节、体育节、技能节，并结合重大节日和纪念日举办每月一主题活动，对重点活动进行微视频直播，激发转播与评论互动，强化网上主旋律宣传。（团委牵头，各产业系落实）

三是把控网络舆情，深入学生的媒体使用行为习惯研究。提高网络资源的整合利用率，进一步强化正面宣传工作。强化风险防范意识，对网络舆情进行动态监控，及时发现涉校舆情，研判风险等级，科学组织开展舆情应对和处置工作，切实强化网络意识形态管理。明确相关部门职责分工，细化舆情管理工作内容、舆情事件处置流程、突发事件信息发布、校内网络阵地管控等内容，持续完善网络信息发布与舆情管理制度机制。组建网评员队伍，通过微博、微话题、网络跟帖等方式进行正面发声，加强舆情疏导，增强网络意识形态话语权。加强对学生思想动态的关注，分析研究青年学生的媒体使用行为习惯，引导学生正确、合法的使用媒体发声。（团委牵头，各产业系落实）

5. 着力推进文化育人探索工作

持续完善学院文化体系，围绕"精工求品质 极致而至善"的学院核心精神，打造"品质精""体魄强""极致美"的精品文化，增强师生文化认同感和整体凝聚力，使精品文化的精神理念有效内化到学生身上，促进学生多元成才、全面发展。（办公室统筹）

一是聚焦"品质精"，打造对接世赛和行业标杆的技能展示与成果体验平台。对接世界技能大赛标准，加强校内技能比武，开展技能展示与体验嘉年华活动，组织学生观摩世界技能大赛国际邀请赛、国内各级各类技能竞赛，参与"世赛训练体验营"等活动，体验世赛精英选手日常训练，感受精益求精、毫厘必争的世赛精神理念；对接行业标杆企业标准，组织学业成果展示与第三方评价活动，使校园内呈现处处可见学业成果精品、人人专注学业成果打磨的良好文化氛围，锤炼学生对技术技能的钻研和对精品极致的追求。（训练中心、教务处牵头，各产业系落实）

二是聚焦"体魄强"，打造强化体魄和意志磨炼的健康教育与体育锻炼平台。强化健康教育宣传，大力开展健康知识专题讲座、疾病防控专题讲座，举行健康主题系列展览，并策划组织健康知识竞赛，大力倡导健康生活模式，让学生感受积极向上的健康生活理念；强化体育素质教育，引进民族体育运动，打造形式多样、内容丰富、项目创新的体育节，持续开展"阳光运动一小时"活动，并通过"网上运动打卡""跑步达人""步数争霸"等评比，让学生感受体育乐趣和运动魅力，激发学生自觉参与体育锻炼、磨炼品格意志的意识，养成良好的生活习惯，实现身心健康发展。（通用能力建设中心落实）

三是聚焦"极致美"，打造关注共性与个性发展的文化传播与艺术育人平台。强化校园文化艺术节的文化传播与育人功能，开展经典诵读、红歌比赛、演讲比赛等多种形式的文化艺术活动，并大力实施"高雅艺术进校园"计划，推广戏曲、国画等传统艺术，在强化共性发展的同时为学生展示自我、张扬个性创造条件，促进学生健康审美情趣和良好艺术素养的养成；持续开展建党晚会、文艺会演及校园音乐会等活动，利用第二课堂形式开展艺术培训，让学生充分参与到艺术作品的创作全程，对作品构思、基础训练、舞台布置、演出实践精益求精，通过不断追求艺术创新，不断打磨提升作品质量，增强学生的审美感知能力、创造表现力及形象思维力，提升学生的艺术素养和修养。（校园文化中心落实）

6. 着力推进环境育人探索工作

通过创设能够感染学生思想、陶冶学生情操的学习生活环境，使学生产生良好的内心体验，促进学生积极主动学习和良好品德形成；打造激发学生爱校恋校、努力学习、刻苦钻研、文明有礼、热爱生活等感知方面的环境，实现启迪心智、润泽心灵、提升素养的育人目的。（学生处统筹）

一是通过校园环境建设，启迪学生心智。建设绿色低碳环保校园，改造和拓展学生活动共享空间，更新生活设施设备等，不断优化升级校园综合环境；组织学生开展食品卫生监督、日常维修、节能检查巡查、可回收资源利用等方面的活动，培养学生爱护公共财产、节约资源、保护环境的良好行为习惯；营造"文化"属性的校园景观，结合学校历史传统、校风校训、专业特点等，打造一批校园景观，使校园环境到处沉淀着学校的历史、传统、文化和社会价值，潜移默化影响学生的态度、情感和价值观。（总务处落实）

二是通过宿舍环境建设，润泽学生心灵。在宿舍文化内涵、宿舍管理制度、宿舍文化活动等内容中融入职业、知识、科技、人文等多种元素，提高宿舍文化的管理质量；制作宿舍文化见面墙，打造样板星级宿舍，成立宿舍学生委员会，输送管理人员接受8S管理的标准化培训学习，修订、完善、评审有关制度、评价标准、激励评优等方案；配套设施融合管理文化，订制8S管理标准氛围墙纸背景，建设现代化、人性化的电子智能安防联动系统、脸部识别系统、门禁管理系统、文化宣传系统、供电智控系统等，打造整洁、舒适、融洽、积极、团结的宿舍文化环境。（学生处牵头，各产业系落实）

三是通过教学环境建设，提升学生素养。引入企业生产现场管理文化，建立8S教学现场管理委员会，形成学生、教师、场地管理员、安全员、教务督导多方面共管共治格局；执行每天、每周、每月的例行检查制度，打造安全、整洁、便利、节约的教学场地管理文化；通过8S管理之星、8S优秀班级等评比活动，加强现场管理工作激励，推动实现教学场地8S管理的全员参与；促进8S理念的全员覆盖，在所有教学场地张贴8S管理理念宣传标识，在电子班牌展播8S内容，定期组织8S管理标准和相关内容的学习，提升师生对8S管理标准的理解水平和有效执行力。（教务处牵头，各产业系落实）

五、组织保障

（一）加强组织领导

建立学院思想政治理论课建设领导小组和工作小组，分别负责统筹协调相关工作的开展以及各项工作的组织实施。建立党委统一领导、党政齐抓共管工作格局，在队伍建设、制度保障等方面采取措施，把思政教育贯穿育人全过程。学校党政主要领导每学期为学生上第一堂思政课，分管领导每学期深入课堂听课两次以上，并形成常态化机制。

（二）加强制度保障

完善思政课建设及大思政育人体系建设管理制度、教学保障机制，从师资培养、教学改革、专业建设、人才培养、经费保障等环节入手，解决思政课及大思政育人体系建设的相关问题，构建目标同向、教育同步、推进同力的思政课暨大思政育人体系建设工作新格局。

（三）提供经费保障

学院为思政课建设及大思政育人体系建设提供必要的经费保障，主要用于思政课建设和研究、思政教师培养培训、学术交流、实践研修等。

（四）加强质量监督

学院每年开展至少一次思政课程设置及教材使用情况专项检查，不定期进行专项抽查督导及课程质量督导，形成自查报告。

中国共产党广州市工贸技师学院委员会
2020年11月13日

附录二 广州市工贸技师学院师德考核办法（试行）

（穗工贸院党〔2020〕9号）

第一章 总则

第一条 为进一步加强学院教师队伍建设，提高教师职业素养，规范教师职业行为，塑造良好的教师形象，结合《中等职业学校师德规范（试行）》《广东省人力资源和社会保障厅关于印发〈广东省深化技工院校教师职称制度改革实施方案〉的通知》（粤人社规〔2018〕7号）、《广州市工贸技师学院师德建设实施办法（试行）》的有关要求，特制定学院师德考核办法。

第二条 师德考核工作充分尊重教师主体地位，坚持客观公正、公平公开原则。师德考核结果是教师聘任、晋升、奖惩、职称评审等事项的重要依据。

第三条 坚持师德考核与业绩考核并重；坚持定性与定量相结合，以定性考核为主；以考核教师履行职业道德规范坚持平时考核与年度考核相结合，年度考核以平时考核为基础。通过综合评价，确定考核等级。

第二章 考核内容与考核组织

第四条 师德考核标准以《中等职业学校师德规范（试行）》为基本依据，考核内容主要包括依法执教、爱岗敬业、关爱学生、严谨治学、团结协作、自觉为人师表等七个方面。

第五条 考核范围：本办法适用于广州市工贸技师学院全体教职工。

第六条 学校成立由党委书记担任组长的师德考核领导小组，组员由其他班子成员组成。下设考核工作办公室（设在政工处），办公室主任由学院分管政工处的院领导担任，成员主要由政工处、教务处、人力资源处、校办公室、学生工作处、质量监测中心、教研室等相关部门负责人组成。各部门（系）根据工作需要成立师德考核工作小组。

第三章 考核过程和结果运用

第七条 师德考核结果分为优秀、合格、基本合格、不合格四个等次。师德考核每年由学院师德考核工作办公室负责组织，各部门（系）师德考核工作小组具体实施，结合学院年度考核工作同步进行，师德考核等次可作为教职工年度考核中"德"的考核结果。

第八条 考核方式综合运用教师自评、学生测评、所在部门（系）考评和组织考评等方法，坚持定量考核与定性考核相结合的方式进行。按教师自评占比20%、学生测评占比30%、所在部门（系）考评占比25%、组织考评占比25%，如教职工当年未承担教学任务，教师自评、所在部门（系）考评和组织考评占比分别为30%、30%、40%。由各部门集中汇总考核材料报学院师德建设工作办公室，经考核工作办公室审核和考核领导小组审定，确定教职工师德考核等次。

1. 教职工自评。学院师德考核工作办公室按照考核安排于每年12月份组织教职工进行师德的自评工作。根据《中等职业学校师德规范》（试行）和广州市工贸技师学院师德考核内容和评分标准进行自评，填写《广州市工贸技师学院师德年度考核表》。

2. 学生测评：学生评议以班级为单位进行，在对教师进行教学测评时一并进行，每年由教务处提供测评数据给各部门（系）。

3. 所在部门（系）考评。各部门（系）结合被考核人一年来担任本部门工作任务时的具体表现、工作情况和同事反映情况，根据广州市工贸技师学院教师师德考核内容和评分标准进行综合评价，并填写《广州市工贸技师学院师德年度考核表》有关内容和评价意见，报送考核工作办公室审核。

4. 考核领导小组审定。学院师德考核工作办公室集中各部门（系）对教职工的评价意见进行审核，提交考核领导小组审定。对每位教职工进行实事求是、准确、客观、公正的评价，并填写《广州市工贸技师学院师德年度考核表》评价内容。

第九条 学院考核工作办公室公布考核对象的考核结果；被考核人若对考核结果有异议，可在接到考核结果的3个工作日内申请复核，学院考核工作办公室在收到申请后7个工作日内提出复核意见。提交考核领导小组重新审定考核等级。

第十条 师德考核采用百分制，考核结果分为四个等次：优秀（90分及以上）、合格（89~75分，含89、75分）、基本合格（74~60分，含74、60分）、不合格（60分以下）四个等次。

第十一条 师德考核结果，归入教师个人师德（人事）档案，并作为专业技术职务评审（认定）、岗位聘任、年度考核、表彰奖励等的重要依据。

第十二条 师德考核不合格者，当年不得晋升专业技术职务、岗位等级，不得评先评优，教师违反师德规范情节严重、造成恶劣影响的，根据相关法律法规要求处理。

第十三条 凡有违反学校相关规定制度的，不服从学校、部门工作安排的，当年师德考核不能为"优秀"。凡有下列情形之一的，经学院师德建设工作办公室审查无异议后，提交学院师德建设工作领导小组研究同意，当年师德考核确定为"不合格"。

1. 在教育教学活动中及其他场合有损害党中央权威、违背党的路线方针政策的言行，违反国家民族宗教法规和政策的；

2. 损害国家利益、社会公共利益，或违背社会公序良俗，组织或参与"黄赌毒"活动的；

3. 通过保教活动、课堂、论坛、讲座、信息网络及其他渠道发表、转发错误政治观点，编造或故意散布虚假信息、不良信息的；

4. 教师与学生发生不正当关系，或有任何形式的猥亵、性骚扰行为的；

5．无正当理由拒不服从学校工作安排，或敷衍教学工作，不能完成教育教学任务的，或未经批准从事兼职兼薪行为的；

6．体罚和变相体罚学生，歧视、侮辱学生，虐待、伤害学生的；

7．在教育教学活动中遇突发事件、面临危险时，不顾学生安危，擅离职守，自行逃离的；

8．在招生、考试、推优、保送及绩效考核、岗位聘用、职称评聘、评优评奖、人才计划和项目申报、教研科研、享受政府给予个人的专项资助或补贴等工作中徇私舞弊、弄虚作假的；

9．有抄袭剽窃、侵吞他人学术成果，伪造、篡改数据文献，捏造事实、编造虚假研究成果等学术不端行为的；

10．索要、收受学生及家长财物或参加由学生及家长付费的宴请、旅游、娱乐休闲等活动的；违规向学生推销图书报刊、教辅材料、社会保险或利用家长资源牟取私利的；

11．组织、参与有偿补课，参与校外培训机构经营，未经批准到校外培训机构兼职任教，或为校外培训机构和他人介绍生源、提供相关信息的；

12．其他违反职业道德的行为。

第四章　附则

第十四条　本办法自印发之日起执行，由政工处负责解释。

附件：
1．广州市工贸技师学院师德年度考核登记表
2．广州市工贸技师学院师德考核测评表（学生）

中国共产党广州市工贸技师学院委员会
2020年6月29日

附件 1

广州市工贸技师学院师德年度考核登记表
（　　　　年度）

姓　名		性　别			出生年月		
民　族		政治面貌			文化程度		
管理岗位等　级		专业技术岗位等级			工勤技能岗位等级		
师德考核内容						自评	部门评价
依法执教 15分	遵守各项法律法规和各地各校依法制定的规章制度。（5分）						
	全面贯彻党和国家的教育方针政策以及上级技工教育相关规定。（5分）						
	无违背党和国家方针政策的言行。（5分）						
爱岗敬业 15分	忠诚于人民教育事业，树立崇高的职业理想和坚定的职业信念，认真履行岗位职责。（5分）						
	认真备课上课，认真批改作业，不敷衍塞责，教育教学效果优良。（5分）						
	被同事、家长、学生所认同。（5分）						
关爱学生 15分	关心爱护学生，尊重学生人格，平等公正对待学生，努力建立"尊重、关爱、民主"的新型师生关系，保护学生合法权益。（5分）						
	做学生良师益友，正视学生差异，注重学生的个性发展。（5分）						
	保护学生安全，关心学生健康，维护学生权益。（5分）						
严谨治学 20分	树立优良学风和终身学习理念，养成求真务实和严谨自律的治学态度。（5分）						
	刻苦钻研业务，不断学习新知识。（5分）						
	探索教育教学规律，改进教育教学方法，提高教育、教学和科研水平。（10分）						
团结协作 10分	关心集体，团结协作。（5分）						
	尊重领导，服从工作安排。（5分）						
廉洁从教 10分	作风正派，廉洁奉公。（3分）						
	自觉抵制有偿教学服务，不利用职务之便谋取私利。（7分）						
为人师表 15分	模范遵守社会公德，举止文明礼貌。（5分）						
	衣着整洁得体，语言规范健康。（5分）						
	严于律己，以身作则，注重身教。（5分）						
教师自评分：		学生评议分：		部门考评分：		组织考评分：	
综合得分： 1. 有教学任务：教师自评x 20%+学生测评x 30%+部门考评x25%+组织考评x25% 2. 无教学任务：教师自评x 30%+部门考评x30%+组织考评x40%							

	师德考核年度总结
	本人签名：　　　　　年　月　日
所在部门（系）考核意见及等次	负责人签名：　　　　　年　月　日
考核领导小组审定意见	单位（盖章）　　　　　年　月　日

附件 2

广州市工贸技师学院师德考核测评表（学生）

任课班级：　　　　　任教课程：　　　　　任课教师：

序号	类别	调查内容	优秀	合格	基本合格	不合格
1	职业道德 25分	1．教学中未出现散布反党、反社会和不健康言论行为。 2．能够树立德育为先、身体力行的理念，成为学生的榜样。 3．无体罚或变相体罚行为，无讽刺、挖苦、歧视、谩骂学生行为。 4．不利用职务之便谋取私利，不强行推销教辅资料等。				
2	教学态度 25分	5．尊重学生，重视学生全面发展，做到教书育人。 6．上课认真，有具体教学内容（无长时间播放视频、无经常安排学生自习）。 7．课后耐心辅导学生，积极进行培优帮困，认真批改作业。				
3	教学纪律 25分	8．治学严谨，无迟到、早退或离岗行为，不随意调、停课。 9．上课期间无使用通信工具或电子产品做与教学工作无关的事情。 10．上课期间无抽烟、无酒后上课等行为。				
4	职业礼仪 25分	11．教师衣着整洁得体，语言规范健康，符合教师职业形象。				

说明：1．认定情况为"优秀"的得25分，"合格"的得20分，"基本合格"的得15分，"不合格"的得10分。请您在相应的栏目内打"√"。

附录三　广州市工贸技师学院课程思政教学设计案例

语文课教学设计案例
《中国绣　青年说——刺绣工艺作品介绍》

教师姓名	蔡芝亮		
课程类别	公共类		
课程名称	语文	题目	中国绣　青年说——事物介绍的方法和运用
课时	2	教学对象	2019级服装设计与制作班
一、选题价值			

（一）选题来源

语文是技工院校学生的必修课程，包括阅读、写作、口语交际和综合实践，培养学生运用语文工具进行思想交流和解决实际问题的能力。语文能力既是学生学好其他课程的基础，也是学生适应未来职业工作以及全面健康发展的基础。"事物介绍"出自中国劳动社会保障出版社《语文》（第六版）的"综合实践"，要求教师将书本教学与实践活动紧密结合，设计学习情境，指导学生学会运用简明准确的语言，介绍比较复杂的事物。

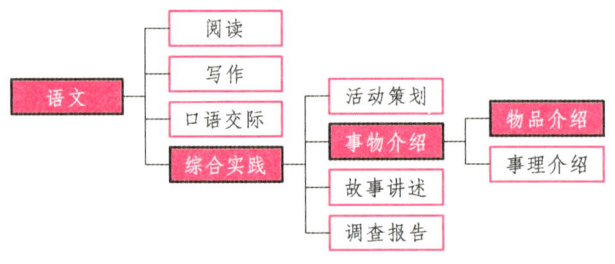

图1　选题来源结构

（二）任务情境

学院一年一度的"非遗文化进校园"系列活动将于近期举行。届时，活动将以"刺绣工艺作品展"为主题，展出中国四大名绣的刺绣作品，展示中国刺绣工艺的鬼斧神工和刺绣文化的博大精深。"非遗文化进校园"是学院的特色活动之一，学院多次聘请过校外专家为参加活动的师生解说"中国汉字""华夏服饰"等主题展。为使学院学生更深入参与本次"刺绣工艺作品展"展会，活动筹备组将在服装设计与制作专业选拔出4名解说员，向参展师生介绍展区的刺绣作品。

该校园文化活动提前一个月进行宣传和发布招聘信息，且与本课程教学内容在时间节点上比较吻合，本课程的教学安排能与校园文化活动实现无缝衔接。

（三）选题价值

1. 开展语文综合实践活动，做中学、做中悟，有效提升学生的口语交际能力

本次课通过开展语文的综合实践教学，引导学生学习刺绣工艺作品介绍的方法，并将其运用到实际情境中进行检验和练习，让学生在实践中学习语文知识，在实践中领悟如何准确表达，有效提升学生的口语表达能力。

2．将书本知识和实践活动紧密结合，让学生切身感受语文知识的应用价值

本选题将书本知识和实践活动紧密结合，有"中国绣 青年说——刺绣工艺作品介绍"活动为依托，有"非遗文化进校园——刺绣工艺作品展"为落脚点，不仅学有所依、学有所用，且与学生职业能力培养联系起来，充分体现了语文学习的实用性，让学生切身感受到语文知识在生活和工作中的应用价值，从而提高学生的学习兴趣。

3．以职业工作为落脚点，促使学生形成"将传统文化与现代服装设计相结合"的意识

中国刺绣题材广泛、构图多样、针法多样、各有特色，被广泛应用于现代服装设计和日常实用装饰品上。本选题的有效实施，让学生在不知不觉中认识刺绣面料，了解刺绣工艺，以及刺绣工艺在服装设计中的运用，既能为学生的专业学习打下基础，也能促使学生形成"将传统文化与现代服装设计相结合"的意识。

4．以刺绣工艺产品为介绍对象，宣扬民族优秀文化，增强学生的文化自信

刺绣是中华民族最具代表性的传统手工艺之一，凝聚了传统手工艺人的聪明才智和精湛技艺，苏绣、蜀绣、粤绣和湘绣等四大名绣更是世界闻名。选择刺绣工艺作品作为介绍对象，促使学生多方面了解刺绣文化。学生在感受和介绍刺绣作品魅力的同时，体会刺绣手工艺人"专心专注、精益求精"的工匠精神，能增强文化自信和民族自豪感。

二、学习目标

根据《全国技工院校语文课程标准》中"体现职业教育特色"的教学理念和"学会介绍、交谈、复述等口语交际的方法和技能""开展语文实践活动，运用有关的语文知识和技能，提高语文应用能力"等教学要求，结合本课学习内容，以"中国绣 青年说——刺绣工艺作品介绍"活动为学习载体，设定如下学习目标：

（1）能分析学习案例，归纳事物介绍的方法，即"六字口诀：先抓后理再用"。

（2）能运用事物介绍的方法，大方、得体、自信、清晰地开展刺绣作品的口语介绍。

（3）能对自己的刺绣作品介绍做自我评价，也能分析他人介绍的特点。

（4）能结合刺绣作品解说的要求，讨论分析介绍刺绣作品时如何才能做到"准确清晰、通俗易懂、感染力强"。

（5）能结合现代刺绣作品的发展特点，形成"将传统文化与现代服装设计相结合"的意识。

（6）能通过刺绣工艺美术大师的现场解说和演示，感受刺绣手工艺人专心专注、精益求精的工匠精神。

三、学情分析

本班是2019级服装设计与制作高级班的学生，初中起点，处于入学第一年，基本情况分析如下：

1．学习基础，如图2所示：

1. 已完成说明文单元的学习，能自主阅读说明文、科普作品等文本，对事物的说明方法、逻辑结构和语言特征等有了较好学习基础，能在教师引导下完成本课的案例分析和课堂练习

2. 缺乏实践经验，语言交际能力弱，不能条理清晰地介绍事物。但学生有参加校园文化活动、观看电视综艺节目、观看网络带货直播等经历，对事物介绍形成了基本的认识

学习基础

3. 在语文学习中未接触过中国刺绣的相关内容，但在专业课学习和学院的其他文化活动中，对服饰上的手工刺绣有初步认识和了解，积累了一定学习兴趣

4. 学习基础不扎实，信息整理能力和文字运用能力不够强。教学设计必须目标明确、层层递进，注重学以致用，才能促进课堂实践活动实施的有效性

图2 学习基础分析

2．学习态度

（1）学生有一定合作意识和信息处理能力，具备通过翻转课堂学习和整理中国刺绣相关信息的能力。

（2）通过一个学期专业学习，学生已形成较为清晰的专业认知和初步的职业意识，有参与职业活动的意愿。展会上对刺绣工艺产品的解说，对学生具有吸引力。

3．学习能力

学生模仿能力强，能在教师的引导下对信息进行有效整理，通过实践体验式教学进行探究学习。因此，课堂要注重发挥教师的引导作用，也要让学生在课堂活动中充分实践，获得体验和能力提升。

4．学习兴趣

学生表现欲强，喜欢用各种方式展示自己，本课设计的教学活动能吸引学生积极参与。

四、学习内容

（一）学习任务描述

学院要在服装设计与制作专业选拔出4名解说员，在"非遗文化进校园——刺绣工艺作品展"上向师生介绍展区的刺绣作品。为促进选拔工作的顺利进行，开展"中国绣 青年说——刺绣工艺作品介绍"活动，要求学生灵活运用事物介绍的方法，用2～3分钟对所选刺绣作品进行口头介绍。具体要求如下：

（1）了解中国刺绣的起源、发展和工艺特点；

（2）了解"非遗文化进校园——刺绣工艺作品展"中的刺绣作品，弄清刺绣作品的创作背景、工艺特点等；

（3）运用事物介绍的方法，大方、得体、自信、清晰地开展刺绣作品的口语介绍。

（二）学习内容

本次课，学生主要学习以下内容：

1．事物介绍要介绍什么？

（1）介绍事物特征。

任何事物都有其自身的特征，它是区别于其他事物的标志。介绍事物时只有抓住事物的特征，才能把事物准确清晰地介绍给他人，让他人对事物有确切了解。

（2）介绍哪些特征？

事物的特征主要有外形特征、工艺特征和功能/价值特征。外形特征包括形状、大小、颜色、质地、表面特征等，工艺特征包括物品制作所采用的特殊工艺、技艺，功能/价值特征包括效能、用途、价值等。

（3）如何抓准事物特征？

要正确把握事物的本质和特征，必须一丝不苟地查阅有关资料，了解事物的来龙去脉；对事物进行细致观察，了解事物的形状、颜色、体态。

2．事物介绍用什么顺序？

（1）时间顺序：按事物发展过程的先后来介绍某一事物，如说明生产技术、产品制作、工作方法、历史发展、动植物生长等。

（2）空间顺序：按事物空间结构的顺序来说明，如从外到内、从上到下、从整体到局部。

（3）逻辑顺序：按照事物的关系，如由浅入深、由易到难、由具体到抽象、由简单到复杂、由主要到次要来说明。

3．事物介绍有什么方法？

常见的说明方法有举例子、作比较、列数字、分类别、打比方、摹状貌等。

4．事物介绍有什么要求？

（1）准确清晰：确保信息准确，勿模棱两可；确保思路清晰，勿逻辑混乱。

（2）通俗易懂：确保用词通俗易懂，勿生涩难懂；多用简洁明快的短句，勿用冗繁复杂的长句；

（3）感染力强：确保语音、语调、表情、动作等具有感染力，让听者乐意听、乐意接受。

（三）学习重点与难点分析

根据学习目标和解说员能力要求，结合学生实际情况，确定以下学习重点和学习难点，如图3和图4所示：

学习重点

重点内容：事物介绍的方法

确定理由：事物介绍是有方法的。方法用对了，才能在有效时间内将最恰当的信息传递给受众。学生首次尝试介绍刺绣工艺作品，教师对其进行方法的指导，能使学生更有把握和信心。

突破方法：
1. 学生尝试，发现问题。进入课堂学习之前，学生先尝试做一次刺绣作品的介绍。师生在此基础上进行讨论分析，能够发现事物介绍的一些共性问题。
2. 大师示范，树立标杆。刺绣工艺美术大师走进课堂，为学生介绍刺绣作品、解说刺绣工艺，不仅能让学生感受刺绣的魅力，还能给学生树立刺绣作品介绍的标杆。
3. 师生分析，提炼方法。师生以问题为引导，从事物特征分析、说明顺序分析、说明方法运用三方面入手，提炼出事物介绍的方法。
4. 整合内容，降低难度。教师整合学习内容，引导学生将事物介绍的方法提炼成"六字口诀：先抓后理再用"，易懂、好记、实用，有效降低学生学习难度。

图3　学习重点分析

学习难点

重点内容：事物介绍在口语表达中的运用

确定理由：学生口语交际能力差、表达能力不强，难以将学到的方法有效运用到口语表达中。且提高口语表达能力本就是一个逐步积累、厚积薄发的过程，具有较高难度。

化解方法：
1. 案例引导，讨论分析。师生观看介绍刺绣作品的短视频，讨论分析口语介绍的要求和进行口语介绍时容易出现的问题。
2. 师生合力，探究技巧。师生合力，结合刺绣作品介绍的要求，讨论分析刺绣作品介绍如何才能做到"准确清晰、通俗易懂、感染力强"。
3. 学生挑战，积累经验。学生按照事物介绍"十二字要求"，运用事物介绍"六字口诀"，练习刺绣作品的介绍，积累对事物进行口头介绍的经验。
4. 课后自评，检查效果。学生反思和自评，用关键词记下使事物介绍准确清晰、通俗易懂、感染力强的办法，检查学习效果。

图4　学习难点分析

五、教学策略

根据"技工院校语文教学要体现职教特色"的教学理念，本课以真实任务情境为导向，采用任务驱动教学，充分发挥教师的引导作用和学生的主体地位，使学生处于积极主动的学习状态。为更好实现教学目标，提高教学效果，采用了以下策略：

1. 教学内容，化零为整

根据学生的学习基础和学习能力，结合本课内容的学习逻辑，我对教学内容进行了整合，把零散、难记的事物介绍方法重组成"六字口诀——先抓后理再用"，把口语表达的规范提炼成"十二字要求——准确清晰、通俗易懂、感染力强"，使学生学起来不费劲，用起来不费神。

2. 教学方法，灵活多样

根据学生的学习兴趣和学习态度，遵循"先内化于心，后外化于行"的教学思路，我通过课前自学、游戏竞猜、案例分析、范例欣赏、合作探究等方法，让学生自主发现本课需要学习的知识与技能，在教师指导下升华形成简明理论体系；通过模仿练习、角色扮演与评价分析等方法，帮助学生将知识与技能外化于行。课堂生动有趣，学生的注意力高度集中在学习内容上，能取得较好的学习效果。

3. 教学组织，层层递进

根据教学重难点，遵循"以理论指导实践，用实践深化对理论的理解"的教学思路，设计"课前准备—学习引入—大师示范—提炼方法—明确要求——学生挑战—效果评估—课堂总结—课后延伸"九个教学环节，从课前到课堂、从课堂到课后，结构紧凑、环环相扣、层层递进，引导学生学以致用、知行合一。

六、学习资源

1. 教学场地设置

依据课堂教学组织形式，结合实际教学要求，为使学生进一步真实感受刺绣作品的"精"和"美"，本次课在某合作企业的刺绣工作室进行学习。学习工作室有教学示范区、分组学习区和小组展示区。具体如图5所示：

图5　某合作企业的刺绣工作室

2. 学习资源设置

为有效实施教学，提高教学效果，本次课为学生提供了丰富的学习资源，具体如下：

名称	图片	数量	功能
教学课件	"中国绣·青年说"——事物介绍的方法和运用	1个	教师用于组织教学和明确学习内容
线上学习平台	超星学习通	1个	1. 课前，学生通过此平台接受学习任务，自主学习。 2. 课中，学生在此平台进行自评，检查学习效果

教学短视频		若干	1．课前，学生学习短视频，了解中国刺绣。 2．课中，教师播放解说案例，引导学生分析口语表达技巧
刺绣作品		6件	1．"紫藤双蝶"，学生尝试作刺绣作品介绍时使用。 2．"鱼趣"，大师示范刺绣作品介绍时使用。 3．其他四个刺绣摆件，供学生赏析和进行刺绣作品介绍的练习
手机直播支架		1个	学生在课堂上进行刺绣工艺作品介绍比拼时使用，便于课后复盘
刺绣工具和材料		若干	学生课后体验手工刺绣时使用

七、教学实施

根据教学内容分析和学情分析，为实现教学目标，我遵循"以理论指导实践，用实践深化对理论的理解"的教学思路，设计"课前准备—学习引入—大师示范—提炼方法—明确要求——学生挑战—效果评估—课堂总结—课后延伸"九个教学环节，结构紧凑、环环相扣、层层递进。教学流程图如下：

学生活动	教学过程	教师活动
1. 登录学习通APP，查看学习任务书，明确任务要求。 2. 查找信息，了解中国刺绣，完成课前作业	（课前） 课前准备 课前学习准备	1. 发布学习任务书。 2. 布置课前作业。 3. 与学生沟通学习准备情况
1. 配合老师测量体温，清点人数，做好上课准备。 2. 推荐一个口才好的同学上台尝试做一次刺绣作品介绍。 3. 在教师的引导下分析同学刺绣作品介绍存在的问题	（课中） 学习引入 引入学习主题	1. 测量体温，师生问好，清点人数。 2. 回顾课前学习准备，请一个口才好的学生尝试做一次刺绣作品介绍，引导其他学生分析其存在的问题。 3. 设疑，引出学习主题
1. 认真观看大师对刺绣作品的介绍和对刺绣工艺的解说，感受刺绣的"精"和"美"。 2. 分析大师示范，明确学习目标	（课中） 大师示范 大师示范绣品介绍	1. 邀请刺绣工艺美术大师进课堂，为学生介绍刺绣作品、解说刺绣工艺，让学生感受刺绣的魅力。 2. 引导学生分析大师的示范，激发学生学习兴趣
1. 猜谜、分析案例，悟出事物介绍要抓准特征，分析事物有哪几大方面的特征。 2. 阅读文本、课堂讨论，理清事物介绍的思路，分析说明方法的使用效果。 3. 在教师的引导下，提炼出事物介绍的方法，即"六字口诀"。 4. 小组合作，运用"六字口诀"分析刺绣作品，并绘制成思维导图	（课中） 提炼方法 提炼事物介绍的方法	1. 用游戏法、案例分析法、问答法，引导学生分析事物介绍要如何抓准事物特征。 2. 用案例分析法、讨论法，引导学生理清事物介绍的思路，分析说明方法的使用效果。 3. 引导学生提炼出事物介绍的方法，即"六字口诀：先抓后理再用"。 4. 布置课堂练习，要求学生运用"六字口诀"分析刺绣作品，绘制思维导图
1. 小组合作，分析案例，讨论刺绣作品介绍在口语表达上的要求。 2. 课堂讨论，分析刺绣作品介绍如何才能做到"准确清晰、通俗易懂、感染力强"	（课中） 明确要求 明确事物介绍的要求	1. 用案例分析法、张贴板法、讨论法，引导学生分析刺绣作品介绍的优秀案例，小结出事物介绍的"十二字要求"。 2. 用问答法、讨论法，分析刺绣作品介绍如何才能做到"准确清晰、通俗易懂、感染力强"
1. 按照"十二字要求"，运用"六字口诀"，在组内练习刺绣作品的介绍，每组推选出1个学生参加组间比拼。 2. 推选出的4个学生进行"刺绣工艺作品介绍"的组间比拼。 3. 其他学生认真观看小组代表的刺绣作品介绍	（课中） 学生挑战 挑战刺绣作品的介绍	1. 要求学生按照"十二字要求"，运用"六字口诀"，在组内练习刺绣作品的介绍，每组推选出1个学生参加组间比拼。 2. 组织推选出的4个学生有序进行"刺绣工艺作品介绍"的组间比拼，选拔出2个学生成为学校"刺绣工艺作品展"的解说员
1. 听取大师的点评，记录大师的建议。 2. 听取教师的点评，记录下改进方向。 3. 为自己喜欢的同学点赞	（课中） 效果评估 评估绣品的介绍效果	1. 邀请刺绣工艺美术大师根据学生对刺绣作品制作工艺的认识和描述，进行点评。 2. 教师结合口语表达要求，根据学生对刺绣作品的特征描述，点评和指导。 3. 组织学生点赞
1. 回顾课堂学习内容，补充笔记。 2. 填写自评表，检查学习效果	（课中） 课堂总结 进行课堂总结	1. 回顾本课学习目标和重难点，进行课堂总结。 2. 组织学生填写自评表，检查学习效果
1. 去刺绣工艺美术大师工作室参观，深入学习刺绣的工艺和文化。 2. 体验手工刺绣，感受刺绣工艺的繁杂和精细	（课后） 课后延伸 深入学习和体验刺绣	1. 带学生去刺绣工艺美术大师工作室参观，深入学习刺绣的工艺和文化。 2. 带学生体验手工刺绣，感受刺绣工艺的繁杂和精细

八、教学实施过程

教学环节	教学内容	学生活动	教师活动	教学手段	教学方法
课前准备（课前学习准备）（课前2周）	【知识准备】学生在上课之前应先对课上使用到的学习载体"中国刺绣"及"非遗进校园——刺绣工艺作品展"有所了解，为课上模拟职业人介绍刺绣作品做好铺垫。建议自主学习以下内容： 1. 短视频：《中国刺绣宣传片》《指尖上的传承：苏绣》《针尖上的中国：湘绣的前世今生》《缂键蜀韵》《广东名片之广绣》《广东名片之潮绣》等； 2. 中国四大名绣的代表作品及其工艺特点； 3. "非遗进校园——刺绣工艺作品展"活动的主要展品图片及简介	【获取信息】 1. 观看短视频，对中国刺绣的起源和发展，以及四大名绣的特征形成初步认识； 2. 自助查阅资料，了解不同种类的刺绣作品工艺特点。 【自主探究】 1. 浏览"非遗进校园——刺绣工艺作品展"展品图片，搜集展品相关信息。 2. 按要求填写《刺绣工艺作品描述表》，完成课前作业	【发布任务】在"超星学习通"网络教学平台发布学习任务，布置课前作业。 【在线指导】 1. 将学习资料上传至"超星学习通"网络教学平台，要求学生自行学习。 2. 检查和反馈学生的作业完成情况	手机 超星学习通 微信	个人独立学习
学习引入（引入学习主题）（8分钟）	【以错促学，尝试介绍引出学习内容】学生在认真完成课前准备的基础上，基于自身对绣品介绍的理解，进行绣品的模拟介绍，时间为2分钟。 【学习任务及要求分析】灵活运用事物介绍的方法，在"非遗文化进校园——刺绣工艺作品展"上，用2~3分钟向师生介绍展区的刺绣作品。要求如下： 1. 了解中国刺绣的起源、发展和工艺特点； 2. 了解"非遗文化进校园——刺绣工艺作品展"中的刺绣作品，弄清刺绣作品的创作背景、工艺特点等； 3. 运用事物介绍的方法，大方、得体、自信、清晰地开展刺绣作品的口语介绍	【上课准备】 1. 测量体温。 2. 起立问好，整理衣冠。 3. 清点人数。 【尝试绣品的介绍】 1. 推荐1名能说会道的同学根据自己的理解，尝试进行刺绣作品的介绍。 2. 其他同学根据教师的引导问题，对台上同学的介绍进行初步评价，并找出刺绣作品介绍时存在的问题。 【明确任务要求】分析任务书，明确任务要求，确定完成任务所需要掌握的知识与技能	【组织教学】测量体温，清点人数，组织教学。 【请学生尝试绣品介绍】 1. 回顾课前学习准备，请一个口才好的学生尝试做一次刺绣作品介绍。 2. 引导学生分析此次模拟介绍中存在的问题。 【任务解读】进行任务解读，说明任务对知识及技能的要求，引出本课学习内容	任务书 临时演讲台 刺绣作品	任务驱动教学法 角色扮演法

八、教学实施过程

教学环节	教学内容	学生活动	教师活动	教学手段	教学方法
大师示范（大师示范绣品介绍）（6分钟）	【以优促学，大师示范激发学习兴趣】 1．引大师进课堂，品绣品之美和工艺之精。 2．请大师做示范，听绣品的恰当解说。 3．分析大师示范，激发学生学习兴趣。 【以问促学，合作探究积累介绍方法】 1．事物介绍要介绍什么？ （1）介绍特征。 任何事物都有其自身的特征，它是区别于其他事物的标志。介绍事物时只有抓住事物的特征，才能让他人对事物有确切的了解。 （2）介绍哪些特征？ 事物的特征主要有外形特征、工艺特征、功能/价值特征。外形特征包括形状、大小、颜色、质地、表面特征等，工艺特征包括物品制作所采用的特殊工艺、技艺，功能/价值特征包括效能、用途价值等。 （3）如何抓准事物特征？ 要正确把握事物的本质和特征，必须一丝不苟地查阅有关资料，了解事物的来龙去脉；对事物进行细致观察，了解事物的形状、颜色、体态	【范例欣赏，文化熏陶】 1．认真观看大师对刺绣作品的介绍和对刺绣工艺的解说，感受刺绣的"精"和"美"。 2．分析大师示范，明确学习目标。 【分析事物特征】 1．猜谜，悟出"事物说明要抓准事物特征"。 2．案例分析，弄清事物特征包括哪几个方面	【引大师进课堂】 1．邀请刺绣工艺美术大师进课堂，为学生介绍刺绣作品、解说刺绣工艺，让学生感受刺绣的魅力。 2．引导学生分析大师的示范，激发学生学习兴趣。 【引导学生分析事物特征】 1．组织学生猜谜，引导学生悟出"事物说明要抓准事物特征"。 2．展示案例，引导学生分析事物特征包括哪几个方面	刺绣作品 刺绣工具和材料 PPT课堂练习 游戏资料 教学案例 刺绣作品	陶冶情操法 示范教学法 游戏法 讨论法 问答法 案例分析法 可视化教学法 张贴板教学法

八、教学实施过程

教学环节	教学内容	学生活动	教师活动	教学手段	教学方法
提炼方法（提炼事物介绍的方法）（25分钟）	2．事物介绍用什么顺序？ （1）时间顺序：按事物发展过程的先后来介绍某一事物，如说明生产技术、产品制作、工作方法、历史发展、动植物生长等。 （2）空间顺序：按事物空间结构的顺序来说明，如从外到内，或从上到下，或从整体到局部。 （3）逻辑顺序：按照事物的关系，如由浅入深、由易到难、由具体到抽象、由简单到复杂、由主要到次要进行说明。 3．事物介绍有什么方法？ 常见的说明方法：举例子、作比较、列数字、分类别、打比方、摹状貌等。 小结：事物介绍"六字口诀：先抓后理再用"，即在进行事物介绍时，要先抓住作品的主要特征，再按照一定的思路或顺序，然后采用恰当的说明方法对作品特征进行介绍	【理清介绍思路】 1．阅读和分析文本，理清文本的写作思路。 2．参与课堂讨论，回顾说明文的写作顺序，理解要根据不同说明对象选择不同的说明顺序。 【使用说明方法】 1．阅读和分析文本，复习常见的说明方法。 2．参与课堂讨论，分析说明方法的使用效果和使用技巧。 【提炼出事物介绍的方法】 在教师引导下，提炼出事物介绍的"六字口诀"，促进知识的内化吸收	【指导学生理清介绍思路】 1．指导学生阅读和分析文本，理清文本的写作思路。 2．引导学生讨论，小结：介绍事物要用表现事物或事理本身特征的顺序和符合人们认识事物、事物规律的顺序。 【指导学生使用说明方法】 指导学生阅读和分析文本，引导学生复习常见的说明方法及其使用效果。 【小结事物介绍的方法】 小结，引导学生提炼出事物介绍的"六字口诀"，帮助学生将知识内化于心		

八、教学实施过程

教学环节	教学内容	学生活动	教师活动	教学手段	教学方法
提炼方法（提炼事物介绍的方法）（25分钟）	【以练促学，绣品分析促成方法运用】 1．刺绣作品有哪些特征？ 外形：刺绣图案寓意、绣品质地、绣线质地； 价值：使用价值、艺术价值、收藏价值； 工艺：刺绣种类、刺绣针法。 2．介绍刺绣作品可以依据怎样的介绍顺序？ 产品制作顺序：设计绣稿—绣稿印至绣料—绣料绷至绣架—刺绣—松架—装框； 空间顺序：从上到下、先正后反、整体到局部； 逻辑顺序：由主要特征到次要特征、由外形特征到工艺特征。 3．介绍刺绣作品可以用哪些说明方法？ 列数字：这个彩边是由绣娘一针一线缠绕而成，单单绕边一道工序就要1~2个小时。 作比较：纯手工刺绣将花瓣绣制得均匀、干净、细腻、生动，这是机绣远远达不到的。 作诠释：这是典型的苏绣，以套针为主，绣线套接不露针迹，三种不同的同类色线或邻近色相配，套绣出晕染自如的色彩效果	【绘图，分析刺绣作品】 1．小组讨论，运用"六字口诀"，分析刺绣作品信息。 2．小组合作，绘制思维导图，张贴至展示区。 3．每组选派一个同学，简单介绍本组刺绣作品信息的整理情况	【布置课堂练习】 1．布置课堂练习，要求学生小组合作，用"六字口诀"分析刺绣作品，并绘制成思维导图。 2．巡堂，根据实际情况对学生进行提醒和指导。 3．邀请刺绣工艺美术大师进课堂指导学生		

八、教学实施过程

教学环节	教学内容	学生活动	教师活动	教学手段	教学方法
明确要求（明确事物介绍的要求）（10分钟）	【事物介绍的十二字要求】 十二字要求：准确清晰、通俗易懂、感染力强。 （1）准确清晰：确保信息准确，勿模棱两可；确保思路清晰，勿逻辑混乱。 （2）通俗易懂：确保用词通俗易懂，勿生涩难懂；多用简洁明快的短句，勿用冗繁复杂的长句。 （3）感染力强：确保语音、语调、表情、动作等具有感染力，让听者乐意听、乐意接受	【归纳事物介绍的要求】 1．观看和分析视频案例，参与课堂讨论，归纳出事物介绍的"十二字要求"。 2．参与课堂讨论，分析刺绣作品介绍如何才能做到"准确清晰、通俗易懂、感染力强"	【引导学生归纳事物介绍的要求】 1．播放介绍刺绣作品的视频案例，组织课堂讨论，引导学生归纳出事物介绍的"十二字要求"。 2．用问答法、讨论法，引导学生分析刺绣作品介绍如何才能做到"准确清晰、通俗易懂、感染力强"	视频案例 卡纸 张贴板	案例分析法 张贴板教学法
学生挑战（挑战刺绣作品的介绍）（20分钟）	【以用促学，课堂实践促成方法运用】 开展"中国绣 青年说——刺绣工艺作品介绍"课堂活动，需求学生灵活运用事物介绍的方法，用2~3分钟对刺绣作品进行口头介绍，具体要求如下： 1．形象良好，仪态大方； 2．表情得体，动作恰当； 3．完整流畅，思路清晰； 4．重点突出，表达准确； 5．通俗易懂，简洁明快； 6．生动具体，语速适中	【参加课堂挑战】 1．按照"十二字要求"，运用"六字口诀"，在组内练习刺绣作品的介绍，每组推选1个学生参加组间比拼。 2．推选出的4个学生进行"刺绣工艺作品介绍"的组间比拼。 3．其他学生认真观看小组代表的刺绣作品介绍	【组织课堂挑战】 1．提出课堂挑战活动要求：按照十二字要求，运用六字口诀，介绍刺绣作品。 2．要求学生先在组内练习介绍刺绣作品，再每组推选出1个学生参加组间比拼。 3．组织推选出的4个学生有序进行组间比拼，并将过程录制下来	临时演讲台 刺绣作品 直播设备 手机	角色扮演法

八、教学实施过程

教学环节	教学内容	学生活动	教师活动	教学手段	教学方法
效果评价（评价刺绣作品介绍的效果）（7分钟）	【以评促学，多元评价加深方法理解】 1．学生自评，反思自己的介绍是否准确清晰、通俗易懂、感染力强。 2．教师结合口语表达要求，根据学生对刺绣作品的特征描述进行评价。 3．大师根据学生对刺绣作品制作工艺的认识和描述进行评价。 4．学生上台为喜欢的同学点赞	【评价学习】 1．反思，评价自己的介绍是否"准确清晰、通俗易懂、感染力强"。 2．听取教师的点评，记录下改进方向。 3．听取大师的点评，记录专家的建议。 4．为自己喜欢的同学点赞	【学生自评】 引导学生进行自我评价。 【教师点评】 教师结合口语表达要求，根据学生对刺绣作品的特征描述进行点评。 【大师点评】 邀请刺绣工艺美术大师根据学生对刺绣作品制作工艺的认识和描述进行点评。 【学生互评】 组织学生上台为喜欢的同学点赞	卡纸 粘贴板	讲授法 小组合作探究法
课堂总结（总结课堂学习内容）（4分钟）	【课堂总结，强化知识与技能】 1．学习目标：灵活运用事物介绍的方法对刺绣作品进行介绍。 2．学习重点：事物介绍的"六字口诀"。 3．学习难点：事物介绍的"十二字要求"	1．根据课堂总结，整理和补充笔记。 2．填写自评表，分析学习目标达成情况	1．回顾本次课的学习目标和重难点。 2．组织学生自评，检查学习效果	手机	讲授法
课后延伸（体验刺绣）（课后完成）	【课后延伸，体验刺绣以加深理解】 1．参观刺绣大师工作室 2．体验刺绣	1．去刺绣工艺美术大师工作室参观，深入学习刺绣的工艺和文化。 2．体验手工刺绣，感受刺绣工艺的繁杂和精细	1．带学生去刺绣工艺美术大师工作室参观，深入学习刺绣的工艺和文化。 2．带学生体验手工刺绣，感受刺绣工艺的繁杂和精细	大师工作室刺绣工具和材料	

九、学业评价

本次课主要采用学生自评、老师点评、专家点评和学生互评相结合,线上评价与线下评价相结合的评价方式。

1. 大师点评

刺绣工艺美术大师结合刺绣工艺特点,根据学生对刺绣作品制作工艺的认识和描述,纠错和补充,并给出具体指导意见。

2. 教师点评

教师结合口语表达要求,根据学生对刺绣作品的特征描述,侧重评价学生的语言是否清晰流畅、内容是否通俗易懂、表达是否有感染力,给出指导意见。

3. 学生自评

(1)学生进行刺绣作品介绍的自我评价,反思自己的介绍是否"准确清晰、通俗易懂、感染力强"。

(2)学生进行课堂学习自我评价,检验学习效果。

4. 学生互评

学生为表现优秀的同学点赞,票选"刺绣工艺作品展"的解说员。

评价内容以教学目标为依据,侧重评价学生的信息分析能力、口头表达能力和综合职业能力。具体如下:

1. 大师点评表(从刺绣工艺角度点评)

评价项目	一般	较好	很好
刺绣种类			
刺绣面料			
绣线种类			
刺绣针法			
图案寓意			

2. 教师点评表(从口语表达角度点评)

评价标准		配分	得分
解说	条理清晰地完成了刺绣作品介绍	15分	
	对刺绣作品的特征介绍得比较到位	20分	
	对刺绣作品介绍得比较生动具体	20分	
	语言表达流畅,且符合口语习惯	15分	
礼仪	形象良好,仪态大方	15分	
	表情得体,肢体动作恰当	15分	
总 分			

3. 学生自评表(反思刺绣作品介绍情况)

评价要点	是	否
是否完成了刺绣作品介绍？		
思路是否清晰？		
表达是否流畅？		
重点是否突出？		
是否符合口语习惯？		
是否使用了恰当说明方法？		
做得好的地方有哪些？		
哪些地方还需要改进？		
评价人： 日期：		

4．学生自评表（检验课堂学习效果）

评价项目	一般	较好	很好
能分析学习案例，归纳事物介绍的方法			
能大方得体、自信清晰地开展刺绣作品的口语介绍			
能对自己和他人的刺绣作品介绍进行评价			
能让事物介绍准确清晰、通俗易懂、感染力强的办法有哪些？写下关键词：			
评价人： 日期：			

十、教学反思

本课最大亮点在于将语文课教学内容与专业元素相结合，课程思政流水无痕，有机融合。具体如下：

1．实现了教学目标，取得了较好的学习效果。本节课以学生为中心进行教学设计，综合运用多种教学方法，充分调动学生的学习兴趣，鼓励和支持所有学生参与课堂活动，较好完成教学任务，实现了教学目标，取得较好的学习效果。通过学习，学生能够运用事物介绍的方法，按照要求对刺绣产品进行介绍。

2．对教学内容进行深入剖析，提炼出的刺绣工艺作品介绍方法具有可行性和创新性。为达成教学目标，提高教学效果，我深入了解学生基本情况，对教学内容进行了深度剖析，把枯燥难记的事物介绍方法，创新性地提炼成"六字口诀"和"十二字要求"，简单易懂、好记实用，对学生具有较强指导性。

3．非遗传承人进课堂，学生近距离感受中国刺绣文化的魅力，充分体现了思政教育与语文教学的融合。中国刺绣是中国优秀的民族传统工艺之一。本课邀请非遗刺绣工艺美术大师走进课堂，介绍刺绣作品的美和刺绣工艺的精。学生能近距离感受到中国刺绣文化的魅力，感受到刺绣手工艺人身上专心致志和精益求精的工匠精神。思政教育与语文教学很自然地融合在一起，润物细无声。

4．将口语实践教学落实到刺绣工艺作品解说上，体现了技工院校通识性教育与专业教育的有效结合。中国刺绣题材广泛、针法多样，属于传统美术的范畴，且被广泛应用于现代服装设计和日常实用装饰品。本课将口语实践教学落实到刺绣工艺作品解说上，促使学生了解和学习刺绣工艺，不仅能让口语实践落到实处，还能进行专业积累，体现了技工院校通识性教育与专业教育的有效结合。

不足之处：本课虽然取得较好的学习效果，但由于刺绣工艺专业性较强，学生缺乏专业指导，很难对刺绣作品的工艺特点进行准确分析。如果在课前邀请刺绣工艺美术大师到校举办讲座，向学生普及刺绣专业知识，会给学生提供更有针对性的帮助。

附件1

学习任务书

任务名称：

"中国绣 青年说"——刺绣工艺作品介绍

任务描述：

学院要在服装设计与制作专业选拔出4名解说员，在"非遗文化进校园——刺绣工艺作品展"上向师生介绍展区的刺绣作品。为促进选拔工作的顺利进行，开展"中国绣 青年说——刺绣工艺作品介绍"活动，要求学生灵活运用事物介绍的方法，用2~3分钟对所选刺绣作品进行口头介绍。

任务要求：

1．了解中国刺绣的起源、发展和工艺特点；

2．了解"非遗文化进校园——刺绣工艺作品展"中的刺绣作品，弄清刺绣作品的创作背景、工艺特点等；

3．运用事物介绍的方法，大方、得体、自信、清晰地开展刺绣作品的口语介绍。

附件 2

刺绣作品信息描述表

绣品名称	
绣品图片	
绣品描述	种类：
	特点：
	寓意：

产品推广文案撰写课教学设计案例
《"乡贸荟"电商平台农产品直播脚本撰写》

教师姓名	张樱楸		
专业类别	财经商贸类		
专业名称	市场营销		
课程名称	产品推广文案撰写	题目	"乡贸荟"电商平台农产品直播脚本撰写
课时	4	教学对象	2018级市场营销高级班（3年制）

一、选题价值

（一）任务来源

我校市场营销专业课程是依据人力资源社会保障部颁发的《国家技能人才培养标准编制指南（试行）》和《一体化课程开发技术规程（试行）》制定的技术路径，通过深入开展行业企业调研，召开实践专家访谈会，提取和分析典型工作任务等步骤转化而来，符合社会经济发展需要和技能人才培养规律，见图1。

新媒体营销文案撰写是市场营销专业的核心课程，它的前置课程有市场信息收集与分析、网络营销策划等，学生已具备了一定调研能力、分析能力、沟通能力、洞察力等；后续课程有品牌营销推广、公关策划，培养学生问题处理能力、策划能力等。新媒体营销文案撰写起着承上启下的作用，培养学生创新能力、撰写能力，对专业的人才培养目标起着重要的支撑和促进作用。通过该课程的学习，学生能够胜任新媒体运营及文案策划、直播营销等工作任务。

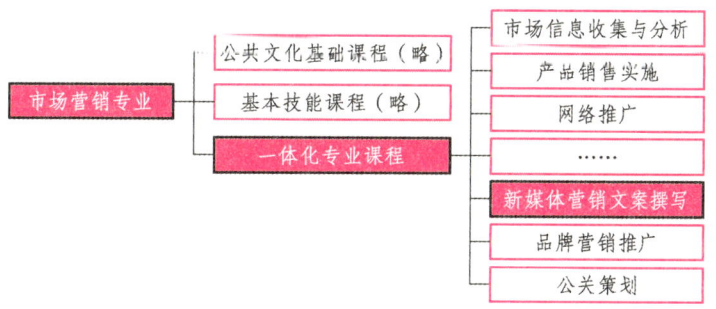

图1 市场营销专业课程

新媒体营销文案撰写课程目前共设四个学习任务，分别是"微信文案撰写""视频文案撰写""商品标题和详情页撰写"和"直播营销文案撰写"。通过对以上四个任务的学习，学生能分析消费者心理特征，适应并紧扣市场需求，通过独特的利益诉求点来打动消费者，运用扎实的语言文字功底、独到的创意和灵感吸引消费者。

"直播营销文案撰写"是三年制学生第三学期的学习任务。在人人可以参与直播的"全民直播时代","直播营销文案撰写"通过了解直播营销概念与策划思路,掌握具体方法和执行细节,运用抖音、快手等方式进行营销推广,以达到吸引客户的目的。本次课题"'乡贸荟'农产品直播脚本撰写"是第一个学习活动的微任务,见图2。

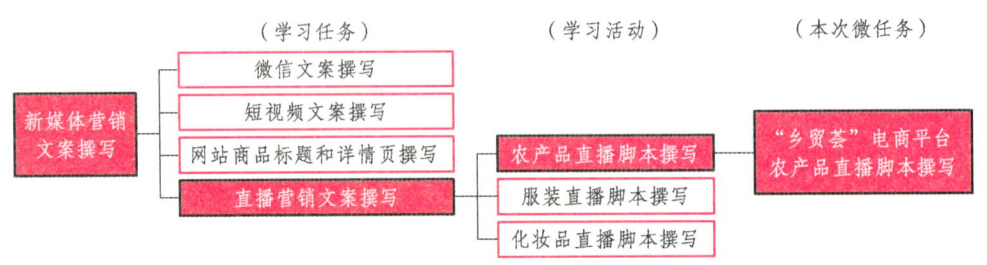

图2 新媒体营销文案撰写课程内容分析

受疫情影响,多地涌现农产品滞销现象,线下销售遭遇瓶颈,直播电商成为新的发力点。越来越多的市长、县长及"网红"、企业老板、企业高管、个体创业者纷纷加入农产品直播卖货,因其公益性,更是受到媒体、"网红"的关注,相比服装、化妆品等快销品来说更具难度。"直播带货"的流行,不仅是疫情之下的应急之举,也将成为零售业发展的一种新趋势、新常态。以电商直播为契机,既扩宽农民增收渠道,又助力脱贫攻坚。通过完成本次任务学习,学生要查阅农产品直播相关资讯,能主动深入了解我国乡村振兴、脱贫攻坚战略,同时不仅能更直接了解直播新业态,又能切身感受各地农产品扶贫政策,提高国家自豪感及政治素养。

(二)任务情境

2020年上半年,为深入贯彻落实习近平总书记关于坚决夺取脱贫攻坚战全面胜利和电商在脱贫攻坚中的作用重要讲话和重要指示批示精神的具体举措,我校与A村合作建设了"乡贸荟"电商平台。为了强化精准帮扶村民实现农产品产销对接、进一步夯实"脱贫致富"基础、建立长期脱贫长效机制。6月初,村委提供了相关农产品资料,希望能通过直播形式在7月1日晚7点举行农产品公益直播带货活动,为党的生日献礼,也为村里贫困户创收。基于学院市场营销专业学生在校企合作单位跟岗实习工作中的优秀表现,决定邀请学院2018级市场营销高级班(3年制)学生参与这次农产品直播营销工作。要求学生在直播营销工作前,需完成1个小时的直播脚本撰写工作。具体产品信息如表1所示:

表1 农产品信息

序号	产品图片	产品名称	产品介绍	产品特点	产品吃法	价格
1		土蜂蜜	纯天然土蜂蜜,不经任何加工,没有任何添加剂	富含葡萄糖氨基酸及维生素等多种成分,经常食用有清热解毒、补中润燥、养颜等功效	温开水冲服、作为食品添加甜味	¥9.9/2瓶(作引流产品)
2		中南金铃南瓜	外形美观,成熟瓜皮黄色带有浅黄斑,表面光滑,单瓜约1.3公斤。维生素C含量200毫克/千克	肉色黄、味甜、口感粉、营养价值高	用作菜肴、煲汤、佐馅、熬粥、糕点等	¥22.00/2个
3		桑芽菜	别名桑叶菜,是采摘桑树枝干上的芽头为辅料或者主料进行制作的一种菜的名字	口感一流、味道清甜、营养丰富、预防缓解多种疾病、美容等功效	清炒桑芽菜、芙蓉炒芽菜、鱼头桑芽汤、海鲜桑芽菜等	¥42.00/2.5斤
4		竹林扇鸡	竹林养殖,环境无污染、纯生态,多为散养,肉质紧实、鲜甜	脂肪量低,肉质紧实且鲜甜。饲养周期长达250天以上,鸡味十足	白切鸡、盐焗鸡、火锅、煲汤等	¥138.00/只(毛重约6斤)
5		青头鸭	雁形目鸭科潜鸭属的鸟类,体圆头大,雄鸟头和颈黑色,且绿色光泽	脂肪量低,肉质紧实且鲜甜。饲养周期长达120天以上	焖煮、煲汤、蒸、卤等	¥118.00/只(毛重约5.5斤)

（三）课题典型性分析
1. 任务来源真实
课题的任务来源于真实工作环境——校企合作的扶贫农业项目。直播正在逐渐成为业内普及的商品销售形式，而校企合作企业正在建设直播人才储备和梯队，也希望通过此次扶贫农业项目挖掘人才，正说明了企业也认可直播这一业态在商务流通领域中的重大价值。

2. 课题内容可行
直播已经成为当今媒介环境中必须被认真考虑的一种传播手段，是产品销售转化效率相对较高的方式，对于是否能激起消费者的购买欲望具有重要的影响，同时对于企业能否赢得消费者青睐具有关键作用。本次教学任务，不仅有助于深化学生对企业营销、产品推广等工作的理解，还有利于学生未来快速适应直播业态的相关岗位要求。

3. 工学过程对接
一般通用的直播脚本主要包含直播主题、直播目标、人员配置、直播时间、直播产品、直播流程、直播话术等内容。本次任务是直播行业实际工作中真实而又完整的工作项目，任务自身具有完整的工作过程。直播团队在接收到任务进行分析，明确任务主题，进行人员分工，确定选品，根据讨论出的直播流程等信息撰写直播脚本，提交汇报给上级审阅。而本次学习过程从明确任务、分析产品、制定流程、撰写脚本、展示评价等环节开展，学习过程与工作过程一致，实现专业学习与工作实践学做合一，对接直播类工作岗位，见图3。

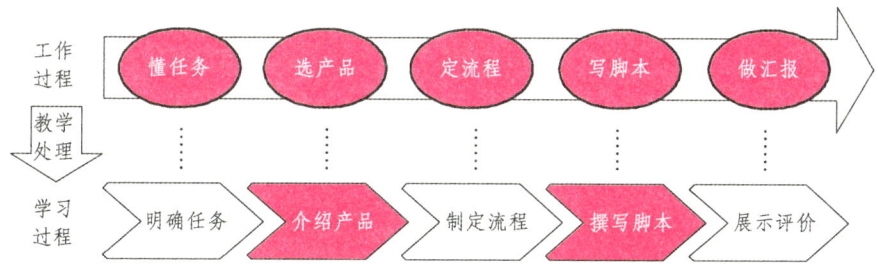

图3　学习过程与工作过程的关系

4. 实践应用广泛
直播销售在当今的销售市场中占据重要的份额，也是销售产品的重要环节之一，直播脚本的撰写是学生在工作岗位上需要掌握的一项重要技能。该课题实用技巧较强，社会需求大，使用频率高，应用广泛，将为学生今后的职业发展奠定良好的基础。

（四）课题价值分析
1. 学习能力可迁移
农产品直播相比服装、化妆品等行业直播来说更具难度，综合价值较高，能力迁移性强。撰写直播脚本，能够保证直播的顺利进行，内容有条不紊，实时把控粉丝，解决突发问题，推动直播卖货的高效转化。

学生学习完本次微任务后，能够综合运用多种知识和技能（包括进行产品分析、购买者需求心理、产品销售话术、逻辑思维能力等）完成农产品直播脚本撰写，增强直播自信和主动性，同时也能运用到其他产品的脚本撰写任务学习中，提升撰写能力和创新能力。

2. 综合素质能培养
《互联网直播从业人员培训与技能评价规范》要求直播从业人员在进行直播服务过程中要具备知政治、懂网络、敢担当、善创新的基本素质，也要求践行社会主义核心价值观，理解直播行业的社会功能及价值等。

学生学习完本次微任务，能将直播和产品卖点相结合，洞悉直播观众的心理，借助直播形式实现企业营销目标。同时也能关注并参与扶贫产业，树立正确的人生观、价值观、道德观，遵守职业道德规范，为"助农扶贫"添砖加瓦，养成关注时政的习惯，培养合作意识、创新意识，提高岗位责任感。

3. 岗位就业好对接

一个好的文案写作人才是企业不可缺少的。直播以其成本低廉、方便快捷、互动性强的特点迅速在互联网时代拓展，成为新兴社会下的体验经济。而直播脚本撰写是直播活动的关键环节，产品卖点能否找准、找对，直播流程是否可行、可操作，直播话术是否真实、有创意至关重要，直接影响了正常直播的效果。据《2020年春季直播产业人才报告》显示，直播行业招聘需求同比逆势增长1.3倍，其中文案类岗位需求量同比增长35.5%。

通过本次微任务学习，学生能对接真实校企合作的项目和工作，熟知直播形式，吸收最新资讯，把握消费者购买心理，以创新性思维完成直播脚本文案撰写工作，符合企业人才招聘需求。

4. 社会服务显公益

2020年，一场突如其来的新冠肺炎疫情席卷全国。对广大农户而言，受疫情影响全面停摆的交通运输与全线关闭的实体店，让原有的线下销售渠道受阻，山东、广西、四川、湖北、云南、广东等多地涌现农产品滞销现象。为破解难题，"直播带货"成为当下包揽流量红利的新业态，政府部门、区县长带货带动经济复苏，公益性是第一位。

通过本次微任务学习，学生能紧跟电商营销发展新趋势，关注扶贫产业、直播运营生态模式，如"直播+产品"模式，运用所学知识与技能，利用直播渠道将流量转化。在提升技能的同时，又能利用自身力量助农增收，为学校和社会贡献自己的力量。

二、学情分析

本课面向的学生群体是2018级市场营销专业（高中起点三年）1班学生。全班16人，其中男生2名，女生14名。

学生已经学习了市场信息收集与分析、产品销售实施、网络推广等一体化课程学习，也掌握一定的微信、短视频、网站商品标题和详情页等文案撰写基础，适应了学习通、微课等信息化教学手段，学习中已根据学生性格，对学生进行了异质分组，每组成员能性格互补，确保团队能有效合作。

从学习基础、学习能力、学习习惯、学习态度、学习兴趣、学习方法六方面客观、全面地分析该班学生的学情，学生们具备了完成本次学习任务的能力，具体情况见图4。

图4 学生整体情况分析

三、学习目标

根据课程目标和学情分析结果，结合直播企业的用人需求和业态变化，按教学流程制定了课前、课中、课后学习目标。学习完本次微任务后，学生应当能够胜任直播营销工作，撰写直播脚本，严格按照《互联网直播从业人员培训与技能评价规范》和"8S"管理规定，在工作过程中践行社会主义核心价值观，养成团队协作的职业素养，提高创新能力。

（一）课前目标

1．能利用搜索引擎查阅直播、扶农政策、直播法律法规等相关资讯，观看直播类视频，能口述出农产品直播活动和直播脚本的相关内容。

2．能通过实地考察，品尝当地农产品，根据所看、所听、所品，记录对农产品的了解，为课中撰写产品介绍做准备。

（二）课中目标

1．在教师的引导下，学生能独立阅读并分析任务书，通过观看"直播营销团队配置"的微课视频，对小组进行岗位分工，组建分工合理的高效团队。

2．根据教师讲授的话术技巧，并结合课前各自对农产品的感受，撰写具有创意的产品介绍词。

3．在教师的指导下，学生小组能根据任务要求分析直播脚本案例，协同配合，梳理整合出合理的直播脚本要素，撰写并陈述本次农产品直播脚本。

（三）课后目标

1．根据小组合作撰写的产品直播脚本，学生能够利用直播APP合作一次农产品直播任务。

2．能够回顾本节课的学习任务和知识点，以及最终直播营销结果，通过多样化的即时通信工具与教师、小组成员进行直播复盘，优化直播脚本。

四、学习内容

（一）工作任务

1．情境创设

为了谋划农村电商平台加持下的长效扶贫工作，我校与A村合作建设了"乡贸荟"电商平台。6月初，村委提供了相关农产品资料，希望能在7月1日晚上7点通过直播形式给农户助力农产品销售。基于学院市场营销专业学生在校企合作单位跟岗实习工作中的优秀表现，决定邀请学院2018级市场营销高级班（3年制）学生参与这次农产品直播营销工作。要求学生在6月20日前完成一小时的直播脚本撰写工作交于驻A村干部。

2．工作内容

（1）根据任务要求，组建4~5人直播营销团队，并明确其职责。

（2）根据任务要求，实地考察农产品，对产品进行分析，撰写产品介绍话术。

（3）根据任务安排，完成撰写农产品电商直播脚本工作。

（4）根据撰写的农产品直播脚本，进行直播活动，交由驻村干部检测直播脚本效果（课后）。

3．工作要求

在工作过程中，严格按照职场标准规范要求自己，按照《中华人民共和国网络安全法》《互联网直播服务管理规定》等相关政策规定，在6月20日前完成撰写农产品直播脚本工作，课后根据撰写脚本通过学习通或抖音直播APP进行直播活动，整个直播脚本撰写任务中需遵循"小成本、大情怀、正能量"的自主创新原则。

（二）学习内容分析

根据工作任务，从工作对象，工具、设备及材料，工作方法，劳动组织方式，工作要求五个要素对学习工作要素进行分析，见图5。

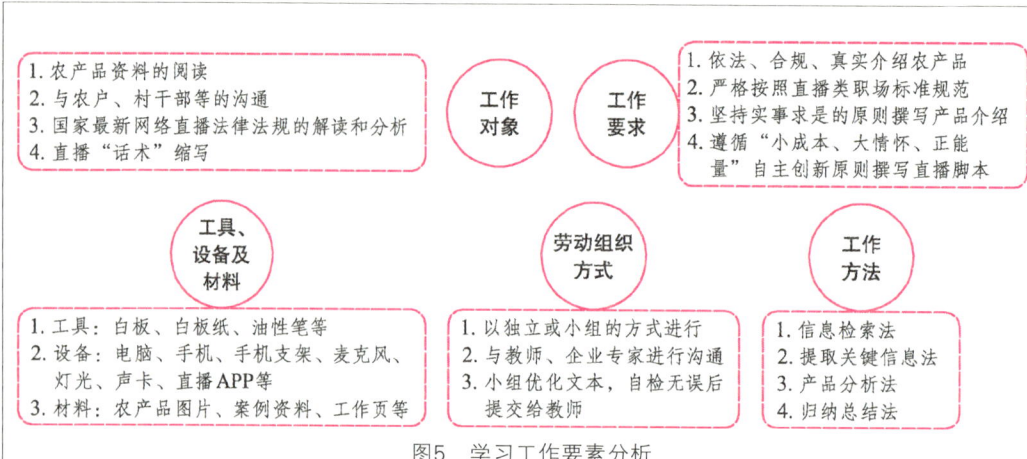

图5 学习工作要素分析

利用鱼骨图技术，以工作过程为主线，对工作过程中涉及的知识、技能、素养、成果等进行剖析，见图6。

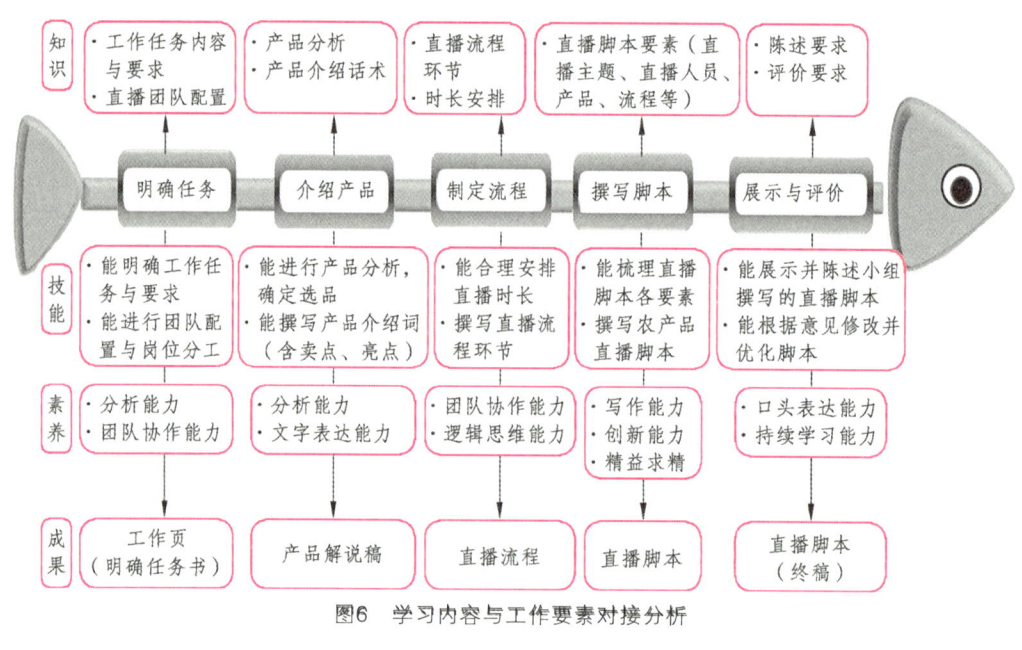

图6 学习内容与工作要素对接分析

依据任务情境，按照学习内容对接工作的原则，通过工作要素和工作过程分析，依据本次任务的学习目标，确定学习内容如下：
1. 直播团队配置与分工。
2. 产品分析和产品介绍话术。
3. 直播流程的框架和内容。
4. 直播脚本要素的组成：直播主题、直播目标、人员安排、直播流程等。
5. 陈述直播脚本的要求和评价标准。
6. 直播活动和直播复盘。
7. 职业素养的养成：遵守职业规范，提高分析能力、团队协作能力、逻辑思维能力、创新能力等。

（三）教材分析

本课程教材选用人民邮电出版社出版的《直播营销》一书，现从以下四个方面进行教材分析，见图7。

1. 基本信息
1. 人民邮电出版社出版，共7个章节；
2. 适合作为企业营销和新媒体传播实践工种的学习者和从业者使用。

2. 教材风格
1. 内容章节具有逻辑性，由浅入深，实现"从理论到实践""由知识到应用"的跃进；
2. 理论＋案例，便于学生理解。

3. 不足之处
1. 由于直播行业仍处于高速发展阶段，部分案列不够典型；
2. 直播的新平台操作、新规则及新玩法无法同步。

为弥补教材的不足，解决理论知识相对缺乏、内容不严谨的问题，制定解决方案。

4. 解决方案息
1. 《"乡贸荟"电商平台农产品直播脚本撰写》工作页
2. 微信群、学习通．
3. 微信推文和公众号
4. 直播APP
5. 网站

图7　教材分析

（四）学习重难点分析

根据学习目标及学情分析结果，结合学习内容及学生实际，确定学习重难点。见表2。

表2　学习重难点

学习重点	重点内容	直播脚本要素的梳理和整合
	确定理由	直播脚本要素的完整性和有机整合直接影响到直播的效果，是学生在直播脚本撰写中必须掌握的关键技能。而学生第一次接触直播脚本撰写，脚本框架要素相对模糊，教师对其进行指导，使学生能有清晰思路进行后续撰写任务，更有把握和信心
	突破方法	（1）典型案例，分析提炼。展示典型案例，引导学生分析提炼直播脚本的要素构成和价值。 （2）小组讨论，卡片教学（头脑风暴）。利用卡片粘贴，讨论各自小组直播活动的脚本要素，形成直播脚本逻辑关系图。 （3）师生分析，解决问题。师生共同分析，找到各小组直播脚本要素的不合理之处，深化学生对直播脚本的理解，巩固学生脚本撰写的技能

续表

学习难点	难点内容	农产品介绍话术的撰写
	确定理由	农产品介绍话术的撰写受到学生的知识水平、写作风格、对产品熟识程度等诸多因素的影响，需要综合考虑消费群体心理、产品特征，对学生知识背景、专业技能、综合素质要求高，难度较大，同时农产品介绍话术也是直播脚本质量、特色的关键影响因素
	化解方法	（1）实地考察，认识农产品。课前通过听、看、品农产品，生成真实产品体验结论。 （2）观看视频，分析提炼。课前观看直播视频，学习、收集并记录直播开场白、产品介绍、串词等话术，课中结合教师讲授产品介绍话术类型对产品进行话术创新。 （3）课后实践，优化创新。利用直播软件进行直播活动，在实践中学习，在实践中创新

五、学习资源

（一）学习环境

为有效支持学习活动，创设符合工作现场的职业场景，通过校企合作，分别建设校园学习工作站和校外企业实践基地两个学习站：

1．校园学习工作站

（1）集中教学区

配备多媒体一体机和黑板等实物教具，用于视频、课件的播放和教师集中讲授，便于学生集体观看和学习，便于教师集中授课教学，控制课堂。

（2）小组工作讨论区

每小组配备手机、A4纸、工作页、资料、彩纸条等，用于学生自主学习和小组讨论。

（3）互联网资料查询区

配备直播营销等相关书籍、台式机、教材等，用于学生查询资料和自主学习。

（4）成果展示区

配备白板、白板笔、大白纸、磁力扣等教具，用于展示、交流。

（5）直播展示区

配备直播整套设备，包括电脑、手机、声卡、麦克风、打光板等，用于学生对国产化妆品的直播营销。

（6）书包存放区

存放书包等学生附带用品，便于保障教学环境的干净、整洁。

学习工作站布局，见图8至图13。

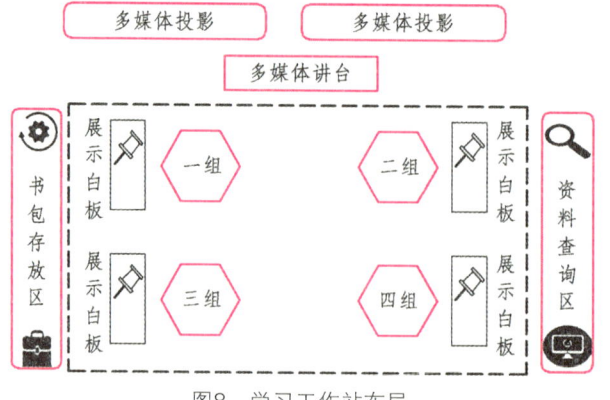

图8　学习工作站布局

图9　资料查询区　　　　图10　成果展示区　　　　图11　教学区

图12　学习工作站实景　　　　图13　校内实践直播间

2．校外企业实践基地

为促进学生实现角色转换，练就实践能力，建立校外企业实践基地，见图14。

图14　校外企业实践基地实景

（二）硬件设备

表3　硬件设备资源一览表

序号	名称	数量	资源实物照片	运用教学环节	主要设计目的
1	笔记本电脑	1组/台		课前及课中学习	查找资料
2	教学白板	1组/块		课中成果展示	展示并讲解成果
3	多媒体设备	1套		课中讲授	辅助教学：播放微课、知识点讲解等
4	智能手机	1人/部		课前学习 课中评价	查找资料 自评、互评
5	直播设备	1套		课后展示	成果检验
6	直播展示桌	1张		课后展示	成果检验
7	一体化桌椅	1人/套		课中学习	方便学习与讨论

（三）软件资源

表4　软件资源一览表

类型	序号	名称	资源实物资源	运用教学环节	主要设计目的
线上资源	1	搜索引擎、微信公众号及推文		课前学习	引导学生自主学习，丰富学习资料，弥补教材不足
	2	微课《直播营销团队配置》		课中学习	自主学习，提高团队意识
	3	微信群		课前学习 课后探讨	共享教学内容，提高团队意识
	4	学习通		课前学习 课中评价 课后实践和作业提交	课前下发资料学习，课中学习评价，课后作业提交
	5	问卷星		课后调查	课后调查教学效果
	6	抖音APP		课后实践	课后检测脚本
线下资源	7	《直播营销》		课前、课中学习	自主学习，与学习任务相配的辅助教材
	8	工作页		教学全过程	给学习任务实施提供操作指引
	9	《农产品直播脚本撰写》PPT		教学全过程	辅助重难点的突破，对知识点进行提炼
	10	案例《直播脚本》	直播脚本1.pdf 直播脚本2.pdf 直播脚本3.pdf 直播案例4.pdf	教学全过程	辅助重点的突破，丰富学习资料

（四）其他教具资源

表5　其他教具资源一览表

序号	名称	数量	资源实物照片	运用教学环节	主要设计目的
1	彩纸条	若干/组		课中小组讨论学习	辅助成果展示
2	大白纸及白板笔	1套/组		课中学习和展示	辅助成果展示
3	磁条贴	1盒/组		课中展示	辅助成果展示

六、教学策略

针对学生学情，为实现教学目标，充分调动学生学习兴趣，引领其自主学习，本次教学过程中综合采用角色分工、小组合作的模式。从教学组织、教学手段、教学方法、教学方式、学业评价五个方向来分析教学策略，见图15。

教学手段策略
1. 微信班群：发放课程要求和学习资料，实现翻转课堂，引导学生自主学习；
2. 课程资源：微课、公众号、工作页等资料；
3. 直播APP：课后直播活动的实施；
4. 问卷星：学生课中学习自评与互评；
5. 学习通：课前学习资料的查阅，课后直播实践活动的实施。

学习方式策略
1. 翻转课堂：课前自主学习，延伸教学时空，增加学生主动性；
2. 混合式学习：移动学习和课堂面授学习方式相结合；
3. 成果展示：成果汇报和展示，增强学生自信心，提升学习效果。

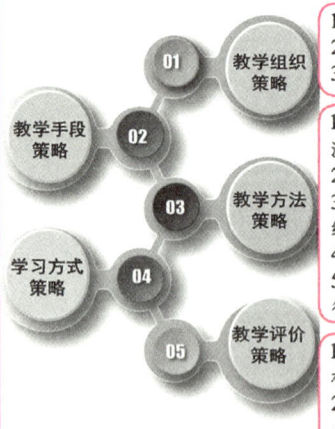

教学组织策略
1. 集中教学：知识点、方法、技巧的讲解；
2. 小组合作：4~5人一组，异质分组，相互协助；
3. 个别指导：运用解说方法，针对性讲解。

教学方法策略
1. 任务驱动：课前通过实地考察，认识产品，激发学生学习兴趣；
2. 案例教学：利用微课、PPT、资料提供案例；
3. 头脑风暴：撰写直播脚本，培养学生创新思维；
4. 交互式教学：帮助学习较弱的学生阅读领会；
5. 角色演绎：根据直播脚本、直播岗位分工进行直播实践活动。

教学评价策略
1. 主体多元：教师、个人、小组、企业专家、村干部、直播观看者的评价；
2. 方式多样：线上线下相结合，问卷星、直播APP点赞的灵活运用；
3. 内容多维：文本外观、解说能力、合作能力等。

图15　教学策略分析

七、教学实施

（一）教学流程图
根据学习目标和学习内容，从课前探究、课中内化、课后拓展对教学过程、工作过程、教师活动、学生活动、学习资料、学习成果制定直观式教学流程图，见图16。

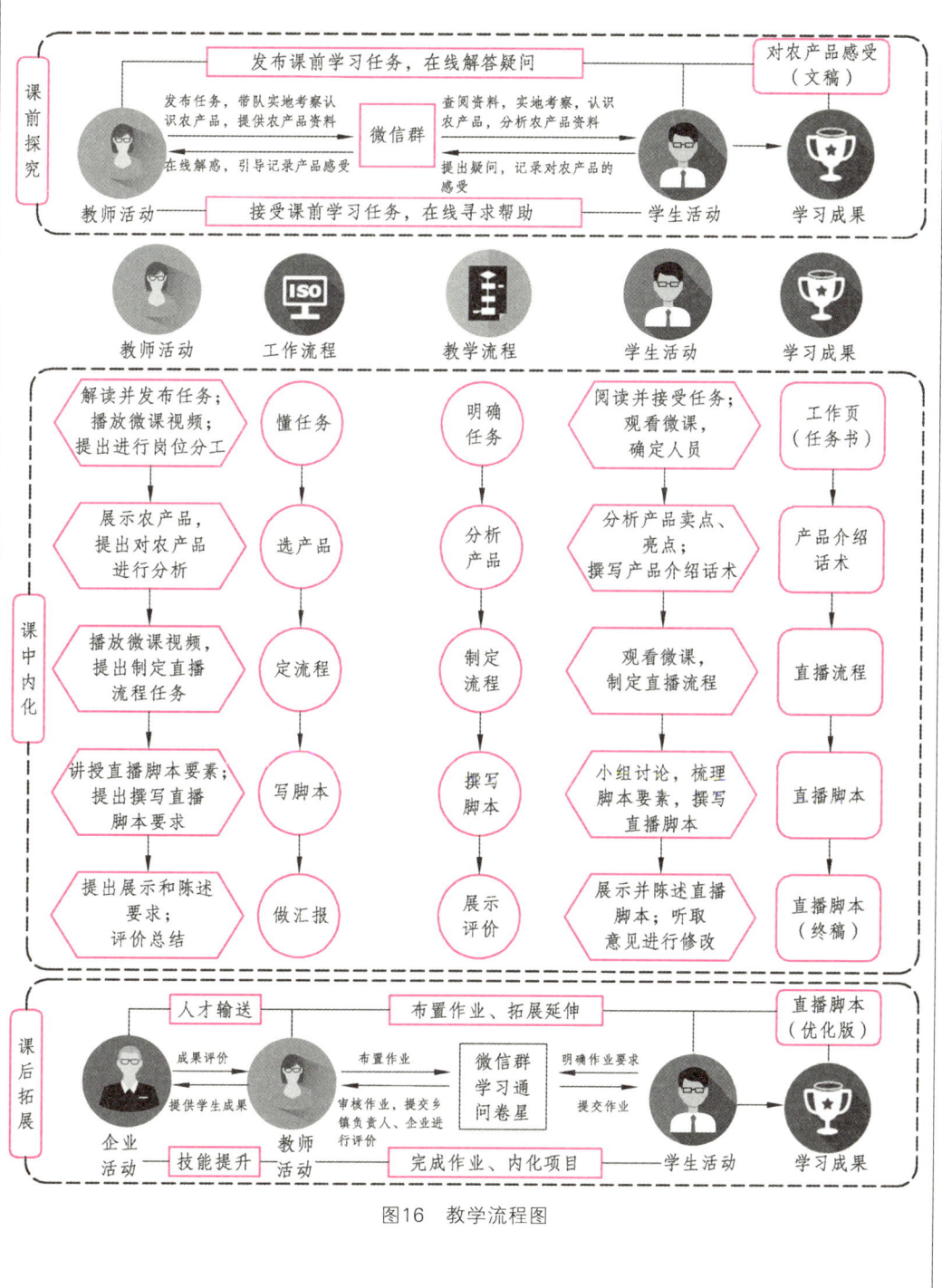

图16 教学流程图

（二）教学过程设计表

课前探究						
教学环节及时间	学习内容	学生活动	教师活动	教学手段	教学方法	设计意图
初步认识	1.直播相关资讯（法律法规、含义、平台等）。 2.农产品介绍。 3.农产品直播案例	1.学生课前通过班级学习通安排，提前阅读课本材料、农产品直播案例。  2.利用手机、电脑等渠道搜索直播法律法规、农产品、直播资讯、视频等内容。  3.跟随教师到农村实地考察，听、看农产品介绍，并进行品尝，记录对农产品的感受。 	1.教师提前三天将学习范围、农产品直播案例发至学习通。  2.微信群通知学生利用手机、电脑等渠道进行自主学习。  3.教师带学生到农村实地考察，要求学生听、看、品农产品，并进行记录。 	1.学习通 2.课本教材（教材与工作页）  3.实地考察 	学生课前自学任务导向	翻转课堂，培养学生自我学习能力，引导学生自主归纳、提炼相关知识，为课堂任务学习奠定基础（实现课前目标）

296

课中内化						
教学环节及时间	学习内容	学生活动	教师活动	教学手段	教学方法	设计意图
课前准备	/	1.体温检测后分组就座。 2.整理装束进入学习状态。 3.学习通签到	1.提前准备好教学模具。 2.检查电脑、网络、投影仪等。 3.检查学生出勤情况	1.教学PPT 2.小组组名水牌 3.学习通	分组教学	树立上课即上岗意识
学习环节（一）明确任务（20分钟）	1.工作任务内容及要求 2.直播团队配置	1.学生在教师的带领下阅读任务书，画出并回答任务的内容和要求。 2.独立观看教师播放的"直播团队配置"的微课，思考、分析，明确各岗位职责。 3.小组讨论，安排各自直播岗位，贴上岗位标签，并填答工作页的岗位分工表	1.教师带领学生阅读任务书，抽检学生回答任务的内容和要求。 2.播放直播团队配置微课视频，引导学生思考、分析，明确各岗位职责。 3.提出小组讨论，确认直播团队人员，用贴纸写上岗位名称，并填答工作页的岗位分工表	1.教学PPT 2.微课视频（直播团队配置） 3.工作页 4.圆形贴纸	任务驱动 关键信息提取法 微课教学 问答法	1.通过学生课前预习情况，了解学生掌握水平 2.观看直播团队配置微课视频，让学生进行团队分工，培养学生团队协作能力（实现课中目标1）

教学环节及时间	学习内容	学生活动	教师活动	教学手段	教学方法	设计意图
学习环节（二）介绍产品（30分钟）	1.产品分析（亮点、卖点等）2.产品介绍话术	1.学生观看教师播放的农产品视频，回忆课前农户介绍产品信息。2.学生小组阅读农产品资料，思考分析，填答工作页中关于产品分析的问题。3.学生小组讨论确定直播产品。4.学生独立阅读产品介绍话术，并听取教师对话术技巧的讲解。5.学生根据提供的产品介绍案例，结合课前对产品的感受，仿写产品介绍话术至工作页中。6.学生听被抽取的学生讲述所撰写的产品介绍话术	1.教师播放农产品视频，学生观看，回忆课前实地考察的内容。2.教师展示农产品资料，引导学生思考、分析，填答至工作页。3.教师提出小组根据农产品图片，确定直播产品。4.教师展示产品介绍话术，并进行讲解。5.布置小任务，提出根据提供的产品介绍话术案例，结合课前对产品的感受，写出产品介绍话术至工作页中。6.抽取学生讲述所撰写的产品介绍话术	1.教学PPT 2.农产品介绍视频 3.农产品资料 4.产品图片 5.产品介绍话术案例	分析法 案例教学 案例教学	通过对产品的分析，准确挖掘产品的亮点与卖点（实现课中目标2）能结合课前对农产品的感受和话术案例，撰写出独特有创意的产品介绍话术（实现课中目标2）

教学环节及时间	学习内容	学生活动	教师活动	教学手段	教学方法	设计意图
学习环节（三）制定流程（20分钟）	1.直播流程环节 2.时长安排	1.独立观看教师展示的直播流程案例，跟随教师指引，思考、分析流程包含的环节。 2.小组根据任务要求、确定的选品，分析讨论，合理安排时长、直播流程环节，写在彩纸条上。 3.在制定过程中遇到问题向教师提出。 4.小组将讨论出的直播流程粘贴至白板上。 5.学生小组相互观看其他小组制定的直播流程，进行交流，提出疑问。 6.小组听取教师及同学给出的建议，对直播流程进行调整和改进	1.教师展示直播流程案例，引导学生思考、分析流程环节。 2.提出小组结合任务要求、确定的选品，用彩纸条制定直播时长安排、流程环节。 3.教师巡回指导，遇到共性问题集中讲解。 4.教师提出将小组所讨论出的直播流程粘贴在白板上。 5.教师提出小组相互观看其他小组制定的直播流程，进行交流，提出疑问。 6.教师针对学生小组制定的直播流程中的问题给出修改建议	1.直播流程案例 2.彩纸条 3.巡回指导，共性问题集中讲解 4.彩纸 5.巡堂检查，对不懂的问题进行及时讲解	案例教学 头脑风暴（卡片法） 头脑风暴	1.通过对案例的学习，培养学生独立阅读思考的能力 2.通过制定直播流程，培养学生逻辑思维能力（实现课中目标3） 3.通过观看其他小组制定直播流程，提升学生逻辑思维能力（实现课中目标3）

教学环节及时间	学习内容	学生活动	教师活动	教学手段	教学方法	设计意图
学习环节（四）撰写脚本（50分钟）	直播脚本要素（直播主题、直播人员、产品、流程等）	1.独立阅读教师派发的不同的直播脚本案例，引导学生思考分析，观察各直播脚本案例的不同。 2.小组将不同直播脚本案例里的脚本要素写在彩纸条中。 3.小组讨论分析，确定直播主题，并结合所制定的人员安排、产品信息、直播流程等，选出小组所要撰写的直播脚本要素。 4.小组将讨论出的脚本要素粘贴在白板上。 5.小组对所选的脚本要素进行整合，撰写直播脚本设计。 6.在撰写过程中遇到的种种问题，与教师沟通或讨论	1.教师派发不同直播脚本设计案例，引导学生思考分析，观察各直播脚本案例，发现不同。 2.教师提出小组将不同案例里的脚本要素用彩纸条写出。 3.教师提出小组进行讨论，确定直播主题，并结合所制定的人员安排、产品信息、直播流程，选出小组所要撰写的直播脚本要素。 4.教师提出将所确定的直播脚本要素粘贴在白板上。 5.教师提出根据所确定的脚本要素进行整合，用大白纸撰写直播脚本设计。 6.巡查并监控课堂，解答在撰写过程中遇到的问题。	1.教学PPT 2.直播脚本案例 3.彩纸条 4.大白纸 5.巡堂检查，对不懂的问题进行及时讲解	案例教学法 关键信息提取法 头脑风暴（卡片法） 头脑风暴	1．通过对案例的学习，学生能抓取到关键信息，并利用卡片法明确脚本要素（实现课中目标3） 2.通过直播脚本的撰写，培养学生团队协作的职业素养和创新意识（实现课中目标3）

教学环节及时间	学习内容	学生活动	教师活动	教学手段	教学方法	设计意图
学习环节（五）展示与评价（40分钟）	1.陈述要求 2.评价要求 3.课堂"8S"管理 4.任务实施（课后作业）	1.以张贴的形式展示小组直播脚本并进行陈述。 2.小组听取教师给予的建议，并利用学习通进行成果互评和学习过程自评。 3.听取并记录教师对本堂课知识点的总结。 4.根据课堂"8S"管理规定，做好课堂管理。 5.根据所撰写的直播脚本，完成直播任务（课后作业）	1.教师提出每个小组张贴所撰写的直播脚本并进行陈述。 2.教师对各小组成果汇报进行简短评价与建议并提出利用问卷星进行互评与自评。 3.教师进行总评并总结本堂课知识点。 4.提出"8S"管理规定要求，监督落实学生执行。 5.教师布置的课后任务	1.大白纸展示 2.小组成果互评表（问卷星） 3.个人学习自评表（问卷星） 4.教学PPT	成果展示法 师生共同评价法	1.通过陈述直播脚本，培养学生口头表达能力和文化自信 2.总结加深学生对知识点的理解，学会撰写直播脚本设计（实现课中目标3）

301

教学环节及时间	学习内容	学生活动	教师活动	教学手段	教学方法	设计意图
课后拓展							
直播活动和复盘	直播活动 直播复盘	1.学生小组根据岗位分工，利用学习通或抖音直播APP进行产品直播，并提交给教师。（课后作业） 2.根据教师提供的评价建议和满意度调查反馈，利用微信群与教师、小组成员进行直播复盘。 3.小组优化直播脚本并再次提交给教师	1.小组根据各自岗位分工表，利用学习通或抖音直播APP进行直播活动，并提交给教师。（课后作业） 2.教师将学生撰写直播脚本及直播视频，提交给直播公司给予评价建议，并让村干部、农户对学生任务完成进行满意度调查，将结果和建议提供给小组成员。 3.查收作业（直播脚本优化版）	1.学习通、抖音APP 2.直播录像 3.专家评价表 4.直播效果图 5.任务满意度调查表 6.微信群 7.教学效果评价表	角色演绎法 评分评价法	1.通过直播，培养学生团队协作能力、创新能力和口头表达能力 2.巩固所学，通过直播实现"做中学""做中悟"，培养学生知识迁移能力 3.通过对评价结果进行复盘，提高学生对实际问题的分析、梳理和解决能力（实现课后目标）

（三）教学视频

按照教学流程检录教学实施过程，教学视频共计7分56秒：

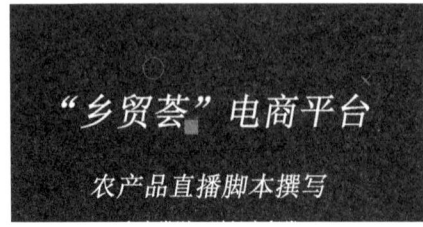

教学视频片头

课前探究

课中微课教学（直播团队配置）

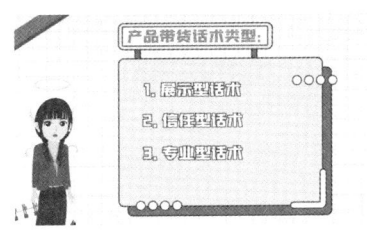
课中产品话术介绍

课中撰写直播脚本

课中进行成果汇报

课后直播活动

课后复盘探索

八、学业评价

（一）学业评价设计思路

本次任务采用一体化教学模式，将实际工作转化为学习任务，主要采用学生自评与互评、教师总评、专家点评相结合，线上评价与线下评价相结合的评价方式。

评价内容紧扣教学目标，侧重评价学生的撰写能力、创新能力、表达能力和综合职业能力，实现主体多元化、方法多样化、手段信息化，达到以评促教、以评促学、以评促改的目的。详见表6。

表6　学业评价设计思路一览表

评价项目	评价主体	评价方法	评价方式	特色	权重（%）	备注
学习效果评价	学生自评	观察法	线上评分（问卷星）	重点评价学生参与度、职业素养	10	
学习成果评价	小组互评	检测法	线上评分（问卷星）	重点评价学生专业能力	10	
	教师		线下评价		30	
	企业专家				30	
直播效果评价	观看直播客户群	观察法	直播APP点赞数	重点评价学生直播表现	5	
任务满意度调查	村干部、农户	调查法	线上评分（问卷星）	重点评价任务满意度	15	

（二）学业评价方案实施

1．学生自评与小组互评

学生自评表：学生根据学习目标进行自我反思和自我评价，检验学习效果。

学习效果自评表　　　　　　　　　　　　**学生成果评价表（小组互评）**

*1. 上课认真听讲，积极参与讨论和交流
○优
○良
○差

* 小组学习成果符合任务要求
○优
○良
○差

*2. 善于与人合作，虚心听取别人意见
○优
○良
○差

* 直播脚本版面完整、美观、文字工整
○优
○良
○差

*3. 自主学习，大胆表达自己的想法
○优
○良
○差

* 小组展示过程中表述清晰，易懂
○优
○良
○差

2．教师总评与专家点评
教师和企业专家能根据学生撰写的直播脚本、成果汇报进行评价。

表7 学生成果考核表（教师、企业专家）

序号	评价项目	评价内容	评价标准			备注
			优	良	差	
1	文本成果	直播脚本文字工整清晰、格式符合规范				
2		直播脚本贴近工作实际，符合学习任务要求				
3		直播脚本步骤清晰合理，方法运用得当				
4		直播脚本内容完整，无错漏，符合行业企业标准要求				
5		直播脚本有创意、有特色、有独特的见解				
6	成果展示	组内各岗位各司其职，配合度高、默契				
7		能利用专业知识与技能，灵活应对直播遇到的问题				
8		能自然且诚信介绍产品，能结合公益活动，体现社会主义核心价值观				
9		直播内容和流程符合所撰写的直播脚本				

3．村干部、农户评价
村干部及农户对于学生脚本制作及直播视频进行评价。

工作任务满意度调查表

*1．本次直播营销效果是否满意？
　　○非常满意
　　○满意
　　○一般
　　○不大满意
　　○不满意

*2．你比较满意哪组的表现？

*3．对直播小组的建议？

九、教学反思

本次课题任务教学以学生为中心、教师为主导，采用一体化教学。根据课堂观察、课堂表现、课堂评价及课后复盘，对本次任务从"特色与创新""不足之处"和"改进措施"三个方面进行反思。

（一）特色与创新

1．任务真情境，工学零对接

任务来源于学院真实的扶贫项目，精准帮扶村民实现农产品产销对接。利用校企合作优势，与直播企业人员对接，确定工作内容和流程，达到工学结合，企业和学校教育无缝连接，激发学生兴趣，提高学生学习投入度。

2．实地考察，亲身体验

课前通过去农村实地考察，认识农产品，加深对扶贫政策的认识。以直接感知的方式提高学生学习兴趣，提升教学效果，能将感性经验运用到课中产品介绍和课后直播活动中去。

3．多方评价相结合

在学习过程中，运用学生个人、小组、教师、企业、村干部、农户、观看者多方评价相结合，采用问卷星和直播软件点赞进行评价，评价方式更具全面性。

4．用直播活动检验脚本

课后设计直播环节，利用直播软件，让学生用实践检验脚本，用"错误"化解"难题"，在实践中学习，在实践中创新。

5．课程思政与专业相融通

本次任务以农产品直播为主体，将思政元素与市场营销专业人才培养相结合，增强了课程思政的"亲和力"。学生通过学习农产品直播脚本，加大关注扶贫产业、直播运营生态模式，激发学生的民族自豪感和责任意识。

（二）不足之处

1．在新经济时代下，直播带货迎来井喷式发展，虽耳熟能详，但实际直播带货涉及面广，实操难度大，作为新兴事物，其标准与规则尚未成熟，因此具有"理解易，运用难"的特点。

2．因课堂时间有限，创新性不足，学生体验有所不足，未能面面俱到。

（三）改进措施

鼓励学生课余时间多参与社会实践工作，多观察，多记录，关注直播带货资讯，学习直播带货技巧，重视学生创新性思维和能力的培养。

附件1

"乡贸荟"电商平台农产品直播脚本撰写

工 作 页

班级：_____

组别：_____

姓名：_____

一、任务情境描述

2020年上半年，为深入贯彻落实习近平总书记关于坚决夺取脱贫攻坚战全面胜利和电商在脱贫攻坚中的作用重要讲话和重要指示批示精神的具体举措，我校与某村合作建设了"乡贸荟"电商平台。为了强化精准帮扶村民实现农产品产销对接，进一步夯实"脱贫致富"基础，建立长期脱贫长效机制。

6月初，村委提供了相关农产品资料，希望能通过直播形式给农户助力农产品销售。基于学院市场营销专业学生在校企合作单位跟岗实习工作中的优秀表现，决定邀请学院2018市场营销技工班（3年制）学生参与这次农产品直播营销工作。要求学生在6月20日前，需完成直播脚本撰写工作。具体产品信息如表1所示：

表1 农产品信息

序号	产品图片	产品名称	产品介绍	产品特点	产品吃法	价格
1		土蜂蜜	纯天然土蜂蜜，不经任何加工，没有任何添加剂	富含葡萄糖氨基酸及维生素等多种成分，经常食用有清热解毒、补中润燥、养颜等功效	温开水冲服、作为食品添加甜味	¥9.9/2瓶（作引流产品）
2		中南金铃南瓜	外形美观，成熟瓜皮黄色带有浅黄斑，表面光滑，单瓜约1.3公斤。维生素C含量200毫克/千克	肉色黄、味甜、口感粉、营养价值高	用作菜肴、煲汤、佐馅、熬粥、糕点等	¥22.00/2个
3		桑芽菜	别名桑叶菜，是采摘桑树枝干上的芽头为辅料或者主料进行制作的一种菜的名字	口感一流、味道清甜、营养丰富、预防缓解多种疾病、美容等功效	清炒桑芽菜、芙蓉炒桑芽菜、鱼头桑芽汤、海鲜桑芽菜等	¥42.00/2.5斤
4		竹林扇鸡	竹林养殖，环境无污染、纯生态，多为散养，肉质紧实、鲜甜	脂肪量低，肉质紧实且鲜甜。饲养周期长达250天以上，鸡味十足	白切鸡、盐焗鸡、火锅、煲汤等	¥138.00/只（毛重约6斤）
5		青头鸭	雁形目鸭科潜鸭属的鸟类，体圆头大，雄鸟头和颈黑色，且绿色光泽	脂肪量低，肉质紧实且鲜甜，饲养周期长达120天以上	焖煮、煲汤、蒸、卤等	¥118.00/只（毛重约5.5斤）

二、学习目标

课前目标：

1. 能利用搜索引擎查阅直播、扶农政策、直播法律法规等相关资讯，观看直播类视频，能口述出农产品直播活动和直播脚本的相关内容。

2. 能通过实地考察，品尝当地农产品，根据所看、所听、所品，记录对农产品的了解，为课中撰写产品介绍做准备。

课中目标：

1. 在教师的引导下，学生能独立阅读并分析任务书，通过观看"直播营销团队配置"的微课视频，对小组进行岗位分工，组建分工合理的高效团队。

2. 根据教师讲授的话术技巧，并结合课前各自对农产品的感受，撰写具有创意的产品介绍词。

3. 在教师的指导下，学生小组能根据任务要求分析直播脚本案例，协同配合，梳理整合出合理的直播脚本要素，撰写并陈述本次农产品直播脚本。

课后目标：

1. 根据小组合作撰写的产品直播脚本，学生能够利用直播APP合作一次农产品直播任务。

2. 能够回顾本节课的教学任务、知识点，以及最终直播营销结果，学生通过多样化的即时通信工具与教师、小组成员进行直播复盘，优化直播脚本。

学　　时：4课时（160分钟）。

学习地点：知学楼608、创新创业孵化基地。

学习准备：彩纸卡、白纸、彩色笔、电脑、产品图片、直播脚本案例等。

三、教学流程

（1）课前探究：阅读材料、搜索资讯、初识产品、撰写感受。
（2）明确任务：观看微课、分析任务、人员分工。
（3）产品分析：观看视频、分析产品、确定选品、制定话术。
（4）制定流程：阅读案例、制定流程、讲解问题。
（5）撰写脚本：展示案例、确定要素、撰写脚本、巡回指导。
（6）展示脚本：展示成果、自评互评。
（7）课后拓展：直播演练、直播复盘。

四、阅读任务单

请独立阅读任务通知书，用荧光笔在通知书中标注小组工作内容与要求的关键信息。

农产品直播脚本撰写任务单

_____ 小组：

  2020年7月1日晚七点，我村想举办一场时长不少于2小时的农产品公益直播带货，为村里的贫困户创收，为党的生日献礼。我村没有策划直播活动的经验，想邀请_____为我村7月1日的直播撰写脚本。直播当天，前一小时是当地政府进行宣传，请根据农产品资料，设计后一小时的直播脚本，在6月20日前提交于我村负责人，感谢！

A村村委办公室

2020年6月10日

五、工作内容

（1）根据任务要求，组建4～5人直播营销团队，并明确其职责。

（2）根据任务要求，实地考察农产品，对产品进行分析，撰写产品介绍。

（3）根据任务安排，撰写3个农产品电商直播脚本。

（4）根据撰写的农产品直播脚本，进行直播活动，交由乡镇干部检测直播脚本效果（课后）。

六、工作要求

在工作过程中，严格按照职场标准规范要求自己，按照《互联网文化管理暂行规定》《中华人民共和国网络安全法》《互联网直播服务管理规定》等相关政策规定，完成撰写农产品直播脚本工作，整个直播脚本撰写任务中需遵循"小成本、大情怀、正能量"的自主创新原则。

七、课中学习

1. 请学生独立观看教师播放的"直播团队配置"微课视频后，填写下列问题：

（1）直播团队里包括哪些岗位？

（2）你负责的是什么岗位？主要负责的内容是什么？

2．请同学们阅读直播话术案例，选择一个产品，仿写产品话术。

产品名	亮点	卖点

3．请同学们阅读直播话术案例，选择一个产品，仿写产品话术。

4．请同学们阅读教师提供的直播流程案例，回答下列问题：
（1）在一个小时的直播卖货过程中，你们团队将直播分成哪些环节？

（2）小组进行讨论分析，合理分配每个环节、产品介绍的预计直播时长，制定出直播流程（可另附纸或电子版）。

5．请独立阅读直播脚本案例，根据教师所讲授的内容，填答下面内容。

（1）直播脚本里包括哪些内容？

（2）在直播脚本撰写里需要注意哪些内容？

6．请小组进行讨论分析，写下小组确定的直播脚本要素，并用彩纸条写出粘贴在白板上。

7. 请小组根据讨论出的脚本要素，共同完成农产品直播脚本撰写，写在大白纸上。

8. 小组选派一名组员进行该组成果汇报，其他同学做好记录，以此作为小组自评、小组互评的依据。

序号	组名	优点	缺点
1			
2			
3			
4			

八、课后拓展

1. 借助学习通或抖音APP工具，内化知识，根据直播脚本进行直播活动，请将直播码或直播链接写至下框内。

2. 请同学根据教师提供的专家评审意见进行直播复盘，优化直播脚本提交至任课教师。（可另附纸或电子版）

附件2

直播脚本案例

直播带货脚本（服装）					
主题				备注	
直播时间	13:00—17:00			直播期间每隔六七分钟一定要引导观众去点关注，尤其是做福利时，引导观众点关注比较有效，要让他们觉得下次还要来抢福利，所以要点关注，否则就会错过。介绍厂家和品牌，如明星代言、每年有很大的销量，让观众觉得很"高大上"，是值得信赖的大品牌	
内容	服装销售+各种福利活动				
目标	提升服装销量，获得更多粉丝关注，增加粉丝粘性，带动现场气氛				
直播流程	时间	环节	内容	特别注意	备注
1	13:00—13:01	进入直播状态，与新来的粉丝打招呼	欢迎宝宝们进入直播间，今天给直播间的朋友们准备了超级福利，全程高能，不要走开。×××宝宝还有×××宝宝欢迎你们的到来，点关注，不迷路，加入我们的粉丝团，后期我们会在粉丝里抽取幸运的宝宝，免费给大家送福利，爱你们哟！		
2	13:01—13:05	近景直播，边互动边介绍本场直播1~2款爆款，不断强调每天定点开播，等粉丝大部队到来（顺便讲一下福利，比如到5000小心心，主播送什么东西，有什么活动，刚开始人不会多，趁这个机会多进点人）	宝宝们记得给主播送小心心哟，小心心积攒到2000个，我们立马给大家来上一个主播精选的低价秒杀款（看现场情况而定），每点赞5000发放优惠券、红包、抽奖、秒杀品等优惠活动。今天直播福利多多，跟着我，我来给大家展示一下今天超级美丽的几款衣服，宝宝们记得每天下午一点准时来直播间，进来随时会捡到宝，走过路过，不要错过。这款衣服……搭配这件……是不是超级淑女？等会儿主播一定给大家好好展示		
3	13:05—13:10	剧透今日新款和主推款	宝宝们，今天我们主打的是……款式，到了该穿出去的季节，物美价廉，就不要控制啦。×××的衣服总有一款适合宝宝们。当然还有宝宝们期待已久的新款，新款……大家一定会眼前一亮……新来的宝宝记得点关注，支持一下我们的主播哈		
4	13:10—13:20	将今天所有的款全部走马观花过一遍，不做过多停留，但潜在爆款可以重点推荐。整个剧透持续10分钟，助理配上，服装、日化等商品可以配套展示。整个过程不看粉丝评论，不跟粉丝走，按自己的节奏逐一剧透	宝宝们都知道我们×××的女装品牌，销量……，靠质量起家的，我们是源头工厂，尽量让宝宝们得到最大的原则，来到直播间的宝绝对会体验到极致的性价比。大致介绍一遍衣服，逐一剧透……	强化源头背书	
5	13:20—13:50	（3套产品，看现场情况）开播半小时后正式进入产品逐一推荐。有重点地根据粉丝对于剧透的需求来介绍，参考直播前产品结构拍下。每个产品的五分钟直播脚本参考单品脚本（描述商品不枯燥，有场景代入感，不是介绍哪一件衣服好看，而是如何成为一个职场OL、文艺女青年、淑女等，努力打造×××的垂直粉丝群）	我知道宝宝们一定等着急了，我们现在马上进入正题，主播已经换好衣服了，来，请主播给我们第一款……，这件上衣……，面料……细节……，特色……如何搭配……（主播根据每件衣服的特色、卖点，结合自己专业搭配知识，介绍每件衣服的搭配方案，引导观众购买）。可以发个口令发红包或红包，让观众驻足时间长一点	产品介绍：主播介绍产品一定要结合场景深度介绍，一件衣服怎样搭配，是去逛街穿还是聚会时穿，给他们设定好场景，让观众有一定的画面。在介绍产品时可以对衣服的面料、做工、款式等做深度介绍，要让观众感受到厂家对产品把控非常严格，品牌形象树立好	单品脚本：品牌介绍、利益点强调、引导转化。介绍完每件单品后上架同款衣服到小黄车，引导客户购买

（完整版请扫码）

附件3

学生直播脚本成果

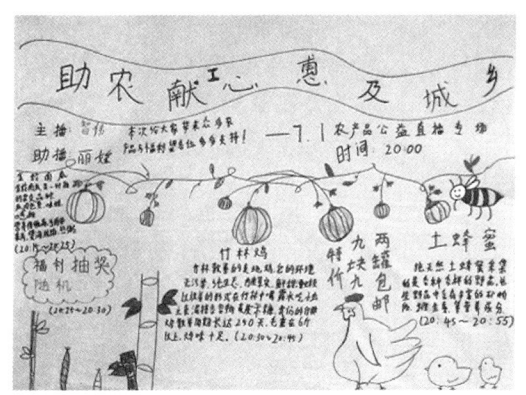

小辣椒队

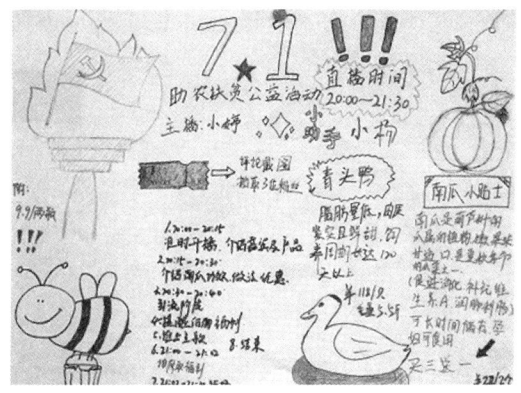

奇思妙想队

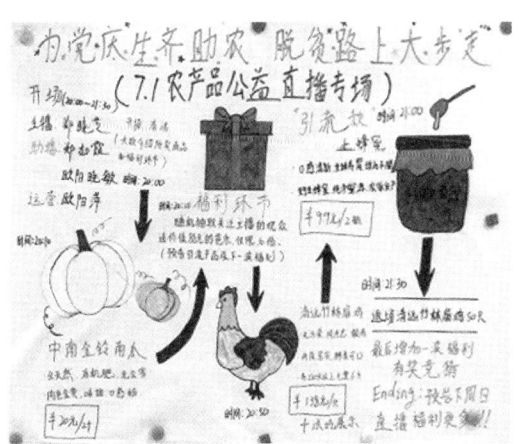

飞翔队

梦之队

附件4

任务满意度调查结果（村干部、农户评价）

第1题： 本次直播营销效果是否满意？ [单选题]

选项	小计	比例
非常满意	5	62.5%
满意	3	37.5%
一般	0	0%
不大满意	0	0%
不满意	0	0%
本题有效填写人次	8	

第2题： 你比较满意哪组的表现？

序号	提交答卷时间	答案文本
1	6月16日 09:56	飞翔队
2	6月16日 10:05	梦之队
3	6月16日 10:05	梦之队
4	6月16日 10:05	小辣椒
5	6月16日 10:06	小辣椒
6	6月16日 10:08	奇思妙想
7	6月16日 10:09	小辣椒
8	6月16日 10:21	飞翔队

第3题： 对直播小组的建议？

序号	提交答卷时间	答案文本
2	6月16日 10:05	没建议，很棒
3	6月16日 10:05	加油
4	6月16日 10:05	多通过实践增加现场经验
5	6月16日 10:06	表现可以更自信
6	6月16日 10:08	增加内容
8	6月16日 10:21	第一次能表现如此，非常不错，再优化产品介绍即可

（问卷请扫码）

附录四　广州市工贸技师学院思想政治课现状分析及对策调研报告

2019年3月，习近平总书记在学校思想政治理论课教师座谈会上强调，推动思想政治理论课改革创新，要坚持显性教育和隐性教育相统一，挖掘其他课程和教学方式中蕴含的思想政治教育资源，实现全员全程全方位育人。为贯彻落实会议精神，更好推动思政课的建设与实施，调研组面向广州市工贸技师学院（以下简称"学院"）的师生开展"思政课程"和"课程思政"实施情况调查，并针对调查结果提出建议，为开展下一步工作提供参考。

第一部分　"思政课程"实施情况调查

一、调查目的和内容

本次调查试图从课程、教学、教材、师资等方面了解思政课程的实施情况，以及师生对思想政治课的态度与建议，为建设学院思政课程体系，改革创新思政课程教学，提高教学实效提供依据。研究的主要内容如下：

1．了解学生对思政课程总体认知与态度。包括学生对思想政治课的喜欢程度、学习思政课的原因、对思政课的重视程度、对思政课教材的整体印象。

2．了解学生对思政课程教师教学实施情况的反馈。包括教师在课堂上讲课的时间、教师主要运用的教学模式、教师对多媒体的使用情况、教师在课堂教学中使用的教学辅助手段、教师讲课内容与生活联系的紧密度，以及专业课中教师渗透思想政治教育的情况。

3．学生对思政课程学习情况的自我描述。包括预习或复习"思想政治"课程内容情况、课余时间"思想政治"学习情况、课堂上主动提问情况、面对老师提问的处理方式、"思想政治"课采用的学习方式、"思想政治"课学习中遇到的困难。

4．了解学生对思政课程教学期望。了解学生喜欢的思想政治课老师的教学特点、喜欢的"思想政治"课教学模式。

5．从思政课教师的角度，了解学院"思想政治"课程实施情况。

二、调查方法

（一）调查工具

本研究采用自制问卷《"思想政治"课程实施情况调查问卷》思政课教师版与《"思想政治"课程实施情况调查问卷》学生版。

（二）调查对象

调查对象选取了两类人员，一是学院2018级、2019级学习过"思想政治"课的学生，另一类是担任思政课教学的老师12人，均通过扫描问卷二维码作答。被试对象构成基本情况见表1、表2。

表1 学生基本情况

对象构成		频率	百分比
性别	男	1883	68.5%
	女	866	31.5%
专业	信息类	601	21.9%
	机械、电工电子类	848	30.8%
	财经经贸类	454	16.5%
	文化艺术类	543	19.8%
	交通类	303	11.0%
学制	高级班5年	1988	72.3%
	高级班3年	761	27.7%
	预备技师班4年	0	0.0%
年级	2019级	1516	55.1%
	2018级	1233	44.9%

表2 思政教师基本情况

对象构成		频率	百分比
性别	男	3	25.0%
	女	9	75.0%
年龄	22～30岁	0	0.0%
	31～40岁	4	33.3%
	41～50岁	7	58.3%

续表

对象构成		频率	百分比
年龄	51～60岁	1	8.3%
专业	政治	7	58.3%
	其他	5	41.7%

（三）统计工具

所得数据采用统计软件SPSS21.0进行处理和分析。

三、调查结果

（一）学生调查结果

1. 学生对思政课程总体认知与态度

思政课的总体认知与态度涉及学生对思想政治课的喜欢程度、学习思政课的原因、对思政课的重视程度等。我们从以上几个方面进行调查得出的结果如下：

（1）对思想政治课的喜欢程度。

通过对调查对象进行描述统计，得出图1。可以看出，学生对思想课态度"一般喜欢"（占47.91%）和"比较喜欢"（30.99%）占绝大多数。同时，为了了解不同性别、年级、专业的学生对思想政治课的喜欢程度有没有差异，进行了进一步的统计分析。

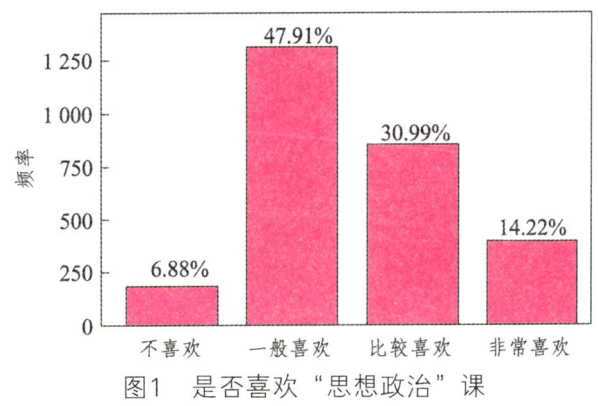

图1 是否喜欢"思想政治"课

①不同性别学生对思想政治课喜欢程度的比较。

以学生对思政课喜欢程度总均分为因变量，性别为自变量，进行独立样本T检验。得出结果见表3，数据结果显示男生相对于女生更喜欢思想政治课。（3代表不喜欢，4代表一般喜欢，5代表喜欢，6代表非常喜欢，P值小于0.005则表示两者有显著差异。）

表3 组统计量

	性别	均值	标准差	T值	P值
是否喜欢"思想政治"课	男	4.57	0.848	4.652	0.000
	女	4.42	0.745		

②不同专业学生对思想政治课喜欢程度的比较。

以学生喜欢思政课作为因变量，以专业为自变量，进行单因素方差分析，在方差齐性的情况下所得结果见表4。数据显示，不同专业学生对思政课的喜欢程度存在显著差异。事后检验结果显示，在喜欢程度上，信息类学生和机械、电工电子类学生存在显著差异，机械电工电子类学生相对信息类学生更喜欢上思政课；机械电子类学生和财经贸易类学生也存在显著差异，机械电子类学生相对经贸类学生更喜欢上思政课；交通类学生和机械、电工电子类学生存在显著差异，机械电工电子类学生相对交通类学生更喜欢上思政课，但是和文化艺术类学生没有显著差异。

表4 单因素方差分析

	平方和	df	均方	F	显著性
组间	16.753	4	4.188	6.285	0.000
组内	1828.689	2744	0.666		
总数	1845.442	2748			

③不同学制学生对思想政治课喜欢程度的比较。

以学生对思政课喜欢程度总均分为因变量，学制为自变量，进行独立样本T检验，得出结果见表5。数据结果显示，不同学制学生对思政课的喜欢程度有显著差异，5年制学生对思政课的喜欢程度更高。

表5 组统计量

	学制	均值	标准差	T值	P值
是否喜欢"思想政治"课	高级班5年	4.58	0.818	6.065	0.000
	高级班3年	4.37	0.805		

④不同年级的学生对思政课的喜欢程度。

以学生对思政课喜欢程度总均分为因变量，年级为自变量，进行独立样本T检验，得出结果见表6。数据结果显示，不同年级对思政课喜欢程度有显著差异，2019级学生对思政课的喜欢程度更高。

表6 组统计量

	年级	均值	标准差	T值	P值
是否喜欢"思想政治"课	2019级	4.68	0.809	10.870	0.000
	2018级	4.34	0.795		

（2）学习思政课的原因。

针对学生学习思政课的原因，通过调查结果显示（见图2），大部分同学认为"课程知识对日常生活有帮助"（占58.13%），说明大部分同学比较认可思政课。

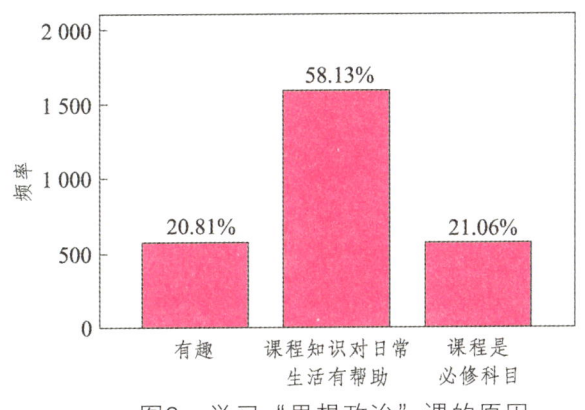

图2 学习"思想政治"课的原因

（3）对思政课的重视程度。

关于学生是否重视思政课，调查结果显示（见图3），"一般重视"（占比43.00%）和"比较重视"（39.18%）的占绝大多数，"不重视"仅仅为3.92%。

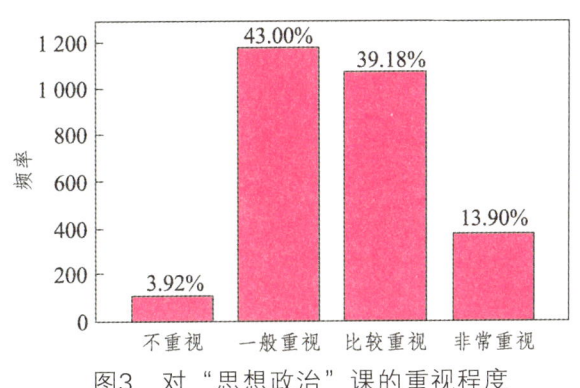

图3 对"思想政治"课的重视程度

同时为了解不同性别、年级、专业的学生对思想政治课的重视程度有没有差异，进行了进一步的统计分析。

①不同性别学生对思想政治课重视程度的比较。

以学生对思政课重视程度总均分为因变量,性别为自变量,进行独立样本T检验。得出结果见表7,数据结果显示男生相对于女生更重视思想政治课。

表7　组统计量

	性别	均值	标准差	T值	P值
是否重视"思想政治"课	男	4.66	0.795	2.628	0.009
	女	4.58	0.703		

②不同专业学生对思想政治课重视程度的比较。

以学生重视思政课作为因变量,以专业为自变量,进行单因素方差分析,在方差齐性的情况下所得结果见表8。数据显示,不同专业学生的对思政课的重视程度存在显著差异。事后检验结果显示,在重视程度上,机械、电工电子类学生和信息、财经贸易类学生存在显著差异。

表8　单因素方差分析

是否重视"思想政治"课					
	平方和	df	均方	F	显著性
组间	7.659	4	1.915	3.258	0.011
组内	1612.838	2744	0.588		
总数	1620.498	2748			

③不同学制学生对思想政治课重视程度的比较。

以学生对思政课重视程度总均分为因变量,学制为自变量,进行独立样本T检验。得出结果见表9,数据结果显示,不同学制对思政课重视程度有显著差异,5年制学生对思政课的重视程度更高。

表9　组统计量

	学制	均值	标准差	T值	P值
是否重视"思想政治"课	高级班5年	4.68	0.771	4.947	0.000
	高级班3年	4.51	0.747		

④不同年级学生对思想政治课重视程度的比较。

以学生对思政课重视程度总均分为因变量,年级为自变量,进行独立样本T检验,得出结果见表10。数据结果显示,不同年级对思政课重视程度有显著差异,2019级学生对思政课的喜欢程度更高。

表10　组统计量

	年级	均值	标准差	T值	P值
是否重视"思想政治"课	2019级	4.71	0.760	5.894	0.000
	2018级	4.54	0.767		

（4）对思政课教材的整体印象。

关于学生对思政课教材的整体印象，调查结果显示（见图4），"比较满意"的比例最高，为47.76%；其次是"一般"，占比是26.23%；不太满意的仅仅为2.55%。

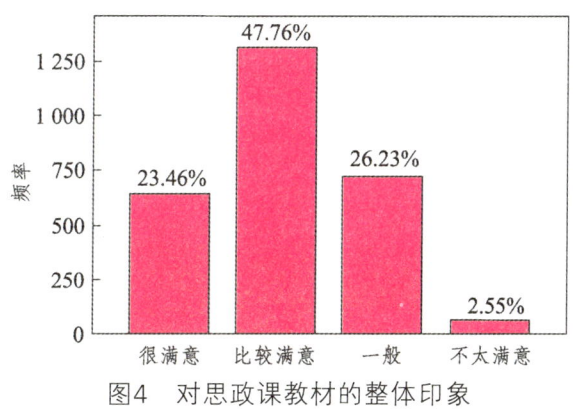

图4　对思政课教材的整体印象

总之，调查结果显示学生比较认可思想政治课的价值。

2. 学生对思政课程教师教学实施情况的描述

（1）教师在课堂上讲课的时间。

关于教师讲课时间调查结果显示（见图5），"时间多，占大部分"（占比47.77%）和"占课堂时间一半"（40.01%）的占绝大多数，"占课堂时间较少"的为12.22%。

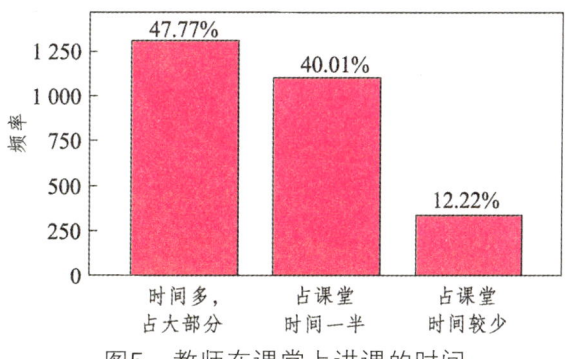

图5　教师在课堂上讲课的时间

（2）教师主要运用的教学模式。

关于教师教学模式的调查结果显示（见表11）"师生共同探讨"占比33.3%，"老师讲为主"占比27%，"学生指导下学生小组合作"占比25.4%，"学生自主探究"占比14.3%。

表11 教师课堂运用的教学模式

		响应		个案百分比
		N	百分比	
教学模式a	老师讲为主	1283	27.0%	46.7%
	师生共同探讨	1583	33.3%	57.6%
	学生自主探究	677	14.3%	24.6%
	教师指导下学生小组合作	1207	25.4%	43.9%
总计		4750	100.0%	172.8%
a. 值为1时制表的二分组。				

（3）教师对多媒体的使用情况。

关于教师课堂多媒体使用情况的调查结果显示（见图6），"经常使用"占比66.35%，"偶尔使用"占30.52%，"基本不使用"的仅占3.13%。

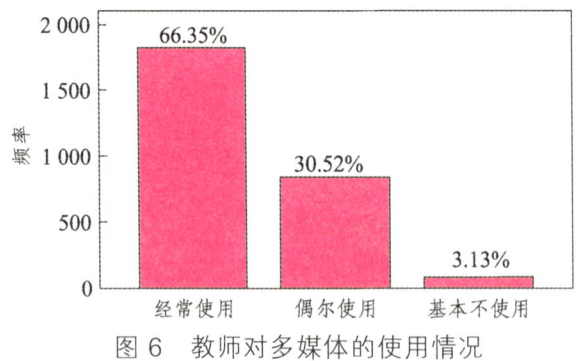

图6 教师对多媒体的使用情况

（4）教师在课堂教学中使用的教学辅助手段。

关于教师课堂教学中使用的教学辅助手段情况的调查结果显示（见表12），采用"视频、动画"的占比43.5%，"教材以外的其他资料"占33%，"教具"仅占20.9%，"只有教材"的仅占2.6%。

表12 教师在课堂教学中使用的教学辅助手段

		响应		个案百分比
		N	百分比	
辅助手段	教具	978	20.9%	35.6%
	视频、动画	2034	43.5%	74.0%
	只有教材	120	2.6%	4.4%
	教材以外的其他资料	1545	33.0%	56.2%
总计		4677	100.0%	170.1%

a. 值为1时制表的二分组。

（5）教师讲课内容生活联系紧密度。

关于教师讲课内容生活联系紧密度情况的调查结果显示（见图7），"还不错，总体上与我们生活和学习联系密切"占比39.76%，"一般，内容基本与自身实际有联系，但有些内容较旧"占35.47%，"很多，能做到与时俱进、贴近生活实际"占13.82%，"不多，离自己的生活实际太远"的仅占10.95%。

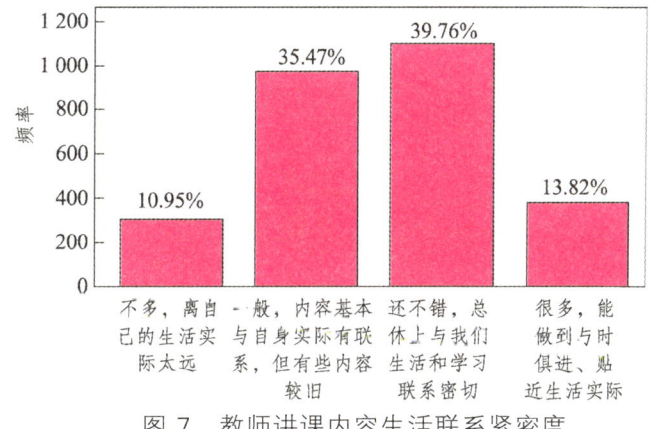

图7 教师讲课内容生活联系紧密度

（6）专业课中教师渗透思想政治内容情况。

关于"专业课"中教师渗透"思想政治"内容情况的调查结果显示（见图8），"会"占25.54%，"偶尔会"占比61.44%，"不会"的仅占13.02%。

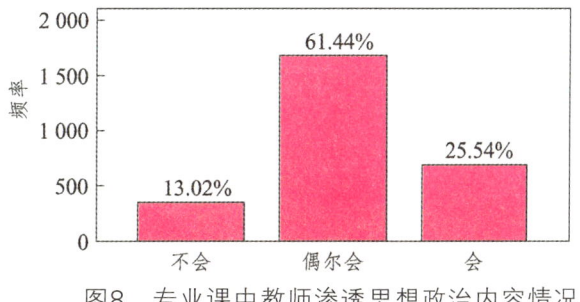

图8 专业课中教师渗透思想政治内容情况

3. 学生思政课程学习情况自我描述

（1）预习或复习"思想政治"课程内容情况。

关于学生预习或复习"思想政治"课内容情况的调查结果显示（见图9），"经常"占16.81%，"有时"占比67.95%，"不会"的仅占15.24%。

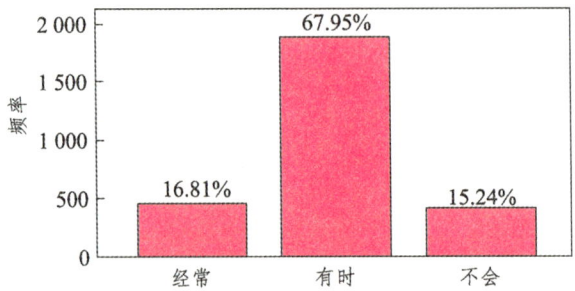

图9　预习或复习"思想政治"课程内容情况

（2）课余时间"思想政治"学习情况。

关于学生课余时间"思想政治"学习情况的调查结果显示（见图10），"完成相应练习并主动了解相关知识"占42.52%，"偶尔学习"占比29.76%，"只完成练习"的仅占22.70%，"不学习"仅占5.02%。

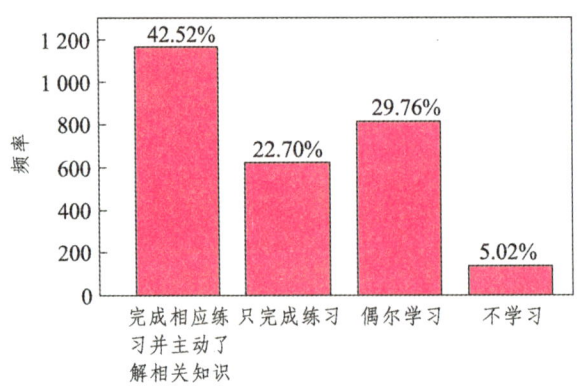

图10　课余时间"思想政治"学习情况

（3）课堂上主动提问情况。

关于学生课堂上主动提问情况的调查结果显示（见图11），"经常"占13.93%，"偶尔"占比63.70%，"不会"的占22.37%。

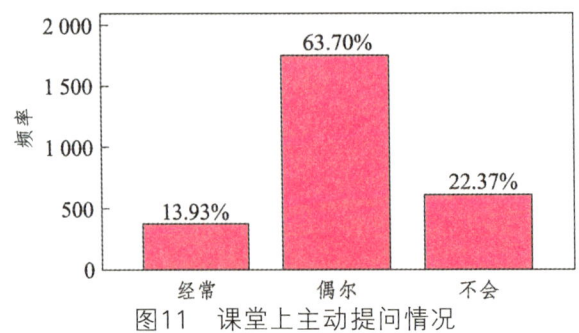

图11　课堂上主动提问情况

（4）面对老师提问的处理方式。

关于面对老师提问的处理方式的调查结果显示（见图12），"积极思考，主动回答"占38.60%，"积极思考，但不会主动回答"占比55.51%，"不思考与不回答"的占3.53%，"觉得没意义，不参与"的占2.36%。

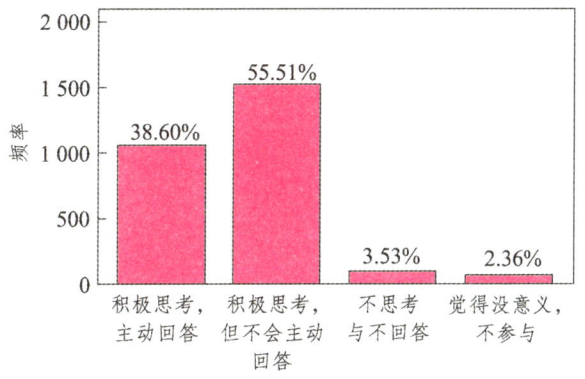

图12 面对老师提问的处理方式

（5）"思想政治"课采用的学习方式。

关于学生"思想政治"课采用的学习方式的调查结果显示（见表13），"查阅相关资料"占38.0%，"与老师同学交流想法"占27.9%，"做题"占比24.3%，"死记硬背"的占9.8%。

表13 "思想政治"课采用的学习方式

		响应		个案百分比
		N	百分比	
学习方式	做题	1136	24.3%	41.3%
	死记硬背	457	9.8%	16.6%
	查阅相关资料	1774	38.0%	64.5%
	与老师同学交流想法	1301	27.9%	47.3%
总计		4668	100.0%	169.8%

（6）"思想政治"课学习中遇到的困难。

关于学生"思想政治"课学习中遇到的困难的调查结果显示（见图13），"记不住"占47.15%，"做题吃力"占23.10%，"听不懂"占比17.24%，"不适应老师"的占12.51%。

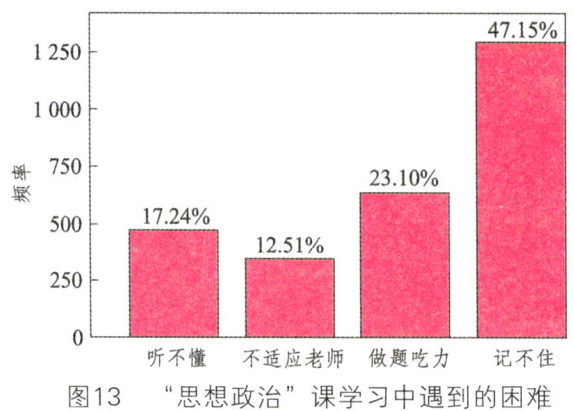

图13 "思想政治"课学习中遇到的困难

4. 学生对思政课程教学期望

（1）在"思想政治"课堂上，你喜欢的老师。

关于学生在"思想政治"课堂上喜欢的老师的调查结果显示（见表14），"条理清楚地讲解理论"的占28.6%，"模拟相关情景，获得道德体验"的占28.5%，"讲案例、故事阐明道理"占比29.2%，"通过练习巩固知识"的占13.8%。

表14 在"思想政治"课堂上，你喜欢的老师

		响应		个案百分比
		N	百分比	
喜欢的老师	条理清楚地讲解理论	1635	28.6%	59.5%
	模拟相关情景，获得道德体验	1629	28.5%	59.3%
	讲案例、故事阐明道理	1668	29.2%	60.7%
	通过练习巩固知识	787	13.8%	28.6%
总计		5719	100.0%	208.0%
a. 值为1时制表的二分组。				

（2）喜欢的"思想政治"课上课模式。

关于学生喜欢的"思想政治"课上课模式调查结果显示（见表15），"上课有激情、幽默生动、有趣，和学生一起探究"占38.1%，"以教师讲授为主，条理清晰地讲解理论知识"占27.5%，"给学生小组讨论的机会和时间，多些活动"占比22.9%，"教师指导下学生自主探究"的占11.5%。

表15 喜欢的"思想政治"课上课模式

		响应		个案百分比
		N	百分比	
喜欢老师的上课模式	以教师讲授为主，条理清晰地讲解理论知识	1445	27.5%	52.6%
	上课有激情、幽默生动、有趣，和学生一起探究	2003	38.1%	72.9%
	给学生小组讨论的机会和时间，多些活动	1202	22.9%	43.7%
	教室指导下学生自主探究	602	11.5%	21.9%
总计		5252	100.0%	191.1%

（二）教师调查结果

对学院担任思政课教学的所有教师进行了思想政治课程实施情况问卷调查，样本量12名份，问卷具体情况见附件1，以下几个问题教师比较突出。

1. "思想政治"课程体系与教学内容安排

关于学院"思想政治"课程体系与教学内容安排的调查，认为任务合理占比50%，"不确定"占比41.67%，"不合理"占比仅为8.33%。

2. "思想政治"课教材存在的主要问题

关于"思想政治"课教材存在的主要问题调查，认为"可操作性较差"占比58.33%，"脱离学生实际"占比8.33%，"其他"占比33.33%。

3. "思想政治"课数字化教学资源

关于学院"思想政治"课数字化教学资源是否满足教学的调查，认为"完全可以满足"的仅占25%，"不能满足"的占比41.67%，"基本满足"占比33.33%。

4. "思想政治"课堂教学存在的主要问题

关于"思想政治"课堂教学存在的主要问题，认为"课时不足"的占比33.33%，"课堂呆板，不够生动"占比33.33%，"教师讲解太多，学生参与少"与"其他"分别占比16.67%。

5. "思想政治"培训情况

关于参加"思想政治"培训情况调查，参加"思想政治"课培训的总次数少，其中"省级培训"占比仅5.3%，"市级培训"占比52%，"校级培训"占比31.6%，"没参加培训"的占10.5%。

四、讨论与结论

本次参与调查的学生一共有2749人，其中2019级1516人，2018级1233人，男生1883人，女生866人，涵盖学院5大专业系，样本比例均衡。教师样本量12份。通过问卷调查发现：

（1）学生对思政课程总体认知程度较高，学习态度较好，比较喜欢和重视思政课，并认可思想政治课的价值。在对思想政治课的喜欢程度方面，选择"一般喜欢"和"比较喜欢"的占绝大多数；男生相对于女生更喜欢思想政治课；不同专业学生对思政课的喜欢程度存在显著差异，机械电工电子类学生相对信息类、经贸类、交通类学生更喜欢上思政课；不同学制的学生对思政课喜欢程度有显著差异，5年制学生对思政课的喜欢程度更高；不同年级对思政课喜欢程度有显著差异，2019级学生对思政课的喜欢程度更高。我们认为，思政课受欢迎程度的差异与理工科的男生相对于女生更关注时事、政治、历史有一定关系，2019级的学生相对更喜欢思政课与2019年通用能力建设中心加强了思政课教学教研、努力提高思政课的教学质量有关。虽然目前的思政课比较受学生的欢迎，但在教学内容和教学形式方面，需要根据学生的性别、年龄特点进行一定的研究和创新，努力激发学生的学习兴趣。在学习思政课的原因方面，大部分同学认为"课程知识对日常生活有帮助"，说明大部分同学比较认可思政课，思政课对学生的思想、行为产生了积极的影响。在对思政课的重视程度方面，"一般重视"和"比较重视"的占绝大多数，但仍有3.92%的学生不重视，其中男生相对于女生更重视思想政治课，5年制学生对思政课的重视程度更高，2019级学生对思政课的喜欢程度更高，可见在学生重视思政课方面还有很大的提升空间，在提高思政课的持续性影响力方面需要加大力度。从对思政课教材的整体印象来看，学生对思政课教材"比较满意"的比例较高，不太满意为2.55%，可见在教学内容方面还有待进一步优化和丰富。总之，学生总体比较认可思想政治课的价值。

（2）思政课程教师教学实施情况良好，教师起主导作用，教学模式较为丰富，有待进一步理论联系实际，丰富教学形式和内容。思政课课堂教学中教师起到了主导作用；教学模式上教师讲授、师生共同探讨、小组合作、学生自主探究等多种模式比较均衡地交替使用，教学模式较为丰富；绝大部分教师积极使用多媒体设备，教学辅助手段上也不局限于教材，有33%的学生提到课堂教学中教师用到了教材以外的资料，反映出思政教师进行了积极的备课，对教材内容进行了拓展，但课堂讲课内容与生活联系紧密度还不够；专业课中渗透思想政治内容比较少。以上情况对思政课课堂教学提出新的挑战：如何实现思政理论知识与社会生活实际的联系，如何解决有限的思政教材与学生对课外拓展资源丰富性需求之间的关系，如何把握课外拓展资源的内容正确性、方向准确性。

（3）在学生思政课学习情况方面，大部分学生在思政课学习中处于较被动的状态，在学习习惯与方法上存在一定的问题。调查问卷中通过了解学生在预习与复习、主动提问、面对老师提问的处理方式等方面的情况发现，学院大部分学生在思政课学习中处于被动学习、被动思考的状态。课余时间学习中大部分同学会按老师要求完成练习及在老师布置任务情况下了解相关知识。主要学习方式中有38%学生选择了查阅资料，占比最高。而对于遇到的学习困难，接近一半的学生选择了"记不住"。以上情况反映出我们的学生在学习习惯与方法上存在问题，如果授课教师能正确引导，布置有明确要求的任务，学生可以较好完成。通过研讨、任务完成的方式进行学习，改变死记硬背机械的学习理解。而38%的学生有查阅资料的习惯，说明课后拓展学习平台对学生思政课学习有很大帮助。

（4）学生对思政课程教学期望方面，学生更喜欢通过实践活动或贴近生活的时事案例分析来体会学习，更喜欢通过问题研讨、实践活动、小组讨论等形式来开展学习。"思想政治课堂上，你喜欢的老师"调查结果显示"条理清晰地讲理论"占比28.6%，说明学生不排斥理论学习，但更愿意学习老师提炼总结后的知识，这与学生在学习中遇到的最大问题是"记不住"相吻合。"讲案例、故事阐明道理"与"模拟相关情景，获得道德体验"占比分别是29.2%与28.5%，两者合计接近六成，说明学生更喜欢通过获得体验的实践活动或者通过贴近生活的时事案例分析来体会学习。这需要思政教师具有扎实的理论基础和开阔的视野，能结合身边的故事，深入浅出地阐明道理。关于学生喜欢的"思想政治"课上课模式的调查结果发现，"上课有激情、幽默生动、有趣，和学生一起探究"占38.1%，"给学生小组讨论的机会和时间，多些活动"占比22.9%，这两个选项达61%，说明学生更喜欢通过问题研讨、实践活动等形式来开展思政课的教学。这要求思政教师课堂设计形式多样、内容丰富，让学生有足够的时间思考、讨论。从中也可以看出学生更愿意和老师一起探究问题或者小组讨论问题，而不太愿意"教师指导下学生自主探究"。原因可能是5年制学生年龄偏小，自主探究时事政治问题的能力较弱，因此需要多加强这方面的锻炼。

（5）课程实施情况方面，思政课教师认为目前教学课时偏少，配套的教学资源不足，需进一步加强资源建设、加强教学能力培训。针对调查中课程体系与教学内容安排、"思想政治"课教材这两个问题，下阶段将按照新形式要求重构思政课程体系和采用国家教材，应当会有所改观；关于学院"思想政治"课数字化教学资源是否满足教学的调查结果发现，"不能满足"的占比41.67%，这需要引起重视，如何让思政课上得有激情、有形式、有内容，配套的教学资源起到很重要的作用；关于"思想政治"课堂教学存在的主要问题，老师们普遍认为"课时不足"，教学内容涵盖广，教学课时偏少；思政教师能够认识到课堂教学存在的主要问题"课堂呆板，不够生动""教师讲解太多，学生参与少"，说明思政教师教学能力培训迫在眉睫。从思政教师的基本情况可以看到，学院41.7%的思政教师为非思政专业教师转型担任思政课程教学。而从参加"思想政治"培训情况调查结果中了解到，学院思政教师参加"思想政治"课培训的总次数偏少，而且相关思政专业理论和教学培训更少，希望能加大思政教师外出专业培训的力度，有效提升思政教师的教学能力。

五、对策与建议

（一）加强师资队伍建设

（1）按照"六要"标准加强思政课教师培养培训。建立学校思政课教师岗前培训制度和思政课教师全员培训机制；选送骨干教师参加省市级思政课培训、讲座、教研教改、学术交流活动；邀请思政课名师来校给学院专兼职教师开展思政课程专题培训及课堂教学能力培训。

（2）建设一支专政治坚定、业务精湛、师德高尚、结构合理的教师队伍。培养一批坚持正确政治方向、思想品德优良、理论功底扎实、善于联系实际的教学领军人物、中青年专业带头人和骨干教师。加大高层次思政人才引进，进一步优化师资结构。

（3）加强对思政课程的研究。组建思政教研组，积极推动思政课程体系建设及改革创新，定期召开教研会议及教研活动。

（二）思政课堂改革创新

（1）守正创新，积极研究思政课教学方法创新。融合行动导向教学等理念创新思想政治理论课教学模式，激发学生学习兴趣，让思政课强起来、活起来。

（2）加强课堂思政理论学习与课后实践体验结合的教学模式探索。重视思政理论知识对生活实践的指导，理论的学习要结合生活实例，要注重时效，要与时俱进。

（3）开展研讨与探究的课堂教学形式。结合学生学习习惯，将思政课理论知识的宣讲与灌输，设计为结合时事开展研讨与探究的课堂教学形式，培养学生的政治思辨能力。

（三）加强"思想政治"课程建设

（1）重修构建和优化学院的思政理论课程。结合新时代思政课要求和学院实际情况，修订完善核心思政课程的教学计划，进一步优化"思想政治"课程体系，调整思想政治课课堂学习与课后实践课时占比，以弥补思想政治课课时不足问题。

（2）加快思政课数字化资源建设及数字化学习平台建设。建立思政课程教学网络资源平台，包含思政名师的教学视频、课例、教学课件及教学案例等，丰富课堂教学内容，为思政课教师教学提供丰富素材，为学生学习提供更多学习平台，消除空间与时间对学生学习的限制。

（3）加强思政课与生活学习的联系。通过合理安排社会实践的方式为学生提供更多接触和了解社会的机会，并在实践过程中锻炼学生运用思想政治理论知识分析问题、解决问题的能力，使思政课融入学生学习、生活与工作。

（四）加强思想政治课教学场地建设

（1）新建思政课教学场地。例如建设思政课展览功能室，定期展示学生的学业成果，做专题展览，开展思政主题活动等，为思政课教学提供环境支持。

（2）借助新媒体技术，打造思政智慧课室。例如建设沉浸式VR思政课教室，增强思政知识学习体验感，激发学生学习兴趣，提高教学质量。

（五）加强绩效激励，制度保障

（1）研究思政课教师工作激励机制。探索在评优评先、职称聘用、绩效考核等方面对优秀思政课教师给予支持，鼓励教师勇于担当、积极开拓、扎实工作。

（2）在工作安排上对思政课建设给予支持。根据实际情况，适当调整思政课教师教学工作安排，为思政课教师进行教研教改、提高教学质量、提升思政理论水平、创新教学方法等提供支持和保障。

第二部分 "课程思政"实施情况调查

一、调查内容、方法与工具

本次调查通过问卷调查的方法收集了专业课教师、公共课教师对目前"课程思政"实施情况的看法,以及对开展下一阶段"课程思政"的建议。采用自编问卷《"课程思政"实施情况调查问卷》。该问卷分为三部分:第一部分是对教师的基本信息的调查,如性别、年龄、学历、教龄、职称等;第二部分是现状调查,利用单项选择题与多项选择题相结合,共8题,内容涵盖课程、教学、教材、师资等方面;第三部分是开放性题目,收集教师对开展"课程思政"的建议。

二、调查结果与分析

本调查采用在线问卷调查的方式,面向广州市工贸技师学院专业课、公共课的一线教师,发放并回收问卷211份(其中专业课教师156份、非思政公共课教师55份),有效率100%。样本分布情况见表1。

表1 样本的总体情况分析

对象构成		专业课教师		公共课教师	
		频率	百分比	频率	百分比
性别	A. 男	68	43.6%	17	30.9%
	B. 女	88	56.4%	38	69.1%
年龄	A. 22~30岁	32	20.5%	12	21.8%
	B. 31~40岁	100	64.1%	26	47.3%
	C. 41~50岁	23	14.7%	11	20.0%
	D. 51~60岁	1	0.6%	6	10.9%
学历	A. 中专	2	1.3%	1	1.8%
	B. 大专	3	1.9%	0	0.0%
	C. 本科	128	82.1%	47	85.5%
	D. 研究生	23	14.7%	7	12.7%
教龄	A. 1~5年	48	30.8%	12	21.8%
	B. 6~10年	46	29.5%	11	20.0%
	C. 11~20年	58	37.2%	24	43.6%
	D. 21年以上	4	2.6%	8	14.5%
职称	A. 初级职称	57	36.5%	17	30.9%
	B. 中级职称	59	37.8%	25	45.5%
	C. 高级职称	11	7.1%	4	7.3%
	D. 无	29	18.6%	9	16.4%

（一）教师对"课程思政"的认识

就学校对"课程思政"的态度（如图1）而言，82%公共课教师感觉到学校"非常重视"，而66%专业课教师感觉到学校"非常重视"，可见学院对"课程思政"的重视程度比较高，在公共课方面尤为显著。由图2可知，90%左右的教师了解"课程思政"，其中"相当了解"在群体中的占比，专业课教师比公共课教师高出11个百分点。对于"课程思政"理念的看法（如图3），专业课教师认为"理念好，可完全实现"和"理念好，部分可实现"达到70%，公共课教师有55%。有45%公共课教师表示"对教师要求高，操作难"或者"太理想化，难以实现"。这与部分公共课教师所授课程（如：语文、历史、心理健康、职业素养等课程）已承担了思政教育功能有关，公共课教师对课程思政与专业课教师对课程思政的理解标准不一致。

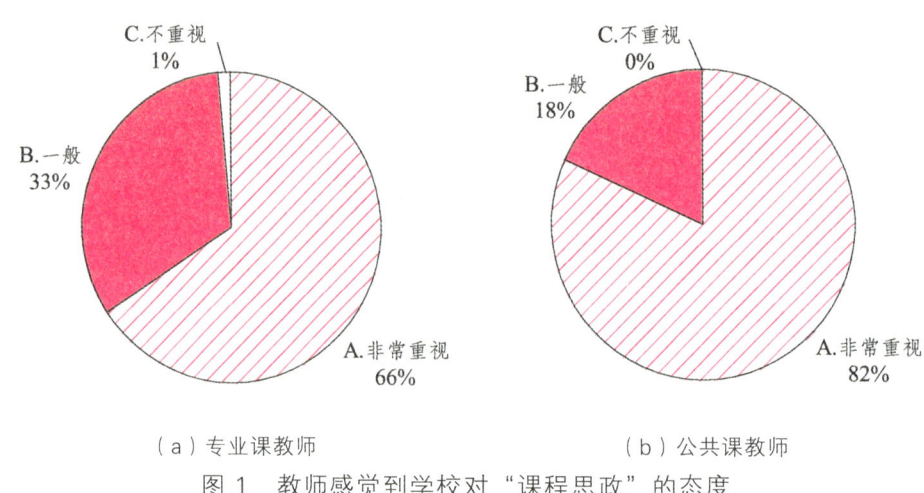

图1 教师感觉到学校对"课程思政"的态度

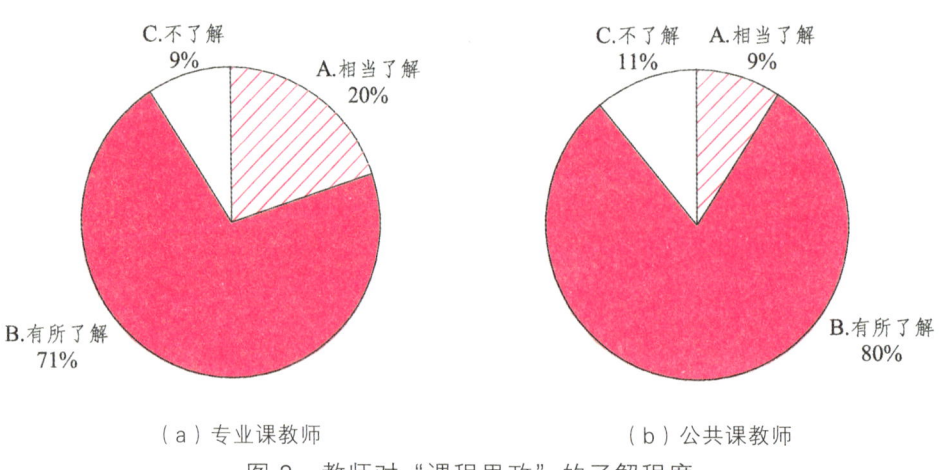

图2 教师对"课程思政"的了解程度

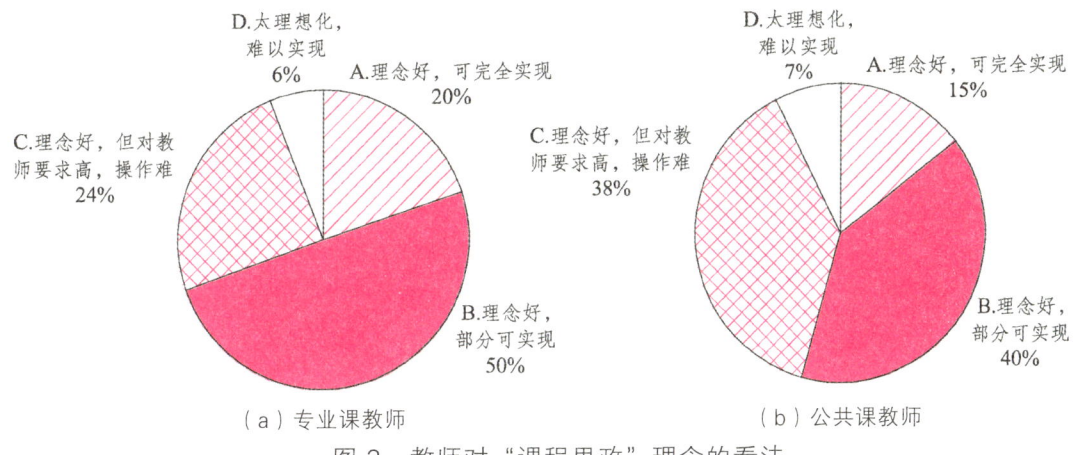

图3 教师对"课程思政"理念的看法

（二）教师对"课程思政"的实践

由图4可知，八成教师尝试过把思想政治的内容渗透到课程教学中。当被问到把思政内容渗透到课程教学中是否合适（如图5），62%的专业课教师表示"合适"，8%表示"不合适"；69%的公共课教师表示"合适"，2%表示"不合适"。由图6可知，大多数教师认为思想政治的内容可以体现在课程目标职业素养方面，34%公共课教师表示可以体现在课程内容中，仅有20%专业课教师表示可以体现在课程内容中。这与课程特点有关，公共课尤其是社科类课程容易与思想政治内容结合，直接体现为课程内容，而专业课特别是理工类课程，可能体现在课程目标中更为合适。此外，有教师提出，可以根据学生的思想动态及时引导教育，也可以在课堂管理、"8S"管理等方面体现。

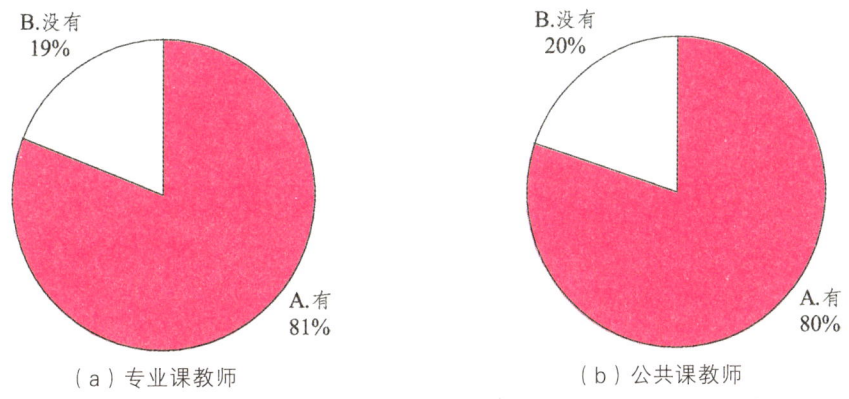

图4 教师有没有尝试过把思想政治的内容渗透到课程教学中

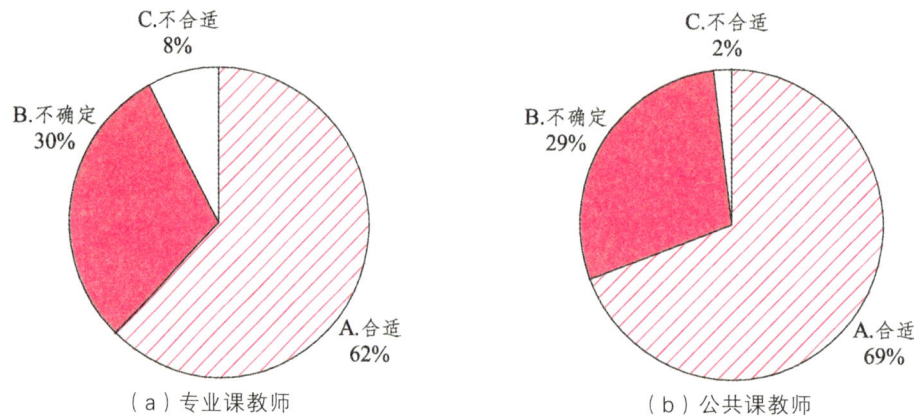

图 5　教师对把思想政治的内容渗透到课程教学中合适与否的看法

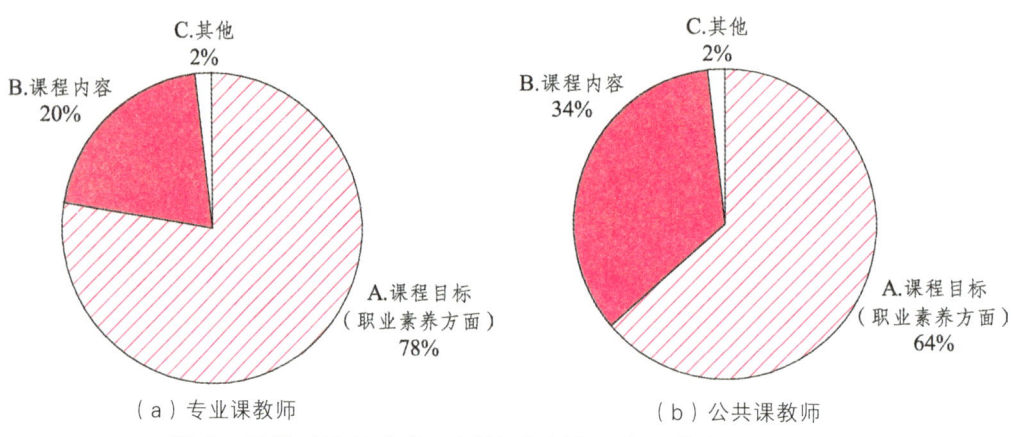

图 6　思想政治的内容可以体现在课程的哪些方面

（三）教师对"课程思政"的态度

对于参加"课程思政"的培训提升相应的教学能力的必要性（如图7），87%教师觉得"有必要"或"非常有必要"。当被问到是否愿意开展"课程思政"时（如图8），大部分教师表示愿意，27%专业课教师表示"非常愿意"，比公共课教师高出10个百分点。由图9可见，超过七成的教师感觉"课程思政"实施后工作量会增加，而表示"严重超负荷"的专业课教师、公共课教师分别占5%、13%。

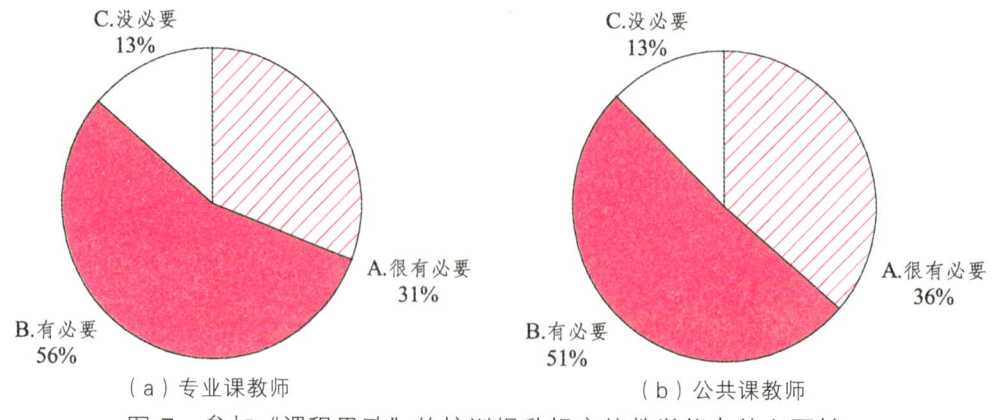

图 7　参加"课程思政"的培训提升相应的教学能力的必要性

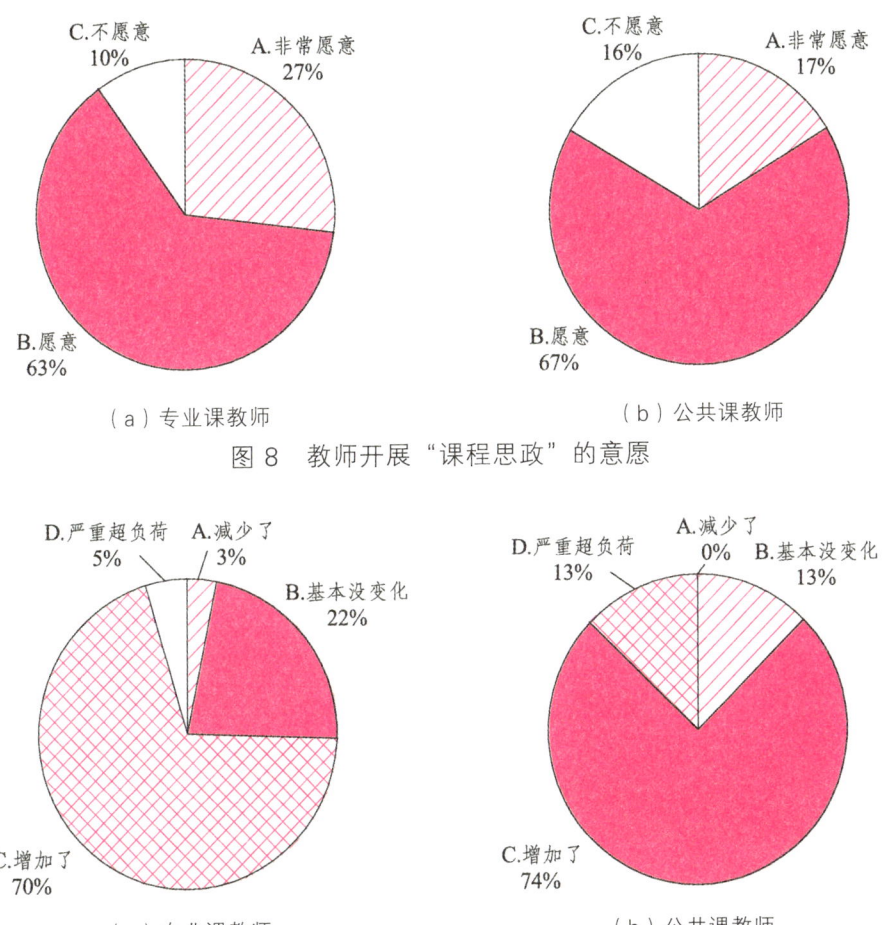

(a)专业课教师　　　　　　　(b)公共课教师

图8　教师开展"课程思政"的意愿

(a)专业课教师　　　　　　　(b)公共课教师

图9　"课程思政"实施后教师预期工作量的变化

(四)教师对"课程思政"的建议

当被问及"您对'课程思政'实施的主要建议"时,教师提到以下几点:第一,根据教师实际情况,开展系统科学的培训并加强专业指导;第二,根据本校实际情况循序渐进,做好课程体系的研究和准备工作,先试点,后推行,避免"硬性规定、强制要求";第三,根据不同专业的特点有选择地开展有针对性的思政内容,亦可结合时政新闻、国家大事来开展;第四,可以渗透思政的内容,但应控制容量,不宜过多;第五,在增加新内容时要综合考虑教师的工作量,以免影响教学效果。

三、结论与建议

(一)结论

总体而言,学校对"课程思政"的重视程度较高,大多数教师对"课程思政"有所了解,也尝试过相关实践,觉得理念很好,可以把思想政治的内容渗透到课程教学的目标中,希望通过参加"课程思政"的培训提升相应的教学能力;教师普遍认为"课程思政"实施后会增加工作量,少数教师甚至表示不愿意开展"课程思政"。

(二)建议

根据此次调查结果,调研组认为开展下一阶段的"课程思政"实施可以考虑采取以下措施:

(1)加强教师培养培训。按照"六要"标准加强专业课和公共课教师培养培训,建立学院专业课和公共课教师全员"课程思政"培训机制,提高教师对"课程思政"理念和重要性的认识,增强教师开展"课程思政"的意愿,提升教师实施"课程思政"的能力。鼓励教学名师、专业带头人、教学骨干等率先开展"课程思政"探索,积极聘请劳动模范、先进人物、技术能手等兼职人员作为"课程思政"的后备力量。

(2)修订人才培养方案。结合不同专业人才培养特点和专业能力素质要求,梳理每门课程蕴含的思想政治教育元素,发挥专业课程承载的思想政治教育功能,修订具有专业特色和思政特色的人才培养方案,推动专业课教学与思想政治理论课教学紧密结合,具体做法为:在专业总体人才培养目标和课程目标方面,既要体现国家层面对人才思想政治素质要求(包括理想信念、价值理念和道德观念等意识形态),又要体现职业层面对各专业人员的特殊思想政治素质要求(包括职业理想、职业态度、职业责任等职业精神)。在课程设置和学时安排方面,按照国家有关规定开齐开足公共基础课程,并在课程安排表中有所体现;按照国家规定各类课程的课时比例重新审定人才培养方案中课程标准的课时设定。在师资结构和师资能力方面要体现思政要求。在考核评价中体现对学生思政素养的关注。

(3)探索课程思政实施。发挥思政教育在课程体系中的政治引领和价值引领作用,挖掘各类课程和国家热点事件、中华优秀传统文化、革命文化、社会主义先进文化、科技创新文化及总体国家安全观、中华民族古代历史和革命建设改革时期英雄人物、先进模范等所有课程蕴含的思想政治教育资源与专业课、公共课融合,引导教师在备课时要充分考虑专业课、公共课与思政教育资源的融合,并引入课堂教学,激发学生的爱国热情、学习技能与技术的热情,树立爱国、技能报国的思想意识。

(4)形成实施保障机制。针对"课程思政"实施,采取团队合作的策略,形成定期集体研讨、每周集体备课的机制,对实施过程中出现的问题及时地研究解决方案;通过集体备课完善教学设计并实现教学资源共享,有助于教师解决投入精力与时间的问题,减轻备课负担。建立健全教师激励保障机制,在评优表彰等方面优先支持积极开展"课程思政"实践的先进教师,提高教师开展"课程思政"的积极性。

附件1

"思想政治"课程实施情况调查问卷（学生版）

亲爱的同学，你好！

  为了了解"思想政治"课程实施情况，特设计了此问卷。答案没有对错之分，请你实事求是，如实填写。谢谢你的支持！

第一部分 基本情况

1. 你的性别为（   ）。
   A．男   B．女
2. 你所读专业属于（   ）。
   A．信息类   B．机械、电工电子类   C．财经商贸类
   D．文化艺术类   E．交通类   F．其他
3. 你的学制为（   ）。
   A．高级班（五年制） B．高级班（三年制） C．预备技师班（四年制）

第二部分 课程现状

1. 你是否喜欢"思想政治"课？（   ）
   A．不喜欢   B．一般喜欢   C．比较喜欢   D．非常喜欢
2. 你学习"思想政治"课是因为（   ）。
   A．认为有趣   B．课程知识对日常生活有帮助
   C．课程是必修（考试）科目
3. 你是否重视"思想政治"课？（   ）
   A．不重视   B．一般重视   C．比较重视   D．非常重视
4. 你对"思想政治"教材的整体印象是（   ）。
   A．很满意   B．比较满意   C．一般   D．不太满意
5. 在"思想政治"课上，教师在课堂上讲课的时间（   ）。
   A．时间多，占大部分 B．占课堂时间一半 C．占课堂时间较少
6. 课堂上，教师主要运用的教学模式是（   ）。（可多选）
   A．老师讲为主   B．师生共同探讨
   C．教师指导下学生小组合作 D．教师指导下学生自主探究
7. 在"思想政治"课堂教学中，老师最关注你（   ）。
   A．良好品德的形成   B．学习成绩的提高
   C．学习方法的培养   D．其他

8. 你会主动地预习或复习"思想政治"课程内容吗？（   ）

A．经常　　　　　　B．有时　　　　　　C．不会

9. 在课余时间，你对"思想政治"学习情况是（   ）。

A．完成相应练习并主动了解相关知识　　　B．只完成练习

C．偶尔学习　　　　　　　　　　　　　　D．不学习

10. 课堂上你会主动提问吗？（   ）

A．经常　　　　　　B．偶尔　　　　　　C．不会

11. 对于老师的提问，你会（   ）。

A．积极思考，主动回答　　　　　　　B．积极思考，但不会主动回答

C．不思考与不回答　　　　　　　　　D．觉得没意义，不参与

12. 你经常采用的学习方式（   ）。（可多选）

A．做题　　　　　　B．死记硬背　　　　C．查阅相关资料

D．与老师同学交流想法

13. 你目前在"思想政治"课学习中遇到的困难是什么？（   ）

A．听不懂　　　B．不适应老师　　　C．做题吃力　　　D．记不住

14. 在"思想政治"课的教学中，教师对多媒体的使用情况如何？（   ）

A．经常使用　　　　B．偶尔使用　　　　C．基本不使用

15. 教师在课堂教学中有哪些辅助手段？（   ）（可多选）

A．教具　　　　B．视频、动画　　　C．教材以外的其他资料　　　D．只有教材

16. 在"思想政治"课堂上，你喜欢的老师（   ）。

A．条理清楚地讲解理论　　　　　　　B．模拟相关情景，获得道德体验

C．通过案例、故事阐明道理　　　　　D．通过练习巩固知识

17. 你喜欢老师哪种上课模式？（   ）（可多选）

A．以老师讲授为主，条理清晰地讲解理论知识

B．上课有激情、幽默生动、有趣，和学生一起探究

C．给学生小组讨论的机会和时间，多些活动

D．教师指导下学生自主探究

18. 你觉得平时教师在讲课的过程中与生活联系紧密的内容多吗？（   ）

A．不多，离自己的生活实际太远

B．一般，内容基本与自身实际有联系，但有些内容较旧

C．还不错，总体上与我们生活和学习联系密切

D．很多，能做到与时俱进、贴近生活实际

19. 在"专业课"中，教师是否会渗透"思想政治"的内容？（   ）

A．不会　　　　　　B．偶尔会　　　　　　C．会

20. 你对"思想政治"课的主要建议有（填空题）

附件 2

"思想政治"课程实施情况调查问卷(思政教师版)

尊敬的老师,您好!

  为了解"思想政治"课程实施情况,请老师们认真填写以下调查问卷。答案没有对错之分,请您实事求是,如实填写。谢谢您的支持!

第一部分 基本情况

  1. 您的性别为( )。
  A. 男   B. 女
  2. 您的年龄是( )。
  A. 22~30岁 B. 31~40岁 C. 41~50岁 D. 51~60岁
  3. 您的学历为( )。
  A. 中专   B. 大专   C. 本科   D. 研究生
  4. 您毕业专业为( )。
  A. 政治   B. 语文   C. 历史   D. 其他_____
  5. 您的教龄为( )。
  A. 1~5年 B. 6~10年 C. 11~20年 D. 21年以上
  6. 您的职称等级为( )。
  A. 初级职称   B. 中级职称   C. 高级职称
  7. 您一周的课时是( )。
  A. 8~12节 B. 13~16节 C. 17~20节 D. 20节以上
  8. 您任课年级为( )。(可多选)
  A. 高级班(五年制) B. 高级班(三年制) C. 预备技师班(四年制)
  9. 您任课的班级的平均人数为( )。
  A. 30及以下   B. 31~50   C. 51以上

第二部分 课程现状

  1. 较其他学科相比,学校对"思想政治"课程的态度是( )。
  A. 非常重视   B. 一般   C. 不重视
  2. "思想政治"课的周课时数是( )。
  A. 4节   B. 2节   C. 没有
  3. 您对"思想政治"课程的了解程度如何?( )
  A. 相当了解   B. 有所了解   C. 不了解

4. 您对"思想政治"课程理念的看法是（　　）。
A．理念好，可完全实现　　　　　　B．理念好，部分可实现
C．理念好，但对教师要求高，操作难　D．太理想化，难以实现
5. 您认为学校"思想政治"课程体系或教学内容合理吗？（　　）
A．合理　　　　　　B．不确定　　　　　　C．不合理
6. 您对"思想政治"课教材的整体印象是（　　）。
A．很满意　　　　B．比较满意　　　　C．一般　　　　D．不太满意
7. 您认为"思想政治"课教材存在的主要问题是（　　）。
A．抽象难懂　　B．可操作性较差　　C．脱离学生实际　　D．其他
8. 您是否参加过"思想政治"课程的培训，所参加培训的级别是（　　）。（可多选）
A．国家级培训　B．省级培训　C．市级培训　D．校级培训　E．没参加培训
9. 您认为"思想政治"课程培训效果怎样？（　　）
A．教学理念得到了更新　　　　　B．教学技能得到提升
C．实现了经验交流与共享和教学反思　D．收获不大
10. 目前"思想政治"课程培训的主要方式是（　　）。（多选）
A．报告讲座　　　　　　B．研讨交流　　　　　　C．课例观摩
D．亲身实践　　　　　　E．其他_____
11. 你认为"思想政治"课程培训最有效的是（　　）。（多选）
A．报告讲座　　　　　　B．研讨交流　　　　　　C．课例观摩
D．亲身实践　　　　　　E．其他_____
12. 您在"思想政治"课程方面的课题研究的参与情况如何？（　　）
A．经常参加课题研究　　B．很少参加课题研究　　C．没有开展课题研究
13. 您拟定教学目标的依据有哪些？（　　）
A．课程标准　　　B．教材内容　　　C．学生基础　　　D．其他_____
14. 您在"思想政治"课的教学中经常使用哪种教学方法？（　　）（可多选）
A．讲授法　　　　　　B．讨论法　　　　　　C．案例教学法
D．情景模拟法　　　　E．其他_____
15. 您在"思想政治"课授课时经常采用多媒体设备吗？（　　）
A．经常使用　　　　　B．偶尔使用　　　　　C．基本不利用
16. 您认为学校的数字化教学资源是否能满足日常"思想政治"课程教学？（　　）
A．完全可以满足　　　B．基本满足　　　　　C．不能满足
17. 您认为目前"思想政治"课堂教学中存在的主要问题是（　　）。
A．课时不足　　　　　B．老师讲解太多、学生参与少
C．课堂呆板，不够生动　D．其他_____
18. 加强"思想政治"课程建设后，您的工作量较以前（　　）。
A．减少了　　　　B．基本没变化　　　　C．增加　　　　D．严重超负荷
19. 您对"思想政治"课程实施的主要建议有（填空题）

附件3

"课程思政"实施情况调查问卷（专业课教师版）

尊敬的老师，您好！

  为了解"课程思政"实施情况，请老师们认真填写以下调查问卷。答案没有对错之分，请您实事求是，如实填写。谢谢您的支持！

第一部分　基本情况

1. 您的性别为（　　　）。
   A．男　　　　　　B．女
2. 您的年龄是（　　　）。
   A．22~30岁　　B．31~40岁　　C．41~50岁　　D．51~60岁
3. 您的学历为（　　　）。
   A．中专　　　　B．大专　　　　C．本科　　　　D．研究生
4. 您的教龄为（　　　）。
   A．1~5年　　　B．6~10年　　　C．11~20年　　　D．21年以上
5. 您的职称等级为（　　　）。
   A．初级职称　　B．中级职称　　C．高级职称　　D．无
6. 您的任课专业为（　　　）。
   A．信息类　　　B．机械、电工电子类　　C．财经商贸类　　D．文化艺术类
   E．交通类　　　F．其他_____
7. 您一周的课时是（　　　）。
   A．8~12节　　　B．13~16节　　　C．17~20节　　　D．20节以上
8. 您的任课年级为（　　　）。（可多选）
   A．高级班（五年制）　　B．高级班（三年制）　　C．预备技师班（四年制）
9. 您任课的班级的平均人数为（　　　）
   A．30以下　　　　　B．31~50　　　　　C．51以上

第二部分　课程现状

1. 您感觉到学校对"课程思政"的态度是（　　　）。
   A．非常重视　　　　　B．一般　　　　　C．不重视
2. 您对"课程思政"的了解程度如何？（　　　）
   A．相当了解　　　　　B．有所了解　　　　　C．不了解

3. 您对"课程思政"理念的看法是（　　　）。

A．理念好，可完全实现　　　　　　　B．理念好，部分可实现

C．理念好，但对教师要求高，操作难　　D．太理想化，难以实现

4. 您认为把思想政治的内容渗透到专业教学中合适吗？（　　　）

A．合适　　　　　　　B．不确定　　　　　　　C．不合适

5. 您尝试过把思想政治的内容渗透到专业教学中吗？（　　　）

A．有　　　　　　　B．没有

6. 您认为思想政治的内容可以体现在专业课的（　　　）。

A．课程目标（职业素养方面）　　B．课程内容　　C．其他_____

7. 您认为有必要参加"课程思政"的培训提升相应的教学能力吗？（　　　）

A．很有必要　　　　　　　B．有必要　　　　　　　C．没必要

8. 您愿意开展"课程思政"吗？（　　　）

A．非常愿意　　　　　　　B．愿意　　　　　　　C．不愿意

9. "课程思政"实施后，您认为您的工作量会较以前（　　　）。

A．减少了　　　　　B．基本没变化　　　　C．增加了　　　　D．严重超负荷

10. 您对"课程思政"实施的主要建议有（填空题）

_____

附件4

"课程思政"实施情况调查问卷(公共课教师版)

尊敬的老师,您好!

为了解"课程思政"实施情况,请老师们认真填写以下调查问卷。答案没有对错之分,请您实事求是,如实填写。谢谢您的支持!

第一部分 基本情况

1. 您的性别为(　　　)。
   A. 男　　　　　　B. 女
2. 您的年龄是(　　　)。
   A. 22~30岁　　B. 31~40岁　　C. 41~50岁　　D. 51~60岁
3. 您的学历为(　　　)。
   A. 中专　　　　B. 大专　　　　C. 本科　　　　D. 研究生
4. 您的教龄为(　　　)。
   A. 1~5年　　　B. 6~10年　　　C. 11~20年　　　D. 21年以上
5. 您的职称等级为(　　　)。
   A. 初级职称　　B. 中级职称　　C. 高级职称　　D. 无
6. 您主要任教(　　　)。(可多选)
   A. 文科　　　　　　B. 理科　　　　　　C. 体育
   D. 通用职业素质课程(含职业指导类)
   E. 其他_____
7. 您一周的课时是(　　　)。
   A. 8~12节　　　B. 13~16节　　　C. 17~20节　　　D. 20节以上
8. 您的任课年级为(　　　)。(可多选)
   A. 高级班(五年制)　　B. 高级班(三年制)　　C. 预备技师班(四年制)
9. 您任课的班级的平均人数为(　　　)。
   A. 30以下　　　　B. 31~50　　　　C. 51以上

第二部分 课程现状

1. 您感觉到学校对"课程思政"的态度是(　　　)。
   A. 非常重视　　　　B. 一般　　　　C. 不重视
2. 您对"课程思政"的了解程度如何?(　　　)

A．相当了解 B．有所了解 C．不了解

3．您对"课程思政"理念的看法是（　　）。

A．理念好，可完全实现 B．理念好，部分可实现

C．理念好，但对教师要求高，操作难 D．太理想化，难以实现

4．您认为把思想政治的内容渗透到课程教学中合适吗？（　　）

A．合适 B．不确定 C．不合适

5．您尝试过把思想政治的内容渗透到课程教学中吗？（　　）

A．有 B．没有

6．您认为思想政治的内容可以体现在公共课的（　　）。

A．课程目标（职业素养方面） B．课程内容 C．其他_____

7．您认为有必要参加"课程思政"的培训提升相应的教学能力吗？（　　）

A．很有必要 B．有必要 C．没必要

8．您愿意开展"课程思政"吗？（　　）

A．非常愿意 B．愿意 C．不愿意

9．"课程思政"实施后，您认为您的工作量会较以前（　　）。

A．减少了 B．基本没变化 C．增加了 D．严重超负荷

10．您对"课程思政"实施的主要建议有（填空题）

_____